Para uma Psicologia Cultural da Religião

JACOB A. BELZEN

Para uma Psicologia Cultural da Religião

Princípios, Enfoques, Aplicação

Editora
IDÉIAS&
LETRAS

DIRETOR EDITORIAL:
Marcelo C. Araújo

EDITORES:
Avelino Grassi
Edvaldo Manoel de Araújo
Márcio F. dos Anjos

COORDENAÇÃO EDITORIAL:
Ana Lúcia de Castro Leite

TRADUÇÃO:
José Luiz Cazarotto
Edênio Valle

COPIDESQUE:
Bruna Marzullo

REVISÃO:
Lessandra Muniz de Carvalho
Leila Cristina Dinis Fernandes

DIAGRAMAÇÃO:
Juliano de Sousa Cervelin

CAPA:
Cristiano Leão

Coleção Psi-Atualidades, 12

Título original: *Towards Cultural Psychology of Religion: Principles, approaches and applications*

Todos os direitos em língua portuguesa, para o Brasil,
reservados à Editora Idéias & Letras, 2010.

**EDITORA
IDÉIAS &
LETRAS**

Editora Idéias & Letras
Rua Pe. Claro Monteiro, 342 – Centro
12570-000 Aparecida-SP
Tel. (12) 3104-2000 – Fax (12) 3104-2036
Televendas: 0800 16 00 04
vendas@ideiaseletras.com.br
www.ideiaseletras.com.br

Dados Internacionais de Catalogação na Publicação (CIP)
(Câmara Brasileira do Livro, SP, Brasil)

Belzen, Jacob A.
  Para uma Psicologia Cultural da Religião: princípios, enfoques, aplicação / Jacob A. Belzen; [tradução José Luiz Cazarotto, Edênio Valle]. – Aparecida, SP: Idéias & Letras, 2010. (Coleção Psi-atualidades, 12)

  Título original: Towards Cultural Psychology of Religion: Principles, approaches na applications.
  Bibliografia.
  ISBN 978-85-7698-068-1

  1. Etnopsicologia 2. Psicologia religiosa I. Título. II. Série.

10-08680   CDD-200.19

Índices para catálogo sistemático:

1. Psicologia religiosa 200.19

Sumário

Apresentação 7
Prefácio 13

Introdução
1. **Construindo pontes**
Um convite para as Psicologias Culturais da Religião.......... 19

I. Princípios
2. **Uma abordagem hermenêutica e interdisciplinar da Psicologia da Religião**.. 51
3. **Psicologia Cultural da Religião**
Perspectivas, desafios e possibilidades............................... 75
4. **O objeto da Psicologia da Religião**
Uma saída para os impasses 107

II. Enfoques
5. **Aspectos metodológicos com vistas a outro paradigma da Psicologia da Religião** 133
6. **Quando a Psicologia se volta para a espiritualidade**
Recomendações para a pesquisa 159
7. **A questão da especificidade da religião**
Um excurso metodológico... 193
8. **O *self* dialógico.**
Uma perspectiva no estudo psicocultural da religiosidade.........245

III. Aplicações
9. **Religião como incorporação-*embodiment***
Conceitos e métodos psicoculturais no estudo da conversão em um grupo religioso calvinista................. 271

10. Religião, cultura e psicopatologia
　　Reflexões psicoculturais sobre um caso patológico 303
11. Psicopatologia e religião
　　Uma análise psicobiográfica... 331
12. A religião e a ordem social
　　Fatores psicológicos... 393

Bibliografia... 435

Apresentação

No Brasil, estamos acostumados a pensar e a trabalhar a Psicologia da Religião na trilha – válida, diga-se de passagem – da Psicologia norte-americana, salvo quando o enfoque procede da Psicanálise em suas várias tendências, vertentes e idiomas de origem, com suas respectivas idiossincrasias culturais. Nesse sentido, o presente livro de Jacob A. van Belzen rompe com uma rotina e abre, no mínimo, uma perspectiva diferente. Nele o leitor brasileiro encontrará uma abordagem e um estilo (método) não usuais entre nós.

Logo nas páginas iniciais surgirão nomes de pesquisadores e teóricos dos quais pouco ouvimos falar e que poderão nos surpreender pela propriedade de suas ideias e propostas. Aliás, a erudição e realismo que o próprio Belzen demonstra poderão constituir uma primeira e grata surpresa. Nomes vindos de um passado mais distante (com destaque especial para o de Wilhelm Wundt) e muitos outros, contemporâneos nossos, irão desfilando ante o leitor, mostrando um fio condutor e uma orientação da Psicologia da Religião que talvez nos sejam não só novos, mas também provocantes. Já por esse ângulo, esta introdução à Psicologia Cultural da Religião, gerada nos Países Baixos, representa uma contribuição significativa para a bibliografia brasileira nesse campo de conhecimento.

Mas essa não é a única nem a principal razão pela qual esta obra de van Belzen representa uma novidade e uma contribuição ao grande esforço que nos últimos anos a Psicologia brasileira da Religião vem fazendo. Um esforço que visa dar corpo e consistência a uma leitura psicológica mais sistemática do fenômeno religioso em si e de como ele aparece entre nós, no fluxo de sucessivas mutações.

Além da bibliografia extensa e bem selecionada, o trabalho de van Belzen se coloca em uma perspectiva teórica e metodológica a que os psicólogos da religião no Brasil não estão muito afeitos: a da cultura e das culturas ou, melhor ainda, de cada cultura. Se compulsarmos os principais manuais de introdução à Psicologia da Religião de que dispomos – escritos em inglês, alemão, francês, espanhol ou italiano – notaremos, quase de imediato, que os autores que ousaram escrever *introduções* psicológicas ao fenômeno religioso em geral quase nenhuma atenção prestaram ao fator cultura. Eu mesmo, durante a tradução deste livro, tomei em mãos as sete *Introduções* de que disponho em minha biblioteca e pude constatar que o item *cultura* só é mencionado em termos genéricos e imprecisos, quase como se fosse um *deus ex machina* ao que se apela para explicar; o que explicação não tem nas premissas que geralmente usamos como base para nossa ciência e fundamentação para nossas pesquisas e práticas.

Como já enuncia o título do livro com que a editora *Idéias e Letras* nos brinda, o eixo em torno ao qual gira toda a obra é a cultura. Isto fica claro desde o capítulo inicial, no qual, visando estabelecer um cenário verdadeiramente interdisciplinar para suas reflexões e análises, o autor fala de *um convite dirigido às psicologias da cultura*. Esta é, de fato, a grande meta que ele se propõe. As perguntas que o orientam poderiam ser assim formuladas: O que devemos, afinal, entender por Psicologia da Religião? É possível fazer uma adequada Psicologia da Religião sem que a associemos a uma adequada Psicologia Cultural?

Van Belzen não conhece os enfoques psicológicos usados no Brasil para a discussão da religião. Em princípio ele não escreveu estes textos para nós, e sim para o público europeu, mas a decisão em consentir e incentivar uma tradução em língua portuguesa se deve ao fato de ter sentido grande ressonância a suas intuições por ocasião de sua visita ao Brasil. Foi o contato com um grupo seleto de psicólogos e psicoterapeutas brasileiros que o levou a organizar esta coletânea de textos, aos quais deu uma estrutura e uma sequência articulada em torno ao fio condutor da cultura, algo que considera fundamental no atual momento evolutivo da Psicologia da Religião no mundo inteiro. Sendo ele ex-presidente da *Associação Internacional de Psicologia da Religião* e, ao mesmo tempo, autor e organizador de um grande número de textos de Psicologia da Religião recentes e bem recebidos,[1] van Belzen possui autoridade para afirmar que será através da conjugação entre as duas Psicologias – a da Cultura e a da Religião – que poderemos dar um passo novo em direção a teorias e métodos que façam justiça à enorme complexidade dos comportamentos religiosos do mundo plural e globalizado em que vivemos atualmente. Em nenhum momento o autor ignora os limites de sua proposta e de suas tentativas de resposta. Tem plena consciência de que os estudos empíricos e os ensaios de teorização que lança são todos realizados em contextos europeus e, mais acanhadamente, em sua nativa Holanda, o que torna impossível uma generalização pura e simples das conclusões. Mas – parece-me ser esta a convicção de van Belzen – os psicólogos/as do mundo inteiro terão, nos *casos* aqui tratados, um modelo de como cultura e religião se complementam contra o fundo de teorias psicológicas do passado e do presente.

Eu gostaria de chamar a atenção do leitor brasileiro para dois pontos de maior interesse para nós, além dos acima já apontados:

(a) Fora do entremeado das culturas, não há como compreender *desde dentro* (tarefa precípua da Psicologia) o que é original na experiência religiosa individual ou grupal. E, paralelamente,

---

[1] Para uma informação mais detalhada sobre a obra e a pessoa de Jacob van Belzen, veja: Valle. "A Psicologia Cultural de Jacob A. Van Belzen". In: *REVER - Revista Eletrônica de Estudos da Religião*. Ano 8, n. 3, 2008, p. 127-138.

compreender também a maneira como as religiões constroem suas aproximações idiossincráticas às grandes questões que o ser humano se coloca na busca de sentido, tanto imanente quanto transcendente, para seu existir e o do mundo.

(b) Essa busca é, sempre e necessariamente, situada e datada, ou seja, o psicólogo não pode deixar de considerar as circunstâncias históricas e os contextos sociais e culturais nos quais cada indivíduo, cada grupo humano e cada época constroem uma dada visão religiosa de si e do mundo. E consequentemente, dentro de um processo dialético, estabelece uma ordem social e demarca o *ethos* que a sustenta. Longe de se tratar de um acontecimento que se dá na intimidade da psique, trata-se de um evento, primeiro, contextualizado em sua origem e desenvolvimento e, segundo, sempre narrado (recebido, transmitido e reelaborado) através de linguagens, uma vez que o ser humano é um ser da linguagem.

À essa luz, pode-se perceber melhor a articulação dos capítulos. Em sua sequência de doze estudos relativamente independentes um do outro, talvez possamos distinguir três eixos maiores no todo que o livro representa:

Um primeiro, que constitui a espinha dorsal teórica da obra e compreende, em minha leitura, a maioria dos capítulos. Os de números 1, 3 e 7 discutem, fundamentalmente, a definição teórica, a delimitação e o objeto da Psicologia *Cultural* da Religião. Outros três (os de números 2, 4, 5) explicitam seus fundamentos hermenêuticos, dentro de uma concepção metodológica interdisciplinar, preocupada em definir o que é tarefa própria da Psicologia (a subjetividade humana, modelada pela cultura), mas consciente de que essa deve ser confrontada com o que nos mostram as Ciências Sociais e Humanas, as Ciências Médicas e da Natureza, a Filosofia e o pensamento teológico.

No *segundo eixo*, vale a pena salientar que van Belzen tem uma posição bastante crítica quanto à tendência hoje muito forte de se sobrevalorizar o aporte das modernas Ciências Cognitivas e, ao contrário, dá um destaque especial à Linguística e à História.

Nessa última direção, ele vê na teoria do *Self dialógico* (como se vê nos capítulos da segunda parte, números 8, 9, 10 e 11) um instrumento fundamental para a Psicologia da Religião fazer frente a suas deficiências no tocante à consideração da cultura religiosa que cada sujeito interioriza e expressa nas narrativas autobiográficas com que – individual e coletivamente – percebe e age, em função dos diálogos que estabelece ao longo da vida consigo mesmo e com os outros que vão comparecendo como interlocutores na constituição de seu *self* narrativo (capítulo 8). É este enfoque que preside a leitura dos casos e também da espiritualidade que o autor estuda no capítulo 6, tomando especiais cuidados com os aspectos da pesquisa empírica desta dimensão tão essencial para a compreensão psicológica da experiência religiosa.

O *terceiro eixo*, de grande importância para fazer a detalhada discussão descer ao chão da realidade prática, é constituída por três análises de casos bem diversos um do outro. É aqui que se pode perceber paradigmaticamente que tipo de Psicologia Cultural da Religião van Belzen propõe. No capítulo 9 é tratado um caso de *embodiment* acontecido no seio de um grupo religioso fechado da Holanda; no capítulo 10 há a apresentação de um elucidativo caso patológico individual, a partir do qual se estabelece uma densa reflexão sobre a relação entre religião e saúde mental. Os capítulos 11 e 12 são os mais minuciosos em termos de pesquisa histórico-cultural. É tratado o caso de uma mulher que, em circunstâncias culturais religiosas muito precisas, *converte-se* a uma vida de santidade, deixando escrita uma extensa autobiografia que permite uma reconstituição de todo o percurso religioso e psicoafetivo por ela percorrido. No último capítulo, o caso em questão deixa o âmbito da subjetividade. Belzen trata, como psicólogo, de lançar luz sobre um episódio histórico, a *pilarização* (fechamento em segmentos que funcionam como *pilares* de sustentação da ordem social e cultural-religiosa da Holanda até vésperas da Segunda Guerra Mundial); um ordenamento sociopolítico que, pela via da hegemonia de um grupo religioso, determinou, durante quase cem anos, o jogo de forças e a dinâmica da sociedade holandesa. É talvez nesse último capítulo que o autor mostra e pratica com mais clareza o que o livro em seu todo propõe como caminho para a constituição de uma Psicologia Cultural da Religião em diálogo com as demais ciências que se debruçam sobre a religião e a religiosidade.

O livro em seu todo foge um pouco ao que estamos habituados em outros manuais de introdução, como ficou dito, quase todos de matriz norte-americana. Embora interessado em esclarecer teoricamente seu quadro de referência e o dos grandes nomes da Psicologia da Religião, descendo mesmo a minúcias e repetições em torno de inúmeros fatos, noções e posicionamentos, tem-se a impressão de que van Belzen quer, mais que tudo, mostrar como se pode e se deve *fazer* o que ele chama de *Psicologia Cultural da Religião*. Chegando ao fim da leitura, o leitor, provavelmente, concluirá o mesmo que eu: estamos ante uma *Introdução* meio diferente, mas precisa e objetiva no que se propõe. Dela, nós, psicólogos brasileiros da Religião, temos muito a aprender, por vivermos em um país cultural e religiosamente múltiplo, desde o início de sua formação histórica.

Edênio Valle
Programa de Ciências da Religião
PUC de São Paulo

Prefácio

Os objetivos buscados por este livro são modestos. O texto mostra um *trabalho em construção*, na medida em que ele tenta trazer uma contribuição para a integração de dois campos já existentes e estruturados da Psicologia. Para explicar isto iremos dizer algumas palavras sobre os caminhos deste livro e como ele passou a existir e sobre o que ele espera conseguir. Vale assim reconhecer que esta obra não quer ser uma *introdução* no sentido mais tradicional, isto é, a apresentação de um campo ou de uma subdisciplina psicológica de aplicação prática, nem pretende ser algo radicalmente novo.

Como projeto, este livro deve muito a outros estudiosos. Enquanto ensinava em lugares que iam desde a África do Sul até o Canadá ou desde a Califórnia e passando pelos países da Europa e indo até a Coreia, os colegas sugeriam, com certa insistência até, que elaborasse um volume sobre a Psicologia Cultural da Religião. Por razões que ficarão certamente claras ao longo do texto, eu não estou ainda muito à vontade com essa solicitação. Segundo o que compreendo, não existe uma Psicologia Cultural da Religião no singular. Antes, cada vez mais temos um sem-número de tipos de Psicologias divergentes, algumas das quais se aplicam à compreensão dos aspectos religiosos da vida humana ou à pesquisa de fenômenos religiosos específicos, enquanto outras não o fazem. Dentro deste campo heterogêneo que hoje, corretamente ou não, ainda chamamos de *Psicologia*, existem também muitas abordagens que são muitas vezes chamadas de *Psicologia Cultural* ou ainda *Psicologia sensível ao cultural*. Seria útil *aplicar* muito disso à pesquisa dos fenômenos religiosos, mas no momento não se vê muito disso efetivamente em ação.

No momento em que ainda resistia em escrever uma *Introdução* ou um *Manual* ou mesmo um *Guia de Estudos* da Psicologia Cultural da Religião, João Edênio Reis Valle e Márcio Fabri, ambos de São Paulo, sugeriram que eu editasse alguns ensaios. Neles retomo estudos em parte publicados, nos quais proponho algumas abordagens da Psicologia Cultural para o estudo da religião, podendo com isso oferecer um tipo ou exemplo do trabalho interdisciplinar que tenho em mente. Na realidade, é isto que esta obra tem em mente: através de alguns ensaios, que até podem ser lidos separadamente, tentar servir uma espécie de *aperitivo* sobre possíveis caminhos na efetivação de uma Psicologia Cultural da Religião. Espero que este livro propicie uma ideia ao leitor das possibilidades de se *aplicar* a abordagem da Psicologia Cultural ao âmbito da Psicologia da Religião e assim estimular outros a que se voltem para esse tipo de pesquisa. Esta obra deve muito a revisores anônimos dos manuscritos e aos editores das revistas e de outros meios de publicações nos quais os diversos capítulos foram publicados inicialmente, bem como aos comentários já no estágio final de redação feitos por Ray Paloutzian, Ulrike Popp-Baier, Hessel Zondag e outros. O apoio ao projeto que veio do campo da Psicologia Cultural inclui nomes como Carl Ratner, Jürgen Straub e Jaan Valsiner, aos quais, naturalmente, sou reconhecidamente grato.

Uma obra como esta tem limitações de ordens diversas. Muitas destas limitações são devidas à pessoa do autor. Os colegas, especialmente dos Estados Unidos, muitas vezes chamaram a atenção para o fato de como é diferente o tipo de trabalho apresentado aqui quando comparado ao que é feito na assim dita *tendência central* da Psicologia norte-americana. O trabalho parece bem europeu, e realmente o é, e tenho orgulho disso. Ainda assim, goste eu ou não disto, deve ser admitido que ao longo da obra é bem visível que o autor é um holandês, educado e formado primeiramente na Holanda, fazendo suas pesquisas predominantemente neste país. Nada disso, entretanto, é um problema no âmbito do conhecimento e da pesquisa psicológica apresentada aqui. Como todo e qualquer conhecimento, ele é limitado e situado. Assim é também o apresentado e proposto aqui. Os psicólogos da cultura não buscam um conhecimento válido universalmente; isto é deixado para outros ramos da vida acadêmica que lidam com esses fundamentos do funcionamento do psiquismo humano que podem ser analisados usando-se as abordagens das ciências naturais. A Psicologia Cultural não nega e nem desvaloriza essas fundamentações. Mas isso nos lembra dos limites que inevitavelmente estão vinculados também a essas abordagens. Além de ser impossível a existência de fenômenos psíquicos sem a genética, a neurologia, a química e outros fundamentos abordados pelas ciências naturais, eles são *instigados* e regulados pelas condições culturais, pelas determinações e limitações de condutas humanas tais como as convenções, as normas, as crenças, as práticas sociais e muitas outras mais. O psicólogo cultural chama a atenção de seus colegas de outros campos a não esquecerem desses conhecimentos, mas levarem em conta esses tipos de conhecimentos adicionais junto com aqueles descobertos pelos psicólogos em colaboração com neurólogos ou geneticistas. Por isso, o tipo de conhecimento apresentado pelos psicólogos da cultura é válido primeiro e antes de tudo – e muitas vezes até somente – para o lugar e para o momento em que ele acontece. Assim, o que este livro tem a oferecer não é um paradigma de como fazer pesquisas em Psicologia Cultural sobre qualquer que seja a religião do Planeta. Não oferece uma receita em hipótese alguma, mas antes fornece uma espécie de *aperitivo*. A obra se apresenta, então, como uma espécie de convite a que se tome consciência desse tipo de pesquisas, e a que as pessoas se envolvam nelas ou se motivem. Isso se faz através de alguns exemplos de como as abordagens de Psicologia Cultural podem ser aplicadas ao estudo sobre formas bem específicas de religião. Que estes exemplos lidem, de modo predominante, com os assim chamados *gereformeerden* (Reformados, ou seja, um subgrupo dos calvinistas) na Holanda, tem muito a ver com a minha inserção tanto como autor quanto como pesquisador: os Reformados têm sido e continuam a se constituir uma subcultura religiosa importante na Holanda, ainda que não seja homogênea. Eu mesmo nunca pertenci a este grupo religioso e nem minha família pertence, mas foi nele que acabei por encontrar o caminho para alguns de meus primeiros projetos de pesquisas e é dele que tenho um conhecimento mais aprofundado. E antes que alguém pense que eu esteja de um modo especial interessado em promover os *gereformeerden*, incluí aqui, no capítulo 10, a análise de um incidente no qual eles sempre estiveram um tanto quanto desconfortavelmente envolvidos.

Além da gratidão pelo apoio moral que recebi de meus colegas dos diversos países, esta obra está em débito também com outros que colaboraram a partir de aspectos práticos. Tenho em mente especialmente Fraser Watts, o Diretor do Grupo de Pesquisa de Psicologia e Religião da Universidade de Cambridge (Reino Unido), que me convidou como bolsista visitante no outono de 2008, e com isto pude abrigar-me no Queen's College, longe das muitas distrações para o trabalho intelectual que tenho aqui na Universidade de Amsterdã. Sou muito grato pela oportunidade de trocar ideias sobre este livro com os membros desse Grupo de Pesquisa e pela oportunidade de ver como uma verdadeira equipe acadêmica deve ser.

Espero que esta obra contagie alguém, com o entusiasmo com o qual estes estudos foram levados a cabo. Diversamente da tendência de *costurar* fenômenos empíricos de acordo com categorias teóricas e editá-los em moldes prévios dos métodos de pesquisa, a Psicologia Cultural permite que o pesquisador fique o mais próximo possível da realidade vivida pelas vidas de seus *sujeitos,* buscando, até por necessidade, a colaboração de outras abordagens que tentam interpretar estas vidas e suas vicissitudes. Apesar de elas serem exatamente iguais a qualquer outra abordagem científica e reflexiva capaz de reduzir a complexidade, as Psicologias Culturais tentam resistir à tendência ao reducionismo que muitas vezes é encontrada na pesquisa da religião e ajudar a desconstruir os preconceitos científicos e as respostas um tanto fáceis e superficiais a questões muitas vezes até bastante simples. Paradoxalmente, as metas buscadas por este volume serão alcançadas se os leitores, depois de lido o livro, colocarem-no de lado como insuficiente ou não suficientemente bom e buscarem algo melhor e, com isto, forem inspirados a descobrir semelhanças por eles mesmos. *Bon appétit!*

Introdução

1

Construindo pontes

Um convite para as Psicologias Culturais da Religião

O objetivo deste livro, em um sentido amplo, é propor uma abordagem da "religião" a partir da perspectiva da psicologia da cultura. Mesmo deixando os jargões de lado, esta formulação facilmente carrega problemas em sua compreensão. O que se entende por "religião" (notem-se as aspas) e qual seria mesmo a perspectiva da Psicologia da Cultura? A resposta mais fácil seria: simplesmente leia este livro e depois saberá mais a respeito disto. Claro que isso não soa tão bem e até daria a entender que o autor se furta em responder às questões.

É, pois, adequado explicar inicialmente alguns termos gerais, pelo menos para evitar incompreensões. Vamos também descrever o objetivo deste volume de modo a ajudar a melhor situá-lo. Como este será um livro voltado tanto para a Psicologia da Cultura como para a Psicologia da Religião, pode-se dizer também que seu objetivo é contribuir para a integração da Psicologia da Cultura na Psicologia da Religião. Isto soa mais familiar para alguns, mas para outros parecerá estranho ouvir o primeiro termo acrescido de *Psicologia da Religião*.

Comecemos, então, falando sobre esta segunda disciplina, suas possibilidades e problemas, para pavimentar assim o caminho da compreensão de sua relação com a Psicologia da Cultura e explicar que tipo de obra será ou não será esta e o que se pode esperar de seu *corpus* central.

O que é Psicologia da Religião?

Se alguém quiser explicar o que é a Psicologia da Religião, talvez possa de saída entusiasmar-se com a atual situação da Psicologia da Religião. Pois nunca tivemos tantas publicações nessa área nem tantos encontros e conferências. E também nunca houve tanto interesse, seja no âmbito acadêmico, seja fora dele, para com o que a Psicologia possa dizer a respeito da religiosidade e da espiritualidade. Redes de contatos foram sendo estabelecidas, fundaram-se revistas científicas, pessoas são apontadas para cargos, indicando-se com isto que realmente o campo parece estar indo bem. Para quem vive da Psicologia da Religião, pode-se esperar mesmo entusiasmo com essa situação.

Contudo, de um cientista deve-se esperar também rigor e seriedade, e, por isso, quero imediatamente acrescentar aqui alguns dados que expressam mais preocupações que sucessos. Não que o dito acima seja falso, mas porque não é toda a verdade. No mínimo se deveria assinalar a similaridade da situação corrente àquela de um século atrás. Naqueles tempos, também a Psicologia da Religião estava conquistando rapidamente um público considerável dentro e fora da Psicologia; revistas científicas foram fundadas e organizações de apoio foram estabelecidas. Mas não devemos esquecer o que aconteceu: entre os dois picos de atividade intensa, deu-se um declínio enorme deste campo de estudos. Como este livro não foi pensado para ser um livro de história, não irei aqui *ruminar* as razões desse declínio e as razões do atual crescimento deste campo do conhecimento. No plano de fundo existem, entretanto, algumas preocupações sobre as quais gostaria de tecer comentários e para as quais espero apontar algumas soluções. Mas, antes disso, devo acrescentar ainda algumas nuances sobre o presente florescimento desta disciplina.

Claro que existe um grande interesse para com o que a Psicologia possa dizer sobre a "religião", religiosidade, espiritualidade e assim por diante. Qualquer livraria oferece dúzias de livros sobre estes assuntos, e até mesmo seções inteiras voltadas ao tema; além disto, temos uma razoável oferta de *workshops* e de seminários sobre psicologia e espiritualidade e temas correlacionados.

Mas é importante notar que nem tudo o que se diz de psicológico sobre "religião" é Psicologia da Religião. Em outras palavras, é muito provável que a maior parte dos livros e atividades neste sentido nem pertença à Psicologia da Religião. Essa posição confirma, aliás, que a própria expressão *Psicologia da Religião* pode trazer em si alguns problemas de compreensão. Em resumo, o que não se quer dizer com a expressão é que seja uma Psicologia que pertence a, seja parte de, se articule com ou sirva à perspectiva de uma única "religião". Psicologia da Religião não é uma *Psicologia Religiosa*.[2]

---

[2] O termo *Psicologia Religiosa* é equivocado, ainda que não necessariamente errado, se compreendido de modo análogo à Psicologia Social, Psicologia Clínica e assim por diante. Evidentemente, a Psicologia Social não é social em si mesma; ela é a Psicologia que lida com a dimensão social da vida humana e seus impactos no funcionamento do psiquismo. A Psicologia Clínica não é clínica em si mesma, lida com as perturbações mentais que possam necessitar de tratamento clínico etc. De modo semelhante, a Psicologia Religiosa pode ser compreendida como se referindo a ramos da Psicologia que lidam com a religião e a vida da prática da religião. Como este termo, entretanto, pode ensejar a presença de compreensões equivocadas, falarei, até mesmo por que se tornou uma espécie de costume hoje em dia, de Psicologia da Religião e restringirei o uso de Psicologia Religiosa para referir-me aos tipos de psicologia que são, de um modo ou de outro, religiosas em si mesmas. Tentar introduzir aqui um neologismo como Psicologia sobre a religião, ainda que possa ser correto, talvez, não contribuiria muito para a clareza, como seria de se temer.

Na Psicologia da Religião as metas e os objetivos se referem ao uso de instrumentos psicológicos (tais como teorias, conceitos, *insights*, métodos e técnicas) para analisar e compreender a "religião". Isto é feito de uma perspectiva acadêmica, distanciada e o mais neutra possível de termos pessoais, como se requer de todas as *Religionswissenschaften*, aquelas disciplinas acadêmicas que lidam com a "religião", tais como a História, a Sociologia, a Antropologia, a Arqueologia, a Economia da religião e outras mais.[3] Sustento, de início, que cada uma das tradições religiosas tem em si uma grande quantidade de compreensões profundas do psicológico; conselheiros, diretores espirituais e outros profissionais religiosos psicologicamente bem habilitados têm um conhecimento profundo do funcionamento do psiquismo humano (Marcus, 2003; Aronson, 2004; Dockett, Dudley-Grant e Bankart, 2003; e Lavine, 2000).

---

[3] De minha parte, prefiro mesmo o termo Ciências da Religião (*Religionswissenschften*) ao termo *Pesquisas Religiosas*. Compreendo as primeiras como um conglomerado de abordagens científicas da *religião* (compreenda-se esta do jeito que se quiser), levadas adiante a partir da perspectiva de diversas disciplinas ou ciências; têm em mente pesquisar o que possa ser relevante ser estudado em qualquer fenômeno "religioso" ou um aspecto do estado atual das coisas religiosas (mas buscado idealmente a partir de uma perspectiva interdisciplinar) e normalmente *situada* num campo mais avançado daquela disciplina em especial. As Pesquisas Religiosas normalmente são um *índice* de um departamento ou de um estilo que seria uma espécie de derivativo dos antigos discursos ou departamentos da teologia, ainda que algumas vezes eles sustentem que estão enraizados em disciplinas acadêmicas tais como a História da Religião. A História da Religião, entretanto, é, na maior parte das vezes, uma proposta interpretativa (não se envolvendo com trabalhos empíricos de História), mas principalmente lida com comentários sobre pesquisas feitas anteriormente por outros. Nem se precisa dizer que um trabalho interpretativo de tal gênero pode ser às vezes brilhante e que, não raro, a maior parte dos trabalhos empíricos apresenta-se como bastante enfadonha... Veja-se, para um aprofundamento, Segal (2006). Nem seria necessário dizer aqui, mas digamo-lo, que a Psicologia da Religião, por definição, é uma das *ciências da religião*.

Isso, entretanto, não pode ser considerado um conhecimento científico do psicológico, do mesmo modo como o conhecimento produzido pelos romancistas, pelos filósofos e poetas também não é chamado de científico.[4] Além disso, existe uma considerável quantidade de conhecimentos e de *insights* do tipo psicológico que estão diretamente relacionados com ideias religiosas e mesmo fundamentados nelas. Dentre os exemplos há muito conhecidos, podem ser citadas a Psicologia de Jung e as inúmeras publicações de perspectivas esotéricas e transpessoais.[5]

A Psicologia da Religião não pode ser identificada também com o que vêm algumas vezes apresentado como *Psicologia e Religião* ou como *o diálogo entre a Psicologia e a Teologia*. Este campo, com um número razoável de participantes, é uma subárea da Teologia ou das pesquisas religiosas; as universidades e as faculdades, normalmente, estabelecem departamentos com estas designações (Fitzgerald, 2000, 2007; McCutcheon, 2003).

Desde que a Psicologia moderna passou a existir, um grande número de teólogos e pensadores da religião manifestou um vívido interesse por esta ciência dando especial atenção ao assunto que sempre foi a preocupação primeira também dos teólogos: a alma humana. Não vou aqui apresentar como a compreensão de *alma* mudou rapidamente e mesmo divergiu entre os dois campos acadêmicos de estudos, e como, especialmente, a Psicologia apressou-se em livrar-se logo do conceito de alma.

---

[4] Com isso não se quer dizer que esse tipo de conhecimento seja um conhecimento de menor valor que o científico! Ao contrário, e isto deve ficar claro, estou bem consciente do quão limitados são os conhecimentos científicos, especialmente nas ciências humanas como a Psicologia. Neste momento, quero apenas distinguir diferentes tipos de conhecimentos.

[5] Por mais interessantes que essas possam ser, normalmente, não são consideradas como parte da Psicologia da Religião, e não o são nem mesmo por alguns de seus próprios autores (Faiver *et al.*, 2001; Corbett, 1996; Young-Eisendraht e Muramoto, 2002; Young-Eisendraht e Miller, 2000).

O único ponto claro agora é que muitos teólogos, seja em vista de seu trabalho prático como agentes de pastoral, seja por causa de um interesse acadêmico mais sistemático, seguiram de perto os desenvolvimentos da moderna Psicologia e tentaram relacionar isso a seu próprio trabalho. Alguns até integraram parte da Psicologia em seu pensamento ou foram, pelo menos, profundamente influenciados pelo que a Psicologia ou alguns outros ramos do mundo acadêmico tinham a dizer sobre a experiência humana (Tillich, Panneberg, Schillebeeckx).

Tudo isso, entretanto, não constitui a Psicologia da Religião, compreendida de um modo bastante modesto e geral, como já mencionamos. Somente um pequeno número de teólogos voltou-se para a Psicologia da Religião no sentido exato; alguns deles acabaram se tornando psicólogos da religião, assumindo teorias, métodos e técnicas de alguma escola psicológica e elaborando condutas para a pesquisa empírica ou pelo menos para a produção de análises psicológicas dos fenômenos religiosos (Batson, Schoenrade e Ventis, 1993; Girgesohn, 1921/1930; Malony e Lovekin, 1985; Vergote, 1983/1997).

Mas no conjunto, os cultores da Psicologia da Religião ou do diálogo entre Psicologia e Teologia permaneceram mais interessados em temas teóricos amplos, em teorias psicológicas em geral, do que em levar adiante pesquisas psicológicas empíricas, seja sobre a "religião" seja sobre outro assunto afim (Angel, 2006; Crocket, 2007; Browning, 1987; Gundry, 2006; Homans, 1968, 1970, 1979, 1989; Jonte-Pace, 2001, 2003; Santner, 2001).

Para quem estiver primariamente interessado em temas teóricos, a *Psicologia e Religião* seria de longe muito mais atraente que as metas e resultados inevitavelmente muito limitados que qualquer Psicologia da Religião pode apresentar; esta no máximo se relaciona com a Psicologia e Religião como sendo um elemento bem pequeno num todo mais amplo (Jonte-Pace e Parsons, 2001). Em vista de sua formação e da necessidade de participar das discussões e dos ambientes de seus pares profissionais, os psicólogos da religião, seguindo as tendências do âmbito de toda a Psicologia, muitas vezes bitolaram suas pesquisas e reflexões, tendo em vista apenas uma pequena escala de questões. Com isso, não lidaram com questões que pudessem interessar aos estudiosos da *Psicologia e Teologia em diálogo*.

Estes últimos, até de modo típico, estão mais familiarizados com as dimensões mais teóricas de todas as escolas da Psicologia, como é o caso da Psicanálise. Por isso, os estudiosos das pesquisas religiosas normalmente lidam com as grandes, mas no momento um tanto quanto antigas, teorias de Freud e de Jung (Palmer, 1997; Vandermeersch, 1974/1991) e muito raramente com os desdobramentos recentes da Psicanálise (Jacobs e Capps, 1997; Jones, 1991, 1996; Leupin, 2004), e muito dificilmente têm presente outros ramos da Psicologia, estejam eles relacionados com a "religião" ou não (Gundry, 2006; Jonte-Pace e Parsons, 2001; Turner, 2008; e Watts, 2002).

Não gostaria que este capítulo se tornasse meramente uma enumeração de todos os tipos de Psicologias que, embora relacionados com "religião", não são Psicologia da Religião. Mencionarei ainda apenas mais uma categoria: a assim chamada *Psicologia Pastoral* (Klessman, 2004; Watts, Nye e Savage, 2002). O trabalho feito neste campo, normalmente, é de boa qualidade acadêmica, mas a intenção subjacente a ele é que o faz diferente da Psicologia da Religião no sentido próprio: a Psicologia Pastoral é útil para propósitos religiosos, é a Psicologia que ajuda o agente de pastoral, uma Psicologia desenvolvida e praticada para facilitar os objetivos das Igrejas (na maior parte das vezes, cristãs). Dificilmente encontramos aqui algo de errado, claro, e dentro do âmbito da Psicologia Pastoral as pessoas estão muitas vezes bem familiarizadas com a Psicologia da Religião e a empregam. A questão é que essa última é, em princípio, neutra nos confrontos com seu objeto: ela não quer nem promover, nem combater a "religião", ela somente quer analisá-la e compreendê-la (Belzen, 1995-1996).[6]

Uma reação crítica a tudo isso seria dizer que assim não sobra muita coisa da Psicologia da Religião. Isso é essencialmente correto. Se tomarmos, por exemplo, a maior organização do campo da Psicologia no mundo, a *American Psychological Association* (APA), e considerarmos sua subdivisão para a Psicologia da Religião, ela é de tamanho médio entre as subdivisões da APA. Mas isto não é tudo; devemos ter em mente que a grande maioria de seus mais de 2.500 membros não está muito interessada em Psicologia da Religião em seu sentido próprio.[7] A maior parte de seus membros é de psicólogos

---

[6] Admito que o quadro aqui apresentado é bastante simples e ao mesmo tempo bastante otimista: a maior parte dos psicólogos da religião deve ter razões pessoais para estar envolvida nesta empreitada, e também razões que podem, pelo menos parcialmente, ser chamadas de religiosas. Ainda assim, como em todas as ciências da religião, a Psicologia da Religião deve observar um *episteme* epistemológico no sentido husserliano: ela deve evitar propor juízos em termos axiológicos e no que tange à verdade ontológica da religião que ela estuda. Essa posição é difícil de manter e requer uma boa formação até para compreender isso. Entretanto, a tentativa de fazer justiça para com as religiões diversas da que o sujeito mesmo professa e ser crítico para com a sua própria é um elemento essencial para qualquer pesquisa sobre a religião que se queira ter por científica. No capítulo 6, voltarei a este assunto com mais detalhes.

[7] Para complicar as coisas, mas muito importante, e para fazer com que este relato seja fiel para com a situação real, devemos ainda pensar que, apesar de a Psicologia da Religião ser normalmente levada adiante por psicólogos, isso não é necessariamente o que acontece. Pesquisas clássicas foram publicadas por psiquiatras como Meissner (1992) e Rizzuto (1979), ambos trabalhando a partir da perspectiva da Psicanálise. Também temos estudiosos que vêm dos departamentos da Teologia ou das Pesquisas Religiosas ou que empregam essas referências e não raro contribuem genuinamente para os estudos psicológicos do fenômeno religioso. Apesar de normalmente se delimitarem a trabalhar com teorias psicanalíticas, eles muitas vezes escolhem tópicos interessantes como, por exemplo, a pessoa de Jesus de Nazaré (Capps, 2000; Watts, 2007), a Bíblia (Ellens e Rollins, 2004; Rollins, 1999), violência religiosa (Ellens, 2004; Jones, 2008) e muitos outros mais. Por outro lado, psicólogos algumas vezes trazem sua contribuição à literatura da Psicologia e Religião (Johnson e Jones, 2000; Olson, 2002; Roberts e Talbot, 1997). As distin-

com um interesse pessoal na "religião"; e desses, um bom número está interessado em integrar a "religião" em seu trabalho profissional, como é o caso dos que lidam com a Psicologia Clínica (Cashwell e Young, 2005; Frame, 2003; Fukuyama e Sevig, 1997; W. R. Miller, 2002; Richards e Bergin, 1997; Sperry, 2001; West, 2000).

Tenha-se presente que, antes de 1992 e por anos, a *Divisão 36* era chamada de *Psicólogos interessados em temas religiosos* e que estão em ação forças bastante fortes que gostariam tanto que se voltasse a este antigo nome quanto que fosse mudado para *Psicologia da Religião e Espiritualidade*.[8] A Psicologia da Religião, por isso, é um campo de estudos mediano em tamanho e tem um número limitado de especialistas no mundo.[9] Este campo está indo relativamente bem e merece *louvores*, embora se deva saber bem o que se louva e que tipo de louvor se faz.

Gostaria ainda de mencionar alguns indicadores da vitalidade deste campo, que inclui as muitas pesquisas empíricas, sintetizadas por Beit-Hallahami e Argyle. Em 1997, eles publicaram uma versão atualizada de seu *Social Psychology of Religion* (1975). Quando se comparam as duas edições é impressionante ver a quantidade de novos trabalhos empíricos que foram acrescentados. A mesma conclusão pode ser tirada quando se comparam as edições subsequentes da melhor síntese disponível da pesquisa empírica em geral, que é a elaborada por Hood e seus colaboradores (2009).

Há cerca de 20 anos não existia uma única *Introdução* para este campo de estudo publicada, mas temos, no momento, vá-

---

ções apresentadas neste capítulo não têm por objetivo apresentar categorias com limites muito rígidos, elas têm mais um valor heurístico.

[8] Veja-se a discussão disso nas diversas *Newsletter* da Divisão 36, do início deste século.

[9] Podem ser encontradas excelentes revisões das teorias do campo, especialmente das mais antigas, em Wulff (1997) e um panorama mais atualizado das pesquisas empíricas contemporâneas em Hood *et al.* (2009).

rias (Argyle, 2000; Hemminger, 2003; Loewenthal, 2000). Em grande parte, isto é o resultado de um número sempre crescente de pesquisas e de publicações na área, e também resulta do fato de que "religião" está cada vez mais deixando de ser um tabu no âmbito da Psicologia – pelo menos, é tabu numa extensão menor do que já fora alguns anos atrás.[10]

Se, por outro lado, perguntamos se houve progresso quantitativo na Psicologia da Religião, a resposta precisa ser mais modesta: depende de saber quanto aprendemos realmente a mais sobre a "religião" ao longo dos últimos 20 anos ou, ainda, se lidamos de modo mais adequado com a "religião" na pesquisa psicológica e nos outros ramos da psicologia em suas atividades profissionais. Gostaria então de chamar a atenção para um ponto bastante problemático.

Pesquisa psicológica em religião?

Muitos são os problemas com o objeto de estudo de nossa área. Como vimos, determinar o objeto da Psicologia da Religião como sendo a "religião" soa muito fácil, quase que tautológico. Entretanto, não é nada claro o que é "religião". Para resumir a *grosso modo* toda a literatura sobre a definição de "religião" (Plervoet e Molendijk, 1999; Greil e Bromley, 2003), deixe-me assinalar que "religião" é um termo muito amplo que realmente não dá conta de abranger a variedade de fenômenos pelo mundo afora chamados "religião" numa definição ou conceito único, onipotente, universal e válido (Feil, 1986, 1997; Fitzgerald, 2007; Haußig, 1999; Kippenberg, 2001). Para a Psicologia da Religião isto é um

---

[10] Mesmo a APA publicou recentemente um bom número de *best-sellers* sobre o assunto, tais como as obras de Richards e Bergin (1997, 2000); Shafranske (1996ª); Sperry e Shafranske (2005).

problema, mas não um problema especial ou específico: a definição ou conceituação de "religião" é um problema para todas as ciências da religião e pode, muito provavelmente, ser resolvido de um modo mais adequado por filósofos ou por fenomenólogos da religião do que por psicólogos da religião.[11]

Para os psicólogos, especialmente depois de terem tomado consciência das reflexões da psicologia da cultura, a solução pode consistir, pragmaticamente falando, em fazer pesquisas sobre fenômenos. Estes podem, com alguma *autoridade*, ser até mesmo somente o que o senso comum numa dada sociedade se refere como *religiosos*, *contanto que* – e isto é essencial – o psicólogo compreenda que os seus *resultados* não podem ser generalizados, pelo menos não facilmente, para outros fenômenos também chamados de *religiosos*.

Voltarei a isso, mas antes explico por que cheguei a esta proposta. Para os psicólogos, como para os demais cientistas da religião, seria muito mais adequado afirmar que eles estão pesquisando este ou aquele fenômeno desta ou daquela tradição, neste ou naquele lugar, do que afirmar ou sustentar que estão fazendo pesquisa sobre "religião". Como não existe necessidade alguma para os pesquisadores empíricos da religião de estabelecer o que deva ou não deva ser compreendido pela designação de "religião", eles podem voltar-se para o estudo dos fenômenos em geral que são aceitos como sendo religiosos. E seguindo William James, eu até recomendaria escolher casos intensos do que seja considerado religião ou religiosidade, em vez de casos liminares, limítrofes ou mais ou menos religiosos. Ainda que isto soe um tanto canhestro, talvez seja melhor seguir neste livro usando

---

[11] Pode, entretanto, contribuir para a reflexão sobre este problema até certo ponto, o que se verá no capítulo 7.

o termo "religião", compreendido no seu sentido problemático, mas estreito, como já assinalado acima.

A definição e conceituação de religião seria um assunto primeiramente para os filósofos da religião[12], mas existe ainda outra questão para a qual gostaria de chamar a atenção: teria a Psicologia da Religião algo a dizer, afinal, sobre este objeto difuso chamado religião?

Se esta questão for respondida de modo negativo, devemos perguntar-nos: O que a Psicologia da Religião esteve fazendo por mais de um século? O que realmente constitui o crescimento recente deste campo que seja algo diverso de simples aumento de atividades sob o rótulo *Psicologia da Religião*? É muito provável que tenhamos de admitir que a maior parte do trabalho em Psicologia da Religião não é sobre religião, nem mesmo estudos sobre fenômenos normalmente vistos como religiosos; não são pesquisas sobre rituais, orações ou martírios, nem sobre milagres, visões e aparições, e nem mesmo sobre culto, sacerdócio e santos, só para mencionar alguns poucos fenômenos comumente considerados como religiosos, ainda que nem sempre isso seja correto. Na melhor das hipóteses, a maior parte dos estudos da Psicologia da Religião lida com religiosidade, isto é, com a contrapartida individual e pessoal diante de alguns tipos de religião (Belzen, 2005a).

De um modo geral, isso é compreensível: a Psicologia é a ciência da *psique*, lida com o funcionamento do psiquismo, e como isso é mais facilmente estudado através de *sujeitos* individuais, a psicologia ocidental sempre teve uma inclinação para o individual e o pessoal. Vou tocar nisto apenas brevemente aqui, mas é uma tragédia o fato de que, quase sempre presente hoje em dia, a Psicologia não lida com indivíduos ou pessoas, mas sim-

---

[12] Provavelmente para os formados em *pesquisas religiosas*. Ver McCutcheon (1999, 2003).

plesmente com processos psíquicos presumivelmente isolados ou mesmo com apenas algumas variáveis (Fox e Prilleltensky, 1997). No âmbito da psicologia acadêmica o experimento é considerado o método ideal de pesquisa: capaz de detectar e de distinguir as variáveis que podem ser manipuladas sob condições experimentais, com isso gerando conhecimento sólido.

Um dos problemas com esta abordagem, entretanto, é sua limitada validade: mesmo se fosse possível dissecar os processos psíquicos em unidades que possam ser manipuladas e medidas, os resultados desses estudos em ambientes laboratoriais dificilmente seriam aplicáveis às situações da vida cotidiana fora do laboratório, pois são muito mais complexas e de longe muito menos previsíveis, e quase mesmo incontroláveis. Além disso, no que diz respeito à religião, pode-se imaginar se ela é mesmo um objeto *submissível* à experimentação. A Psicologia da Religião naturalmente se orienta pela psicologia geral, e por isso um bom número de psicólogos da religião busca distinguir somente essas variáveis, ainda que devamos considerar que a maior parte dos estudos empíricos não são experimentais, mas sim correlacionais (Hood e Belzen, 2005).[13]

Seguindo essas tendências da Psicologia geral, a Psicologia da Religião centrou sua atenção na religiosidade individual (Hill e Hood, 1999), muitas vezes balizada somente por escalas de referência e correlacionando um tema com outro, por exemplo, satisfação geral e bem-estar subjetivo, stress, ajustamento, perturbações afetivas, traumas e intervenções, drogadicção, cuidado com idosos portadores de deficiências, abusos, pressão sanguínea, *burnout* etc. Mesmo assim, pode-se perguntar se a psicolo-

---

[13] O autor usa o termo *Psicologia Geral* para dar conta da tendência epistemológica preponderante no âmbito dos estudos e usos da Psicologia; tendência esta que seria por sua vez a assumida pelos diversos ramos das ciências psicológicas [NT].

gia geral não teria cometido um grande equívoco teórico e metodológico nessa focalização quase que exclusiva no individual. A Psicologia tem feito isso graças a um esforço de valor duvidoso de espelhar-se nas ciências naturais: ela *naturaliza* seu objeto de estudo. Seu *modus operandi* está marcado pela dessubjetivação e pela descontextualização na medida em que ela busca produzir, com isto, resultados válidos e universais.

É precisamente este último pressuposto que, apesar de tudo, deve ser desafiado, como foi o caso de outros aspectos na história da Psicologia de tempos em tempos. Mesmo o fundador da psicologia experimental, Wilhelm Wundt, já contestou essa visão de que para compreender os sofisticados processos psíquicos deve restringir-se a pesquisar indivíduos. Como outros estudiosos deixaram claro, numerosos processos psíquicos – o pensamento, a aprendizagem, a memória etc. – são dependentes e mesmo condicionados pela linguagem e outros aspectos de nossa aculturação (Cole, 1996). O relacionamento entre o funcionamento do psiquismo e a cultura não pode ser estudado experimentalmente, mas precisa ser estudado através de métodos desenvolvidos por outras ciências humanas e sociais tais como a história, a sociologia, a antropologia e outras mais. Wundt já concluíra então que a Psicologia deveria constituir-se em dois ramos: uma psicologia do indivíduo, experimental e fisiológica, e outra que ele denominou de *Völkerpsychologie*, o que hoje talvez pudéssemos chamar de Psicologia Social científica ou talvez, ainda melhor, de Psicologia Cultural.[14]

Na opinião de Wundt, a Psicologia não deveria tomar por objeto somente os processos psíquicos individuais, mas também

---

[14] Aqui os tradutores fizeram uma opção prática: *Cultural Psychology* poderia ser traduzida por *Psicologia da Cultura* ou por *Psicologia Cultural*. Optou-se por esta segunda, mais por motivos eufônicos, como se verá adiante [NT].

tópicos como a linguagem, a justiça, a ética, os costumes, a sociedade e a religião. Todos estes, claramente, são elementos da cultura: nenhum deles é produzido por um indivíduo isolado, mas são produtos de ações coordenadas por uma pluralidade de pessoas. A linguagem, por exemplo, não depende de um indivíduo, mas exatamente o oposto: para falar, um indivíduo deve adaptar-se a uma linguagem já pré-existente. O mesmo acontece com outros domínios da cultura: para sobreviver e tornar-se um ser humano, todas as crianças devem aculturar-se, tornar-se participantes de uma cultura. Segundo Wundt, isso se aplica igualmente à religião, e por isso ele declara que o estudo psicológico da religião somente será possível através da Psicologia Cultural.

Do meu ponto de vista, essa percepção de Wundt continua em grande parte válida. Discutirei isso adiante, mas lembro desde já ter sido trágico que a opinião de Wundt tenha sido tão rapidamente esquecida em favor de sua psicologia experimental e individual. Existem muitas razões para isso que não cabe apresentar aqui, uma vez que este não é um estudo de História. Mas uma certamente muito importante foi o surgimento do behaviorismo nos Estados Unidos, que expressamente centrou sua atenção nos indivíduos, amplamente desconsiderando o fato de que eles interagem com a cultura. Além disso, nas *promessas* dos primeiros tempos da Psicologia existiam muito mais lugares-comuns que resultados convincentes.

Wundt desenvolveu suas ideias ao mesmo tempo em que filósofos como Dilthey e Rickert diferenciavam as ciências em ciências naturais e humanidades ou ciências culturais. Aqueles que trabalharam no ambiente científico mais tarde chegaram à conclusão de que o funcionamento do psiquismo humano pode ser e na realidade é muito diferente em outros tempos e lugares. Entretanto, eles ainda não tinham instrumentos adequados – isto é, teorias, conceitos ou métodos de pesquisa – para explorar e conceituar essas percepções. Wundt mesmo não tinha as ferramentas essenciais e empregava noções como *espírito do povo e alma do povo, história e pré-história, indivíduo e sociedade*, e nenhum deles é conceito psicológico.

Mesmo então, e cada vez mais desde aquele tempo, os psicólogos se orientaram, em sua grande maioria, pelas ciências naturais tidas como mais prestigiosas e com isto perderam de vista o componente científico social de sua área de estudos. Desde então, muitas teorias compatíveis com os reclamos de Wundt, em vista de uma Psicologia Cultural, foram desenvolvendo-se ainda que não fossem normalmente aplicadas no âmbito da Psicologia da Religião; muitas vezes mesmo essas teorias foram negligenciadas, como aconteceu com os *Princípios* de William James (Belzen, 2005b; 2006), ou foram formuladas por pessoas que passaram a ser vistas não mais como psicólogos no campo da historiografia da história da Psicologia, como foi o caso de George Herbert Mead e Norbert Elias.

Ao dizer isso, não estou ingênua e simplesmente propondo uma *volta a Wundt* ou a qualquer outro *ancestral* neste livro. A história vai adiante de modo caprichoso, e no mínimo dialético; não há como voltar para uma posição do passado, mesmo porque não haveria grande vantagem prática nisso. O que podemos e vamos fazer é tomar consciência do que nossos antecessores disseram e fizeram e aproveitar isso no momento atual. Além do mais, Wundt estava exagerando: apesar de concordar que a religião seja claramente um fenômeno que acontece no nível da cultura, e não do indivíduo, discordo de sua posição segundo a qual a pesquisa da religiosidade individual é inútil. Vejo a religiosidade como um dos assuntos da Psicologia da Religião, mas dois pontos devem aqui ser levados em consideração: primeiro, a religiosidade deve ser estudada como o resultado da imersão do sujeito na religião no nível cultural, e, segundo, a Psicologia não deve esquecer-se de dizer algo sobre a religião também como um fenômeno cultural.

Muito disso pertence também à espiritualidade, à qual um bom número de psicólogos da religião passou a ver recentemente como sendo o principal *assunto* da Psicologia da Religião.[15] Nos capítulos seguintes deste livro tentarei buscar uma Psicologia da Religião que inclua a *espiritualidade* e a *religiosidade* do ponto de vista da Psicologia Cultural. Pode ser cansativo aos leitores ver estes termos sempre destacados e, além disso, frequentemente detalhados em nuances de significados. Sendo assim, daqui para frente escreverei religiosidade e espiritualidade, bem como o termo religião, sem realces, mais por razões de simplicidade e de elegância. Não se entenda disso que exista uma compreensão unívoca e clara desses termos e nem que eu esteja assumindo que exista um *núcleo comum* para tudo o que se esteja chamando de religião, religioso, espiritualidade ou espiritual (Hill, 2000; Hill e Pargament, 2003; Hood, 2003a; Zinbbauer e Pargament, 2005).

Como disse anteriormente, isto não é assunto para ser estabelecido por psicólogos. Para o psicólogo, a saída está em fazer pesquisas sobre pessoas, fenômenos, eventos e em geral sobre acontecimentos que outros, não psicólogos, designam como religioso ou religião. Como já mencionei, mais adiante *defenderei* melhor isso. Do ponto de vista da Psicologia Cultural, minha proposta será a de pesquisar esses fenômenos que são claramente reconhecidos como religiosos numa dada cultura, e não tirar conclusões quanto ao verdadeiro e o válido para todas as religiões, uma vez que não existe essa religião-em-geral ou não existe essa religião separável de outras entidades e manifestações culturais. Desejar essas conclusões é inapropriado quando se pesquisa qualquer fenômeno que seja significativo na agen-

---

[15] No capítulo 6 lidarei melhor com este assunto e com as possibilidades e problemas a ele relacionados.

da da Psicologia Cultural: pesquisar o que deve ser verdadeiro para todo o agir humano, desconsiderando o contexto cultural, *não* é o objetivo da Psicologia Cultural. Mas pode muito bem ser objetivo em outros ramos da psicologia, como a Psicologia Evolucionária, a Neuropsicologia ou a Psicologia Fisiológica.

Reconhecendo a importância dessas abordagens em si como simplesmente parciais como qualquer outra abordagem psicológica da cultura, um psicólogo da cultura pode muito bem ser *motivado* a buscar compreender o impacto da cultura, mesmo nos níveis em que estas psicologias estão operando, e não sem motivos para tanto. É questionável pensar que um agir humano específico possa existir sem uma relação com a cultura. Não buscando *resultados* que sejam válidos para sempre e em todos os lugares, a pesquisa da Psicologia Cultural sobre formas específicas de religião enseja a presença de hipóteses heurísticas quanto aos possíveis vínculos entre a religião e o agir humano em outros lugares e em épocas diversas e sobre os modos como estudar essa fenomenologia.

As relações entre a Psicologia Cultural e a Psicologia da Religião

Naturalmente, nesta altura a questão poderia ser o que seja ou o que se entenda por Psicologia Cultural. Creio que aqui seriam suficientes apenas algumas palavras, especialmente para deixar clara a relação com outras abordagens psicológicas do estudo da religião. Antes de tudo, exatamente como a religião, falarei, no geral, de Psicologia Cultural, no singular, ainda que isto não seja muito correto: não existe algo como uma única Psicologia Cultural. O que existe na realidade são as teorias da Psicologia Cultural e, de fato, um grande número de abordagens e conceitos da Psicologia Cultural. Só por praticidade falamos em Psicologia Cultural como se isto fosse uma realidade homogênea.

Mas as perspectivas da Psicologia Cultural referidas ou esquematizadas nesta obra não devem ser confundidas com a Psicologia Transcultural: são abordagens diferentes lidando com concepções diversas de cultura. A Psicologia Transcultural lida com uma compreensão de cultura um tanto quanto tradicional, concebendo-a como uma variável que possivelmente influencia o comportamento e comparativamente estuda como as experiências, os comportamentos, as atitudes, as relações sociais etc. se apresentam no âmbito das diversas condições culturais. A Psicologia Cultural, ao contrário, realça que tudo isso é essencialmente cultural: tudo é o efeito da cultura, e não o contrário, isto é, que apenas são aspectos ou dimensões influenciados pela cultura. Todos os padrões de comportamento, de pensamento e de experienciar são criados, adotados e promovidos por certo número de indivíduos numa ação conjunta. Esses padrões são supraindividuais – sociais – em vez de individuais e são *artefatuais*, e não naturais.

Por isso, os fenômenos psicológicos são culturais na medida em que são artefatos sociais, isto é, na medida em que seu conteúdo, *modus operandi* e dinâmica de relações são (a) socialmente criados e partilhados por número de indivíduos e (b) integrados com outros artefatos sociais (Ratner, 2002, p. 9). Por ser uma abordagem interdisciplinar, a Psicologia Cultural tem vários *aliados* naturais: como a conduta e o agir humanos mudam ao longo do tempo e como todo estado das coisas precisa de uma explicação genética, a Psicologia Cultural alinha-se com os conhecimentos da história para interpretar o presente. Quando se estudam assuntos contemporâneos, ela também se relaciona com campos da ciência como a Sociologia, Etnometodologia e Antropologia. Especialmente quando lida com temas não ocidentais ou quando faz comparações entre assuntos similares de diversos países é que pode ocorrer a confusão com a Psicologia Transcultural (Berry, 1992; Bouvy, 1994; Grad et al., 1996;

Moghddam et al., 1993). Mas, de novo, esta última abordagem parte dos testes e constructos da Psicologia ocidental para analisar sua *presença* em outras culturas, enquanto a Psicologia Cultural inclina-se mais para a fundamentação de categorias teóricas em termos de culturas específicas das quais elas são derivadas (Much, 1995).

Voltemos agora para o relacionamento entre a Psicologia Cultural e a Psicologia da Religião como ele é considerado hoje. Vamos assumir uma espécie de *metanível*, isto é, não dar um relato das metas e resultados tanto da Psicologia Cultural como da Psicologia da Religião, mas compará-los uns com os outros. Alguns comentários, ainda que breves, nos ajudarão a levar os dois campos para o centro da atenção comum.

Como já mencionamos, do ponto de vista da perspectiva histórica, os campos da Psicologia Cultural e da Psicologia da Religião têm inúmeras coisas em comum. Ambos eram proeminentes na época em que a Psicologia se desenvolveu num ramo independente em termos de áreas de estudos e de pesquisa; ambos sofreram com o estreitamento da perspectiva da Psicologia e ambos estão de novo de volta[16].

A história similar, entretanto, levou a grandes mudanças em suas relações. De início elas estavam bem relacionadas, como no caso de Wundt, mas hoje em dia quase não existe mais sobreposição entre os dois campos, e uma nova aproximação precisa ser levada adiante, para benefício, em especial, da Psicologia da Religião. De fato, cada manual de Psicologia da Religião dedica um capítulo à religião, mas os manuais de Psicologia da Religião e Espiritualidade não mencionam nada da Psicologia Cultural.

---

[16] Confira-se, quanto a este assunto, a publicação quase simultânea dos manuais de Psicologia Cultural por Kitayama e Cohen (2007), e Valsiner e Rosa (2007); e o manual de Psicologia da Religião e Espiritualidade de Bucher (2007), e Paloutzian e Park (2005).

Toda e qualquer conduta humana significativa é cultural, mas alguns domínios do agir psíquico humano são mais culturais que outros.

É evidente que fenômenos tipicamente estudados em termos de psicofisiologia têm menos tendência de sofrer a influência cultural que os fenômenos perceptivos; e estes, por sua vez, são menos culturais em sua natureza que aqueles que os psicólogos da personalidade estão estudando. Fenômenos como o nacionalismo, a honra, a gratidão e muitos mais que precisamente constituem o mundo humano são quase totalmente culturais, entretanto. Isso não impede que por motivos didáticos, devamos fazer com que interajam de vez em quando, isto é, que o nível do funcionamento da psicofisiologia humana possa ter um papel importante no estudo dos fenômenos humanos.

No agir humano, todos os níveis que podem ser discretos na análise psicológica são relevantes! Os fenômenos psíquicos como o desenvolvimento cognitivo, a capacidade de dar um sentido às experiências, o luto, a memória, a experiência de si – qualquer que seja o modo como venham conceituados – e que são processos centrais para a genética, para a fisiologia, a neurologia e muitas outras ciências muito evidentemente têm um lugar importante nos estudos psicológicos. A questão é que, para uma compreensão em conjunto de certos fenômenos em foco aqui, às vezes a abordagem de um ângulo da Psicologia pode ser mais relevante que para um outro. Para estudar as diversas modalidades de *formação da identidade* que podemos encontrar nas diversas culturas ou os aspectos psíquicos de práticas divergentes em diferentes religiões, alguém pode ser mais bem-sucedido com uma abordagem que leve em conta os fatores históricos e socioculturais do que com uma abordagem embasada somente na biopsicologia.

Não queremos dizer que a última abordagem é impossível, pois recentemente inúmeros estudos têm sido publicados integrando bem as perspectivas da psicologia cognitiva e as antropológicas e até mesmo as pesquisas arqueológicas (Cohen, 2007; Whitehouse e Laidlaw, 2004; Whitehouse e Martin, 2004). O comentário que um psicólogo da cultura faria aqui seria dizer que o agir cognitivo enquanto tal não seria universalmente idêntico; também neste aspecto encontramos o impacto da cultura (Kotre, 1995; Miller, 1999;Wang e Ross, 2007).

Se compreendermos isso corretamente, podemos superar dois dos equívocos mais comuns. Primeiro, que os psicólogos culturais[17] fazem sempre ou somente estudos que lidam com pesquisas sobre fenômenos que são mais culturais em sua natureza. Os psicólogos culturais não se envolvem somente em pesquisas de fenômenos culturais tais como a cidadania, o comércio, o casamento, a circuncisão etc. Os psicólogos culturais podem estudar todos os outros objetos que os psicólogos em geral pesquisam, mas eles estão especialmente atentos àquilo que neles, nos fenômenos, é provocado e *regulado* pela cultura.

Segundo, que, agindo assim, os psicólogos culturais não buscam primeiramente compreender o funcionamento complexo em termos de teorias engendradas para explicar um agir menos complexo, o que seria, em linhas gerais, um reducionismo. Sem negar que alguns fatores são mais próprios do funcionamento psíquico menos complexo e mesmo que são mais significativos nessa instância, os psicólogos culturais voltam-se para abordagens sensíveis ao cultural para se discutir um fenômeno em tela. Eles fazem isso chegando até a um ponto em que um bom número de psicólogos com diferentes orientações levantou acusações de assim terem abandonado totalmente a Psicologia e estarem,

---

[17] Julgamos melhor traduzir *Cultural Psychologist(s)* não por *psicólogo(s) da cultura*, mas por *psicólogo(s) cultural(is)*, na esteira de termos como *psicólogo clínico*, por exemplo [NT].

na realidade, lidando com História, Sociologia, Antropologia ou outra abordagem *cultural* qualquer.

Como tentarei demonstrar, esta é uma reprovação que seria muito bem compreensível há algumas décadas atrás, mas que não é mais válida na atualidade, pois os psicólogos culturais já desenvolveram e esquematizaram um grande número de teorias e conceitos que buscam dar conta precisamente do nexo entre a *cultura*, independentemente de como venha a ser compreendida, e o *agir psíquico humano*, também qualquer que seja a definição que se lhes dê. De fato, o seu *modus operandi* nas pesquisas em situações reais da vida caracteriza-se pela abordagem interdisciplinar, trabalhando junto com antropólogos, sociólogos, historiadores, folcloristas, linguistas e colaboradores de outras disciplinas ou ciências que possam ajudar a responder às suas questões (Boesch e Straub, 2006; Straub e Werbik, 1999).

Nesta exposição resumida devem ficar claras algumas diferenças maiores entre a Psicologia Cultural e a Psicologia da Religião. É verdade que ambas se caracterizam pela multiplicidade; como a Psicologia Cultural, assim também a Psicologia da Religião pode ser conduzida de diversos modos. Toda Psicologia que almeje ser mais ampla que uma simples ideia ou conceito deve levar em conta a natureza cultural do agir psíquico humano.

Ainda que toda e qualquer Psicologia possa ser empregada na pesquisa da religião, isto não deve *necessariamente* ocorrer. Se a pesquisa e a teoria de Psicologia da Religião contribuem em algo, isso está em esclarecer que a religião não é uma propriedade do psiquismo em seu agir. É o oposto: em todas as religiões se manifesta todo o psiquismo em seu agir. Por isso, a pesquisa que focaliza as dimensões psicofisiológicas de um tipo da prática de oração é bem possível, como é possível também sob o ângulo da psicofisiologia estudar a natação, a leitura, o planejamento de férias.

Para compreender por que uma criança reza para Alá e outra para a Virgem Maria, ou mesmo para compreender por que essa oração acabou por se tornar tão importante para um adulto de modo que ele prefira morrer a parar de praticá-la, os conhecimentos da psicofisiologia não estão em primeiro plano. Na exploração das particularidades de um comportamento religioso, de fato nada encontramos de constantemente verdadeiro em todo comportamento chamado religioso; nem mesmo a oração é considerada a mesma em todas as religiões ou revestida de importância central, como no exemplo citado. Nem as atitudes, os sentidos, as emoções e as práticas que a acompanham são as mesmas. Neste caso, deve-se seguir o conselho de se assumir abordagens culturais.

Mas isso é assim naturalmente só no caso de estarmos interessados em fazer pesquisas sobre todo e qualquer tipo de conduta religiosa. Essa pesquisa não é um pré-requisito que deva ser cumprido para que uma Psicologia seja sadia. Para os diversos tipos de Psicologia, a religião é antes de tudo um campo de estudos a ser abordado. A religião pode ser estudada a partir de qualquer Psicologia ainda que algumas perspectivas psicológicas sejam mais adequadas. Entretanto, essa pesquisa da religião não é um tema urgente para a Psicologia; é urgente para as pessoas interessadas em religião, por quaisquer que sejam as razões, e por fim acaba sendo exigido pela sociedade, uma vez que a religião é de grande importância para um número considerável de pessoas em quase todas as sociedades. Na medida em que a Psicologia da Religião tiver alguma importância, ela a derivará inteiramente da relevância que a religião possa ter para as sociedades e para os indivíduos.

Sintetizando isto na forma de *slogans* diríamos que a Psicologia Cultural não lida somente com cultura ou com artefatos culturais etc. Os pontos de vista dela deveriam ser incluídos e considerados por qualquer psicologia. A Psicologia da Religião é um campo heterogêneo, consistindo de todos os esforços envidados para compreender os fenômenos religiosos a partir das perspectivas de toda Psicologia que de algum modo possa ser aplicada à religião. A Psicologia Cultural, compreendida como formas de psicologia *sensíveis* à cultura, é algo inquestionável, pois as psicologias que negligenciam a natureza cultural do agir do psiquismo humano saem perdendo, enquanto a religião como tema pode ser deixada de lado por um longo tempo antes que uma psicologia qualquer venha a ser criticada como inválida.

Pode-se agora fazer um bom número de comparações entre Psicologia Cultural e a Psicologia da Religião, sem grandes elocubrações. A Psicologia Cultural é bem ampla e, em princípio, um campo em aberto. Já a Psicologia da Religião é, por sua vez, um campo mais limitado, uma vez que lida somente com *religiões*, por mais amplo que alguém possa definir este fenômeno. Ambos os campos de pesquisa estão se desenvolvendo hoje muito rapidamente. Mas enquanto as contribuições da Psicologia Cultural aparecem em todos os continentes, a Psicologia da Religião é um campo de estudos levado adiante quase que exclusivamente nos Estados Unidos; parece que a APA seja a única organização da Psicologia que tem uma subdivisão para a Psicologia da Religião. A área da Psicologia Cultural é, por sua vez, infinda. Lida, em resumo, com todos os fenômenos psíquicos, filtrados pela natureza cultural do ser humano, mais todos os fenômenos culturais filtrados agora por seus aspectos psíquicos. A Psicologia da Religião trata, em princípio, de um subconjunto de fenômenos, de certo número de fenômenos culturais aos quais denominamos fenômenos religiosos. E ainda que o número dos objetos passíveis de estudo da Psicologia da Religião seja sem-conta, na realidade, esta subárea de estudos lidou quase que exclusivamente com assuntos da parte ocidental do cristianismo, isto é, o protestantismo e a Igreja católica, com algumas honrosas exceções dos estudos de *cultos* ou de *novos movimentos religiosos*.

No máximo se poderia dizer que a Psicologia da Religião tem lidado somente com as tradições monoteístas, como pode ser exemplificado na literatura recente (Hood *et al.* 1996; Spilka *et al.*, 2003), que traz até na capa a Cruz, a Lua Crescente e a Estrela de Davi como ilustração. Por outro lado, mesmo uma capa assim engana quanto à situação efetiva, uma vez que quase não existem estudos em chave psicológica das formas islâmicas de religião. A heterogeneidade no âmbito da Psicologia Cultural é muito mais ampla que a da Psicologia da Religião: os psicólogos culturais fundamentam-se, em sua maioria, em teorias que têm uma base preponderante da psicologia social e da personalidade, da psicanálise e da psicologia do desenvolvimento.

Em contraste com o enorme número de tópicos de estudos considerados pela Psicologia, os psicólogos da religião, em geral, restringem-se a tópicos como a experiência religiosa, a socialização e o desenvolvimento da religiosidade durante o arco da vida e alguns temas relacionados com a saúde mental. Tenhamos em mente, entretanto, que sob este rótulo quase tudo pode ser contemplado, mas de fato normalmente significa apenas os fenômenos referidos como conversão ou misticismo.

Em qualquer *Introdução* facilmente podem ser vistos estes elementos aos quais inúmeras publicações agregam as assim chamadas orientações intrínsecas e extrínsecas da religiosidade. Sendo um campo de *aplicação*, a pesquisa em religião nunca levou em conta as inovações no âmbito da psicologia. São numerosas as teorias psicológicas aplicadas à religião, mas nenhuma teoria jamais foi desenvolvida por causa da pesquisa sobre a religião. A Psicologia Cultural, ao contrário, corre o risco de perder-se num campo tão expandido das *novas ideias*, embora muitas delas necessitem ainda ser avaliadas ou verificadas para se saber se são válidas e, além disto, de fato *novas*.

Mais uma vez: Os modestos objetivos deste livro

Dentro do quadro que descrevemos pode-se concluir que não há muito espaço para o relacionamento entre a Psicologia Cultural e a Psicologia da Religião. Esta conclusão é essencialmente correta. Embora alguns psicólogos culturais aqui e ali se refiram ao fenômeno religioso, ainda que de passagem (Boesch, 2000; Gergen, 1993, 1999; Gone *et al.*, 1999; Much e Mahapatra, 1995; Sampson, 1996) ou quando queiram dar um exemplo, dificilmente se pode dizer que existe uma teoria no campo da Psicologia Cultural sobre algum fenômeno religioso que tenha sido bem elaborada ou alguma atividade religiosa específica que tenha recebido um espaço apropriado de pesquisas. Também o número de estudos sobre a Psicologia da Religião sob o ponto de vista específico da Psicologia Cultural é muito limitado. Claro que da perspectiva psicanalítica sempre houve pesquisas em religião (Belzen, 2009; Black, 2006; Faber, 2004; Meissner, 1984; Vergote, 1978/1988; Winer e Anderson, 2007). Mas são limitadas em número e não raro não são muito sensíveis ao caráter cultural da religião.

A situação requer mudanças urgentes e as mais radicais possíveis. Uma vez que nenhuma forma de agir religioso é universal, e também que nenhuma forma da ação psíquica no religioso pode ser compreendida de modo adequado sem levar em conta os fatores culturais, a Psicologia da Religião deveria estar dentro dos campos paramétricos da Psicologia buscando a inclusão do cultural em suas teorias e métodos. Como isto não está acontecendo, a Psicologia da Religião está sob pressão e em situação de urgência na aproximação com a Psicologia Cultural. De que modo poderia este livro contribuir para esse nobre fim?

Existem várias possibilidades, muitas das quais não acolhi, que merecem um aceno. Uma seria a *revisão* da Psicologia da Religião como a conhecemos hoje em dia. Esta revisão levaria à conclusão de que *a* Psicologia da Religião não existe, mas existe um grande número de publicações, partindo de várias perspectivas, sobre o fenômeno religioso. A partir daí se trataria de sinalizar onde, por que e como a presença da Psicologia Cultural seria necessária ou quais seriam as melhorias úteis. Não é preciso dizer o quanto essa abordagem seria tediosa e de uma arrogância inaceitável; como se alguém da perspectiva da Psicologia Cultural pudesse dizer para os demais da Psicologia da Religião em que eles erraram e lhes dizer o que deveriam fazer! Essa abordagem seria totalmente estranha à pluralidade que defendo. Não penso que muitas das abordagens psicológicas existentes devam ser excluídas ou proibidas; o que proponho é a extensão do número das abordagens na pesquisa psicológica da religião com a inclusão das da Psicologia Cultural. Espero apresentar razões suficientemente boas para isso ao longo desta obra.

Outra possibilidade, apesar de parecer um tanto irrealista, seria desenvolver uma teoria da Psicologia Cultural que explicitamente focalizasse ou pelo menos incluísse as religiões ou uma entidade cultural qualquer assim designada. Isto seria, certamente, mais interessante, e esperamos que alguém bem ambicioso faça isso no futuro. É um tanto fantasioso, uma vez que dificilmente alguém que já tenha se proposto a elaborar uma nova teoria psicológica tenha depois disto apresentado algo de válido. Esse não é o caminho da ciência ou o modo como os cientistas procedem. Esta possibilidade seria, além disso, estranha à outra convenção firmemente estabelecida de minha parte, de que uma vez que já existem tantas abordagens e teorias interessantes e valiosas, algumas das quais abandonadas ou esquecidas sem uma boa razão para isto, é desnecessário desenvolver outra nova. Antes disso, deixemos as abordagens psicológicas existentes mostrarem o que elas são capazes de realizar quando se voltam para a religião como um possível objeto de pesquisa.

A terceira possibilidade seria tentar rever as teorias da Psicologia Cultural existentes em suas possíveis relações com as pesquisas em religião. Ainda assim, isto seria, como se diz em holandês, uma espécie de *nadar no seco*, um trabalho inútil, uma vez que teríamos muito poucas pesquisas efetivas para relatar, e isso resultaria, na maior parte, em simples articulação de esperanças e desejos, sem muita possibilidade de implementação efetiva.[18]

Ainda outra possibilidade seria a de apresentar uma pesquisa de alguns fenômenos religiosos em toda a sua profundidade, ou pessoas, ou eventos, na perspectiva da Psicologia Cultural. Isso, mais uma vez, é certamente interessante e adequado. Essa foi a possibilidade que sempre escolhi em meu próprio trabalho (Belzen, 2004a), mas ela tem sérios limites também. Antes de tudo, apesar de toda a energia, tempo e recursos que se requer para se chegar a essa pesquisa completa, ela no fim seria somente *uma* pesquisa, tenha a qualidade que tiver. Seria somente um exemplo e nada mais. E uma segunda limitação, no que diz respeito a meu trabalho: a pesquisa teria lugar no contexto holandês, e, deixando-se de lado as dificuldades da tradução, por que deveria haver tanto interesse nos resultados de uma pesquisa sobre um fenômeno religioso holandês? Como já sinalizei brevemente, e como deverá estar mais claro nos capítulos seguintes, os resultados das pesquisas da Psicologia Cultural são primeiramente válidos no contexto em que a pesquisa foi levada adiante; não são facilmente generalizáveis para outros contextos. Uma boa pesquisa cultural dificilmente pode ser replicada ou mesmo

---

[18] No texto original não aparece a expressão holandesa. A expressão aí contida é a sua tradução para o inglês, *swimming on the dry*: nadando no seco [NT].

repetida; ela deduz seu valor a partir de outros critérios com os quais se lida adequadamente, como veremos adiante.

Na melhor das hipóteses, uma pesquisa da Psicologia Cultural é inspiradora para outras, levantando hipóteses, ou talvez objetando algumas outras, animando pesquisadores no engajamento em algo similar, convidando outros para tentarem algo parecido. A maioria dos estudos da Psicologia Cultural não pode aspirar a ter um valor paradigmático no sentido clássico discutido por Kuhn (1962), e dificilmente qualquer outra pesquisa psicológica poderia fazê-lo. Mas pode-se com isso oferecer um exemplo, isto é, apresentar para outros contextos como se procedeu e que tipos de resultados foram encontrados em uma pesquisa específica.

Com esta quinta possibilidade, pode-se certamente apresentar melhor o arrazoado e os motivos que alguém possa ter para fazer o que fez, em vez de cansar o leitor com detalhes de um contexto alheio. O risco que se assume com esse empreendimento é evidente: para leitores de alguns contextos ou países, esse relato breve, sem dúvida, estará fadado ao fracasso em seu intento de apresentar conhecimento e competência culturais, uma vez que faltariam uma descrição insuficientemente densa, no sentido de Geertz (1973), e uma análise mais profunda. De um não especialista precisamente podemos esperar a reação oposta: por que todos esses detalhes, por que todas essas reflexões sobre algo com o que o leitor provavelmente nunca vai se encontrar? Esses riscos, entretanto, devem ser assumidos, pois os limites e o enquadramento local dos resultados são *endêmicos* a todas as pesquisas em Psicologia e, conforme Geertz (1983), provavelmente não somente neste tipo de pesquisa.

Precisamente, por esta razão, apresento uma pequena informação histórica de algumas teorias da Psicologia Cultural nos capítulos 7 e 8, e isto não é feito para escrever história. Esses capítulos não são pesquisas sobre história, mas mostram o enquadramento situacional de todo o teorizar e de todas as teorias psicológicas. As ideias nunca caem do céu, mas especialmente nas ciências sociais e humanas o teorizar está intrinsecamente vinculado a seus diversos contextos, também ao contexto das descobertas, pois culturas diferentes levam a teorias diferentes, e acontece o mesmo nos diferentes períodos do tempo numa mesma cultura.

Apesar dos riscos, e existem mais além dos que eu mencionei, optei por esta última possibilidade. Por isso, este livro não é um manual sobre a Psicologia Cultural da Religião. Agora deve estar claro que este tipo de coisa não existe ainda. Não é uma síntese da Psicologia Cultural em geral, nem mesmo é uma introdução sistemática à pesquisa sobre religião do ponto de vista da Psicologia Cultural. O objetivo é muito mais modesto: este livro busca apresentar certo número de *convites* para a Psicologia Cultural de Religião e, na melhor das hipóteses, ele deveria funcionar como um aperitivo, como *um passo na direção* das abordagens da Psicologia Cultural da Religião.

Uma primeira parte da obra sublinha e situa a Psicologia Cultural, como a entendo, e articula o que considero importante nela. Concebida como uma abordagem interdisciplinar, necessariamente levada adiante em combinação com outras ciências da cultura, ela proporciona uma oportunidade de abordar o fenômeno religioso, em especial o que se quer estudar numa situação mais próxima da *vida real* do que outras abordagens da Psicologia. Muitas vezes impulsionada pela teoria e interessada em questões teóricas fundamentais, a abordagem da Psicologia Cultural *se propõe* resolver alguns dos antigos debates que atingiram a Psicologia da Religião ao longo de mais de um século.

Em uma segunda parte deste livro, a esperança é que fique claro para o leitor que existe um leque de teorias e conceitos da Psicologia Cultural, muitos dos quais podem ser bem empregados na pesquisa da religião, da religiosidade e da espiritualidade.

E, finalmente, em uma terceira parte, busca-se convencer o leitor de que com todas as limitações que vêm com ela é possível, e mesmo valioso, aplicar as perspectivas da Psicologia Cultural na pesquisa dos fenômenos religiosos. Ali apresento alguns exemplos de pesquisa empírica interdisciplinar sobre os fenômenos relacionados com as subculturas religiosas holandesas que casualmente são um de meus objetos de estudo. Isto é, os exemplos foram tomados de áreas em que as perspectivas psicológicas podem ser combinadas com métodos e pontos de vista de outras ciências sociais como a Antropologia (capítulo 9), a Psicopatologia (capítulo 10), a História (capítulos 10 a 12) e a Sociologia (capítulo 12). Deixo ao leitor a tarefa de avaliar se a Psicologia contribui mesmo com algo para o estudo dos fenômenos em questão. Nenhuma destas pesquisas serve como modelo, mas o mínimo que podemos dizer é que, provavelmente, sem o emprego e a integração da Psicologia, os antropólogos, os psiquiatras, os historiadores e os sociólogos teriam feito relatos diferentes, provavelmente teriam feito questões diferentes, e outros *materiais* teriam sido estudados para embasar suas respostas.

Em resumo, o objetivo deste livro é tríplice: (1) assinalar para os psicólogos da religião que a Psicologia Cultural é uma abordagem viável na Psicologia como um todo, que em toda a sua heterogeneidade pode ser utilmente aplicada na pesquisa dos fenômenos religiosos; (2) chamar a atenção dos psicólogos culturais para as religiões como objeto possível e interessante para pesquisas psicológicas e introduzi-los num sem-número de temas centrais da Psicologia da Religião contemporânea e (3) apresentar alguns exemplos, ainda que de um ângulo único, do enorme campo que se abre para uma abordagem interdisciplinar como a Psicologia Cultural, de um tipo de pesquisa que pode ser feita se alguém lança mão da Psicologia Cultural da Religião.

I. Princípios

2

Uma abordagem hermenêutica e interdisciplinar da Psicologia da Religião

Para muitos, a Psicologia da Religião – especialmente como área própria de estudos acadêmicos – é ainda uma novidade. Por um lado é considerada – normalmente por causa dos *a priori* teológicos – uma impossibilidade ou – em vista da falta de interesse pessoal e às vezes pela animosidade contra a religião – supérflua. Por outro lado, existe, fora do mundo acadêmico da psicologia, uma enorme corrente de abordagens similares à Psicologia da Religião e da espiritualidade, contaminando a Psicologia ou a usando com a desculpa da busca *salvação* da religião. De certo modo, mesmo a assunção de uma psicologia pastoral deveria ser colocada sob este rótulo. Apesar de todas essas abordagens psicológicas ou pseudopsicológicas lidarem com religião, elas não são vistas como psicologia da religião no sentido próprio. A finalidade e a intenção desta não é *salvacional*, é mais modesta e somente busca realçar os aspectos psicológicos da religião (Vergote, 1983/1997). Apesar de isso soar um tanto tautológico, foi martelado por todo canto sempre de novo. A Psicologia da Religião se desenvolveu com muito esforço e, especialmente nas últimas décadas (Wulff, 1997), define-se como um ramo da psicologia (Spilka *et al.*, 2003) e se orienta pelos diversos ramos teóricos da psicologia acadêmica em geral (e não, por exemplo, pela teologia). A Psicologia da Religião, por isso, compartilha mais diretamente das vicissitudes da psicologia em geral. Apesar de se beneficiar das forças da psicologia acadêmica em geral, entretanto, a psicologia da religião é ameaçada por alguns perigos. A *crise da psicologia*, que ao que parece vem sendo apresentada desde a publicação de Karl Bühler com o mesmo nome (1927), parece coexistir nessa subárea da psicologia do mesmo modo. Essa crise foi delineada por Amadeo Giorgi (1976) em termos de falta de unidade, de relevância e de uma autocompreensão problemática enquanto ciência. Mesmo se alguém, na era pós-moderna, sentir-se inclinado a valorizar certa pluriformidade da psicologia, a segunda e a terceira reprovação de Georgi parecem se manter. As muitas lamentações, dos mais diversos lados, sobre o valor restrito da Psicologia para a compreensão do ser humano, sua perda da visão das peculiaridades do indivíduo e a impossibilidade da generalização dos resultados obtidos com estudos usando-se como amostra estudantes brancos de classe média e muitas outras bem conhecidas, ao que parece, do mesmo modo podem ser aplicadas à Psicologia da Religião, e não precisamos aqui repetir tudo de novo. Apesar de – e talvez por causa de – lidar com questões em pequena escala, conceitos e variáveis manipuláveis, e, além disto, escalas com refinamentos cada vez maiores e técnicas estatísticas sofisticadas, a Psicologia tem sido criticada por não observar de modo suficiente, não ser profunda o suficiente na análise dos fenômenos que quer explorar, especialmente quando da construção de seus *instrumentos de medida*. Uma das principais razões para essa falta de relevância, de acordo com Giorgi, é a autocompreensão problemática que a Psicologia tem de si mesma. Por buscar imitar as ciências naturais, ela não pode resolver este dilema fundamental: ser fiel às exigências das ciências e, precisamente por isso, não dar conta do mundo vivo. Para ele, os fenômenos devem ser abordados como eles se apresentam no mundo, e por isso "o tipo de ciência que a Psicologia deveria se configurar deveria ser construída a partir do ponto de vista do mundo. Para o mundo do ser humano, a Psicologia deve ser uma ciência humana" (Giorgi, 1976, p. 293).

Apresentadas de modo eloquente, reclamações como as de Giorgi, entretanto, foram por sua vez criticadas como sendo por demais abstratas, muito filosóficas e não muito práticas. Clamando por uma Psicologia diferente, isto é, por uma Psicologia com ciência humana, esses porta-vozes – normalmente fenomenólogos – não oferecem uma alternativa concreta. Eles reclamam, mas não mostram como se pode fazer algo melhor. Seria esta crítica justificada? Nos anos em que Giorgi escreveu pode mesmo ter sido verdade que Psicologia científica humana estivesse ainda no processo de se definir e de se compreender, mas desde então muita coisa aconteceu. Abordagens inovadoras como a do Construcionismo Social (Gergen, 1985; Shotter, 1993b), a Psicologia Narrativa (Bruner, 1990, 1992; Josselson e Lieblich, 1993), a Psicologia Retórica (Billig, 1987, 1991), a Psicologia Discursiva (Edwards e Potter, 1991; Harré e Gillet, 1994; Harré e Stearns, 1995), somente para nomear alguns rótulos, apresentam-se como alternativas variáveis que são promissoras também para a Psicologia da Religião. E, além disto, não se deve exagerar: nas primeiras décadas da Psicologia sempre houve esforços psicológicos na abordagem das pessoas e dos fenômenos na plenitude de sua vida humana no seu dia a dia.

Antes de criticar ou rever a Psicologia da Religião existente, este capítulo quer chamar a atenção para uma renovada consciência da dimensão histórico-cultural do objeto da Psicologia e convidar para a assunção da Psicologia Cultural no estudo da religião. Apesar de sugestões recentes de que isso seja apresentado como algo *novo* (talvez por causa de revistas como *Culture & Psychology* e *Psychocultural*, que foram iniciadas em tempos relativamente recentes, ambas em 1995) tento mostrar que a Psicologia histórico-cultural tem uma longa tradição e oferece percursos frutuosos para tirar a Psicologia da Religião de seu isolamento. Uma Psicologia sócio-histórica (Ratner, 1991, 1993) apresenta perspectivas para a colaboração entre estudiosos de muitos outros campos, ainda que relacionados, e, o mais importante, oferece possibilidades atraentes para o estudo da religiosidade *in vivo*. Vejamos algumas dessas considerações básicas, a fim de podermos aproveitar o que elas têm a oferecer para a Psicologia da Religião.

A Psicologia em geral

O fato de a religiosidade ser grandemente diversa em termos de tempo, cultura e das práticas individuais pode facilitar uma visão geral das muitas psicologias em suas divergências e das minipsicologias. Na Psicologia teórica ou na Filosofia da Psicologia, os diversos domínios das estruturas teóricas da Psicologia são normalmente divididos em dois ou três grupos. Os estudiosos referem-se aos mesmos como as teorias do mecanicismo, do organicismo e as hermenêuticas que apresentam níveis sucessivos de acréscimo de complexidade como resultantes do aumento da determinação histórico-cultural do objeto e do resultado das pesquisas (Sanders e Rappard, 1982; Strien, 1993). Enquanto nas teorias mecanicistas e organicistas a tendência é desconsiderar os determinantes histórico-culturais da realidade humana o quanto mais possível, nas Psicologias hermenêuticas isto, o descarte da dimensão histórico-cultural, passa a ser considerado algo impossível e mesmo indesejável. Por isso, a Psicologia hermenêutica parece ser o aliado óbvio nos estudos da religiosidade.

Estas e outras divisões da Filosofia da Ciência das diferentes Psicologias têm sua origem numa divisão antiga, mas não totalmente bipartida.[19] A distinção entre as ciências humanas

---

[19] É o que veremos com mais detalhes no capítulo 7, mas aqui bastam algumas sinalizações.

e naturais, uma distinção apresentada em torno de 1900, claramente não mais tem discípulos em sua forma rigorosa: as distinções relativas entre explicar e compreender, entre pesquisas *nomotéticas* e *idiográficas*, não podem mais ser mantidas em seu sentido estrito. Mesmo assim, nestes termos existia e ainda existe a referência a um problema que teve um grande papel na Psicologia, tanto no passado como no presente. A questão é: deve a psicologia ser concebida e praticada ao modo de uma ciência natural ou deveria ela estudar o seu objeto ao modo de ciências humanas?

Wilhelm Wundt, considerado o fundador da abordagem científica natural em Psicologia, afirmou, em seu tempo, que a Psicologia deveria ser plural. A Psicologia somente pode voltar-se para o experimento como um método auxiliar se ela busca examinar os *processos psíquicos elementares*; mas, se ela busca estudar os processos psíquicos mais elaborados, ele deve consultar outras ciências para sua orientação (Wundt, 1900-1909). A própria sugestão de Wundt era de que os psicólogos deveriam consultar a História. Desde aquela época, a Psicologia tem estado *fraturada* por uma falsa divisão que ninguém quer e que um sem-número de teóricos repetidamente buscaram superar. Talvez se deva reconhecer que a maior parte da formação teórica da Psicologia ocorre nas universidades ocidentais, fora dos assim chamados Institutos de Psicologia. Na busca por uma objetividade e um prestígio científicos, a corrente principal da Psicologia tem-se concentrado num dos polos do programa de estudos de Wundt: ele naturaliza seu objeto de estudo, e seu *modus operandi* é marcado pela dessubjetivação e pela descontextualização. Com isso, quanto mais a Psicologia da Religião se orientou por essa abordagem predominante (Brown, 1987; Paloutzian, 1996; Paloutzian e Park, 2005), mais ela correu o mesmo risco.

O objeto da Psicologia da Religião: um produto da cultura

A religiosidade, como muitos outros aspectos característicos dos seres humanos, é constituída como um fenômeno cultural no qual a vida psíquica se expressa. Décadas atrás, psicólogos como Vygotsky (1978) já assinalaram para o fato de que as funções psíquicas mais elaboradas teriam uma dupla origem: primeiro, uma cultural e, depois da apropriação, uma individual. Todos os fenômenos concretos que pertençam à realidade psíquica são determinados por um enquadramento cultural. Todo o conhecimento, as experiências, as ações, os desejos e as fantasias podem somente ser compreendidos à luz das mediações e situações histórico-culturais do indivíduo. As emoções não são, por exemplo, explosões irracionais de reações naturais e inevitáveis. Ao contrário do que se pensa normalmente, elas podem ser na realidade caracterizadas como convicções, avaliações e desejos cujo conteúdo não é dado pela natureza, mas por sistemas de convicções, valores e costumes culturais bem determinados de comunidades em particular. As emoções são padrões de experiência e expressão determinados socioculturalmente que são adquiridos e a partir daí expressos em situações sociais específicas (Armon-Jones, 1986). As diversas reações comportamentais, fisiológicas e cognitivas que pertencem à síndrome que é específica de uma emoção não são necessariamente emocionais em si mesmas.

Em última análise, as emoções estão embasadas num processo fisiológico que subjaz a todos os outros comportamentos. O que faz esta síndrome, em especial, ser emocional, entretanto, é a organização e a interpretação das diferentes respostas dentro do âmbito de um contexto. Em resumo, as emoções se conformam a paradigmas culturais pré-existentes: elas são síndromes socialmente construídas, papéis sociais temporários que recobrem a constatação de uma situação por uma pessoa em questão e são interpretadas como paixões em vez de ações (Averill, 1985).

Ulteriormente, no curso de um processo assim chamado de civilização (Elias, 1939/1978-1982) que pode ser descrito como sociedade ocidental, aconteceu que certas emoções não somente foram reguladas, mas mesmo criadas (Foucault, 1975/1977). A subjetividade humana em sua totalidade está sempre sujeita a condições histórico-culturais bem específicas: não existe conduta significativa que não seja constituída culturalmente e deve ser compreendida à luz de contextos culturais; e isto não para *descobrir* como postuladas constantes se articulam a si mesmas sempre de novo em contextos diversos, mas sim para traçar como um contexto cultural específico pode tornar possível a construção de uma ação, de um conhecimento e tal experiência específicos. O estudo disso resultará no conhecimento de *variações culturais*. De acordo com isso, a Psicologia da Religião, como a História, a Antropologia e a Linguística, é uma ciência interpretativa: ela focaliza sua atenção no sentido e busca as regras de acordo com as quais o sentido se origina numa dada situação cultural.

A abordagem psicocultural

A Psicologia que busque estudar algo como especificamente humano e inteiramente determinado culturalmente como a religiosidade será, portanto, muito bem guiada se ela se orientar pelas diversas psicologias hermenêuticas (Messer *et al.*, 1988; Terwe, 1989; Widdershoven e Boer, 1990; Mooij e Wodershoven, 1992) e consultar os desenvolvimentos recentes como os da teoria narrativa, que está sendo usada hoje para ajudar a explorar a relação entre a cultura e o ser humano. A Psicologia Narrativa, por exemplo, chama a nossa atenção para o papel exercido pelas histórias *orientadas* de que dispomos, na construção e na articulação da identidade. A Narrativa sustenta que os seres humanos pensam e agem, sentem e fantasiam de acordo com estruturas narrativas e moldam as suas vidas em conformidade com histórias (Serbin, 1986a). Em relação a isso, alguns psicólogos, inspirados e mesmo não inspirados por Ricoeur (1977/1992), vão tão longe até chegar a ver o *self*, um assunto de muitas discussões em Antropologia e em Psicologia, como uma *estória* (Schafer, 1983).[20]

Nem é preciso dizer que não existe aqui negação alguma do papel que os fatores físicos ou psicofisiológicos exercem na subjetividade humana. Ao contrário, na escola psicológica histórico-hermenêutica que está se desenvolvendo agora, existe muito espaço para o corpo que o ser humano também é. Na linha de pensadores originais como Portmann (1951), Gehlen (1961), mas também Lacan (1966), a dimensão fisiológica aqui é concebida como um complexo de potencialidades que necessita do cuidado e da orientação do complemento cultural a fim de se tornar o *material básico* no qual um psiquismo pode originar-se (Stam, 1998; Voestermans e Verheggen, 2007).

Além disso, é assinalado nesta Psicologia, seguindo os passos de Merleau-Ponty (1945/1962), que o corpo, como pertence a certa forma de vida e é moldado por suas práticas, possui uma intencionalidade toda sua (Merw e Voestermans, 1995). Não se deve subestimar a perspectiva psicocultural referida a isso; é ainda muito complicado pensar suas implicações. Isso vai contra as numerosas ideias que nos últimos séculos se tornaram comum no pensamento ocidental.

O seu cerne não é somente que a ação, o conhecimento e a experiência humanos assumam consistentemente formas va-

---

[20] Nos capítulos 10 e 11 apresentarei alguns exemplos do emprego da Psicologia Narrativa na pesquisa de alguns fenômenos religiosos.

riadas nas diferentes culturas. O ponto de vista da Psicologia Cultural é mais radical do que isso. Ele confirma que a subjetividade humana *como um todo* é culturalmente constituída. Algo desta perspectiva, num estilo de aforismos, pode ser encontrado de modo articulado na obra de Clifford Geertz, um antropólogo que tem tido uma influência considerável na Psicologia da Religião: "não existe algo a que possamos chamar de natureza humana independente da cultura" (1973, p. 49). Uma das implicações desta posição é que a Psicologia deve tentar, com mais empenho do que tem feito até agora, recuperar e compreender como os seres humanos culturais vieram a ser o que são. Uma Psicologia que não estuda o ser humano tendo por analogia um mecanismo, mas que busque compreender sua quase infinita plasticidade da subjetividade humana, vai pesquisar os efeitos da cultura. Ela buscará descobrir como uma dada cultura se encarna, como ela toma posse do sujeito e molda a sua *segunda* natureza (Boer, 1980/1983).

Em outras palavras, sempre que alguém desejar levar adiante uma pesquisa psicológica de uma religiosidade específica, deverá situá-la num segmento subcultural através de algum modo de tratamento, isto é, pelo modo como ele fala às pessoas ou como ele as trata, como lhe passa modelos para as experiências e expressões individuais. Em contraste com o que é comumente feito nas ciências naturais, os pesquisadores, se eles quiserem levar adiante estudos psicológicos de qualquer forma de vida significativa, devem, o mais possível, abordar os seus sujeitos em sua realidade normal e cotidiana (Voestermans, 1992). Na pesquisa atual, técnicas comuns como experimentos, testes e questionários estão mal-adaptados para essas exigências e foram abandonados na Psicologia Cultural em favor dos assim chamados *métodos próximos da experiência* tais como a entrevista, a observação participada e a autoconfrontação. A Psicologia Cultural caminha na linha da modéstia: "a pesquisa de padrões estáveis e de predições de longo alcance nos fenômenos psicológicos humanos não deve ser, muito provavelmente, a meta mais adequada desta ciência. O papel do psicólogo como pessoa conhecedora seria o de ajudar a compreender, ler e a interpretar os episódios comportamentais dentro do âmbito da cultura, e informar as pessoas sobre as potencialidades da ação dentro do raio das possibilidades de uma cultura dada. Por isso, a pesquisa deveria ser do tipo coparticipante na construção conjunta da realidade, em vez de do tipo autoritário de controle e de predição do comportamento futuro de uma pessoa" (Misra e Gergen, 1993, p. 237).

A historicidade da subjetividade humana

A Psicologia Cultural tem em si dimensões sincrônicas e diacrônicas. A variante sincrônica lida com sujeitos vivos numa cultura contemporânea, e é uma aliada óbvia de campos como a Antropologia e a Sociologia. A variante diacrônica ou histórica da Psicologia Cultural tem os historiadores como seus aliados. Deixando de lado, por enquanto, a variante sincrônica, buscarei elaborar um pouco mais os pensamentos anteriores, com a ajuda da variante diacrônica a menos conhecida da Psicologia Cultural. Mas antes devemos ter em mente que essa variante histórica é uma necessidade lógica por causa da *natureza histórica* do objeto da Psicologia.

Na busca de compreender a religiosidade, a psicologia hermenêutica sempre encontra seu sujeito numa intersecção da corporeidade e um sentido cultural complexo. Normalmente, ela encontra o ser humano num tempo quando este já completou certo estágio em sua jornada da vida. Quando ela pergunta ao *viajante* sua identidade, sobre a pessoa que ele é, ela se volta para sua história, para o processo de desenvolvimento ou amadurecimento pelo qual passou e chegou a ser a pessoa que é agora. A relação entre o ser humano e sua cultura, além disso, não é algo natural, mas algo histórico. A Psicologia hermenêutica está sempre se confrontando com a história, uma vez que, por um lado, o ser humano é moldado por uma cultura que chegou a um determinado estágio (histórico) de seu desenvolvimento e, por outro lado, cada pessoa é o resultado de um processo de vir a ser, de uma história idiossincrática no âmbito de um contexto particular histórico-cultural. Para *funcionar* como ser humano e não se tornar um Kaspar Hauser, o indivíduo, além de tudo, deve, de um modo mais ou menos harmonioso, integrar-se numa dada cultura. No caso de estudos sobre pessoas contemporâneas, seria também de importância significativa conceituar esse caráter histórico da relação entre a cultura e o corpo que cada pessoa é.

Para fazer isso, pode-se tomar tanto a cultura como o corpo do indivíduo como ponto de partida. Por isso, os psicólogos da cultura de matriz estruturalista tentam compreender o modo pelo qual a cultura se *apossa* do indivíduo. Na história por que passa todo ser humano, a socialização é posta em ação através das definições sociais que existem antes do nascimento da pessoa e que lhe assinalam seu lugar na ordem cultural humana na qual o sujeito, dizendo *eu ou presente*, vai mais tarde se inserir. Essas definições se prolongam, se fortalecem e se confirmam pelo tratamento social correspondente destinado ao indivíduo e se transformam numa quase-natureza. O *habitus* (Bourdieu, 1980/1990), que então se originou como um produto da história, começa daí a produzir sua própria história e em conformidade com os esquemas engendrados pela história.[21] O passado, agora presente, garante que uma pessoa se torna um *devedora* ou sustentadora da cultura que o produziu.

---

[21] Desse modo, um *habitus* sobre o qual falaremos mais nos próximos capítulos, especialmente no capítulo 9, assegura uma presença ativa das experiências passadas que se cristalizaram na forma de esquemas de percepção, de pensamento e de ação.

A Psicanálise é, evidentemente, um outro exemplo – e talvez o mais familiar – da conceituação da relação entre a cultura e o indivíduo que assume como ponto de partida o corpo. Em sua reflexão sobre as vicissitudes dos *impulsos*, este conceito dos limites entre a alma e o corpo, ela oferece contribuições importantes pelo fato de atrair nossa atenção para as primeiríssimas experiências da criança humana e por lembrar que a subjetividade, em todas as suas manifestações, também, e inevitavelmente, traz as marcas dos momentos mais vulneráveis da história de vida do indivíduo e que, de um modo muito radical, se expressa nas diversas formas de patologias conhecidas da Psicologia. No que diz respeito a cada ato e experiência, portanto, pode-se e deve-se levantar a questão do concernente ao lugar que eles ocupam na história de vida do indivíduo, na história da vida da pessoa em questão (Jüttemann e Thomae, 1987). De acordo com isto, na psicoterapia e em outras práticas psicológicas que, em contraste com a Psicologia acadêmica, nunca foram *inocentes* de tendências hermenêuticas (Strein, 1986), as pessoas normalmente entendem por *sentido* a significância particular que somente pode ser alcançada desde a história individual. Por isso Freud define o sentido num processo psíquico como sendo *a intenção a que ele serve e sua posição na continuidade psíquica*. Na maior parte de nossas pesquisas, podemos substituir *sentido* por *intenção ou propósito* (1917/1971, p. 40), isto é, termos que combinam com uma conexão intencional.

A dupla perspectiva: histórica e cultural

Nessa abordagem histórica, se alguém parte da cultura ou do corpo, acaba por receber um acento diferente. Ultimamente, o objetivo da Psicologia é compreender algo que tomou forma num dado ponto da intersecção entre os dois. Para a compreensão psicológica do sentido da ação e da experiência, é, por isso, necessário aplicar a dupla perspectiva: a perspectiva do sentido compartilhado por uma comunidade cultural em geral bem como o sentido pessoal que pode somente ser compreendido em termos da história de vida do indivíduo. Mesmo um desvio, compreendido como um símbolo (Lorenzer, 1977), pode então ser questionado a partir de seu sentido, uma vez que se *desviando* da ordem circunstante ele pode ser uma manifestação de um conflito psíquico subjacente. De minha parte, deliberadamente digo *pode ser*, uma vez que nem todos os desvios apontam para uma psicopatologia e, por outro lado, a (aparente) ausência de conflito não precisa indicar necessariamente a presença de saúde psíquica. A Psicologia não pode adiantar *coisas* sobre a saúde ou sobre a situação patológica de alguém e somente pode fazer afirmações sobre as mesmas depois de ter examinado um indivíduo concreto tendo como pano de fundo sua cultura e sua história de vida.

Em grande parte, portanto, a Psicologia da Religião é uma ciência da História (Belzen, 2000b). Os historiadores e psicólogos hermenêuticos, não raras vezes, assemelham-se de um modo bem concreto àquilo em que eles operam: eles preferem dar atenção ao concreto e ao específico, aos aspectos individuais e qualitativos das pessoas. Em sua exposição do assim chamado *paradigma indicativo*, Ginzburg (1986/1989) coloca os dois grupos de *estudiosos* da abordagem individualizada na mesma categoria da de Sherlock Holmes. A Psicologia e a História, entretanto, não somente seguem muitas vezes caminhos similares, mas podem ir materialmente de mãos dadas. Sobre o modo como isto pode acontecer, vou comentar mais adiante.

Variantes da Psicologia Cultural Diacrônica

Vou deixar de lado a possível combinação entre a *Psicologia da História* e a *História da Psicologia*. Como se pode subentender, considero a Psicologia da História problemática: a Psicologia não pode mais fazer da História enquanto tal seu objeto de estudos do mesmo modo como não pode pretender explicar a religião ou a cultura. A Psicologia não explica a História; o reverso é o verdadeiro: a História pode dar conta da Psicologia, ou seja, o surgimento e o declínio das diversas psicologias. Além disso, a Historiografia da Psicologia é um lugar óbvio do encontro entre as ciências da Psicologia e da História. Elas cresceram, entretanto, como disciplinas isoladas em si mesmas, com suas próprias organizações e publicações, e isso não será tratado neste volume.

Voltemos, ainda que brevemente, agora para (a) a psicologia histórica, (b) a historiografia psicológica e (c) a assim chamada psico-história e consideremos suas relações com a psicologia da religião. As três podem ser vistas como pertencentes a um *continuum* entre a psicologia e a história ou como uma área em que a psicologia e a historiografia se sobrepõem. A psicologia histórica é ainda um grande tema dos psicólogos; a historiografia psicológica é a ocupação dos historiadores; enquanto que a psico-história é uma espécie de intersecção natural entre os dois.

Psicologia Histórica

A Psicologia Histórica não é uma Psicologia datada: esse tipo de psicologia pertence à História da Psicologia. A Psicologia Histórica é uma psicologia moderna: ela passou a existir quando a perspectiva da psicologia da cultura se expandiu diacronicamente, não sincrônica ou transculturalmente; é uma parte natural da Psicologia Cultural. Assim como as pessoas vão se tornando diferentes à medida que vivem em culturas contemporâneas diversas, elas diferem em suas subjetividades no suceder-se das épocas de uma mesma cultura. Na Psicologia, entretanto, as pessoas em geral ainda consistentemente lidam com o pressuposto de que *na essência* os seres humanos são os mesmos sempre e em todos os lugares. No entretempo, um bom número de pesquisas que foram feitas invalida esse pressuposto. Na Psicologia Histórica foi demonstrado adequadamente que, mesmo se alguém permanecer no âmbito de uma mesma cultura, os fenômenos que os psicólogos tão sofregamente estudam – como a cognição, a emoção, a memória, a personalidade, a identidade, as doenças mentais – são determinados pela História (Danziger, 2008; Hutschemaekers, 1990; Peeters, 1974, 1993). E isso é verdadeiro não somente no sentido trivial de que as pessoas dos antigos tempos pensavam, desejavam ou sentiam coisas diferentes do que elas pensam hoje, mas num sentido mais radical, isto é, que as pessoas de outros tempos pensavam, desejavam e sentiam de um modo diferente. O percurso da vida, do desenvolvimento cognitivo, da memória: cada um deles era diferente e era *posto* para *funcionar* diferentemente nos tempos passados (Olbrich, 1986; Ingleby e Nossent, 1986; Huls, 1986; Sonstag, 1990; Carruthers, 1990). Para uma Psicologia que se considera científica até o ponto de tentar descobrir leis imutáveis, isso é difícil de engolir. Para essa Psicologia cultural e historicamente determinada, a variabilidade da conduta e da experiência humana é no mínimo perturbadora, *um erro de medida* para a qual alguma compensação deve ser buscada na análise estatística. É espantosa a conclusão que Gergen (1973) deduz dessas considerações para sua própria disciplina: a Psicologia Social, de acordo com ele, é a historiografia do presente, o relato de como algo é no momento em que é pesquisado. Os fatos com os quais se opera são históricos e não permitem generalizações. A Psicologia Histórica por esta razão enseja a presença da relativização e da modéstia: ela levanta até a questão segundo a qual se põe em dúvida se os conceitos psicológicos dos dias de hoje podem ser aplicados num contexto diferente daquele em que eles se desenvolveram.

Pode ser considerado característico da Psicologia Histórica que ela tenha seu ponto de partida na Psicologia dos dias de hoje. Ela tem uma variante *light*, mas também uma crítica: a variante *light* acredita que é possível, através da pesquisa histórica, chegar a uma verificação adicional do conhecimento psicológico hodierno (Runyan, 1982, 1988); a variante crítica, ao contrário, continuamente assinala para o limite da verificação desse conhecimento. Como uma sarna para a Psicologia estabelecida, ela mantém viva a consciência de que, como um empreendimento acadêmico, a Psicologia é um produto histórico tanto quanto o é o objeto através do qual ela quer ser ciência (Danziger, 1990, 1997). Já sua entrada em ação lembra à historiografia da psicologia que ela descreve a construção do objeto da Psicologia, e não a história dos *descobrimentos*. Mutatis mutandis todas estas considerações se aplicam à Psicologia da Religião também (Hermsen, 2006).

Historiografia psicológica

Claramente relacionada com a Psicologia Histórica, naturalmente, mas ainda assim diferente é a Historiografia Psicológica ou História das Mentalidades, e podemos até pensar que até certo ponto ela é bem antiga (Vovelle, 1982/1990). Apresentando-se, de um modo geral, como muito pouco preocupados com aspectos sistemáticos ou com nomenclatura de qualquer que seja das Psicologias do Século XX, grandes historiadores como Huizinga, Ariès, Fèbvre, Le Roy Ladurie e Le Goff concentram a sua atenção nos fenômenos psicológicos relevantes tais como a angústia, o ódio, o perfume ou cheiro, a escuta e a percepção visual (Anders, 1956; Ariès e Béjin, 1984/1986; Corbin, 1982/1986; Delumeau, 1982/1990; Kamper, 1977; Lowe, 1982; Schivelbusch, 1977/1979). Eles analisam e descrevem como em tempos passados esses fenômenos eram diferentes tanto em termos de forma como em termos de conteúdo, e como eles mudaram ao longo dos séculos. Se esses autores fossem mais lidos pelos psicólogos, eles seriam uma constante advertência do caráter de *localizada no tempo atual* da pesquisa psicológica levada adiante hoje em dia. A Historiografia Psicológica foi uma fonte primária de inspiração para a Psicologia Histórica. Uma vez que a Psicologia da Religião é uma parte da Psicologia Geral, é compreensível que não exista uma Psicologia da Religião Histórica: os instrumentos teóricos e metodológicos da Psicologia da Religião, além do mais, são os da Psicologia Geral. Em contraste como o que muitas vezes estava implicado no pensamento dos psicólogos da religião mais antigos (Rümke, 1939/1952), que conceituavam a religiosidade em analogia com um impulso natural ou biológico, não existem funções psíquicas especificamente religiosas, funções estas religiosas em si mesmas ou somente encontráveis em pessoas religiosas. Por isso, não temos métodos ou conceitos específicos da Psicologia da Religião.[22] Por outro lado, uma Historiografia que lida com os mesmos temas da Psicologia da Religião na realidade existe, ainda que ela dificilmente se refira a esta subárea do mundo acadêmico.[23]

A Psico-história

No que diz respeito à Psico-história, a terceira e a mais interdisciplinar forma de uma possível relação entre a Psicologia e História para a qual quero chamar a atenção, existe um sem-número de preconceitos e de incompreensões, e não é para menos, especialmente devido à existência de maus exemplos e às con-

---

[22] Dunde (1993) chama sua obra de *Um Dicionário*; por isso mesmo, corre o risco de criar uma incompreensão anacrônica.
[23] Estudos bem elaborados foram publicados sobre aspectos psico(pato)-lógicos de temas espirituais ou religiosos. Pensemos pelo menos de início nos trabalhos de Fèbre (1942/1982), Keith Thomas (1971), King (1983), Cohen (1986), Demos (1988), Rubin (1994) e Pultz (2007).

dutas um tanto pretensiosas de alguns como DeMause (1982). Focalizar nestes exemplos para se formar uma ideia justa não parece certo. Vamos tentar corrigir uma série de mal-entendidos.

Em geral, a Psico-história pode ser definida como sendo o uso sistemático da Psicologia científica na pesquisa da História. Sem maiores pretensões, esta definição não chama a atenção para as vantagens potenciais do *modus operandi* psico-histórico: aquele que se volta para estudar o passado, antes de tudo, usa uma ou outra Psicologia e o faz certamente quando faz a *revisão* de temas relevantes neste campo. Agora, em vez de fazer isso de um modo completamente acrítico ou de aplicar sem maiores preocupações um senso comum caseiro que de algum modo herdamos, a Psico-história busca seguir cuidadosamente um procedimento bem articulado. Apesar de não haver garantia de infalibilidade, essa tentativa é, de qualquer modo, preferível diante de um diletantismo psicológico irracional. Do mesmo modo como campos de estudos como a Sociologia e a Economia podem ser integrados com a Historiografia (Burke, 1980; Bairoch, 1993) e ensejam uma perspectiva adicional, assim isto também pode ser feito com a Psicologia. É aqui também o caso em que a Psico-história e a Psicologia da Religião compartilham da mesma sina: elas são acusadas de reducionismo, de explicar a História ou a religião em termos da Psicologia. Essa apresentação do estado das coisas é claramente incorreta; isso já foi suficientemente refutado acima. Ao contrário do que foi até bem recentemente afirmado numa revista de Psicologia ligada à profissão do psicólogo, a Psico-história "não é o representante mais extremado do pressuposto de que a maior parte da cultura seria moldada por elementos psicodinâmicos da psique individual" (Gadlin, 1992, p. 888). Longe de ser reducionista, a Psico-história, como a apresentada, por exemplo, por Erikson, pode ser considerada como um exemplo em sua tentativa de reconhecer o *emaranhado* de relações presente num indivíduo, isto é, a relação dos impulsos instintivos presentes no corpo e a ordem simbólica. Uma boa psicobiografia detém uma tríplice entrada de referências. A pessoa que está sendo estudada precisa ser entendida a partir de três níveis complementares:

• O corpo e tudo o que vem ali de constitucional;
• O ego como uma síntese idiossincrática das experiências;
• As estruturas sociais dentro das quais se concretiza a história de vida individual e cujos ethos e mythos moldam o sujeito; no caso de pessoas excepcionais estes ethos e mythos são moldados por elas.

A Psico-história, neste sentido, não precisa de modo algum limitar-se ao gênero literário da biografia e à utilização da Psicanálise. Estes são mal-entendidos adicionais que precisam ser rejeitados. Apesar de a parte do leão da produção da Psico-história ser ainda a dos estudos biográficos e psicanalíticos, não temos uma necessidade lógica de que isto deva ser e permanecer assim. Mas deve ser reconhecido, entretanto, que a Psicanálise, com suas reflexões sobre os processos interpretativos na terapia, oferece um instrumento valioso para ajudar na análise, no trabalho interpretativo do historiador (Röckelein, 1993). O número de pesquisas nas quais são feitas tentativas de estudos para além do uso exclusivo de biografias e com diversas formas de Psicologia está crescendo (Schultz, 2005). Este crescimento se dá de dois modos, tanto heurística quanto hermeneuticamente; podem-se empregar, por assim dizer, a Teoria da Personalidade, a Psicologia Social e do Desenvolvimento, na pesquisa histórica. Esses pontos de vista desenvolvidos nesses ramos da Psicologia podem chamar a atenção dos historiadores para certos temas que, de outro modo, provavelmente permaneceriam subexplorados e mesmo inexplorados e ocultos. Em segundo lugar, as teorias ou pontos de vista psicológicos podem fornecer possibilidades adicionais para a interpretação das fontes ou recursos. Quero, por fim, elogiar os sucessos da Psicologia acadêmica, uma vez que parece ser mesmo difícil negar que ela tenha produzido bons conhecimentos sobre a motivação e a emoção, sobre a interação social, sobre decisão, comportamento, desenvolvimento do ser humano e sobre as histórias de vida pessoal que, apesar de todas as suas limitações, excedem em muito o senso comum. Estes e muitos outros processos nomeados psicologicamente tiveram seu papel de algum modo nas vidas dos indivíduos, dos grupos, das organizações e das instituições no passado e também *in religiosis*.

Psico-história: um exemplo interdisciplinar da Psicologia Cultural da Religião

O objetivo deste capítulo continua sendo modesto: não temos a pretensão aqui de abrir avenidas totalmente novas para a Psicologia da Religião. Esta área de estudos sempre teve a consciência de que os fenômenos estão imersos em dimensões históricas e culturais e, por isso, sempre houve esforços de combinar a Psicologia com outras áreas de estudos na pesquisa da religião. Vamos mais uma vez, através de um exemplo, considerar de modo breve o último exemplo de abordagem mencionado: a Psico-história.

Existe um relacionamento intrigante entre a Psicologia da Religião e a Psico-história. Stanley Hall, um dos fundadores da Psicologia da Religião de hoje em dia e fundador e editor da primeira revista científica no campo, tentou fazer um exercício de Psico-história com Jesus Cristo, uma proposta de trabalhos acadêmicos, aliás, que não granjeou continuadores (Hall, 1917). Normalmente, entretanto, a Psico-história é vista como tendo começado com o estudo sobre Leonardo da Vinci, de Freud (1910/1964). E é também bem conhecido que Freud é considerado o *patriarca* da Psicologia da Religião em sua vertente psicanalítica. A era de um crescimento mais consistente da Psico-história *profissional* ou científica contemporânea começa mesmo com um estudo que se tornou um clássico popular na Psicologia da Religião, isto é, o *Jovem Lutero* de Erik Erickson (1958). Ao que parece, existe uma espécie de parentesco entre a Psicologia da Religião e a Psico-história: tanto os grandes como os pequenos estudiosos da Psicologia da Religião trouxeram contribuições para a Psico-história, especialmente, claro, na perspectiva psicanalítica.[24]

Não estou afirmando que alguns destes exemplos possam deter o *status* de paradigma no sentido kuhniano (Kuhn, 1962). Nem sugiro que a Psicologia Cultural da Religião contemporânea é, seja em sua variante sincrônica, seja na diacrônica, a legitimação *moderna* desses tipos de trabalhos realizados em tempos anteriores. Quero afirmar, entretanto, que as teorias e as metodologias, como elas se desenvolvem na Psicologia Cultural contemporânea, serão uma ajuda positiva para qualquer psicologia que busque estudar um fenômeno tão variável e escorregadio como a religiosidade. Reconhecer que os fenômenos psicoló-

---

[24] Senão vejamos os ensaios de Pfister sobre Zinzendorf (1910) e Sadhu Sundar Singh (1926); o estudo de Vergote (1978/1988) sobre Tereza de Ávida e outros místicos; o trabalho de Sundén (1959/1966, 1987) e seus discípulos (Källstad, 1974, 1978, 1987; Wikström, 19880; Holm, 1987) e muitos outros colegas escandinavos (Geels, 1980; Åkerberg, 1975, 1978, 1985; Hoffman, 1982); de Meissner (1992) sobre Inácio de Loyola; de Rizzuto (1998) sobre Freud mesmo; Capps (1997) sobre os *pais* fundadores da Psicologia da Religião; também os estudos numerosos sobre Santo Agostinho deveriam ser mencionados (Capps e Dittes, 1990; Dizon, 1999). Como exemplos de Psico-história da Psicologia da Religião que não se confinam com o estudo de um único indivíduo podemos mencionar Freud (1913/1964), Pfister (1944/1948), Caroll (1986 e 2002), Haartman 92004) e Meissner (1995), enquanto Festinger *et al.* (1956), Belzen (2001a, 2004a) e Bucher (2004) oferecem exemplo de que se pode empregar algo diverso de só os instrumentos psicanalíticos.

gicos são *produtos* que se desenvolvem com uma constituição histórico-cultural é algo muito diverso da simples *combinação* da Psicologia com um interesse em fenômenos religiosos de outros tempos e lugares.[25] É também diferente de introduzir uma dimensão psicológica no estudo da História das Religiões, tal como claramente o fizeram alguns dos grandes autores deste campo, como VanderLeeuw (1926), Söderblom (1908) ou Andrae (1932). Algum tipo de progresso pode ser alcançado se os psicólogos da religião não simplesmente se limitarem a comentar, a partir de suas escrivaninhas, as pesquisas levadas adiante por outros, como foi o caso de muitos estudos mencionados no último parágrafo. Os psicólogos da religião deveriam, preferencialmente, voltar-se para trabalhos empíricos interdisciplinares. Colaborando com etnometodólogos e antropólogos, os psicólogos da religião transculturais poderiam, por exemplo, modificar seus instrumentos de pesquisa a fim de aplicá-los em populações diversas das ocidentais. Se isso não fosse possível, desenvolver alternativas para os mesmos (Herdt e Stephen, 1989). Evidentemente, esse procedimento é impossível para o ramo *histórico* da Psicologia Cultural da religião. Entretanto, como foi assinalado, a hermenêutica e o questionamento psicológicos podem ser combinados diretamente com a pesquisa histórica empírica das fontes primárias (Geels, 1989; Meissner, 1992; Belzen, 2004a), como tentarei demonstrar na Parte III deste livro. Essas duas sugestões de integrar os pontos de vista e as metodologias da Antropologia e da História não são senão exemplos, ainda que representem um passo adiante em comparação com a *mera* consciência, não raro esquecida, de que todos os dados e inter-

---

[25] Por exemplo, Jung (1938/1969), que até pode ser considerado como tendo uma atitude quase oposta à da Psicoloia Cultural, busca a existência dos mesmos arquétipos psicológicos nos vários lugares e tempos.

pretações em Psicologia da Religião delimitam-se no espaço e no tempo. Ambos seriam expressões de uma tentativa séria de levar em conta o fato de que os objetos da Psicologia da Religião são fenômenos culturais e históricos que requerem, por isso, abordagens adequadas da parte da pesquisa psicológica.

Assim, levando a sério a sugestão inovadora de Wundt, agora refletida de um modo novo, a Psicologia da Religião poderá alargar seus fundamentos, sua competência e aplicabilidade e trará uma contribuição de uma Psicologia da Religião realmente humana. Além do mais, depois de tantas reclamações contra a Psicologia da Religião acadêmica, especialmente quanto a seu ramo analítico e estatístico, de que ela seria decepcionante (Nørager, 1996), essa estratégia traria resultados relevantes e interessantes até mesmo para uma *audiência* de estudiosos mais ampla e mesmo para o público em geral. Um bom número de psicólogos da religião já está neste caminho: eles estão até certo ponto conscientes do *revestimento* histórico e cultural dos fenômenos que estão estudando. Neste sentido, eles provavelmente têm uma consciência mais aguçada que os psicólogos em geral, talvez precisamente por muitas vezes estarem *localizados* em departamentos outros que os dos psicológicos, isto é, convivendo com historiadores, antropólogos e filósofos. Para eles, a Psicologia histórico-cultural atual é uma excelente motivação encorajadora. Para os outros psicólogos da religião isso deveria – para o bem de seus próprios objetos de estudo! – ser um desafio para começar a colaboração com outros estudiosos das áreas vizinhas. Dessa vez, preferentemente não somente com neurocientistas ou matemáticos, mas também com antropólogos e historiadores.

3

Psicologia Cultural da Religião

Perspectivas, desafios e possibilidades

Distinções iniciais

Depois de ter situado a abordagem da religião e da religiosidade da Psicologia Cultural no campo hermenêutico mais amplo, isto é, dentro do âmbito das ciências humanas e sociais, penso que seria adequado, agora, apresentar a Psicologia Cultural com algum detalhe a mais. Como se pode facilmente imaginar, à maneira da Psicologia Geral, a Psicologia Cultural é uma empresa um tanto quanto ampla e heterogênea para a qual muitos psicólogos até bem famosos trouxeram suas contribuições. É importante ter a consciência desde o início de que a Psicologia Cultural não é uma Psicologia totalmente diferente dos outros tipos de Psicologia como as que se desenvolveram no passado neste campo de estudos. Nem é uma de suas subáreas separadas ou um simples campo de aplicação dos conhecimentos psicológicos. Apresentada de um modo bem amplo, a Psicologia Cultural é uma abordagem dentro do âmbito da Psicologia que busca descrever, pesquisar e interpretar a inter-relacionalidade da cultura e do funcionamento do psiquismo humano. É um ramo da Psicologia que tenta levar a sério a observação até superficialmente trivial de que este *mundo* não existe sem os dois, que a cultura é por isso o maior fator em toda a conduta significativa do ser humano e que traços do envolvimento humano podem ser detectados em todas as expressões da cultura. Por *cultura* este tipo de Psicologia normalmente entende um sistema de signos, de regras, de símbolos e de práticas que de certo modo estrutura o âmbito da ação humana. Essas estruturas estão, por outro lado, constantemente sendo reconstruídas e transformadas pela práxis e ação do ser humano.

Psicologia Cultural e suas variantes

Pode ser bem instrutivo dividir a Psicologia Cultural em diversas variantes, subseções que não são, obviamente, totalmente independentes umas das outras; não podemos, evidentemente, tratar de todas neste capítulo.

Cultura como contexto do ser humano: variantes diacrônicas e sincrônicas

Antes de tudo – e isto é vital para o desenvolvimento da Psicologia como um corpo de conhecimentos, de atitudes e de habilidades –, a Psicologia Cultural pesquisa como a cultura constitui, facilita e regula a subjetividade humana bem como a expressão desta subjetividade nas diversas funções e processos psíquicos, como vem postulado e conceituado pelas diversas escolas e teorias psicológicas. Pode-se tomar aqui como exemplo: a percepção, a memória, a saúde mental, o *self*, o inconsciente etc. É importante ter presente que o conceito de cultura empregado aqui é dinâmico e não significa somente *contexto* ou *situação*. Nas palavras de Ernst Boesch, o maior representante alemão da Psicologia Cultural contemporânea (Lonner e Hayes, 2007):

A cultura é um campo de ação, cujos conteúdos vão desde objetos feitos e usados pelos seres humanos até as instituições, ideias e mitos. Como é um campo de ação, a cultura oferece possibilidades de – mas ao mesmo tempo estipula as condições para – a ação; ela circunscreve as metas que podem ser alcançadas através de determinados meios, mas estabelece limites também, para corrigir eventuais e possíveis ações desviantes. O relacionamento entre materiais diversos bem como conteúdos ideacionais do campo cultural da ação é sistemático, isto é, as transformações numa área do sistema podem ter impacto em outras partes. Como um campo de ação a cultura não só inclui e controla a ação, mas é também continuamente transformada por ela; por isso, a cultura é muito mais um processo que uma estrutura (Boesch, 1991, p. 29).

Com essa concepção de cultura, a Psicologia Cultural vai para além da compreensão comum da ciência na Psicologia em geral, enquanto a Psicologia atual, em geral, reconhece que não somente as interações humanas são influenciadas pala cultura, mas que também os sentimentos, o modo de pensar, as experiências e comportamento dos indivíduos são moldados por ela, a Psicologia Cultural concebe tudo isto como sendo inerentemente cultural: como sendo o resultado da imersão do ser humano na cultura, que, por isso, deve ser considerada como um elemento genuíno de todo e qualquer *funcionamento* humano relevante para a Psicologia.[26] Esta forma de Psicologia Cultural será considerada com mais vagar ao longo deste capítulo. É a forma de Psicologia Cultural que normalmente os

---

[26] Os psicólogos da cultura de um modo geral definem as ações significativas ou condutas como objeto da Psicologia. Obviamente, existem também formas de comportamento humano que não são intencionais e não são *reguladas* por algum sentido, tais como tirar a mão instintivamente de cima de algo quente, ainda que o modo como isso é feito possa sofrer variações culturais.

psicólogos estão desenvolvendo. Esta última afirmação não deveria ser uma surpresa, uma vez que, como veremos logo, existem também outras áreas acadêmicas que usam e mesmo trazem contribuições para a psicologia como um empreendimento científico.

Todas as condições e os determinantes do funcionamento do psiquismo, sejam eles limitantes (tais como os recursos psicofisiológicos ou as condições sociais e geográficas), operativos (como as atividades adquiridas ou aprendidas) ou normativos (como as regras e normas), são sempre variáveis culturais e históricas (Peeters, 1994). Portanto, esta primeira variante da Psicologia Cultural consiste, *grosso modo*, de duas formas: uma sincrônica e outra diacrônica. Em ambas existe a concretização da natureza histórica da cultura, em suas variadas manifestações, e por isso do funcionamento do psiquismo humano. Ainda assim, na primeira forma, a ênfase está no funcionamento e nos processos do psiquismo humano em pessoas de hoje; existe com isso uma espécie de abstração da variação histórica. Na segunda forma, entretanto, as mudanças históricas no funcionamento do psiquismo humano serão explicadas e pesquisadas tendo por base as modificações nas condições e determinações culturais. A Psicologia Cultural como um todo é uma abordagem interdisciplinar, como será logo compreendido ao lidarmos com a primeira dessas variantes: em ambas as formas desta primeira variante aqui consideradas separadamente, a Psicologia Cultural é devedora da contribuição de outras disciplinas ou campos de estudos das ciências sociais e humanas. Na forma sincrônica, a Psicologia Cultural se ampara na informação, e algumas vezes em teorias, conceitos e instrumentos de outras ciências como a Antropologia, a Sociologia e as ciências políticas. Na segunda, a Historiografia, e algumas vezes a biologia evolucionária (Atran, 2002, 2007), está entre as parceiras óbvias tanto na teorização quanto na pesquisa.

As variedades dos fenômenos culturais

Inúmeras publicações, tradicionalmente, dedicaram-se aos esforços de detectar e determinar o envolvimento humano em todos os tipos de produtos culturais. Enquanto na primeira variante da Psicologia Cultural a compreensão da cultura é mais ou menos antropológica, num nível mais macro, nesta segunda variante usa-se normalmente uma forma mais *elitista* e restrita. A atenção se volta para produtos da assim chamada *alta cultura*, como romances, filmes, óperas e outras artes, mas também para áreas inteiras, como paz, guerra, esportes, propaganda, organizações, relações internacionais e mesmo para domínios importantes como a socialização, a sexualidade e a corte, o trabalho, a morte e o morrer. Cada um destes assuntos pode e mesmo é estudado por outros campos acadêmicos com os quais a Psicologia, em tais casos, relaciona-se como uma disciplina auxiliar. Em campos de estudos – que devem ser vistos como distintos das ciências ou disciplinas – como os estudos da cultura, da educação e das artes, a Psicologia muitas vezes é convocada para pesquisar o envolvimento humano nos fenômenos estudados. Nestes casos, tipicamente, um tipo ou outro de psicologia, muitas vezes a psicanálise, passa a ser aplicado. Apesar de isso vir sendo feito – e poder ser feito – por psicólogos mesmos – e aqui, mais uma vez, os psicanalistas –, muitas vezes isso é levado adiante por estudiosos que não têm formação técnica alguma em Psicologia. Se os psicólogos forem *alugados* por estes contextos, eles, claro, estão servindo objetivos outros que o desenvolvimento de uma nova teoria da Psicologia.

Nesta segunda variante da Psicologia Cultural, uma atenção de peso considerável tem sido dada às inúmeras variedades de fenômenos religiosos, contribuindo com isto substancialmente para a literatura da Psicologia da Religião. Não somente muitos dos *grandes* psicólogos, especialmente da tradição psicanalítica, escreveram eles mesmos explicitamente sobre religião a partir da perspectiva de teorias da Psicologia (Freud, Jung, Erikson, Allport, Maslow, Fromm), mas teorias e abordagens psicológicas foram muitas vezes utilizadas por outros, além dos psicólogos, para analisar alguns dos fenômenos religiosos.[27]

As psicologias indígenas

A terceira variante da Psicologia Cultural será mencionada aqui ainda mais brevemente que as anteriores. É comum encontrar-se a compreensão, entre os psicólogos da cultura, de que os diferentes contextos culturais, bem como os diferentes tempos e espaços, produzem psicologias diferentes, em parte como resultado de terem sido desenvolvidas com e por pessoas que detêm uma constituição psicológica diferente (Gomperts, 1992; Zeegers, 1988) e que a História da Psicologia não lida com fatos naturais, mas com construções geradas socialmente (Danziger, 1990, 1997). Por isso, no âmbito da Psicologia Cultural existe, por um lado, uma atenção especial para as assim chamadas *psicologias indígenas*: a psicologia como vem sendo desenvolvida e empregada pelas populações locais e, neste caso, como distinta da dos psicólogos euroamericanos, que produziram praticamente tudo o que existe de conhecimento acadêmico da Psicologia.

---

[27] Isso tem sido levado adiante por autores com formação psico(pato)lógica (Pruyser, 1983; Rizzuto, 1979; Meissner, 1992, 1996; Kakar, 1982, 1991; Stählin, 1914b), mas frequentemente também por estudiosos com um pano de fundo primário em Teologia, Ciências da Religião ou estudos religiosos em geral (Beth, 1927, 1931a, 1931b; Pfister, 1910, 1926, 1944/1948; Sundén, 1950/1966; Girgensohn, 1921/1930; Holm, 1990; Kripall, 1995; Parsons, 1999; Vergote, 1978/1988; 1983/1997). Como esse tipo de trabalho já mereceu excelente e extensa apresentação alhures (Wulff, 1997), essa variante da Psicologia Cultural será deixada de lado no que resta deste capítulo.

Neste caso, estamos falando também da Psicologia de outras partes de mundo para além dos dois lados do Atlântico (Much, 1995; Ratner, 2008).[28] Por outro lado, existe também uma atenção não desprezível para a Psicologia ser um empreendimento do mundo ocidental. Como vai ficar claro, nesta terceira variante, existe ainda a colaboração de especialistas nas culturas locais que são formados dentro da tradição acadêmica ocidental, como é o caso dos antropólogos e outros, como historiadores, especialmente com historiadores intelectuais ou com filósofos da história (Belzen, 1991a; 2007; Laucken, 1998, Paranjpe, 1998).

Voltemos, agora, a nossa atenção para a primeira variante que acabamos de distinguir, isto é, para a forma de Psicologia Cultural que se concentra nas bases culturais do funcionamento do psiquismo humano, que se desenvolve como uma parte integrante da Psicologia.

Pesquisa contemporânea na Psicologia Cultural: diferenças

Muitos psicólogos da cultura chamam a atenção para a importância de distinguir entre a Psicologia Transcultural e a Psicologia Cultural em seu sentido próprio.[29] As duas ciências ou disciplinas lidam com concepções diversas de cultura; a Psicologia Transcultural lida com uma compreensão de cultura um tanto quanto tradicional: ela concebe a cultura como uma variável

---

[28] C. RATNER, "Cultural Psychology and Qualitative Methodology: Scientific and Political Considerations". In: *Culture & Psychology*, 2008, 14, 3, p. 259-288.

[29] Recentemente, estudiosos de ambas as tradições tentaram dialogar no sentido de encontrar ou buscar mais os pontos em comum do que de reforçar as diferenças (Kitayama e Cohen, 2007; Matsumoto, 1994a, 1994b, 1996; Ratner, 2008; Valsiner e Rosa, 2007).

que pode influenciar o comportamento e ela a pesquisa em termos de comparação, como as experiências, os comportamentos, as atitudes, as relações sociais etc. se apresentam nas diversas condições culturais. Dito de uma forma mais direta, estudam-se pessoas que podem ser classificadas como tendo a mesma idade, o mesmo sexo, a mesma educação e outras variáveis relevantes, mas que pertencem a grupos étnicos diferentes ou vivem em diferentes regiões geográficas; neste caso, são comparadas no que diz respeito a um dado fenômeno psíquico que está sendo estudado por uma dada pesquisa. Este tipo de pesquisa contribuiu grandemente para a sensibilidade de hoje em dia para as variações culturais quanto ao modo como os seres humanos experienciam o mundo ou vivem de um modo geral (Vijver et al., 2008). Tais estudos culturais comparativos muitas vezes têm como meta determinar formas culturais invariantes da expressão do humano e consideram estas formas, em covariância com as perspectivas da Sociobiologia, como constantes antropológicas, por exemplo, na pesquisa das emoções. Nesta abordagem, a cultura tende a ser vista meramente como uma qualificação nas afecções psicológicas em geral ou como uma variável moderadora, mas não como um processo constitutivo que está implicado na explicação psicológica do fenômeno (Billmann-Machecha, 2001).

Ao contrário, a Psicologia Cultural, em seu sentido estrito, afirma que os padrões culturais de agir, de pensar e de experimentar são criados, adotados e promulgados por certo número de indivíduos agindo em conjunto. Tais padrões são supraindividuais (sociais), e não individuais; são *artefatuais*, e não naturais. Por isso, os fenômenos psicológicos são culturais na medida em que eles são artefatos sociais, isto é, na medida em que o seu conteúdo, seu modo de operacionalizar-se e sua dinâmica de relacionamento são (a) criados e compartilhados socialmente por certo número de indivíduos e (b) integrados com outros artefatos sociais (Ratner, 2002, p. 9). A conversão, por exemplo, é um fenômeno que se encontra dentro do âmbito das religiões e que tem um significado diferente entre os diferentes subgrupos de tais religiões, sendo ela mesma o resultado de certos padrões de práticas religiosas, que por sua vez se relacionam com certos rituais e doutrinas religiosas. Na Psicologia Cultural, normalmente, o sentido de certas formas de ação, pensamento e experiência é central, e não tanto a ação em si. Essas formas de ação, de pensamento e de experiência podem ser, e muitas vezes são mesmo, estudadas também por outras áreas das ciências humanas e sociais. A cultura e também as práticas culturais são concebidas como simbólicas: tem-se em mente que elas produzem mais que simplesmente representação de realidades pré-existentes e regulação do comportamento. Antes, a cultura está sendo vista como a criadora da realidade social, cuja existência se ancora, parcialmente ao menos, em tais definições culturais. Com isto, a Psicologia Cultural reconhece o relacionamento aberto e indeterminado entre as práticas e significado cultural e as forças materiais. Reconhece que, não somente as instituições sociais (o casamento, a escola), os papéis sociais (o noivo, o estudante) e os artefatos (o anel de noivado, as anotações de aula), mas também conceitos psicológicos (*self*, emoção e mente) e categorias epistemológicas (tempo) dependem em parte de distinções incorporadas nas categorias linguísticas, no discurso e nas práticas sociais cotidianas.

O maior contraste entre ambas as formas de pesquisa do papel da cultura nos fenômenos psicológicos é, portanto, conceitual, e não metodológico. A Psicologia Cultural vê a cultura e a psicologia como mutuamente constitutivas e lida com os processos psicológicos como sendo culturalmente dependentes, e se não também, em certos casos, como culturalmente variáveis. A Psicologia Transcultural, por outro lado, trata os processos psicológicos como formados independentemente da cultura, com impactos culturais em suas manifestações, mas não em seu modo de funcionamento básico (Miller, 2001, p. 38). A fim de não ficarmos excessivamente na abstração, vamos dar uma olhada em alguns exemplos de pesquisa da Psicologia Cultural hodierna.

Exemplos de pesquisas atuais no campo

De acordo com os psicólogos da cultura, pesquisas com uma compreensão da cultura mais nuançada e orientada de modo processual, que concretizam e determinam seu impacto no funcionamento do psiquismo, ampliarão a teoria psicológica. E, na realidade, no que diz respeito aos temas básicos da Psicologia, tais como cognição, emoção e *self*, bem-estar, autoestima e motivação, a pesquisa da Psicologia Cultural tem contribuído para a elaboração de novos modelos (Kitayama e Cohen, 2007). Uma compreensão profunda e central a partir da *revolução cognitiva* foi a de que as pessoas na atividade de dar sentido à existência vão bem além das informações dadas, não ficam num mero e passivo *processamento* delas (Brunner, 1990). Um ato de interpretação intermedeia o estímulo e a resposta. Essa interpretação, naturalmente, conta com os sistemas de sentido disponíveis no meio cultural. Arranjos culturais diversos vão requerer diferentes atividades, levando a diferentes habilidades cognitivas. Por isso, para nos referir somente a um exemplo, foi encontrado que o sistema de solução de problemas aritméticos processa-se diferentemente, dependendo do contexto, chegando a resultados diferentes, em diferentes situações. Lace *et al.* (1984) descobriram, por exemplo, que 98% dos problemas foram resolvidos corretamente pelos pesquisados quando lidavam com compras na feira, mas somente 59% das questões da mesma natureza eram respondidas corretamente, pelos mesmos sujeitos, quando as questões eram feitas na sala de aula. Esses estudiosos sustentam que a solução de problemas não é uma atividade mental *desincorporada*, mas pertence a e é específica de um tipo de situação em que a pessoa está envolvida. No geral a cognição é vista como constituída, em parte, por atividades concretas e práticas nas quais ela está situada e em parte por instrumentos culturais dos quais ela depende (Miller, 1999, p. 87). Do mesmo modo, as emoções não são sempre as mesmas e constantes, diferindo apenas em grau, ao longo das culturas; elas são diferentes em diferentes culturas, isto é, algumas emoções existem em algumas culturas, e não em outras. As emoções caracterizam-se por crenças, juízos e desejos, e o conteúdo das mesmas não é natural, mas determinado pelos sistemas de crenças culturais, por valores e morais de uma comunidade bem particular. Elas não são respostas naturais eliciadas por aspectos naturais que uma situação possa ter, mas padrões de experiência e de expressão determinados socioculturalmente que são adquiridos e subsequentemente efetivados uma situação social específica (Armon-Jones, 1986).

Também nas concepções de *self* – compreendido aqui como o entendimento individualizado e a experiência de seu próprio funcionamento psíquico – e nos modos de funcionamento psíquico a ele relacionados, existem diferenças qualitativas entre os indivíduos de comunidades culturais caracterizadas por práticas e sistemas de atribuição de sentido que apresentam relações com o *self* contrastantes (Litayama, Duggy e Uchina, 2007). Por isso, os estudiosos Shweder e Bourne (1984) demonstraram que as descrições de pessoas dos índios de Oriyan, quando comparadas com as dos euroamericanos, davam muito mais ênfase às ações em contraste com traços abstratos, fazendo mais frequentemente referência ao contexto. No caso, em vez de descrever um amigo como, por exemplo, *amigável*, os índios oriyanos dizem, em vez disso, que ele ou ela *traz uma torta nos dias de festa de minha família*. Desdobramentos recentes desse tipo de pesquisa indicam que a teoria da compreensão da mente não se desenvolve espontaneamente na direção de um traço psicológico final, mas que ela vai em direções que refletem os pressupostos epistemológicos contrastantes das comunidades culturais locais (Lillard,

1998; J. G. Miller, 2002). Um outro exemplo nesta linha. O erro de atribuição fundamental, isto é, a tendência de hiperdimensionar o disposicional em relação às explicações situacionais do comportamento, foi formalmente assumido como sendo universal, mas as pesquisas demonstram que os asiáticos podem ser menos vulneráveis a ele que os norteamericanos (Lee, Hallanhan e Herzog, 1996; Morris, Nisbett e Peng, 1995).

No que diz respeito à autoestima e ao bem-estar, as pesquisas no âmbito da cultura trazem as informações de que as estratégias de autovalorização e de autopromoção defensivas para manter sentimentos positivos quanto ao *self* são culturalmente variáveis e que a população chinesa dá muito valor à manutenção da harmonia entre os grupos. As tendências de relatar a satisfação quanto à autoestima e à vida são mais altas entre os norteamericanos que entre as populações culturais asiáticas (Diener e Diener, 1995), mas provavelmente podem não ser vistas como indicadoras de padrões de adaptação mais bem-sucedidos por que mais vinculados ao individualismo. Mais ainda, as pesquisas nesta área demonstram que as medidas psicológicas de autoestima estão contaminadas por concepções de normas, práticas e autoconcepções como as individualísticas e podem, por isso, não ser capazes de *capturar* as metas centrais para o *self* em culturas que dão ênfase à realização de responsabilidades interindividuais e de interdependência (Miller, 2001, p. 33).

No que diz respeito à motivação, trabalhos acadêmicos sobre a cultura desafiam os pressupostos comuns que vinculam *agência* com individualismo e mostram que *agência* vem experimentada qualitativamente diferente em comunidades culturais contrastantes. Em grupos culturais onde o *self* tende a ser conceituado como inerentemente social em vez de inerentemente autônomo, as pessoas estão mais a fim de experimentar os seus verdadeiros *selves* como expressos na realização de expectativas sociais em vez de ações autônomas. E mais, Miller e Bersoff (1994), mostram que enquanto os americanos interpretam a ajuda como sendo mais motivada endogenamente e mais satisfatória quando os indivíduos agem de modo autônomo, e não como resposta a expectativas sociais, os indianos veem a ajuda em ambos os casos como motivada e satisfeita endogenamente. De modo semelhante, Iyenger e Lepper (1999) descobriram que as crianças euro-americanas mostram ter menos motivação intrínseca quando as escolhas em tarefas de anagrama e de jogos são feitos para elas, por suas mães ou por seus colegas, mas que as crianças asiático-americanas apresentam o mais alto nível de motivação quanto agem para realizar as expectativas destes outros em quem confiam. Estendendo esse tipo de pesquisa cultural para outros assuntos da socialização, foi demonstrado que não somente o sentido, mas também as consequências adaptativas de modos particulares de socialização, dependem da cultura, enquanto nas comunidades culturais euro-americanas os modos autoritários de paternidade ou de maternidade tendem a ser associados com maiores resultados de *desadaptação*. Os controles menos autoritários aqui tendem a ser vistos como resultando numa educação mais adequada. Já os adolescentes coreanos associam a percepção de maior calor humano dos pais para com eles com a percepção de maior controle dos pais, e isto concorda com o ponto de vista dos pais coreanos segundo o qual eles teriam a responsabilidade de exercer sua autoridade sobre seus filhos, e o não exercício da mesma é visto como uma espécie de negligência dos pais diante de sua tarefa (Berndt *et al*. 1993; Miller, 2001).

Psicologia Cultural da Religião: empresa interdisciplinar

Na Psicologia em geral, a sensibilidade pelo caráter cultural do fenômeno em questão foi em grande parte perdida. Muitas vezes de um modo fácil, os estudiosos admitem que os resultados de seus estudos são válidos transculturalmente, e normalmente, não se tem consciência de que os resultados obtidos – frequentemente somente a partir de estudantes ocidentais, brancos, de classe média – podem somente ser válidos para a amostra escolhida e, mesmo assim, para o tempo de agora ou de quando foi feita a pesquisa. Por isso, pelo fato de lidar com questões em pequena escala, conceitos e variáveis manipulados e, com isto, com escalas cada vez mais refinadas e com técnicas estatísticas mais sofisticadas, a Psicologia vem sendo criticada por não observar o suficiente, não ir a fundo o suficiente nos fenômenos que pesquisa, especialmente quando constrói seus *instrumentos de medida*. Do ponto de vista da Psicologia Cultural, é especialmente deplorável que a Psicologia naturalize seu objeto de estudo e que seu *modus operandi* esteja marcado pela dessubjetivação e pela descontextualização (Belzen, 1997b).

Nos dias do início da Psicologia da Religião e de muitas outras ciências sociais, entretanto, muitos autores já tinham uma abordagem claramente interdisciplinar. O caso em foco aqui é Wilhelm Wundt (1832-1920), um dos *pais da psicologia da religião* e dos mais influentes. De acordo com ele, a Psicologia tem dois instrumentos a sua disposição, isto é, para pesquisar os elementos da consciência tais como a sensação, os sentimentos e as simples afeições, o experimento deveria ser empregado, mas para aqueles fenômenos dependentes de certas condições histórico-culturais para sua gênese e manutenção, dever-se-ia usar o que ele chamou de *método genético da Psicologia Cultural*. A religião sendo claramente do segundo tipo de fenômeno assinalado por Wundt, ele considerava óbvio que seria um objeto de pesquisa da Psicologia Cultural e, por isso, dedicou a maior parte de sua obra à Psicologia Cultural: dos dez volumes que compõem a sua *Völkerpsychologie*, três lidam com religião (Wundt, 1900-1909). Uma vez que a maior parte de seus alunos fora formada somente nos métodos experimentais, eles normalmente adotaram e desenvolveram só a primeira parte do programa de Wundt. Muitos creem que esta seja uma das razões pelas quais o experimento é até hoje visto pelos psicólogos como o método preferido e *o método realmente científico* para a Psicologia. Os fenômenos religiosos muito dificilmente são adequados para a pesquisa experimental. Assim, onde o experimento se tornou predominante como método em Psicologia, os esforços para estudar psicologicamente a religião acabaram por declinar. Como o programa de Psicologia Cultural de Wundt muito dificilmente encontrou algum seguidor em seu tempo, seu modo de *praticar* a Psicologia da Religião nunca atraiu estudiosos. A maior parte dos psicólogos de hoje concentram-se no que se chama de *psicologia individual*: na pesquisa de fenômenos psíquicos encontrados nos indivíduos ou em pequenos grupos.

Na Psicologia Cultural dos dias de hoje, existe um retorno da abordagem interdisciplinar de tempos atrás (Jahoda, 1993, 2007). Como uma das ciências sociais, a Psicologia necessita de colaboração dos, por exemplo, historiadores, sociólogos e antropólogos. Aceitando que a cultura seja a maior força de constituição e de regulação para definição do *self* das pessoas, a conduta e a experiência também vão exigir um diferente tipo de pesquisa, pelo menos diverso do que é o normal da Psicologia em geral, ou da vertente predominante da Psicologia. A *forma de vida* religiosa particular (Wittgenstein) na qual o ser humano está imerso não pode mais ser negligenciada em favor da pesquisa de presumíveis estruturas psíquicas inerentes e invariáveis. Ao contrário, é necessário que as pessoas se *envolvam* em sua *forma particular de vida*, não para tirá-las de onde estão, submetendo-as a experimentos, testes ou questionários em *laboratórios*. De acordo com isso, os pesquisadores voltaram-se para a observação participante, para a análise de documentos pessoais, entrevistas, discussões em grupos e outras técnicas *ecologicamente* válidas. Além disso, tornou-se necessário estudar não o indivíduo isolado, mas também as crenças, os valores, as regras que são prevalentes numa situação cultural dada, junto com padrões de relacionamento e de interação que caracterizam aquela situação. De qualquer modo, parece errôneo tentar estudar a *mente individual* em si. A Psicologia não pode realizar sua tarefa sem a ajuda das outras ciências sociais.

Teorias da Psicologia Cultural contemporânea e sua aplicação à Religião

Na Psicologia Cultural atual, empregam-se inúmeros conceitos e teorias, *emprestados* de diferentes correntes do pensamento (Triandis, 2007). Como não se tem aqui espaço para cobrir todo o leque mesmo aproximadamente, vamos dar uma pequena olhada em alguns deles e ver o que significam conceitos tais como *habitus*, para que servem a teoria do *self* dialógico e outras abordagens narrativas, e o que trouxeram para este campo teorias como a da *ação* ou da atividade.

A noção de que os fenômenos psicológicos dependem de atividades práticas tem uma longa tradição, indo desde Marx e Engels a Dewey e pensadores contemporâneos como Bourdieu. As pessoas religiosas muitas vezes não podem explicar num nível cognitivo por que elas realizam aquilo que fazem – por exemplo, os rituais.[30] Muitas vezes elas não têm conhecimento das *razões explicativas oficiais* para certas condutas. Com isso temos que católicos às vezes não sabem explicar seu comportamento na missa, nem os budistas dar as razões por experimentar o luto como eles o fazem (Obeyesekere, 1985). Ainda assim, as pessoas realizam os rituais perfeitamente de acordo com as expectativas de suas (sub)

---

[30] Mesmo questões como as apresentadas por pesquisadores, por assim dizer, parecem estranhas, como veremos num caso empírico no capítulo 9.

culturas religiosas, muitas vezes com competência. E isso pode ir até um nível de exigência com que um *estranho* nunca chegará a lidar tão bem. A conduta das pessoas – num sentido amplo, incluindo aqui suas percepções, pensamentos, emoções, necessidades etc. – regula-se de acordo com esquemas ou estruturas que não são conhecidas conscientemente. Esses esquemas não são nem mesmo, primeiramente, de natureza cognitiva, mas são algo que pertence ao corpo. As pessoas agem não porque elas sabem conscientemente o que fazer – é como se seus corpos soubessem por elas. Afeições, por exemplo, não são o resultado de um conhecimento adequado de como sentir, uma vez que elas são *gerenciadas* por estruturas corporais imediatas. Bourdieu (1980/1990) chama essas estruturas de *habitus*, e é esta estrutura que gera e esquematiza as ações das pessoas. Apesar de essas estruturas serem incorporadas personalizadamente, elas não são individuais: caracterizam a subcultura e derivam de padrões de conduta do participante. Elas pertencem tanto ao indivíduo quanto à subcultura; na realidade, são precisamente o nexo entre um indivíduo e uma instituição cultural. Diversamente das sociedades ocidentais secularizadas, a religião na maior parte das culturas não é simplesmente uma prática específica realizada em ocasiões especiais. Em tais culturas, a religião é transmitida através de práticas,

> sem chegar ao nível do discurso. As crianças mimetizam as ações das outras pessoas e não de modelos. A práxis corporal fala diretamente às funções motoras, na forma de padrões de posturas que são tanto individuais como sistêmicos; estas funções motoras estão vinculadas a todo o sistema dos objetos, e carregadas com toda uma horda de valores e sentidos (Bourdieu, 1980; 1990, p. 73-74).

O mesmo se aplica àquelas subculturas ocidentais em que a religião é ainda a força predominante de *modelagem* e de *integração*. É por que ele carrega em seu corpo o *habitus* de um hindu da Índia, que, como um religioso, pensa, reage, sente e se comporta como um indiano hindu, na realidade *é* um hindu indiano, e não porque ele *conhece* o específico de uma doutrina, as regras éticas ou os rituais. O praticante religioso, normalmente, não está consciente dessas especificidades. Por não ser individual, o *habitus* é em si mesmo estruturado por práticas sociais: suas disposições são inculcadas de modo duradouro através de *possibilidades* e *impossibilidades*, de liberdades e de necessidades, de oportunidades e de proibições inscritas nas condições objetivas. É nas práticas sociais que o *habitus* pode ser observado em funcionamento, sendo (re)produzido e produzindo a própria conduta.

Até certo modo, mesmo o *habitus* pode ser não cognitivo ou operativo de um modo não consciente para o agente; a conduta que resulta não significa algo nem para o agente nem para os outros participantes daquela cultura. Este sentido está enraizado tanto na história da vida da pessoa quanto nos sentidos disponíveis culturalmente para aquilo. A análise das atividades deve ter em conta as *formas de vida* que são o contexto do sentido. Este sentido disponível culturalmente somente poderá ser detectado e analisado no nível do *texto*: palavras, provérbios, histórias, mitos e símbolos articulados. Por mais verdadeiro que possa ser isso, sem a análise da atividade, a Psicologia Cultural estaria contando apenas a metade da história (Ratner, 1996). Com isso, continua sendo verdade que o conhecimento da cultura, dos símbolos, dos conceitos e das palavras permanece imerso e mantido por convenções linguísticas, estimulado e organizado por fenômenos psicológicos. Aqui a Psicologia Narrativa pode ser vista como um aliado óbvio em qualquer análise da religiosidade. Ela chama a atenção para o fato de, no curso de suas vidas, as pessoas ouvem e assimilam histórias que as capacitam a desenvolver *esquemas* que dão a direção a suas experiências e condutas. Com a ajuda desses esquemas elas podem então *dar sentido* a partir de uma potencial sobrecarga de estímulo (Howard, 1991). Para cada estória que se desenvolve, e em todas as situações com as quais se confrontam, as pessoas lançam mão de um catálogo adquirido de *enredos* que são usados para dar sentido, seja a partir da história, seja a partir da situação (Mancuso e Sarbin, 1983). Aqui está a possibilidade de se lançar mão da Psicologia Narrativa para a compreensão dos fenômenos religiosos. Uma vez que, qualquer que seja a religião que esteja por trás disso, ela é em todos os casos um reservatório de elementos verbais, de histórias e estórias, de interpretações, de prescrições ou de mandamentos que com seu poder determinam a experiência e a conduta e em seu processo de legitimação têm um caráter narrativo. A definição de religião de Clifford Geertz, que está amplamente disseminada na Psicologia Cultural, sinaliza para a importância central das *estórias*, da realidade dada e transmitida linguisticamente:

> a religião é um sistema de símbolos que agem para estabelecer um clima e motivações poderosos, pervasivos e duradouros nas pessoas através da formulação de concepções da existência da ordem geral e revestindo essas concepções com tal aura de factualidade que os sentimentos e as motivações pareçam inequivocadamente realistas (1973, p. 90).

A fim de efetivar a conexão com a Psicologia Narrativa, deve-se somente tomar a palavra *símbolo* em sua definição e dar a ela um conteúdo mais preciso com a ajuda de *histórias e práticas*. Nessa conexão deve-se ter a consciência de que tanto as práticas quanto as *concepções*, por sua vez, empregam estórias para explicar-se e legitimar-se. Em outras palavras, as pessoas que foram introduzidas numa forma de vida religiosa ou se apropriaram dela, dentre as diversas formas de vida disponíveis culturalmente, tinham a sua disposição um sistema de interpretação e de condutas que, narrativamente, prefigura a realidade para elas. Por isso, em cada situação, as expectativas, as interpretações e as ações podem ser solicitadas a demonstrar que foram derivadas do horizonte religioso de compreensão e que, em determinadas circunstâncias, confirmam e reforçam essa compreensão. Na realidade, são precisamente aquelas pessoas ou grupos considerados grandes devotos que, com grande frequência, de modo espontâneo ou perseverante, ativam este horizonte de compreensão religiosa e estão em condição de superar seus próprios problemas de interpretação religiosa – apesar dos paradoxos com que eles tenham de se confrontar – e agir em harmonia com o sistema de interpretação e conduta de que eles se apropriaram, bem como com as *estórias* que lhe foram fornecidas.

A Teoria da Atividade foi delineada inicialmente por Vygotsky (Veresov, 1999) e elaborada em maior profundidade na literatura da tradição histórico-cultural russa iniciada por ele (Leontiev, 1979, 1981; Luria, 1971, 1976; Vygostky, 1978, 1991). Vygotsky enumera três fatores culturais que influenciam o funcionamento do psiquismo (Ratner, 2002, p. 10):

• As atividades tais como a de produzir bens, educar crianças, educação popular, elaborar e implementar leis, tratar de doenças, brincar e produzir artes;
• Artefatos incluindo aqui instrumentos, livros, papel, cerâmica, armas, utensílios de mesa, relógios, vestuário, edifícios, móveis, brinquedos e a tecnologia;
• Conceitos referentes a coisas e a pessoas, por exemplo, a sucessão das formas que o conteúdo de pessoa assumiu na vida dos seres humanos nas diversas sociedades com os seus sistemas legais, religiosos, de costumes, de estruturas sociais e de mentalidades.

Vygotsky enfatiza a dependência do funcionamento do psiquismo desses três fatores culturais e o predomínio das atividades sobre os outros dois.[31] Vygotsky afirma:

> As estruturas das funções mentais mais elevadas representam as inúmeras relações sociais coletivas entre as pessoas. Essas estruturas não são nada mais que a transferência para a personalidade de uma relação intrínseca da ordem social que constitui a base da estrutura social da personalidade humana (1998, p. 169-170).

> Outro membro da escola histórico-cultural da Psicologia iniciada por Vygotsky escreveu, de modo similar, que mudanças acontecem no curso do desenvolvimento histórico, no caráter geral da consciência dos seres humanos e são engendradas pelas mudanças em seus modos de vida (Leontiev, 1981, p. 22).

De acordo com os teóricos da atividade, esta, os artefatos e os conceitos culturais precisam ser estudados pelos psicólogos se eles quiserem compreender o funcionamento do psiquismo dos indivíduos numa dada cultura. Não é uma tarefa a ser deixada para outros que não os psicólogos, quando se quer olhar a pessoa a partir de fora para compreender o seu conteúdo, modo de operação e dinâmica dos fenômenos psíquicos, constituídos, como eles são, por fatores e processos culturais. Gerth e Mills (1953) assinalaram que as atividades são divididas internamente em papéis, e cada papel enseja a presença de direitos, responsabilidades, normas, oportunidades, limitações, prêmios e qualificações distintos. A atividade *religião*, por exemplo, inclui os papéis de praticante ou fiel e normalmente algum tipo de

---

[31] Ratner (2002) corretamente assinala que a situação real é mais complexa e dinâmica: ela contém influências recíprocas entre os fatores e é *animada* pela intencionalidade, pela teleologia ou pela *agencialidade*.

sacerdócio, e ambos, no mais das vezes, são divididos em um sem-número de categorias, tais como penitente, possesso, *iluminado* etc. ou como pastor, o que batisa, ministro, exorcista etc. As características distintas dos papéis moldam o funcionamento psíquico do *ocupante* desse papel, uma vez que é através de sua experiência em levar adiante os diversos papéis que a pessoa incorpora certos objetivos e valores que vão motivar e dirigir sua conduta, bem como os elementos de sua estrutura psíquica. A realização de um papel requer da pessoa a formação de seu psiquismo: ela envolve o aprendizado do que fazer, bem como o significado do que for feito. Requer a formação de

> sua memória, de sua sensação de espaço e tempo, de sua percepção, de seus motivos, de sua concepção do self, de suas funções psicológicas que são moldadas e motivadas por uma configuração bem específica dos papéis que ela incorpora a partir da sociedade (Gerth & Mills, 1953, p. 11).[32]

O conceito de papel social é um excelente recurso para a abordagem da religião pela Psicologia Cultural. Ele designa um conjunto histórico e específico de normas, direitos, responsabilidades e qualidades que pertencem não somente às pessoas e/ou a situações efetivamente presentes e atuais, mas também àqueles âmbitos das estórias religiosas, dos símbolos e discursos em geral. Os papéis são modos específicos e distintos de agir e de interagir. Esse conceito pode ser usado para designar o *funcionamento*, a ação, mas também as atitudes, as emoções e expectativas correspondentes da parte do crente, o religioso

---

[32] Veja-se Ratner (2002) para uma elaboração mais atualizada da teoria da atividade, integrando as descobertas das numerosas pesquisas dos dias de hoje, e uma extensa discussão de suas relações com outras abordagens psicológicas da cultura.

concreto. Serve, além do mais, para nomear e antecipar a conduta dos seres de um âmbito não material como vem estipulado pelas diversas religiões e muito bem assinalou o psicólogo da religião sueco Hjalmar Sundén (1959/1966). Sua teoria do papel da experiência religiosa apresentou-se como um excelente instrumento heurístico para analisar tanto os casos históricos como os contemporâneos, e pode ser considerada uma contribuição para a abordagem da religião pela Psicologia Cultural (Belzen, 1996b).

Exemplos de abordagens da Psicologia Cultural

Antes de terminar, vamos dar uma olhada mais de perto em alguns exemplos da pesquisa da religião, levada adiante segundo as linhas da Psicologia Cultural. Consideraremos estudos de diferentes países e de diferentes tradições religiosas.

Em que acredita o que crê?

O psicólogo da religião belga Vergote aplicou o pensamento psicanalítico lacaniano e a reflexão da Psicologia Cultural em geral a uma extensa pesquisa sobre religião. Seu trabalho se caracteriza por uma impressionante e rara abordagem interdisciplinar, coisa rara entre os psicólogos! Ele conta com a Antropologia Cultural, a História e a Sociologia, a Psicanálise e a Filosofia. Quando confrontado com a tarefa de definir seu objeto de estudo, ele não cai na falácia de tentar desenvolver uma definição psicológica da religião, mas se volta para as ciências culturais, por exemplo, para a já bem conhecida definição antropológica de religião de Clifford Geertz. De acordo com isso, a tarefa da Psicologia da Religião é desenvolver ou fazer o uso de uma abordagem que permita uma visão mais profunda dos processos psíquicos que estão envolvidos e determinam esta dada religião culturalmente.

O próximo passo não tem a pretensão de estudar *a religião* em geral, o que quer que ela seja, mas de fazer uma análise em profundidade de um fenômeno bem concreto, pertencente a uma forma bem particular de vida religiosa. Nesse sentido qualquer assunto, seja ele os estigmas, o culto dos antepassados ou o que quer que seja, pode ser abordado. Normalmente, as publicações de Vergote lidam somente com aspectos da fé cristã na sua *versão* católico-romana e, ainda mais concretamente, no contexto belga. Numa de suas publicações mais importantes, tenta estudar o *crer*, que ele considera ser um dos elementos mais importantes e específicos da fé cristã. Antes de iniciar sua pesquisa psicológica, ele apresenta um breve relato do que *crer* significa no cristianismo (1983/1997, p. 187-191). Indo adiante nesse caminho, ele se afasta de qualquer esforço de escrever uma Psicologia da Religião em geral, uma vez que não está lidando com a religião em geral. Na realidade, ele não está, naquele volume, nem mesmo tratando da religião cristã em geral, mas somente de um de seus aspectos: a fé. Como em seu já bem conhecido *Culpa e desejo* (1978/1988), ele defende a posição de que *por natureza* o ser humano não é nem religioso e nem não religioso; o ser humano somente poder vir a ser uma pessoa religiosa ou não religiosa em vista dos sentidos religiosos disponíveis em sua cultura: "o que é estudado pela Psicologia é o efeito da arqueologia psíquica no processo pelo qual o indivíduo se apropria do sistema simbólico da religião" (1983/1997, p. 26). Sua tarefa psicológica é trazer à luz os sentidos latentes e as motivações na religião experimentada e pesquisar como estes se relacionam organicamente um com o outro e formam a estrutura pessoal da religiosidade. Por isso, é tão revelador estudar o processo pelo qual uma pessoa se desenvolve e passa a ser um descrente quanto estudar as oscilações entre o crer e o descrer.

As formas de vida da prática religiosa

Quanto às pesquisas sobre a espiritualidade mística de orientação cristã na Holanda, pode-se ter um outro exemplo de uma abordagem da religião em termos da Psicologia Cultural. Como Belzen (2003) buscou assinalar, a noção de conversão como a vinculada pelos *bevindelijken*, pessoas crentes místicas e ortodoxas pertencentes à tradição religiosa calvinista, pode muito bem ser interpretada com a ajuda de categorias do Construcionismo Social, especialmente em sua versão *retórico-responsiva*. Em alguns casos, a religião é a maior força de moldagem social em vários, e algumas vezes em todos, os domínios da vida privada e pública, e as pessoas muitas vezes não são mais capazes de distinguir entre os dois âmbitos.

Como em muitos países não ocidentais, mas também em diversos grupos religiosos ocidentais mais ou menos tradicionais, os crentes ou fiéis *bevindelijken* incorporaram um conhecimento *de um terceiro tipo* (Shotter) no que diz respeito a sua religião. A identidade *bevindelijke* não consiste em ser membro de uma Igreja através da afirmação de doutrinas teológicas específicas ou pelo vincular-se a um *círculo íntimo* ou mesmo por serem capazes de elaborar um relato de suas experiências religiosas em certo estilo, mas, isto sim, predominantemente, consiste de um *estilo de vida* que tudo contamina ou invade. E este estilo pertence a uma *forma de vida* específica (Wittgenstein), apresentando-se no e através do corpo. Enquanto Vergote tem trabalhado com escalas estandardizadas como as de Osgood, Belzen utilizou-se de categorias empíricas bem diversas, incluindo dúzias de observações e de conversas por ocasião das visitas nos dias de festas. Presença e observações em *conferências missionárias*, feiras de livros, cursos de formação, assembleias políticas. Os *instrumentos de pesquisa* contaram também com numerosos encontros com pessoas, na rua, atrás da igreja, em suas casas e muitas vezes através de *bate-papos*, outras vezes com entrevistas semiestruturadas. Neste caso, contava-se até com um gravador em cima da mesa. Outros instrumentos foram a análise de seus jornais através das *visitas* na Internet. Em resumo, tudo o que possa ajudar a pessoa a estar *em contato* com o fenômeno em sua complexidade (Shotter, 1992).[33]

Rompendo a normalidade

De um modo similar, Much e Mahapatra (1995) combinaram métodos antropológicos e reflexões psicológicas em seu estudo sobre a *Kalasi*, isto é, uma espécie de possessão com oráculos na tradição hindu. Essas práticas religiosas acontecem em Oressa, um estado na costa oriental da Índia. Eles mostram a mistura de sentidos na constituição da forma de vida na mulher presente no seu caso estudado e consideram seu papel como uma possessa-oracular do ponto de vista dos valores e significados pessoais, do *status* e das posições sociais e do contexto simbólico e cultural local. Em sua análise, eles concentram sua atenção no discurso cultural que acomoda o papel e o *status* da possessão oracular, contando com as habilidades do próprio oráculo, quando ela se transforma de uma pessoa normal numa *divindade mobilizadora (Thekura chalanti)*. Durante os tempos de transformação e de possessão – e somente nestes tempos! – espera-se que as *Kalasis* falem e se comportem de um modo diferente do comportamento social normalmente aceito. O comportamento resultante é, entretanto, um desvio da *norma* padronizada e simbolicamente significativa, e não uma inibição aleatória. Existem, claramente, normas para o comportamento enquanto possesso. Sustenta-se que as *Kalasis* detêm poderes especiais quando possuídas pela

---

[33] No capítulo 9, iremos ver mais de perto essa pesquisa.

deusa. Suas ações e falas são compreendidas como ações e falas da deusa, e seus poderes especiais sob possessão são vistos como os atributos da própria deusa.

De acordo com Much e Mahapatra (1995, p. 76), o discurso do oráculo (*kokum*) é uma *ilusão* social compartilhada sob possessão em que os participantes têm a experiência de *darshan*: a visão das visões (ou objetos) que são condutores especiais que levam à divindade, durante as quais eles podem receber uma atenção personalizada e conselhos vindos diretamente da deusa. Como tal, o *kokum* não é em nada diferente de outros tipos de *ilusões* compartilhadas tanto no Ocidente quanto da Índia, como psicoterapia, simpósios acadêmicos e encontros de negócios. Os autores assinalam que não é o aspecto *sobrenatural* do *kokum* que faz com que ele se torne uma *ilusão*, mas antes sua facticidade socialmente constituída, sem a qual ele não seria visto como significativo no modo como é visto. Refletindo sobre sua pesquisa, Much e Mahapatra chegam a uma sugestão interessante para a teoria psicológica: do ponto de vista da Psicologia Cultural, os padrões da personalidade – disposições, padrões de conhecimento e de sentimentos, consciência e respostas – são considerados habilidades úteis. Um neonato entra na vida social com certo número de potencialidades, algumas universais e amplamente compartilhadas, outras bem particulares e vinculadas ao indivíduo. Quais dessas potencialidades serão cultivadas ou não, e de que modo, depende em grande parte do contexto cultural do aprendizado, do conhecimento e da efetivação das mesmas. Os potenciais marginalizados e mesmo *patologizados* por uma cultura podem ser reconhecidos como talentos, e assim desenvolvidos social e personalizadamente como habilidades adaptativas, nos contextos culturais em que essas habilidades são aceitas. Neste caso podem ser cultivadas de uma forma institucional bem organizada, e com isso são integradas com as metas e estruturas sociais locais. Os casos em questão são as diversas habilidades contemplativas, místicas e extáticas valorizadas, ensinadas e cultivadas no sul da Ásia, mas ignoradas e mesmo vistas como patologias na sociedade ocidental predominante dos dias de hoje.

Palavras finais

A Psicologia Cultural parece estar bem preparada para corrigir uma das mais antigas e disseminadas fraquezas da Psicologia da Religião: o fato de ter perdido o foco, pelo menos até certo ponto, ao não considerar a religião como um fenômeno da cultura.[34] A Psicoalogia Cultural pode servir de *remédio* aqui, uma vez que permite fazer justiça ao impacto cultural do fenômeno em estudo: uma abordagem da Psicologia Cultural leva em conta a forma específica de vida (Wittgenstein) na qual os sujeitos estão imersos. Deve-se ter em mente que os resultados obtidos não são válidos para todas as pessoas ou grupos em todas as religiões, mas é exatamente esse tipo de aspiração que deve ser abolida da Psicologia, e não somente da Psicologia da Religião! Como não existe algo como a *religião em geral*, mas somente formas específicas de vida que detêm o mesmo rótulo, *religiosa*, e a Psicologia não deve buscar satisfazer uma visão de um conjunto de elementos presumivelmente básicos do funcionamento psíquico e que seja válido para todas as pessoas, independentemente do tempo e do espaço, a Psicologia da Religião deve tentar detectar como uma forma específica de vida religiosa se constitui, cresce e regula o funcionamento do psiquismo dos membros desse grupo religioso. A Psicologia da Religião terá um futuro e terá a possibilidade de formular resultados e interpretações significativas, somente através da seleção de fenômenos religiosos específicos

---

[34] Esse será também o assunto do capítulo 7.

das diversas formas de vida religiosa, tendo em mente o seu impacto psíquico bem particular e usando conceitos e métodos da teoria da Psicologia Cultural.

Além disso, a Psicologia Cultural promete ser um acréscimo útil e uma correção para as demais abordagens da Psicologia que já focalizaram a religião como um fenômeno cultural, mas tendem a saltar para conclusões a que nenhuma análise científica da religião jamais poderá chegar. Um exemplo interessante é a atenção crescente tanto para as bases neurológicas quanto para as cognitivas do *funcionamento* religioso (Andresen, 2001; Cohen, 2007). Encontramos os resultados desse tipo de estudos sendo usados de um modo quer reducionista, quer de natureza apologética (Newberg, D'Aquili e Rause, 2001). Os autores dessas abordagens ampliam o valor tanto do cérebro quanto da mente em suas explicações da religião. Entretanto, e não estou fazendo justiça para com a literatura sobre este tópico (Reich, 2004), as pessoas ao que parece esqueceram que isso não é nada mais que uma pré-condição para o funcionamento especificamente humano do psiquismo, e não são condições suficientes em si mesmas. Se quisermos descobrir que algumas partes do cérebro são mais vitais para o *funcionamento religioso* que outras (Ramachandran e Blakeslee, 1998), não podemos concluir que estas partes são responsáveis pelo *funcionamento religioso*. O impacto da aculturação sempre permanece, e isto é um dos temas mais importantes para uma abordagem da Psicologia Cultural, particularmente no que diz respeito a sua aplicação à religião. De um modo semelhante, se as evidências mostram que a religião se desenvolveu por motivos evolucionários (Guthrie, 1993; Boyer, 2001; Kirkpatrick, 2004), resta ainda aos psicólogos encontrar por que meios uma religião dada e específica *molda* a vida religiosa das pessoas de hoje. Também, quando os cientistas cognitivistas mostram que também *in religione* a mente funciona como se ela fosse predeterminada a isso (Andresen, 2001; Slone, 2004), isto não é algo um tanto quanto trivial? Como podemos, depois de mais de um século de reflexão e pesquisas na Psicologia da Religião, esperar algo diverso? Naturalmente, a mente deve permitir algum desenvolvimento ou, pelo menos, o desenvolvimento de pelo menos algumas práticas e ideias religiosas, facilitar umas e evitar outras. O conhecimento científico sobre o modo como a mente funciona, parece óbvio, deve ser levado em conta numa teoria da religião compreensiva para a qual toda a Psicologia da Religião poderá contribuir somente de um modo bem modesto.

O que vai permanecer sempre uma impossibilidade é a capacidade de julgar o valor último existencial e ontológico de todo e qualquer tipo de religião se se tiver por base o trabalho científico. E, além disso, devido ao fato de o saber científico ser provisório por definição, em princípio a ciência não pode ser um instrumento de ataque ou um instrumento apologético a favor ou contra qualquer religião. Que o cérebro e a mente estejam envolvidos na religião é trivial, e que eles sozinhos determinem a forma, o conteúdo e a modalidade do *funcionamento religioso de alguém* ou a religião como um fenômeno cultural é uma conclusão precária e insustentável. Mas as abordagens neurobiológicas e da Psicologia Cognitiva podem ajudar a verificar e podem unir-se à Psicologia Cultural para detectar e descrever através de uma análise, a partir do entrelaçamento entre a religião e o funcionamento psíquico, o que é o específico na forma de vida religiosa. Devemos tomar o cuidado de não repetir o debate do tipo natureza e cultura (*nature-nurture*): obviamente, em todo e qualquer funcionamento do psiquismo, o cérebro e a mente estão envolvidos; eles possibilitam, moldam e limitam o que os seres humanos podem fazer e o que não podem, mas não determinam tudo e qualquer coisa. Se quisermos saber mais sobre os fenômenos culturais como a religião, a Psicologia Cultural é um caminho legítimo, talvez até seja a *estrada real*, para descobrir cada vez mais sobre sua relação com o funcionamento psíquico.

Podem-se empregar diferentes abordagens psicológicas para tentar analisar as pessoas e os fenômenos religiosos. Apesar de umas serem mais adequadas que outras, todas devem continuar a ser modestas, pois só podem oferecer uma perspectiva parcial sobre o fenômeno em questão. Ainda assim, deste modo e com seu pleno direito, a abordagem psicológica da religião vai fazer o que seus nomes exigem delas: usar os instrumentos da Psicologia para descobrir ou conhecer cada vez mais sobre a religião, um dos elementos mais complexos da cultura humana.

4

O objeto da Psicologia da Religião

Uma saída para os impasses

Introdução

Como é sabido, quase todos os fundadores da Psicologia, no sentido amplo, contribuíram para a subárea acadêmica que no momento chamamos de Psicologia da Religião. Entretanto, apesar de sua longa história, a Psicologia da Religião é uma empresa problemática, e muitas de suas questões básicas ainda esperam por respostas (por exemplo: Que tipo de atividade acadêmica, caso ela seja deste âmbito, ela é afinal? Qual o seu lugar na academia? Com o que ela lida, afinal?).

Para alguns observadores, a pesquisa em religião é um campo para a Psicologia aplicada (Strien, 1990): o que é sabido a partir dos outros ramos da Psicologia pode ser usado para analisar a religião. Outros, entretanto, opõem-se firmemente a essa visão, sustentando que a Psicologia da Religião pertence à Psicologia teórica (Ouwerkerk, 1986; Vergote, 1983; 1997). Para eles, a religiosidade é uma *prova* para o objetivo de teorias psicológicas mais amplas: todas essas psicologias estão capacitadas para lidar com a religiosidade? Podem elas dar conta da relação especial com que as pessoas estão envolvidas, a propósito, quando elas rezam, quando falam no vazio, voltando-se para *alguém* de quem não se espera resposta alguma, e ainda assim, afirmam que esse momento preenche suas vidas de sentido?

Como outro campo significativo de pesquisa psicológica que se focaliza num domínio específico, por exemplo, na arte, na literatura, no esporte, na guerra e paz, nesse caso não existe uma unidade institucional clara entre as pessoas envolvidas com Psicologia da Religião. Seus estudiosos podem ser encontrados em departamentos de Filosofia, de Psiquiatria, de Antropologia, de Estudos da religião e nos diversos departamentos de Psicologia. Como parece ser o caso dos numerosos ramos da Psicologia, não parece existir uma concordância quanto às questões básicas entre os psicólogos da religião. Não existe nem mesmo um consenso quanto ao campo que deve ser considerado seu objeto específico, isto é, *religião*, e também não há consenso sobre qual tipo de Psicologia deve ser empregada ou desenvolvida para analisar a religião.

Claro, isso não precisa ser motivo para lamentações, ao contrário, discussões e controvérsias podem ser bastante frutíferas. Ainda assim, pode-se ficar meio inseguro ao se testemunharem algumas dessas discussões. Apesar de muitos autores estarem escrupulosamente buscando ser o mais possível neutros em suas pesquisas, por mais valioso que isso possa ser, a religião muitas vezes não é mais que uma variável cujo impacto pode ser estabelecido no que diz respeito ao *coping*, à psicoterapia e muitos outros temas psicológicos (Paloutzian e Kirkpatrick, 1995). À medida que ela assume uma abordagem mais teórica, as discussões sobre a religião parecem ficar cada vez mais obscuras, em parte por causa dos pressupostos bastante pessoais dos participantes. Sempre de novo, isso mostra que é a posição pessoal do autor em relação à religião que está sendo legitimada por sua *pesquisa* psicológica ou o que o pesquisador privadamente considera ser o mais chamativo na religião passa a ter as qualificações psicológicas mais positivas.

Mencionemos apenas alguns exemplos: nas análises do ateu Sigmund Freud, a religião é mostrada como uma neurose coletiva, uma *saudade* infantil do pai e outras *desqualificações* que os que creem não gostariam de ouvir (Freud, 1907/1959; 1913/19654; 1927/1961). Ao contrário, na perspectiva do bastante religioso Gordon Allport, a religião se torna uma espécie de filosofia unificadora de vida e até mais: torna-se o critério último para uma personalidade plenamente desenvolvida. Nesse caso, a religião se torna tal "pelos valores que subjazem todas as coisas, e como tal (...) a mais compreensiva de todas as possíveis filosofias de vida" (1937, p. 214).

Do mesmo modo, as publicações psicológicas comprovando a saúde dos místicos, pelo menos, relativa, apesar de seus sintomas psiquiátricos frequentes, têm sido feita muitas vezes por autores católicos.[35] Um bom número de publicações tenta sustentar que as críticas à religião – por exemplo, as formuladas pela tradição inicial da Psicanálise – não foram tanto falsas, mas só limitadas: a crítica seria verdadeira somente para a *religiosidade neurótica*, não para todas e especialmente para as religiosidades *saudáveis*.[36]

Quando o teólogo e psicólogo Daniel Batson (Batson e Ventis, 1982) propôs uma elaboração e uma *melhora* na distinção já clássica de Allport, isto é, de religiosidade intrínseca e extrínseca, pelo acréscimo de um terceiro tipo, a assim chamada *religiosidade de busca*, esta apareceu com características simpáticas e mostrou ser mesmo até idêntica ao protestantismo liberal de Batson (Hood e Morris, 1985; Derks, 1990; Slik, 1992). Exemplos como esses podem ser multiplicados. Naturalmente,

---

[35] Um exemplo disso é a revista *Études Carmelitaines*. Além do mais, parece que essa tradição mística tem *acolhidas* diversas, dependendo de a tradição ser do meio católico ou protestante.

[36] Veja-se a excelente exposição histórica de Nase e Scharfenberg (1977), na qual eles caracterizam a segunda fase das publicações psicanalíticas sobre a religião como "psicanálise como meio para purificar a religião" de seus elementos não essenciais e criticáveis (Belzen, 1997c).

as pesquisas inspiradas por uma posição positiva no que diz respeito à religião ajudou a equilibrar as *impressionantes* afirmações dos críticos contra ela e acrescentou nuances ulteriores à discussão. Apesar disso, todo e qualquer estudioso, em qualquer área, tem lá sua *agenda oculta*. Ainda assim, não deixa de ser questionável quando essas agendas às vezes impedem o progresso na Psicologia da Religião.

Os debates sobre o objeto da Psicologia da Religião

Uma das mais recentes discussões entre os psicólogos da religião na Europa, com algum eco nos Estados Unidos, foi sobre a questão de como o objeto da disciplina deveria ser considerado. O ponto de partida da discussão foi apresentado num simpósio[37] cujos sintetizadores consideraram esta discussão sendo de especial importância (Deconchy, 1987; Stollberg e Wienold, 1987; Hutsebaut, 1986; Godin, 1987; Visser, 1987; Lans, 1991b; Vergote, 1993, 1995; Malony, 1997, Beit-Hallahmi, 1993; McDagh, 1992).[38]

---

[37] Cf. *Proceedings of the 3rd Symposium for European Pschologists of Religion* (Belzen e Lans, 1986).

[38] Uma outra discussão recente quanto ao objeto da Psicologia da Religião teve sua origem nos Estados Unidos (Heelas e Woodhead, 2005; Wuthnow, 1998, 2001; Zinnbauer *et al.*, 1997). O assunto era (e ainda é) se a espiritualidade poderia ser vista ou deveria vir a ser vista como o objeto desse campo de pesquisas ou se, pelo menos, deveria ser incluída na definição do objeto (Pargament, 1999; Stifoss-Hanssen, 1999). Na *Divisão 36 da American Psychological Association* (divisão para a Psicologia da Religião) foi feita até uma proposta de mudar o nome da divisão para *Psicologia da Religião e Espiritualidade*. Essa proposta não foi aceita. Alguns anos mais tarde, entretanto, os que apoiavam essa proposta iniciaram com a APA uma nova revista, a *Psychology of Religion and Spirituality* (desde 2009). Trataremos dessa primeira discussão entre os americanos no capítulo 6.

Nessas discussões, motivos bastante heterogêneos foram detectados. Um colega, a propósito, explicitamente afirmou que se orienta para um tipo de Psicologia que é levada adiante no ocidente, nos laboratórios, e é o único modo de a Psicologia da Religião sobreviver (Lans, 1986). E, uma vez que a religião não é um assunto muito popular para os que estão encarregados destes laboratórios, é prudente e aconselhável adiantar ou acrescentar algo como *comportamento que dá sentido* como o objeto da Psicologia da Religião a fim de obter fundos para a pesquisa e garantir postos acadêmicos.

Além do mais, assim como a Psicologia tenta *desenvolver teorias gerais a partir de observações particulares* através de *inferências de fatores comuns*, o objeto apropriado para a Psicologia da Religião deveria ser a *busca de sentido*, seja religiosa ou não (Lans, 1986, p. 79-80). Na realidade, isso parece ser concordante com o que se encontra na Psicologia da maior parte dos *laboratórios* ocidentais. Apesar de os oponentes na discussão falarem, talvez, apenas por uma minoria no campo, é interessante notar que essa posição parece ser a que está mais perto do que poderíamos chamar de Psicologia Cultural (Vergote, 1986).

Neste capítulo, não buscarei renovar essa discussão, mas dar um passo atrás, como se fosse possível, e refletir primeiramente sobre algumas das posições básicas que podem ser divisadas no que se refere ao objeto dessa subárea da Psicologia. Em comparação com a Psicologia de outros domínios específicos, como a do esporte e das artes, as discussões sobre seu objeto é lugar comum na Psicologia da Religião. Pode-se pensar em que motivos poderiam estar envolvidos: pode ser que essas discussões reflitam *a prioris* religiosos implícitos no que diz respeito à natureza dos seres humanos? Depois de analisar essa questão, sustentarei que a análise psicológica da religiosidade pode ser levada adiante ulteriormente quando se abordar a religiosidade a partir de uma perspectiva neutra e da Psicologia Cultural.

Ninguém pode fazer isso sem *argumentos pragmáticos* (Lans, 1986, p. 80) e estratégias, e isto não precisa ser discutido. Entretanto, parece que seguindo a proposta de assumir *algo que dê sentido* como o objeto da subárea, os psicólogos da religião estariam seguindo outra variante de uma mesma tradição que tem prevalecido desde o tempo de Immanuel Kant (1724-1804). Como já é sabido, Kant limitou a competência da razão teórica: ela não pode ir além da percepção sensorial[39]. Apesar disso, somos mais ou menos forçados a fazer conexões ordenadas entre os constructos da razão, essa forma de pensar mais elaborada (*Vernunft*) tem somente uma capacidade de ordenamento; ela transcende o conhecimento ordinário, mas suas ideias – por exemplo, alma, mundo, Deus – são reguladoras, não constitutivas e não registradoras de algo; elas não contribuem para o nosso conhecimento da realidade. Portanto, criticando o racionalismo *a la* Descartes e Leibniz, Kant minou a maior parte do raciocínio teológico de seu tempo. Apesar de para ele permanecer necessário *pensar* o postulado Deus, não poderia haver um conhecimento *de* Deus. Mesmo assim, Kant tentou, por qualquer razão, como sua famosa afirmação sugere: a Lâmpada da serva de sua velha casa precisa de um Deus em quem crer. Era preciso dar à teologia um novo fundamento: não mais a partir da razão teórica, mas a partir da razão prática. Para a consciência moral, a ideia de *Deus* é uma condição necessária; quando uma conduta ética não é possível em sua plenitude, por causa do *mal* neste mundo, é necessário postular um mundo [futuro] no qual esta seja possível. A este mundo Kant chamou de *Reino dos Céus*, e por isso ele considerou necessário postulá-lo, depois da liberdade; e ambos, tanto a imortalidade da alma e a existência de Deus, são como garantia para a moralidade. Deus é uma ne-

---

[39] *Begriffe ohne Anschauung sind leer*, constructos sem percepção são vazios.

cessidade e um postulado *a priori*, não a partir de razões teóricas, mas práticas, e ele é *salvo* deste modo, como a célebre afirmação que Kant muito bem resumiu.⁴⁰

De modo semelhante, e até com impacto ainda maior, o filósofo Friedrich Schleiermacher (1768-1834) buscou uma base nova e mais segura da religião. Alguns o consideram o *pai* da moderna Psicologia da Religião (Berg, 1958; Popp-Baier, 1998; Vergote, 1983/1997), uma vez que tentou ancorar a religião na constituição psíquica da pessoa. Para ele, a solução kantiana estava ainda muito influenciada pelo estilo do Iluminismo; a liberdade deve ser necessária por motivos práticos para garantir a moralidade, mas não a religião. A religião está localizada alhures: ela surge do *coração*, do *sentimento*. A religiosidade tem um território próprio no coração, *eine eigene Provinz im Gemüte*. Ela não é nem conhecimento, nem conduta, mas uma sensação de infinito, encontradiça na alma de todas as pessoas; é a contemplação do universo, encontrada tanto em nós mesmos como no mundo. A religiosidade está fundamentada na consciência pessoal da existência no mundo, é a consciência de ser dependente.⁴¹ Junto com o texto clássico de William James, *The Varieties of Religious Experience* (1902/1958), a filosofia de Schleiermacher inaugura uma tradição da Psicologia da Religião que é dominante até os dias de hoje (Hood, 1995); ela centra sua atenção na *experiência religiosa*, fundamentando a religião na emoção.

De acordo com James, os seres humanos são religiosos por natureza: isto pode ser analisado estudando-se a experiência religiosa, que ele concebe como sendo uma experiência íntima – o

---

⁴⁰ *Ich musste das Wissen aufheben, um zum Glauben Platz zu becommen*: Tive de remover o conhecimento para criar um espaço para a fé (Kant, 1787/1956, *Prólogo*).
⁴¹ *Ein schlechthinniges Abhängigkeitsgefühl* (Schleiermacher, 1799/1958, p. 39).

âmago e a fonte de todas as religiões.[42] Outros aspectos da religião – ideias, rituais, instituições – são secundários em relação a essa fonte. James explicitamente combate o que ele chama de *materialismo médico* de seu tempo. Os que aderem a esse ponto de vista, sustenta James, pensam que eles podem desqualificar a religião por ela brotar de uma emoção desordenada. Apesar de James admitir esta fonte *psicopática*, ele se recusa a tomar isso como critério de seu valor. Como com a arte, e muitos outros campos embasados na emoção, James pergunta: para onde isso leva, quais são os resultados, seus frutos? E ele conclui que, na realidade, "a emoção religiosa acrescenta algo de positivo para a compreensão da vida do sujeito. Ela oferece uma nova fonte de forças" (p. 54).

Rudolf Otto (1869-1937), como sua obra também clássica, *O Sagrado* (1917/1976), situou-se também nessa tradição. Apesar de ele pertencer, epistemologicamente, ao campo neokantiano, por volta da passagem do século XIX, ele também queria evitar o que considerava uma redução da religião, seja a um pensamento ético, seja a um pensamento racional. Ele postula a existência de uma emoção específica à qual chama de *o numinoso* (do latim, *numen*: o divino, ou melhor, o poder divino). Ele considerava essa dimensão uma categoria *sui generis*. Depois de analisar a experiência do numinoso elaboradamente, Otto concluiu que seu esquema emocional é um *a priori* formal da afetividade humana, análogo ao *a priori* kantiano da razão. Como resultado dessa estrutura emocional, o ser humano é dotado de um senso do Sagrado, para além de ser dotado de categorias racionais. Por isso, a religião pertence à natureza humana.

---

[42] O subtítulo da obra de James – *um estudo sobre a natureza humana* – de certo modo deixa entrever sua posição. Além do mais, a "experiência religiosa" é compreendida como "uma comunicação imediata e pessoal dos fundadores de uma religião com o divino" (James, 1902/1982, p. 42).

Quando hoje em dia alguns colegas sugerem que a busca das pessoas por um sentido – isto é, que a tendência inata de dar um sentido a uma sensação indiferenciada, mas incessante – seria a fonte e o núcleo da religiosidade, eles estão de novo fundamentando a religião na constituição psíquica das pessoas, neste caso, não mais na emoção, mas em alguma faculdade cognitiva. Isso simplesmente parece ser uma variação da tradição apresentada acima, uma tradição que se tornara predominante desde o século XIX. Aliás, a obra de Darwin e de seus seguidores, acabou por ser um enorme impulso à ideia das fontes inerentes ou endógenas da motivação, da cognição e do comportamento. Esta tradição suprimiu a antiga tradição empirista, que vinha desde os antigos gregos até Hume (1711-1776) e Berkeley (1685-1753) e que postula os *instintos* como sendo o elemento explicativo para o fato de as pessoas serem religiosas.

Por isso, Le Bon (1903), na virada do início do século passado, propôs um tal de *sentimento religioso*, e McDougall (1909) compreendia a religião como sendo o desdobramento do que ele chamava de *instinto de curiosidade, de medo e de sujeição*. A este último ele ainda acrescentou as três *emoções religiosas*, isto é, admiração, respeito e reverência. L. L. Bernard (1924), que acrescentou o impacto da morte a essa tradição, na *revisão da literatura* da época encontrou nada mais e nada menos que 5.684 instintos, dos quais teoricamente 93 estariam presentes na religião. Ele mesmo afirmava que estes que viam uma base instintiva para a religião seriam muito ingênuos no que diz respeito à hereditariedade. Afirmava ainda que normalmente não sabiam que a religião, como eles a concebiam, não seria universal, como a biologia gostaria que fosse. Ainda assim, mesmo que a palavra "instinto" não seja mais *falada* hoje em dia, ela ainda *está emboscada* na retaguarda de algumas concepções, como, por exemplo, na onda de Allport (1950) do *sentimento religioso* e na discussão sobre a *espiritualidade*.

A proposta de conceber a religião como fundamentada num comportamento humano genérico como o de *dar sentido* é uma variante deste *programa do inato* que fora articulado previamente por outro estudioso alemão no início do século XX, Ernst Troeltsch (1865-1923), cujas reflexões metodológicas foram muito influentes no início da *Religionswissenschaft* e mesmo na Psicologia da Religião (Troeltsch, 1905). Seguindo o *a priori* científico de Kant, a *Vernunft* ética e a estética teleológica, ele postula um *a priori religioso*: uma capacidade de reconhecer a verdade, mesmo dentro da confusão da diversidade das opiniões contemporâneas.

Essa consciência em potencial realiza-se de modo concreto na avaliação dos fenômenos religiosos. O *a priori* religioso é independente dos outros *a priori*s de Kant, do mesmo modo como a religião não pode ser deduzida da lógica, da ética ou da estética. Talvez por ser propositadamente não muito claro no que diz respeito ao *status* e às qualidades de seu *a priori* postulado, Troeltsch instigou uma ampla discussão entre os filósofos e os psicólogos da religião (Spranger, 1910/1974). De acordo com seu aluno Süskind, entretanto, a proposta de seu pensamento era a de integrar a religião como uma função necessária e essencial para a vida mental num sistema da *Vernunft* e salvaguardar sua normalidade (Süskind, 1914, p. 5). Troeltsch teve uma grande influência em Paul Tillich (1886-1965), um dos mais importantes pensadores da religião no século XX, que por sua parte promoveu um contínuo diálogo entre a Teologia e a Psicologia (Tillich, 1952; Homans, 1968). O tipo de raciocínio como o instigado por Troeltsch parece ser impressionantemente adequado aos motivos teológicos presentes na religião como um elemento universal e inerente à natureza humana.

Motivos defensivos?

Qualquer que seja a opinião que se tenha sobre as variantes que as pessoas apresentaram nesta linha de pensamento, parece que alguns motivos defensivos estariam presentes. Com alguém como Schleiermacher isso está suficientemente claro, até mesmo a partir do título de sua obra: *Sobre a religião: Discurso para os intelectuais que a desprezam*.[43] Muitos dos estudiosos do passado aqui mencionados iniciaram como teólogos, e muitos dos psicólogos da religião dos últimos tempos também. Muitos autores, na esteira de Troeltsch (Kalweit, 1908), tentaram usar seu arrazoado para sustentar a superioridade natural do cristianismo. Além disso, contra as muitas críticas que foram sendo apresentadas diante de certas formas bem particulares de religião, e fazendo frente à secularização e ao declínio do número de membros das Igrejas, um bom número de psicólogos da religião, obviamente, tentaram(ou) salvaguardar a religião. É o que podemos entrever em Allport. Ele desenvolveu sua distinção entre a religião extrínseca e intrínseca (Allport, 1960) somente quando a pesquisa indicara que a religiosidade se correlacionava positivamente com os preconceitos étnicos (Allport, 1962, p. 130). Sua diferenciação restaurou a *paz nas mentes*: a religião *intrínseca* não mostra a perturbadora correlação positiva com o preconceito.

Para Batson, entretanto, a religião *intrínseca* está muito próxima do fundamentalismo evangélico. Por isso, seu tipo de *religião de busca* não se caracterizaria por aquilo que ele percebia como sendo os vícios das anteriores. De modo semelhante, um crescente número de publicações sobre a saúde mental e a psicoterapia tenta mostrar que o desinteresse e mesmo a oposição à religião de muitos psicólogos é uma grande falha. Essas publicações tentam mostrar que existe um (cor)relacionamento positivo – que pode haver – entre religião e saúde mental, e também como a religião pode ser um fator benéfico para a psicoterapia (Bhugra, 1996; Corbet, 1996; Randour, 1993; Shafranske,

---

[43] *Über die Religion; Reden an die Gebildeten unter ihren Verächtern*, 1799/1958.

1996a; Richards e Bergin, 1997, 2000, 2004; Pargament, 1997, 2007; Pargament, Maton e Hess, 1992; Sperry, 2001; Sperry e Shafranske, 2004).[44]

O mesmo raciocínio defensivo encontra-se no debate que resumidamente foi apresentado acima. No caso de a religião estar fundamentada na natureza humana, como é o caso da proposta de Lans, de se ter como objeto da Psicologia da Religião um comportamento *de dar sentido*.[45] Um exemplo mais antigo seria, claro, C. G. Jung (1938/1969), que fundamenta a religião no inconsciente coletivo; uma afirmação até bastante recente é a de Jones: *ser humano* [é] *conhecer Deus* (Jones, 1996). Este pressuposto teológico pode levar a implicações estranhas, por exemplo, chamar de descrentes os que apesar de tudo são religiosos ou assumir que as pessoas não religiosas teriam personalidades menos desenvolvidas.

Certamente isso seria contrário às intenções dos estudiosos, mas isso pode redundar numa proposta bastante reducionista. Veja-se, por exemplo, quando, na onda da discussão anterior sobre a Sociologia da Religião, quanto à definição de religião como sendo ou substancial ou funcional, alguns psicólogos da religião, ao que parece, redefiniram seu objeto com a finalidade de poder designar a ida a um concerto de rock como sendo um modo

---

[44] Beit-Hallahmi (1992, 1993) apresenta uma crítica paralela à Psicologia da Religião como sendo um empreendimento defensivo, mas – a meu aviso – a sua argumentação é por demais *ad hominem*.

[45] Normalmente, tanto aqui como na teoria da personalidade de Allport, esse ponto de vista é o resultado implícito de *a priori*'s teológicos que veem o ser humano como uma criatura de Deus e sua relação com Deus como pertencente inerentemente à natureza humana e que somente poderia ser reprimida com um alto custo (também psicossocial) – chegando até ao adágio agostiniano de sabor neoplatônico: *Fecisti nos ad Te...: Vós* [Deus] *nos criastes para ti, e nosso coração está inquieto até que não repouse em Ti. Confessiones*, Livro, I, 1, 3.

moderno ou equivalente de ir à missa ou a um culto (Reich, 1990).⁴⁶ Quando aparentemente não existe religião, alguns teóricos, apesar de tudo, falam de religião *implícita* ou *invisível*.

Um expoente anterior deste ponto de vista foi Erich Fromm, que definiu religião como "todo e qualquer sistema de pensamento e de ação partilhado por um grupo que dá ao indivíduo um modelo de orientação e um objeto de devoção" (Fromm, 1950, p. 26). Ele mesmo mostrou as consequências até absurdas deste ponto de vista, considerando até a paixão pelo dinheiro e pelo sexo ou o desejo pela pureza étnica como instâncias religiosas. Esquematizando o conceito de religião desse modo, esses psicólogos da religião podem correr o risco de perder seu objeto empírico.

Em alguns teólogos que lidam mais com elementos psicanalíticos da teoria das relações objetais, encontramos, por exemplo, a identificação de *fé* com um fenômeno mais geral, tal como a confiança ou fidúcia, considerando isto ser indispensável para o processo de desenvolvimento do *self* humano (Crocket, 2007; McDargh, 1983; Santner, 2001). Para alguns, religião e psicoterapia praticamente viraram a mesma coisa, ambas promovendo a integração pessoal e oferecendo *um bom relacionamento* com um deus ou um terapeuta, respectivamente (Guntrip, 1969; Eugen, 1981, 1998).

Um tanto fora de toda e qualquer discussão do *conteúdo* quanto uma mais ou menos ampla conceituação de religião, está

---

⁴⁶ Uma definição clássica de religião como funcional é a de Yinger: "um sistema de crenças e práticas através do qual um grupo de pessoas lida com os temas últimos [novíssimos] da vida humana" (1970, p. 7); um defensor bem conhecido, do ponto de vista oposto, é Peter Berger, que afirma: "as definições substantivas da religião geralmente incluem somente tais sentidos ou sentidos complexos como os referidos às entidades transcendentes no sentido convencional: Deus, deuses, seres e mundos sobrenaturais ou tais entidades metaempíricas como, por assim dizer o ma'at dos antigos egípcios ou a lei hindu do karma" (1974, p. 127-128).

a *estratégia* de explicar a religião pela busca de uma característica psicológica correspondente e assumindo que as pessoas são religiosas porque esta característica da natureza humana parece não ter mais um equivalente numa Psicologia de um campo específico. Os psicólogos da música, da arte ou do esporte não buscam mais explicar a música, a arte etc. lançando mão do recurso à natureza humana ou pretendem que todos sejam músicos ou artistas e que por isso são *implicitamente* ou *invisivelmente* atletas mesmo quando eles nunca praticaram qualquer tipo de esporte e mesmo se odeiam esporte. Na Psicologia da Religião, entretanto, esses tipos de argumentos ainda podem ser encontrados. Claramente, nestas discussões, está em questão mais do que uma compreensão psicológica em maior profundidade de um fenômeno.

Ainda assim, quaisquer que sejam as razões pessoais que possam ter os psicólogos da religião para este tipo de raciocínio, eles permanecem dentro do âmbito da corrente principal da Psicologia. Isso quer dizer, por sua parte, que continuam a ser influenciados pelo pensamento religioso dominante no Ocidente – não se identifique com a teologia cristã enquanto tal! – como é visível em dualismos tais como mente/corpo, pessoa/mundo. Por fim, tudo isso chega às noções religiosamente articuladas de alma como substancial, imaterial e imortal. Independentemente de ser com ou sem o apoio de uma tradição religiosa ou teológica do que diz respeito ao ser humano como o *senhor da criação*, a Psicologia dominante parece fazer do indivíduo o centro do mundo. Para isso ela apresenta seus modos estabelecidos de discurso e nos convida a tratar as pessoas como o individualismo possessivo sugere, isto é, como possuidores de todas as características psicológicas dentro delas mesmas e não devendo nada disso à sociedade (Shotter, 1989).

Apesar de ser admitido – provavelmente – que os pressupostos teóricos implícitos inevitavelmente afetam qualquer teoria psicológica, pode-se, apesar de tudo, perguntar se não seria válido lutar por um ponto de partida religiosamente neutro para a subárea da Psicologia da Religião e deixar de lado pressupostos tais como os que pleiteiam a natureza humana como sendo inerentemente religiosa.[47] Pode a Psicologia Cultural ajudar nisto? Pode uma orientação no sentido da interdisciplinariedade partindo de sua própria história ser de algum modo útil para a Psicologia da Religião? Antes de considerar uma possível resposta, vamos ampliar o sentido de Psicologia Cultural.

A abordagem da Psicologia Cultural: uma nova visão?

Honestamente, apesar de se poder chamar de seus *precursores* a Vico e Herder (Jahoda, 1993), ainda não é fácil dizer em poucas palavras o que é a Psicologia Cultural, como Clifford Geertz concluiu na revisão do último livro de Jerome Brunner (Brunner, 1997; Geertz, 1997). A Psicologia Cultural consiste de uma enorme variedade de escolas, subáreas e diversos ramos da Psicologia teórica e ao mesmo tempo é compatível com eles (Cole, 1996; Shore, 1996; Kitayama e Cohen, 2007; Markus,

---

[47] Deixando isto claro: não afirmo que todo psicólogo da religião tenha a *defesa da religião* como seu programa ou que parta de pressupostos religiosos como foi tratado neste ensaio. Evidentemente, temos pessoas publicando sobre saúde mental e/ou psicoterapia, por exemplo, que buscam ficar estritamente dentro do âmbito do referencial da psicologia somente e que não dão sugestão alguma em termos de religião aos pacientes (Rizzuto, 1996; Strean, 1994). Ainda assim, em muitas publicações na área está evidente que pelo menos uma das metas é contrabalancear (a psicologia de divulgação) os pontos de vista em que a religião é vista como prejudicial para a saúde mental etc. Deve-se notar também, por outro lado, que muitas vezes os próprios pacientes buscam *tirar* do terapeuta algum tipo de discussão ou orientação religiosa, isto é, eles querem *mais* que simplesmente uma "simples terapia" (Kehoe e Gutheil, 1993). As mesmas tendências podem ser presenciadas no âmbito de outros campos em que a Psicologia da Religião está presente.

Kitayama e Haiman, 1996; Valsiner e Rosa, 2007; Goldberger e Veroff, 1995; Matsumoto, 1994b; 1996; Ratner, 1991; Shweder, 1991). Com tantas abordagens desafiadoras, a Psicologia Cultural ainda está trabalhando em sua própria identidade, e é mais fácil indicar o que se apresenta como obstáculo ao que ela é do que dizer o que ela pretende ou é. Mas vou tentar, inicialmente, elaborar uma circunscrição e mencionar alguns de seus elementos.

Dito de um modo simples, a Psicologia Cultural não busca pesquisar dentro do ser humano suas crenças, sentimentos, raciocínios e comportamentos, mas, antes, tenta compreender como uma forma específica de vida em que uma pessoa está imersa constitui e constrói os sentimentos, os pensamentos e a conduta dela. Os psicólogos da cultura buscam contrabalancear as tendências predominantes da Psicologia de acordo com as quais os fenômenos psicológicos têm suas origens em processos intraindividuais. Eles afirmam que fenômenos psicológicos – tais como as atitudes, as emoções, os motivos, o resultado da percepção, as formas de raciocinar, a memória e assim por diante – não são simplesmente moldados pela cultura circundante, mas são também constituídos e enraizados num conjunto bem específico de interações culturais. Conjuntos de atividades culturais diferentes requerem diferentes atividades, levando a diferentes habilidades cognitivas.

Por isso, para citar um exemplo apenas, descobriu-se que a solução de problemas de aritmética é processada de modo diferente, levando, com isto, a resultados diferentes, em diferentes situações. Por exemplo, Lave e seus colaboradores descobriram que enquanto 98% dos problemas de aritmética eram resolvidos corretamente pelos sujeitos quando eles estavam fazendo compras no mercado, somente 59% das mesmas questões eram resolvidas corretamente, pelos mesmos sujeitos, quando em sala de aula (Lave *et al.* 1984). Eles sustentaram ulteriormente que a solução de problemas não é uma atividade mental *desencarnada*, mas pertence a e é específica de um tipo de situação em que o sujeito está envolvido.

De um modo semelhante, as emoções não são todas iguais, diferindo em grau ao longo das diversas culturas; elas são diferentes em diferentes culturas, isto é, algumas emoções existem em algumas culturas e não em outras. As emoções se caracterizam por crenças, juízos e desejos, e seu conteúdo não é natural, mas determinado por sistemas de crenças, valores e mores de uma comunidade bem particular. Elas não são respostas naturais eliciadas por características naturais que uma situação possa ter, mas são padrões de experiência e de expressão determinados socioculturalmente que são adquiridos e ulteriormente caracterizados para uma situação social específica (Armon-Jones, 1986). As pesquisas da Psicologia Transcultural já produziram um número impressionante de exemplos deste tipo.

Admitindo-se que a cultura seja a maior força de *conformação* da autodefinição, da conduta e da experiência das pessoas, isto requer um tipo de pesquisa diverso do normal da corrente predominante da Psicologia da Religião. A forma de vida religiosa particular em que o ser humano está imerso não pode mais, então, ser negligenciada em favor de pesquisas de presumíveis estruturas psíquicas invariáveis e inerentes à natureza humana. Ao contrário, como fica claro no exemplo das compras no mercado, é necessário estudar as pessoas *envolvidas* em sua forma particular de vida, e não tirá-las dali para submetê-las a experimentos, testes ou questionários num *laboratório*.

De acordo com isso, os estudiosos voltam-se para a observação participante, para a análise de documentos pessoais, para a entrevista e outras técnicas *ecologicamente* válidas. E mais, torna-se necessário estudar não só o indivíduo isolado, mas também as crenças, os valores, as regras que são as predominantes numa dada situação, junto com padrões sociais de relacionamento e de interação que caracterizam aquela situação. De qualquer modo, parece errôneo tentar estudar a *mente individual* enquanto tal.

Para ser mais concreto, quando se analisam os diferentes tipos de religiosidade, deve-se considerar o emprego de diversos dos desenvolvimentos recentes – metodológicos e teóricos – compatíveis com uma abordagem da Psicologia Cultural. Tendo já discutido alguns exemplos dessas possibilidades no capítulo anterior, consideremos aqui ainda o exemplo de uma outra tradição psicológica. Vamos verificar o impacto da história individual e seus aspectos dinâmicos, a propósito, com a abordagem psicanalítica que valoriza a importância do sistema simbólico local e tem se mostrado bastante adequada (Clément & Kakar, 1993; Kakar, 1982; Vergote 1978/1988).

Em alguns círculos psicanalíticos, especialmente na França e naqueles espaços que se orientam pelas reflexões elaboradas ali, existe a consciência clara da importância do impacto da cultura, que parece ser contrária aos arrazoados psicanalíticos de vulgarização, que muitas vezes encontramos. Existe um reconhecimento de que entidades supraindividuais como as sociedades ou mesmo toda uma cultura não estão simplesmente repetindo fases e mecanismos que a teoria psicanalítica afirma ter descoberto quando estuda os pacientes. Em vez disso, analistas formados dentro da abordagem mais estrutural enfatizam a importância do que Lacan chamou de *ordem simbólica* ou o *discours de l'Autre*. A ordem simbólica preexiste ao indivíduo e vai persistir quando o indivíduo deixar de existir. Ainda mais, o próprio indivíduo já está representado nesta ordem antes mesmo de seu nascimento, ainda que seja somente pelo nome que lhe será dado.

Lacan claramente deu primazia à ordem cultural quando inventou seu *dictum*: "o ser humano fala exatamente por que o símbolo fez dele um ser humano" (1966, p. 242). O desenvolvimento psíquico é o resultado da cultura, não é natural – no sentido de que é preconcebido inatamente – e cresce, de acordo com Lacan. A estrutura do psiquismo enquanto tal, não somente as variáveis dos conteúdos culturais, é dependente da cultura, das forças de *fora*. A constituição do sujeito, o *nascimento psicológico*, depois do nascimento natural, é dependente da consciência da separação de um *outro*, normalmente a mãe. Para chegar a conseguir formar uma primeira imagem de si – imaginário –, a criança, na assim chamada *fase do espelho*, precisa de alguém que lhe *devolva* essa imagem. E o mais importante para a Psicologia Cultural: a autoconsciência, do ponto de vista de Lacan, somente emerge graças à linguagem, e é por causa da identificação com o *discurso do outro* que o ser humano se torna participante da cultura e é capaz de dizer *eu* e, mais tarde, falar em seu próprio nome. A subjetividade é constituída e marcada pelos dados culturais. Por causa da entrada na ordem cultural simbólica, de modo especial na linguagem, as necessidades são transformadas em desejos, que são, por isso, não mais dados naturais, mas um produto da cultura.

Nesse sentido, é impossível conceber um instinto humano que não seja marcado pelas referências culturais que o definem. Mesmo os instintos sexuais não são nunca meras forças naturais: os estratos de sentido depositados neles invariavelmente condicionam as estratégias de satisfação bem como as ciladas dos sofrimentos e do mal-estar ou insatisfação. Os seres humanos desejam, e os modos pelos quais eles querem satisfazer seus desejos são propostos, consequentemente, a partir dos significantes culturais que dirigem o desejo humano. Por isso, de modo semelhante ao modo como Freud definiu o impulso como *trabalho* psíquico por causa da unidade intrínseca com o corpóreo, também a cultura impõe um *labor*, ela molda o âmbito psíquico.

Também Ricoeur (1965/1970) tentou mostrar extensamente que o *desejo* não pode ser concebido sem um *Outro* e que Freud desenvolveu sua segunda tópica precisamente por causa de sua tomada de consciência de que a libido está confrontada com uma variável não libidinal, que se manifesta na cultura (p. 188). Apesar de se dever admitir que, neste ramo da psicanálise, a ênfase está um tanto tendenciosa para a linguagem, para as histórias, para os símbolos, existem aqui o reconhecimento da história de vida do sujeito como imersa na cultura e a consciência de que é por isso necessário aplicar uma dupla perspectiva: a perspectiva do sentido compartilhada pela comunidade cultural em geral e a do sentido individual que somente pode ser entendida em termos da história de vida da pessoa mesma. Mesmo um *desvio* pode, por isso, ser *questionado* a partir de seu sentido, uma vez que uma variante em relação a ordem circunstante pode ser a manifestação de um conflito psíquico que subjaz a essa situação. Posso, deliberadamente, dizer *pode ser*, uma vez que nem todo o desvio assinala para uma psicopatologia e, por outro lado, a aparente ausência de conflitos não precisa indicar precisamente saúde psíquica. A Psicologia não pode falar nada antecipadamente a respeito da saúde ou da patologia de alguém e somente poderá fazer alguma afirmação depois de ter examinado uma *pessoa concreta* tendo como pano de fundo sua cultura e sua história de vida.

A Religião e a perspectiva da Psicologia Cultural

A perspectiva da Psicologia Cultural pode ajudar a Psicologia da Religião de diversas maneiras. **Primeiro**, essa perspectiva permite reconhecer que a religiosidade seja vista como intrinsecamente cultural em sua natureza. Do mesmo modo como não existe uma linguagem privada, não existe também uma religiosidade privada: é sempre constituída, modelada e mesmo mantida através de repetidos compromissos com arranjos, convenções e acordos prévios. É exatamente um dos paradoxos estudados pela Psicologia Cultural que as pessoas possam sentir-se mais autênticas, por exemplo, na conversão religiosa, apesar de aderir a padrões culturais distintos.

Segundo, essa perspectiva é compatível com o reconhecimento da existência de multiplicidades de formas de vida religiosa. Assim que se desistir de tentar colecionar tudo o que seja religioso sob a capa de uma definição única e essencializante e se admitir que as diversas formas de religiosidade compartilham *semelhanças de familiaridades* (Wittgenstein), os psicólogos da religião podem tirar proveito dos resultados das teorizações antropológicas, por exemplo. Aqui e na *Religionswissenschaft* em geral, já é reconhecida a inutilidade de se falar da religião como se ela fosse um e mesmo fenômeno; estes estudiosos falam de religiões, no plural, como, por outro lado, já é claro ao se considerar o nome da disciplina em seus departamentos acadêmicos: *História das Religiões*.

Além do mais, na onda de Wittgenstein (1953), os filósofos sempre mais ampliaram a conceituação da religião como um *jogo de linguagem* pertencendo às distintas *formas de vida* que devem ser compreendidas como uma espécie de moldura que sustenta e que torna possível certo modo de pensar, sentir, perceber e de agir, mas que não oferece um código de conduta que possa ser exaustivamente explicitado de acordo com um dado sistema de classificação (Brümmer, 1991; High, 1967; Hudson, 1968; Kerr, 1986; Nielsen, 1982; Philips, 1991, 1993; Vroom, 1988). A religiosidade não é idêntica à experiência de certa emoção, com o conhecimento de um determinado credo, com a *sequela* de uma moral em particular e, especialmente, não é idêntica ao fato de ser membro de uma determinada organização (Glock e Stark, 1965).

Terceiro, essa perspectiva ajuda a tornar as discussões quanto à definição de religião supérfluas para os psicólogos. Na discussão do objeto da Psicologia da Religião, seria algo sábio aplicar a distinção clássica de objeto formal e objeto material de toda e qualquer área da ciência; o objeto formal seria a perspectiva específica daquela ciência, e o material seria a variável do fenômeno que será estudada. Vale a pena lembrar, então, o exemplo já bem conhecido apresentado por Heidegger: as perspectivas do biólogo e do madeireiro são bastante diversas quando, por exemplo, olham para a mesma árvore. Para os psicólogos, seria apropriado deixar a definição de religião, enquanto objeto material para sua pesquisa, para os especialistas da cultura, seja para os participantes daquela cultura ou seus estudiosos. Verificar o que caracteriza uma religião num contexto particular não é tarefa para o psicólogo, mas para especialistas daquela cultura, como os antropólogos, historiadores e mesmo teólogos; a definição de religião deveria estar reservada àquela área da ciência chamada de *Religionswissenschaft* (Pollack, 1995). Não há necessidade de uma determinação psicológica a mais ou mesmo uma explicação para o que é a religião; os esforços feitos no passado não raro foram obscurecidos por *a priori*'s teológicos irrefletidos.[48] Necessitamos, entretanto, para levar adiante a reflexão sobre o objeto formal, pensar sobre que tipo de psicologia se requer para investigar um fenômeno como a religiosidade.

Quarto, a análise da religiosidade a partir desses pressupostos significará buscar ou desenvolver uma Psicologia que seja capaz de lidar com fenômenos religiosos específicos que alguém queira estudar, ao contrário de tentar *forçar* uma Psicologia alheia a fenômenos ou a populações para as quais ela simplesmente não serve.[49] Finalmente, o reconhecimento de que a re-

---

[48] Devemos, outrossim, assinalar ainda que o próprio termo *religião* está impregnado de sentido cristão, uma vez que foi criado dentro do âmbito do cristianismo para refletir seu próprio *status* na História. Hoje em dia, toma-se cada vez mais a consciência de que até mesmo o emprego do termo pode colocar em "desvantagem" a compreensão de "outras religiões" (Feil, 1986).
[49] Um exemplo disso acontece quando se tenta *descobrir* uma orientação

ligiosidade varia ao longo do tempo e das subculturas também permite ao estudioso levar mais a sério as diversas Psicologias da Religião *indígenas* que muitas vezes têm se apresentado como sendo bastante elaboradas, como é o caso das tradições místicas.

Reconhecendo, então, que a religião é primeiro e antes de tudo um fenômeno cultural e que a religiosidade é contrapartida, subjetiva e pessoal, podemos concluir que a religião: (1) é um fenômeno multidimensional constituído por subculturas religiosas específicas cujas características e funções outras áreas da ciência, além da Psicologia, podem estudar; (2) envolve todos os tipos de funções psíquicas, e não está radicada numa única função psicológica, e tudo isso pode dar um ímpeto novo à análise psicológica da religião.

Na Psicologia da Religião, não foi levada adiante muita coisa da abordagem da Psicologia Cultural até agora (cf. Belzen, 1997b). Onde as pessoas lidaram com isso, por exemplo, com as ideias da Psicologia Narrativa, elas normalmente não estão ainda considerando o enquadramento da Psicologia Cultural (Day, 1993). Por outro lado, como a religião não pode facilmente ser deixada de lado, quanto se leva a sério a cultura, agora podemos encontrar artigos e pesquisas sobre a religião, apresentados por psicólogos que não têm conexão com o que passou a ser chamado ou rotulado de *Psicologia da Religião* (Kakar, 1982, 1991; Much e Mahapatra, 1995; Obeyesekere, 1981).

Como já foi indicado antes, um dos oponentes da discussão citada acima sustenta a posição de que isso seria incom-

---

para a busca para além da religião intrínseca e extrínseca (Batson e Ventis, 1982) ou uma religiosidade literal, antiliteral e mitológica (Hunt, 1972; Lans, 1991a) em outras populações diversas daquelas em que essas diferenciações foram derivadas. Como foi afirmado já o suficiente, as escalas verificando esses tipos de diferenças podem não *desembocar* em estruturas psíquicas, mas simplesmente medir certa familiaridade com convenções liguísticas.

patível com a Psicologia Cultural. Apesar de esse psicólogo da religião belga normal expressamente não se apresentar como *psicólogo da cultura*, quando ele conceitua a religião (Vergote (1983/1997 p. 21), volta-se para antropólogos como Clifford Geertz, amplamente citado pelos psicólogos da cultura. Vergote tem uma abordagem claramente interdisciplinar, como fica claro pela acolhida de seus estudos sociocientíficos e históricos, por suas pesquisas transculturais e por ser um psicólogo impressionantemente amplo em termos de abordagens (Vergote e Tamayo, 1980). Na onda de Lacan, ele concebe a religião como pertencente à ordem do simbólico e, enquanto tal, passível de ser inscrita na vida psíquica. Como todas as demais realidades culturais, a religião brota do labor de sublimação que organiza as alegrias e prazeres nos quais os instintos podem encontrar satisfação (Vergote, 1978/1988). Ainda assim, para ele, como parece ser também o caso de Lacan, a religião permanece predominantemente conceitualizada no nível cognitivo com muito pouca atenção para a cultura não verbal da religião. Além do mais, ele tem sido criticado por escrever sobre a religião enquanto tal ou sobre o cristianismo em geral, apesar de restringir seus estudos à Bélgica, o que não é nem mesmo representativo do cristianismo católico romano na Europa. Sendo assim, como aliás parece ser, a perspectiva um tanto solitária na Psicologia da Religião de Vergote pode certamente ser ampliada com a ajuda de noções e métodos como os que estão sendo desenvolvidos pelo que rotulamos de Psicologia Cultural.

O objetivo deste capítulo continua modesto. Apesar de não ser dominante, a abordagem da Psicologia Cultural não é estranha nem inteiramente nova para a Psicologia da Religião. Além do mais, a proposta é mesmo de uma posição modesta para psicólogos. Propõe-se que deixem o *castelo seguro dos laboratórios*, deixem para trás a ambição de desenvolver uma

Psicologia que tudo abarque ou que seja capaz de determinar a existência de uma única função que explique toda e qualquer religião e se admita que pode ser bastante útil para a Psicologia da Religião aprender de outras áreas das ciências. Com esta nova atitude os psicólogos serão capazes – com a ajuda das diferentes psicologias – de obter algum ganho na compreensão psicológica das pessoas nas diferentes subculturas.[50] A religião como fenômeno cultural é sempre mais ampla que a concepção que qualquer perspectiva psicológica necessariamente parcial possa ter. E mesmo a religiosidade, como sendo a sua contrapartida subjetiva e pessoal, é também subculturalmente heterogênea para ser explicada por uma teoria psicológica somente.[51]

Admitindo o pluralismo cultural, as Psicologias da Cultura pluralistas podem ser o instrumento para a análise das *variedades da experiência religiosa* (James, 1902/1982). Uma perspectiva cultural não pretende resolver todas as questões que são debatidas pela Psicologia da Religião, mas, pelo menos, tornar as discussões quanto à definição do objeto material da disciplina supérfluas. Do mesmo modo, como as disciplinas ou ciências *aparentadas* como a Sociologia não tentam

---

[50] Os desafios não encontram respostas prontas: a Psicologia Narrativa pode ser quase inútil quando se analisa a religião tribal dos ilhéus de Trobiand, e a perspectiva de Bourdieu pode não dar certo para se compreender a conversão de alguém para um *novo movimento religioso* na América, como discustimos no capítulo 3.

[51] Existem muito mais coisas na religiosidade que o fato de ser um "comportamento reforçado" (Skinner, 1953), algumas vezes pode ser o caminho para a "excelência do ser humano" (James, 1902/1982) ou para a "plenitude" (Jung 1938/1969), mas, em outros tempos, ela demonstrou ser também "realização de um desejo infantil" (Freud, 1913/1964, 1927/1961) ou, na melhor das hipóteses, "um instrumento de coping" (Pargament, 1990). Todas essas e outras noções podem revelar muito mais coisas de seus autores que das religiões que eles afirmam estudar.

desenvolver sua própria definição de cultura, mas de modo frutífero trabalham com conceitos tomados de empréstimo da Antropologia (Knorr Cetina e Grafhoff, 1988), a Psicologia Cultural *realoca* a dificuldade de definir a religião para onde ela pertence de fato: os participantes de uma determinada cultura e as ciências da cultura. A Psicologia poderia dar-se por feliz por não ser *convocada* a definir a religião, para estudar somente seus aspectos psicológicos. Depois de um século de Psicologia da Religião, comprova-se como é difícil ainda decidir como fazer isso.

II. Enfoques

5

Aspectos metodológicos com vistas a outro paradigma da Psicologia da Religião

Esta análise da metodologia assume uma *metaperspectiva* sobre os métodos e técnicas empregadas na Psicologia da Religião, especialmente na pesquisa. Por isso, não focalizarei em técnicas e métodos específicos, mas apresentarei reflexões teóricas no que diz respeito a seu uso na pesquisa da Psicologia da Religião.

O foco será, portanto, nas duas das maiores correntes metodológicas da Psicologia: a orientação empírico-analítica e a hermenêutica, que muitas vezes são grosseiramente identificadas como quantitativas e qualitativas. Apesar do *convite* a um paradigma multidisciplinar para a religião, na proposta de Emmons e Paloutzian (2003), enquanto chamavam a atenção para novos *tópicos* da Psicologia da Religião, esta proposta não estava muito distanciada, *metodologicamente,* do velho paradigma das medidas que eles sustentavam estar substituindo. Isso se deve, em parte, ao fato de Wulff (2003) ter sugerido que teria chegado o tempo de *recomeçar.*

Entretanto, se simplesmente reconhecemos o leque do que está disponível nas Psicologias modernas e também nas variantes da Psicologia Cultural, precisamos menos recomeçar que reconhecer quais são os métodos apropriados e quando eles o são. Por isso, antes de tudo devo dizer algo sobre os diferentes tipos de pesquisas levados adiante na Psicologia da Religião e, então, seguir adiante com a discussão das correntes principais da Psicologia, e terminar o ensaio com algumas notas sobre os princípios hermenêuticos da pesquisa, especialmente como eles são aplicados à Psicologia da Religião. Iniciemos com algumas observações.

Relacionamento da Psicologia da Religião com a Psicologia em geral

A Psicologia da Religião é um campo muito vasto. Não temos uma definição dela aceita por todos ou uma compreensão comum de seus limites. As opiniões sobre o que pertence a essa área do conhecimento dividem-se, e muitas vezes são até mesmo contestadas (Vergote, 1993, 1995). Em grande medida isso é consequência do fato de não existir entre os psicólogos da religião uma compreensão comum de ambos os constituintes do termo, nem da Psicologia e nem da Religião. O debate atual dentro da Psicologia da Religião sobre os temas relativos à definição está bem documentado (Hill et al., 2000). Do mesmo modo, dentro do âmbito da Psicologia Geral, a noção de que existe uma disciplina unitária com um foco metodológico único é no mínimo ilusória (Koch &, 1985). Por isso, não precisamos tentar oferecer aqui um outro conjunto de definições, seja para a Psicologia, seja para a Religião. É melhor assumir uma perspectiva mais ampla do campo e aceitar pelo menos três circunscrições do que a pesquisa psicológica é ou está fazendo. Primeiro, ela estuda como o funcionamento do psiquismo se manifesta num domínio religioso. Segundo, ela busca pesquisar como a religião se torna parte da fisionomia psíquica de alguém. Terceiro, ela explora os componentes psíquicos num amplo leque de fenômenos religiosos.

Essas circunscrições se sobrepõem em parte, mas não são idênticas. As pesquisas na primeira circunscrição normalmente se iniciam a partir de alguma função ou variável psicológica e buscam detectar se ela tem algum impacto na religiosidade de alguém. Frequentemente essas pesquisas apresentam algum tipo de validade ulterior para as pesquisas feitas com outras pessoas ou grupos, por exemplo, quando um estudioso pergunta se a prática religiosa promove a satisfação na vida (Ayele *et al.*, 1999); quando se pergunta até que ponto uma denominação religiosa pode ser vista como um fator formativo de sintoma da depressão (Braam *et al.*, 2000) ou como a religião pode funcionar como um mecanismo de *coping* (Pargament, 1997, 2007).

O segundo tipo de pesquisa concentra-se no processo pelo qual uma pessoa se torna religiosa, permanece religiosa ou não: como as demais habilidades culturais, o *funcionamento* religioso tem de ser aprendido tanto pela criança que nasceu numa família religiosamente praticante quanto por uma pessoa que se compromete com uma nova comunidade ou tradição religiosa. Como isso pode acontecer, isto é, que fatores facilitam ou impedem o processo da aculturação religiosa, a conversão ou o amadurecimento são questões de pesquisa típicas do segundo tipo de estudos que acabamos de distinguir (Rambo, 1993; Tamminen, 1991).

As pesquisas na direção da terceira linha de estudos se focalizam mais diretamente em alguns fenômenos religiosos e tentam analisar quais fatores psíquicos, junto com uma variedade de outros fatores, teriam sido influentes. Além do mais, como se expressam na ocorrência ou no desenvolvimento do fenômeno em questão, sejam eles uma experiência mística, a arte religiosa, a liturgia, a peregrinação, a autobiografia, a liderança, um *corpus* de doutrina religiosa etc.

Esses diferentes tipos de pesquisas têm objetivos diferentes e, por isso, empregam métodos diferentes. Não há um método único que possa lidar com todos os tipos de pesquisa e nem existe um método mais privilegiado (Rosenau, 1992; Roth, 1987). Eles diferem também pelo fato de que colaboram com outras disciplinas ou ciências que analisam o fenômeno religioso ou na medida em que eles procedem de uma maneira interdisciplinar:

• O primeiro tipo de pesquisa muitas vezes se limita a usar ou adaptar métodos estandardizados de pesquisa da Psicologia predominante em geral. Neste caso, estamos nos referindo a questionários, escalas, testes e alguns tipos de experimentos. Ele também tende a empregar os conceitos estabelecidos pela Psicologia como um todo e os aplica aos fenômenos religiosos.

• O segundo tipo de pesquisa inclui métodos de pesquisa do amplo leque das Ciências Sociais, incluindo aqui métodos mais comuns na Sociologia e na Antropologia. Agora as referências metodológicas são a entrevista, a observação, a etnografias, a análise biográfica.

• O terceiro tipo de estudo fundamenta-se amplamente nos dados e compreensões de disciplinas tais como a História, a Teologia, a Literatura e os estudos da cultura em geral.

Nos três tipos de pesquisa, entretanto, o foco são os processos psíquicos em funcionamento num objeto ou sujeito de pesquisa, seja uma pessoa ou um grupo de pessoas dos dias de hoje, uma pessoa ou um grupo do passado ou ainda o produto de práticas religiosas. Por isso, o ângulo de interpretação é psicológico quanto a sua natureza, e a verdadeira razão por que esses diversos tipos de pesquisa pertencem à abordagem psicológica num sentido amplo é o fato de serem apropriados ao paradigma interdisciplinar de diversos níveis.

Evidentemente, nem todos esses trabalhos são do mesmo modo centrais para o desenvolvimento da Psicologia em geral. A

Psicologia continua a ser fragmentada e longe de ser uma ciência unitária mesmo depois de mais de cem anos (Koch & Leary, 1985). Apesar dos esforços de revistas prestigiosas que insistem na manipulação experimental das variáveis mensuráveis estatisticamente analisadas como sendo uma marca registrada da cientificidade da Psicologia, essa restrição ou preferência é filosoficamente insustentável. Aliás, antes até, isso tudo faz parte da incapacidade da Psicologia de assegurar para si um lugar entre as Ciências Naturais apesar de essa busca ter sido jocosamente identificada desde o nascimento da Psicologia na América como sendo a *inveja da Física* (Coon, 1992). Wittgenstein observou a esse respeito: "a confusão e a esterilidade da Psicologia não pode ser explicada chamando-a de ciência jovem (...), uma vez que na Psicologia encontramos os métodos experimentais e a confusão conceitual" (1958, p. 232).

Assim como acontece com o campo da Psicologia em geral, algumas partes da Psicologia da Religião estão mais próximas ao núcleo dessa ciência que outras. O âmago da ciência Psicologia pode ser visto como o esforço para desenvolver uma visão profunda do funcionamento do psiquismo humano e, a partir disso, formular uma teoria válida a respeito dele. À Psicologia da Religião devemos acrescentar também *assuntos religiosos*. Depois de mais de um século de Psicologia da Religião, já foi suficientemente demonstrado que os processos psíquicos envolvidos na religião são os mesmos envolvidos em outros *funcionamentos* psíquicos não religiosos. Por isso, a afirmação clara e meridiana é que não pode haver uma ciência sobre os fatores psíquicos que estejam *funcionando* somente nos fenômenos religiosos. Nem é a Psicologia da Religião propriamente falando uma *Psicologia religiosa*.

Essa Psicologia seria parte ou derivaria de uma fé religiosa ou de um ensino religioso. As Psicologias hindu, budista ou cristã seriam derivações específicas dessas tradições e seriam válidas somente para os participantes dessas tradições. A Psicologia acadêmica como ela se desenvolveu na maior parte do Ocidente, entretanto, não se fundamenta em nenhum conceito religioso, não requer uma crença religiosa e busca trabalhar de um modo objetivo, isto é, proceder por caminhos que sejam compreendidos e replicáveis por quem quer que seja contanto que tenha a formação psicológica adequada. Diga-se, por outro lado, para o bem e para o mal, e que deva ser explicitamente claro, que, levando-se adiante essa ciência ocidental, chegamos a apenas uma compreensão da realidade bastante limitada.

Com isso pode-se facilmente ver, então, por que dentro da Psicologia da Religião poucas teorias que derivam desta mesma subárea têm sido formuladas. A Psicologia da Religião trabalha com – e assume teorias e métodos e técnicas – os instrumentos da Psicologia geral e tanto os adapta para investigar os fenômenos religiosos quanto os aplica nas pesquisas sobre os fenômenos religiosos. Por isso, a Psicologia da Religião não é uma disciplina central da Psicologia geral, como a Psicologia Social, a Teoria da Personalidade, a Psicologia do Desenvolvimento e – de acordo com alguns – a Psicanálise. Ela é mais um *campo de interesse* em que a compreensão da Psicologia em geral estaria sendo aplicada.

Mesmo os pais fundadores da Psicologia da Religião, como Allport, Freud, Hall ou James não derivam suas teorias psicológicas por lidarem especificamente com religião, mas antes ilustram suas teorias aplicando-as ou adaptando-as, uns mais, outros menos, à religião. Apesar deste último aspecto, ou seja, a aplicação de uma teoria psicológica existente permitir que ele lide com religião, ter acontecido (Rizzuto, 1979; Vergote, 1978/1988), a maior parte da Psicologia da Religião é a aplicação, seja da teoria psicológica (Freud, 1928/1961;

Pargament, 1997), seja de métodos e técnicas (Hill & Hood, 1999; Hood, 2001), ao fenômeno religioso.[52] Como consequência disto, a Psicologia da Religião não têm teorias, métodos ou técnicas próprios, mas utiliza, grosso modo, aqueles que estão sendo usados pela Psicologia em geral. Na realidade, é difícil conceber como poderiam ser uma teoria, um método ou uma técnica que sejam únicos para o campo da Psicologia da Religião.

O papel dos pressupostos filosóficos

As questões de pesquisa da Psicologia da Religião dependem do modelo de ser humano assumido ou admitido pelos diversos tipos de Psicologia. Encontram-se traços deste tipo de modelo nas metáforas usadas dentro de certos tipos de Psicologia (Leary, 1990). Um *modelo de ser humano* não tem pretensões ontológicas. Ver o ser humano, por exemplo, como um sistema de processamento de informação análogo a um computador não enseja a conclusão de que o ser humano seja um computador. Esse modelo ajuda a descrever, analisar aspectos da ação, da experiência e do comportamento humanos: ele formula as categorias básicas que podem ser usadas para estudar esses aspectos, e do modelo podem derivar que tipos de métodos de pesquisa poderiam ser usados para estudar um aspecto em especial. Uma das consequências é que o modelo determina que aspecto da

---

[52] Deve-se ter em mente que o campo da Psicologia da Religião é mais amplo que o campo da pesquisa psicológica da religião. Esta considera também como um psicólogo lida com a religiosidade em numerosas situações práticas, por exemplo, na psicoterapia, e pode conter elementos da Psicologia da Religião, especialmente a enorme quantidade de literatura que reflete sobre a Psicologia da Religião (Belzen, 2000a; Wulff, 1997), que deveria ser como parte integrante do campo.

realidade psíquica será estudado. Entretanto, um erro comum é que aspectos visados pelo modelo são tomados como se fossem o todo – reducionismo – ou que a qualidade metafórica do modelo seja esquecida como no caso da reificação. Por isso, apesar de os modelos não terem pretensão ontológica, eles muitas vezes são assumidos inadequadamente como afirmações ontológicas como é o caso de descobertas derivadas do uso do modelo na pesquisa empírica.

Se concordarmos que o objeto da Psicologia é variável ao longo da História, da cultura, a Psicologia não pode ignorar as perspectivas de ciências vizinhas tais como a Biologia, a Fisiologia, a Sociologia, a História, a Antropologia e outras ciências sociais (Belzen, 1997b; Robinson, 1995, p. 3-5). Ainda assim, nem todos os tipos de Psicologia podem ou precisam lidar com todos os aspectos que podem ser distinguidos no funcionamento do psiquismo do ser humano.

Como assinalado ainda que brevemente no capítulo 2, as teorias psicológicas podem ser classificadas de acordo com o nível de complexidade que elas admitem e, a partir daí, tem-se quais métodos são os apropriados para aquele nível. Quando se passa do nível mecanicista para o organicista, personalista ou hermenêutico, existe uma crescente complexificação com a crescente *determinância* histórico-cultural de ambos, tanto do objeto quanto da pesquisa. O primeiro tipo de teoria estuda o ser humano como todas as demais realidades, simplesmente como um mecanismo. Um nível mais elevado de interpretação como o personalístico supõe os níveis inferiores. Entretanto, os níveis inferiores não necessariamente pressupõem os mais elevados. Afirmar que se pode explicar exaustivamente um nível mais elevado com o menos elevado é reducionismo. Metodologicamente, restringir o estudo dos níveis mais elevados a métodos e a procedimentos apropriados a níveis menos elevados reduz o assunto em favor de um aparente reducionismo.

As teorias personalísticas continuam próximas a um conhecimento cotidiano e extracientífico da realidade ou ao que muitas vezes é identificado com a *psicologia popular* (Christensen & Turner, 1993). Elas tendem a reduzir a complexidade da pesquisa dos fenômenos o máximo possível. A Psicologia da aprendizagem behaviorista e a Psicologia cognitiva computacional pertencem aos níveis mais baixos de teorização. As teorias como as de Gibson e de Piaget pertencem ao nível organístico; as abordagens da Psicologia Cultural como o Construcionismo Social ou Psicologia Retórica da imagem pertencem ao nível personalístico. As teorias organísticas comungam com as teorias mecanicistas a tendência de desconsiderar o tanto quanto possível os determinantes históricos e culturais da realidade humana. Nos casos extremos, elas afirmam ter encontrado princípios universais que podem ser aplicados ao longo da história e das culturas.

Por outro lado, nas Psicologias Hermenêuticas, comuns nas teorias pós-modernas, essas afirmações não só são indesejáveis, mas também desafiadas como uma impossibilidade (Rosenau, 1992). Quanto mais elevado o nível de estruturação de uma teoria, mais importantes os fatores humanos como a Consciência, a História e a Cultura. No behaviorismo, a consciência é vista como irrelevante, mas na visão personalística isso seria impossível. A Psicologia cognitiva ainda está por encontrar um modelo consistente para que seja apropriado à consciência e à experiência humanas (Varela, Thompson e Rosch, 1997). Ainda que a ação humana consciente seja essencial, nesse nível e metodologias que reduzem isso a mecanismos de movimento, elas são inerentemente reducionistas (Rappard e Sanders, 1990; Sanders e Rappard, 1987).

No campo da Psicologia, lidar com ações com grandes variações e experiências como a corte, o comportamento do consumo ou a religião, as teorias de alto nível de estruturação seriam as preferidas pela sua capacidade explicativa máxima. As de um baixo nível seriam necessariamente falsas *quando se assume que elas devam ser totalmente explicativas*. Como explicações parciais elas até podem ser válidas, mas, como excluem os aspectos mais elaborados que um estudioso possa querer explorar, elas então são insuficientes. A propósito, temos agora um retorno do interesse pela *alma* entre os neuropsicólogos e os filósofos envolvidos com uma *fisiologia* não redutiva (Brown, Murphy e Malony, 1998).

As Psicologias com alto nível de estruturação teórica devem ser interdisciplinares. Além do apresentado na proposta de Emmons e Paloutzian (2003), um paradigma verdadeiramente interdisciplinar e a muitos níveis necessita integrar o conhecimento dos outros campos do saber bem como ser sensível ao nível de *enquadre* utilizado, para abordar e interpretar adequadamente as atividades e experiências que ela quer estudar. Tendo em vista a complexidade dos fenômenos estudados, essas Psicologias devem ser pluralistas necessariamente. Sempre existirão diversas perspectivas psicológicas possíveis, ante um mesmo fenômeno, requerendo para isso uma perspectiva metodológica que não seja simplesmente linear. Podem existir, também, possibilidades pluralísticas no mesmo nível de estruturação das teorias. As hermenêuticas não precisam excluir as medidas, do mesmo modo que a experimentação não precisa excluir a análise narrativa.

As duas correntes principais da metodologia da Psicologia

Podemos distinguir duas correntes principais na Psicologia: uma empírico-analítica e uma outra hermenêutica (Terwee, 1990). Elas são muitas vezes, e de modo incorreto, identificadas como quantitativa e qualitativa, respectivamente. Vamos dar uma olhada mais de perto em cada uma delas.

A corrente empírico-analítica

A corrente empírico-analítica está enraizada em duas das maiores *posições* no âmbito da Filosofia da Ciência, das primeiras décadas do século XX: o positivismo lógico e o racionalismo crítico. Os filósofos em Viena, que pertenciam ao positivismo lógico, tentaram nos anos 1920 encontrar uma base segura para o conhecimento científico. Eles buscaram um critério para distinguir uma linguagem *significativa* da linguagem metafísica, ou seja, uma linguagem não significativa. Eles pensaram ter descoberto a demarcação no princípio da verificação: somente proposições que podem ser verificadas por fatos poderiam ser tidas como significativas (Wittgenstein, 1921/1981). Um dos pressupostos era que seria possível abordar a realidade sem uma moldura teórica de referências. Através de uma linguagem teoricamente neutra, o cientista seria capaz de observar o que estaria acontecendo ou um fenômeno.

Com essa base segura, deveria ser possível indutivamente chegar a proposições gerais que teriam um caráter semelhante a leis. Por exemplo, se num determinado número de vezes se tivesse observado que um corvo é preto, e nunca branco, por indução pode-se concluir a partir desta proposição múltipla singular que todos os corvos seriam pretos, isto é, uma proposição universal. A fim de fazer da Psicologia uma *ciência de verdade* e separá-la das ciências tidas como *suspeitas* tais como o seriam a Filosofia e a Teologia, muitos psicólogos no Século XX entusiasticamente abraçaram essa posição. Os behavioristas, por exemplo, restringiram-se a registrar objetivamente as conexões mensuráveis entre os estímulos e as respostas com animais, confiando que as ações mais complexas dos seres humanos seriam explicadas do mesmo modo no futuro. Detectar as leis da aprendizagem em *laboratório* tornou-se a prioridade número um. O ideal se tornou a possibilidade de ser capaz de explicar e predizer o comportamento humano através das leis assim descobertas.

A maior parte dos filósofos da ciência, entretanto, rejeitou o positivismo lógico em sua forma estrita. Karl Poper (1902-1994) apresentou algumas objeções (1934/1959): todas as observações e descrições já são guiadas teoricamente, não existe possibilidade de obter proposições seguras, o princípio da indução não *sustenta* isto, e a verificação de proposições gerais é impossível. A ciência se inicia com problemas, de acordo com Popper, e, para a solução dos mesmos, elaboram-se ou constroem-se teorias, e somente depois disso é que as observações relevantes e os *fatos* podem ser vistos. Testar as teorias através de proposições básicas, derivadas da observação, é possível até certo ponto, mas essas proposições básicas são sempre formuladas numa linguagem de certo esquema referencial e têm um caráter convencional. Pode-se usá-las *preliminarmente*, mas é sempre possível abrir a discussão de novo sobre as mesmas quando novas observações ou reflexões teóricas forem introduzidas. Aceitar então que as proposições básicas permitem a falsificação, mas não a verificação: as proposições gerais aplicam-se a um domínio infinito, no âmbito do qual uma falsificação sempre pode ocorrer.

Por isso, a única lógica de raciocínio válida é a dedução: de uma proposição mais geral para uma menos geral, ou de uma menos geral até uma proposição singular. De proposições gerais, podem-se derivar logicamente consequências: se essas consequências não ocorrerem, a proposição geral é falsa; se elas ocorrerem, a proposição pode ser verdadeira. A demarcação do modo racionalístico e crítico como delineado por Popper significa distinguir entre proposições científicas e não científicas, e não entre significativas ou não significativas. Onde as teorias ou as hipóteses encontram suas inspirações, de onde as ideias vêm, não é relevante para Popper: o assim chamado *contexto da descoberta* é deixado de lado. O que importa é o *contexto de justificação*: é a proposição resultante ou o corpo das proposições coerentes, isto é, uma teoria falsificável ou não?

Dentro da Psicologia as duas filosofias da ciência tiveram influência, apesar de o positivismo lógico ter sido muito mais influente. Os psicólogos ainda hoje escrevem artigos nas revistas científicas com hipóteses a serem testadas e com propostas editorias contra a antecipação da hipótese nula. Os psicólogos sentem-se felizes em submeter seus manuscritos às revistas com evidências consistentes com sua teoria da verificação. Para os psicólogos embasados na medição, dentro desta corrente *verificacionista*, o experimento é a demonstração inequívoca de sua identidade de *cientistas empíricos*.

A abordagem lógico-empírica, herdeira tanto da posição da verificação quanto da falsificação, pode ser resumida deste modo:

• A pesquisa é conduzida de acordo com o ciclo empírico: os pressupostos são formulados como hipóteses verificáveis, do que se podem derivar predições. Estas predições são testadas em experimentos controlados, de preferência, ou por meio de observação sistemática verificada por meios estatísticos adequados.

• Os conceitos empregados na pesquisa empírica deveriam ser completamente operacionalizados. Isso asseguraria que as predições seriam vinculadas a conceitos sem ambiguidade, permitindo assim a replicação por outros estudiosos (Groot, 1961/1969).

• Os resultados das pesquisas empíricas são avaliados estatisticamente. Se um nível de significância adequada for obtido, a hipótese nula é rejeitada, e a hipótese em questão pode contar com uma base empírica. Daí a probabilidade de que a hipótese da qual a predição foi derivada seja verdadeira e seja confirmada.

• A correção das predições pode ser verificada, por exemplo, por meios estatísticos aplicados às condições experimentais controladas. A Psicologia, como outras ciências naturais, busca a verdade que possa ser verificada objetivamente por esses meios. Como Smith (2001, p. 191-192) assinala: a ciência é o conjunto de fatos sobre o mundo natural que os experimentos controlados nos obrigam a crer, juntamente com as extrapolações lógicas desses fatos.

Mais tarde, filósofos e historiadores da ciência assinalaram que o curso da história não seria assim tão racional como Popper e os defensores do positivismo lógico pensavam. Os cientistas não estão realmente interessados na falsificação de suas teorias; eles, em vez disso, têm a tendência de confirmá-las. Eles trabalham dentro de certas tradições de pesquisa, paradigmas ou programas de pesquisa (Kuhn, 1962; Lakatos, 1978) que somente são abolidos durante ou após as *revoluções* científicas. Durante a segunda parte do século XX, a reflexão filosófica e científica sobre a ciência incorporou outros conhecimentos empírico-históricos sobre o desenvolvimento real das ideias científicas, sobre os programas e as comunidades científicas, dando muita atenção aos fatores humanos na empresa científica. Entre estes fatores humanos estavam a criatividade, a rivalidade, o impacto dos fundos de pesquisa e as finanças em geral.

Especificamente na Psicologia da Religião, Wulff (2003, p. 26-28) documentou que a maior parte do material utilizado por Emmons e Paloutzian (2003) vinha de estudos financiados pela Fundação Templeton. Do mesmo modo, Hood (2000) documentou a influência de uns poucos indivíduos tanto na história da Psicologia na América como na publicação de artigos científicos em revistas de alto padrão como o *Journal for the Scientific Study of Religion*. De uma perspectiva mais hermenêutica, assinala-se agora que é impossível formular um critério de racionalidade e de progresso científico fora da história ou do tempo em que acontecem, como pensavam tanto o positivismo lógico quanto o racionalismo crítico (Toulmin, 1960, 1990).

A corrente hermenêutica

A outra grande corrente metodológica da Psicologia é a hermenêutica. Ela inclui um amplo leque de métodos qualitativos com o foco central em torno do sentido. A hermenêutica é uma antiga tradição ligada ao modo como os textos são interpretados, especialmente textos como os da Bíblia. Friedrich Schleiermacher (1768-1834), a quem podemos considerar o *pai* da Psicologia da Religião, foi o que por primeiro sistematicamente apresentou o raciocínio hermenêutico. Ele se desenvolveu numa abordagem filosófica mais abrangente, da qual os princípios de pesquisa nas ciências sociais e humanas foram derivados. Não se procura aqui predizer ou controlar, mas compreender. O método hermenêutico como apresentado por Gadamer (1960/1986) pode ser sintetizado assim:

• A pesquisa acontece dentro do círculo hermenêutico: a interpretação começa na base de uma compreensão do todo preliminar e intuitiva. Isso guia a compreensão das partes, levando a um julgamento do todo. Isso pode ser testado pelo estudo das partes. É um processo cíclico que nunca termina. Ele pede ensejar a rejeição da intuição inicial através de um embasamento em compreensões mais profundas alcançadas pelo processo de interpretação. A compreensão é, por isso, sempre finita, limitada e provisória.

• A descoberta de relações internas: busca-se o sentido das relações entre as ações e as ocorrências. As relações externas, como as correlações ou as leis de relações buscadas nas pesquisas orientadas empiricamente, são insuficientes para revelar o sentido.

• O foco nos casos individuais: a ênfase está na compreensão dos casos individuais, seja esta compreensão generalizada ou não. O único é o buscado, e não é simplesmente generalizado para outros casos.

• A sintonia de horizontes: existe uma diferença entre conhecimento e compreensão do pesquisador ou do intérprete quanto ao assunto estudado. Quando a compreensão aumenta, a discrepância entre os dois horizontes diminui.

• Aplicação: toda a compreensão é do presente. Os textos escritos e as narrativas humanas são levados a sério em sua busca da verdade. Essas buscas são aplicadas na situação presente. A verdade é sempre contextual e existe no tempo.

Na Psicologia, a Hermenêutica como uma metodologia de pesquisa foi levada adiante por Gauld e Shotter (1977). De acordo com alguns autores, a Psicologia nos dias de hoje é uma *ciência em mudança*, afastando-se de sua ênfase anterior nos estudos laboratoriais, nos modelos experimentais, nas análises estatísticas e numa epistemologia embasada em uma concepção bem particular das ciências naturais, em que a abordagem empírico-analítica era a apropriada. A Psicologia teria se tornado mais *ecologicamente válida* (Neissner, 1976) por levar adiante *pesquisas mais de acordo com o mundo real*. Essa mudança pode ser observada em diversos níveis (Smith, Harré e Langenhovem 2003). Primeiro, a Psicologia se tornou mais aberta à pesquisa em campos antes negligenciados, que são centrais para a Psicologia do dia a dia (tome-se como exemplo os diversos estudos sobre o *self* ou o aumento das pesquisas das memórias autobiográficas). Segundo, existe uma grande abertura para os diversos tipos de coleta de dados, com um número crescente de estudiosos e autores que empregam uma variedade de abordagens, passando por nomes como a Psicologia Narrativa, Semiótica, Crítica, Feminista e Ecológica, que são todas devedoras do pensamento hermenêutico. Nestes círculos é dada a preferência por métodos e técnicas como a *teoria situada* (Glaser e Strauss, 1967), a etnometodologia, estudos de campo, estudos de casos e pela assim chamada pesquisa qualitativa em geral. A pesquisa psicanalítica acabou recebendo um maior respeito científico devido à natureza hermenêutica de seu conhecimento. Terceiro, aumenta o número de estudos que tentam incluir adequadamente o método dos grupos participantes, indo além da amostra de *população de estudantes* na qual a maior parte dos *assuntos* da psicologia experimental era estudada.

Na Psicologia da Religião os esforços claros para introduzir e promover as abordagens hermenêuticas são bastante recentes (Belzen, 1997a), apesar de parte substancial da literatura psicanalítica na Psicologia da Religião poder ser considerada, em sua natureza, como hermenêutica, pelo menos até certo ponto.

A escolha entre os métodos empírico-analíticos e os hermenêuticos não está somente, ou não primeiramente, embasada no objeto de estudo, mas no tipo de conhecimento que se busca. A negação do valor científico de uma das abordagens sobre a outra é filosoficamente insustentável.

A pesquisa hermenêutica como Psicologia Empírica

A moderna Psicologia cooptou o termo *empírico* e o reduziu a *medidas*, análise estatística ou a experimento. Muitos psicólogos se recusam a aceitar a Psicanálise, a Fenomenologia ou outras formas de pesquisa qualitativa como *científicas* uma vez que não são *empíricas*.

Para suavizar essa afirmação, chamo a atenção para os pressupostos que sustentam os procedimentos metodológicos que envolvem a pesquisa hermenêutica.

1) O mundo humano, centro da atenção das ciências humanas, é visto como um sentido estruturado e coestruturado (Bruner, 1990). Esses sentidos estão conectados com o pensar, falar, sentir, desejar e agir, bem como com as objetivações da práxis humana, como textos, artes, arquitetura etc. Eles não podem ser observados com instrumentos *objetivos*. O estudo das realidades estruturadas por sentido necessita de abordagens interpretativas. Sua formulação somente pode ser feita pelo próprio pesquisador ou em colaboração com os participantes pesquisados. O desenvolvimento e a reflexão sobre a(s) intepretação(ões) devem ser metodologicamente controlados.

2) O mundo humano é visto como possuindo um caráter processual: os sentidos mudam e devem ser reconstruídos pelos participantes sempre de novo; este processo está sempre em aberto, e os participantes não reconstroem e produzem sentidos *fixos para sempre a partir de narrativas* (Flick, Kardoff e Steinke, 2002).

3) Existe um retorno à experiência no original, no sentido aristotélico. A palavra latina *experientia* é a tradução da grega *empereia*. A palavra *empírico* tem sido cooptada pelas práticas técnico-metodológicas das *ciências* numa compreensão bem específica do que é *ciência* como a que surgiu nos tempos da modernidade (Robinson, 1995). O sentido original aristotélico implica também um retorno aos *dados* no sentido original da palavra. Essa palavra deriva da palavra latina *datum*: o que é dado, em oposição a *factum*, o que é feito. Por isso, juntamente com o reconhecimento do papel central da linguagem e do discurso, existe aqui uma preferência por trabalhar com a experiência no mundo real em oposição aos contextos dos laboratórios experimentais. A pesquisa hermenêutica não tenta *lidar* com a experiência num ambiente experimental de laboratório, mas trabalha com o que já *é dado*. Por exemplo, as autobiografias, as cartas, as observações na vida real e as narrativas apresentadas pelos entrevistados.

4) A pesquisa é vista como um processo, como um conjunto de interações dinâmicas, com a abertura ou maior liberdade para a pesquisa com participantes, situações e métodos (Appelsmeyer, Kochinka e Straub, 1997). Os participantes da pesquisa são deixados, o mais possível, em suas situações e meios de procedimentos normais; eles não são retirados de seus *mundos* e levados para um laboratório nem são submetidos a *experimentos*, a questionários ou a outros instrumentos que estão sob o controle somente do pesquisador. Na pesquisa hermenêutica, nada é fixado *a priori*; não existe uma espécie de *confiança* depositada somente num método. Na realidade, às vezes, precisa-se inventar um método ou esquematizar um à medida que a própria pesquisa vai adiante ou ainda está em andamento. A pesquisa é empírica na medida em que ela é conduzida pelos fatos da experiência e pelo mundo como ele se apresenta ao sujeito.

5) A pesquisa com participantes é aceita como legítima em si mesma no que diz respeito a suas experiências. Os estudiosos buscam estar abertos às perspectivas dos participantes e tentam evitar *a tradução* das perspectivas de seus sujeitos nas perspectivas do pesquisador ou na de uma dada teoria. Eles entram em diálogo ativo com os participantes, e muitas vezes se voltam a eles com os resultados de seus estudos a fim de discuti-los com eles.

6) Os estudiosos não somente tentam um conhecimento nomotético, sobre o que acontece *sempre*, o que ocorre em algumas situações em particular, mas também um conhecimento ideográfico, isto é, sobre o que ocorre *somente uma única vez*. O conhecimento nomotético é formulado de modo ideal através das proposições na forma de leis, e o conhecimento ideográfico não. O conhecimento ideográfico não pode ser igualado com a metodologia N=1 ou com o estudo de casos. De acordo com Windelband (1894/1904),

que introduziu esta distinção, enquanto o conhecimento ideográfico pode ser o conhecimento de pessoas singulares, ele também pode ser o conhecimento de "todo um povo, da peculiaridade de uma língua, de uma religião ou de um sistema legal, de uma peça literária, da arte ou da ciência" (Lamiell, 2003, p. 161).

7) A pesquisa hermenêutica tende a ser reflexiva: os estudiosos refletem ao longo da pesquisa sobre o que estão fazendo e sobre seu próprio papel em toda a investigação.

8) A pesquisa hermenêutica tem uma inclinação ou tendência para os estudos de casos concentrando sua atenção nas questões do tipo *como* ou *o que,* como distintas das questões *por que* (Yin, 1989). A pesquisa hermenêutica não se concentra nas questões de causalidade.

9) A pesquisa hermenêutica frequentemente está orientada para lidar com os fenômenos relacionados com as vidas das pessoas ou com a cultura como textos ou modelos a serem interpretados eles mesmos a partir de uma teoria literária. De acordo com isso, os dados empíricos tais como a transcrição de entrevista, as notas etnográficas de campo e os documentos históricos são os mais empregados.

10) A pesquisa hermenêutica enseja um estilo diverso de reportar os estudos, diverso do das ciências sociais objetivistas ou positivistas, e não parodia o estilo das ciências naturais. Enquanto nas últimas as hipóteses testadas, as tabelas ou figuras falam por si mesmas e somente precisam ser apresentadas, e não escritas ou descritas, o estilo do pesquisador hermenêutico não é semelhante ao de um repórter externo privilegiado. Os dados e as teorias necessitam ser imiscuídos num texto literário, e muitos autores da tradição qualitativa humanista sentem que, talvez, devessem voltar-se mais para os instrumentos dos romancistas ou dos artistas para apresentar os resultados de seus estudos.

Como avaliar a pesquisa qualitativa

A pesquisa hermenêutica ou qualitativa fundamenta-se em bases e procedimentos diferentes das pesquisas quantitativas modeladas para as ciências naturais. A diferença mais importante está no papel dado ao pesquisador. Na pesquisa quantitativa esse papel é minimizado ou neutralizado. O pesquisador usa procedimentos objetivos e busca leis gerais e independentes de um pesquisador em particular. Na pesquisa qualitativa a abordagem do pesquisador e sua atitude em relação ao objeto de estudo passam a fazer parte do próprio processo de pesquisa: a reflexão sobre este papel torna-se um instrumento, e a relação com os participantes estudados é vista como um diálogo. Isso tem consequências para os critérios de interpretação para as pesquisas quantitativas como validade, confiabilidade, objetividade, representatividade e generalização.

Em vez de fazer frente à validade com especialistas, com critério, com previsibilidade, com grupos conhecidos e constructos, os critérios para validar os estudos aplicados à pesquisa qualitativa são diferentes. Entre outros, os critérios de validade das pesquisas qualitativas são estes:

• Validação ecológica: a validade na forma de vida natural na pesquisa com participantes. A vida dos participantes deve ser respeitada e integrada nos procedimentos de pesquisa. Por isso, os métodos como a observação participativa, a entrevista, as discussões em grupos e a análise de documentos têm sido os preferidos, uma vez que eles permitem incluir a forma da vida na análise e na interpretação dos dados.

• Validação comunicativa: é o esforço para controlar a interpretação dos resultados, fazendo com que eles voltem de novo aos participantes da pesquisa ou a outros representantes, ou a especialistas na forma de vida à qual os participantes pertencem.

• Validação cumulativa: é a combinação de interpretação dos resultados com os de pesquisas anteriores ou de outros estudos de diferentes pesquisadores, ou a combinação de estudos que empregaram outros métodos ou técnicas. É a também chamada triangulação.

Uma validade confiável consegue-se quando os dados são gerados bem próximo do campo social, sem que sejam pré-determinados por um quadro referencial, quando os sistemas de sentido dos participantes são levados em conta, quando os métodos são abertos e flexíveis e quando uma ulterior extensão da base da pesquisa pode incluir casos extremos. Assim, a Psicologia se torna uma ciência humana, e não só uma ciência natural.

Uma vez que uma alternativa confiável de métodos de avaliação não foi ainda realmente esquematizada, os pesquisadores *qualitativos* reclamam do modo como têm de *arranjar* e apresentar os dados muitas vezes bastante extensos e sem grande sistematicidade, de tal modo que os outros pesquisadores possam convencer-se da plausibilidade de suas interpretações. Certamente ainda não se conseguiu isso, mas esse método está sendo substituído pela aceitação da melhor interpretação possível, que em última análise continua sendo o juízo humano. Mas isso vale também, claro, para as pesquisas quantitativas.

Diversamente das ciências naturais, nas ciências humanas não existe objetividade no sentido de que os resultados seriam obtidos do mesmo modo independentemente do pesquisador e da situação bem específica em que eles foram recolhidos. Aqui, a objetividade é muitas vezes interpretada como a confiabilidade ou verificabilidade interindividual; ou seja, que sob condições *ceteris-paribus* outros estudiosos chegariam aos mesmos resultados empíricos. Uma noção importante é também a de que a objetividade é alcançada pela relevância do objeto estudado. A transparência é vista como mais relevante que a objetividade e está sendo compreendida como sendo o fato de se levar o processo de pesquisa no sentido de uma interação aberta entre o pesquisador e o participante, em vez de buscar uma neutralidade ideal inalcançável.

Em vez da representatividade estatística, a pesquisa hermenêutica está preocupada com o que é típico: ela busca estabelecer tipos ideais, tipos extremados, protótipos, tipos relevantes, o que implica que a exemplificação está sendo feita de acordo com considerações teorético-sistemáticas, e não ao acaso. O estabelecimento de tipos não significa reduzir estados de coisas ou situações complexas a uma única variável ou a constelações de variáveis; antes, é uma tentativa hermenêutica de trabalhar de modo holístico, *ser fiel para com a realidade*. A generalização ocorre na apresentação de casos típicos, não por casos estocásticos, e especialmente pela elucidação da validade pela intensa relação intersubjetiva.

Sobre a Psicologia da Religião

A religião e a religiosidade são fenômenos complexos; elas não têm um caráter estático, mas antes se apresentam sob a forma de processos. Além disso, as formas religiosas sectárias e cúlticas são por sua própria natureza controversas, enquanto muitos que se identificam como espirituais, mas não religiosos, sustentam um amplo leque de crenças que desafiam tanto a ciência quanto a própria religião (Hood, 2003a). As abordagens hermenêuticas parecem ser especialmente adequadas para estudar as diversas manifestações num nível de estruturação o mais elevado possível, isto é, o mais próximo possível do dia a dia, do mundo *real,* da experiência de ser religioso. Os experimentos no sentido clássico raramente foram levados adiante pela Psicologia da Religião (Darley e Batson, 1973; Hood, 2001), uma vez que num experimento busca-se controlar todas as variáveis, menos a que está sendo *manipulada*. Isso leva a uma situação altamente artificial. Tipicamente, esses tipos de pesquisa são processados no *laboratório*, o que se opõe ao *mundo da vida normal*, e a isso foi dado um *status* privilegiado por aqueles que consideram a Psicologia como uma ciência mais próxima das ciências naturais que das *humanidades*.

Nos estudos correlacionais, *surveys*, testes e escalas estandardizadas são amplamente usados e de novo ganham um *status* privilegiado. Na realidade, eles definem virtualmente o *velho* paradigma das medidas na Psicologia da Religião (Gorsuch, 1984). Entretanto, este *status* de paradigma privilegiado da medida está sendo desafiado pelos pesquisadores qualitativos. As abordagens hermenêuticas reconhecem que a medição gerou números e resultados, mas o que os dados significam – ou o que as análises estatísticas significam – para as pessoas que preencheram os questionários não são claros de forma alguma. Apesar de o uso desses métodos terem suas justificativas em relação a certas questões da pesquisa, os estudiosos da vertente hermenêutica sentem que devem voltar-se mais para métodos e técnicas alternativas a fim de obter uma visão das particularidades do sentido da religião na vida dos indivíduos ou dos grupos.

Já na primeira década da Psicologia da Religião, alguns autores clamaram pelo que agora vem sendo chamado de *métodos de pesquisa qualitativa* e até um bom número atendeu ao chamado. No momento, diversos manuais desse tipo de pesquisa já esgotaram suas primeiras edições (Denzin e Lincoln, 2000; Patton, 2002). Existe também uma espécie de *soft* para ajudar na coleta e análise do material (*QSR International*). No geral, os pesquisadores da Psicologia da Religião em ação dentro da tradição analítico-empírica buscaram alinhar-se com os desenvolvimentos das tendências predominantes na Psicologia e têm usado, principalmente, os métodos quantitativos (Spilka *et al.* 2003).

De um modo similar, enquanto Emmons e Paloutzian (2003) já identificaram novos paradigmas para a Psicologia da Religião tanto no nível interdisciplinar como nos diversos níveis, os estudos hodiernos que eles revisaram estão em sua maioria embasados nos modelos de medidas vinculados à nova Psicologia positiva e a religiões conservadoras (Wulff, 2003). Ainda assim, as técnicas avançadas de medidas e estatísticas como a moldagem por equações estruturais e a análise fatorial confirmativa somente servem para firmemente tocar para frente o paradigma quantitativo. Levar a sério o *chamado* para a mudança de paradigma não necessariamente levará a Psicologia da Religião para a corrente principal da Psicologia, que é ela mesma grandemente embasada em medidas e em experimentos laboratoriais. Ela lembrará, entretanto, de modo conveniente aos pesquisadores dos limites das medidas e das pesquisas de laboratório e exigirá que eles empreguem métodos adequados a seus objetos de estudo. Na Psicologia da Religião muitos destes métodos devem ser necessariamente hermenêuticos.

Recentemente, alguns autores empreenderam esforços cuidadosos para empregar ou esquematizar métodos que lhes permitiriam *estar em contato* com o fenômeno religioso que eles querem estudar e, no mais das vezes, fenômenos que eles não podem abordar com métodos e técnicas estandardizados. Os exemplos incluem os estudos sobre os manipuladores de serpentes nos Estados Unidos, nos Apalaches do Sul (Hood, 1998; Williamson, 2000); sobre a experiência mística com uma minoria holandesa de ultracalvinistas resistentes à abordagem científica social (Belzen, 1999b); sobre a interpretação religiosa do cotidiano, incluindo aqui as próprias biografias, entre evangélicos carismáticos na Alemanha (Popp-Beier, 1998) ou sobre a diversidade do uso da linguagem entre os adolescentes e jovens adultos belgas nos relatos de experiências morais e religiosas (Day, 2002). Nenhuma dessas pesquisas tem por base as medidas nem apresentam dados suscetíveis de análises estatísticas sofisticadas. Ainda assim eles apontam para uma mudança de paradigma que Emmons e Paloutzian (2003) estão propondo e que este Capítulo sobre temas metodológicos em Psicologia da Religião espera ter facilitado.

6

Quando a Psicologia se volta para a Espiritualidade

Recomendações para a pesquisa

Pesquisa sobre a pesquisa: uma perspectiva metapsicológica

De uns anos para cá, a espiritualidade vem sendo mencionada como um tópico para as pesquisas da psicologia, especialmente para a Psicologia da Religião (Paloutzian e Park, 2005). Alguns colegas vão até mais longe e chegam a declarar que o estudo da espiritualidade é o assunto central da Psicologia da Religião, uma vez que do ponto de vista da psicologia a espiritualidade é a essência da religião. Nesse tipo de *fala* existe uma orientação para o assim chamado *mercado* (Carrette e King, 2005), nem sempre lá muito sábia e nem sempre benéfica para esta área das ciências. Desde o chamado Iluminismo, a religião tem sido um assunto muito popular para sofrer críticas, e em alguns aspectos até corretamente.

Dentro do âmbito da Psicologia, depois de um período inicial em que os *pais* fundadores lidaram com a religião como um assunto típico dos seres humanos, o tópico passou a ser uma espécie de tema tabu, normalmente ou por que fora do interesse ou por que os psicólogos não mais tiveram a coragem de falar sobre ele (Farberow, 1963). Marcados pelo respeito pela comunidade científica, parece que muitos psicólogos aconselharam a não mais fazer pesquisas sobre a religião. Muitos colegas deste último tipo estão mais que felizes hoje em dia quando notam que contra toda a expectativa dos grandes sociólogos da religião, esta, a religião, não se extinguiu e até mesmo está voltando para as manchetes, apesar de ser por motivos e razões que a maior parte das pessoas nunca teria gostado de testemunhar. É o caso de religiosos ou religiões legitimando o terrorismo acompanhado pela mídia.

A via de saída, para muitos, seria de não mais se falar de religião ou de religiosidade, mas de espiritualidade. A espiritualidade não teria essas conotações negativas que a religião ou a religiosidade têm para as pessoas. Entretanto, não é certo que saiamos ganhando pelo simples fato de empregar outras palavras; na realidade, é duvidoso se a Psicologia alguma vez ganhou algo pelo fato de se orientar pelo mercado; seus maiores ganhos aconteceram quando ela empreendeu suas forças em buscas, no sentido de compreender em maior profundidade o que o psiquismo é e como ele pode ser estudado (Foz e Prilleltensky, 1997).

Evidentemente, a Psicologia sempre é praticada dentro de um dado contexto, um contexto que cria, facilita e condiciona todas as pesquisas e a formação, mas delegar a qualquer *mercado* que exija que a Psicologia faça pesquisa e estabeleça o que deve ser estudado nunca foi uma estratégia frutífera. Isso somente aumenta o número de projetos e publicações nas quais as pessoas com graduação em Psicologia estarão envolvidas, mas de modo algum leva a um aumento do conhecimento psicológico sólido, assim como nem tudo o que alguém com graduação em Psicologia faz é por si mesmo psicológico.

Para evitar possíveis equívocos, deve ser reforçado que essa *reclamação* para a agenda da Psicologia que está sendo apresentada por psicólogos (ou pelo menos também por psicólogos) não pretende sugerir que a espiritualidade não seja estudada pelos psicólogos, ao contrário. Nem temos aqui a implicação de que os psicólogos da religião não devem tentar compartilhar o que esteja disponível em termos de oportunidade de fundos para suas pesquisas etc. É o equilíbrio entre querer buscar um aumento do conhecimento sólido da Psicologia de um lado e ser determinado por forças não psicológicas por outro que estão em jogo, sejam essas forças a favor ou contra a religião.

Mais especificamente, deve-se lembrar que a espiritualidade tem sempre sido um objeto de pesquisa para a Psicologia da Religião, de tal modo que não há nada de realmente novo aqui. A maior parte do discurso atual sobre a espiritualidade, tanto na Psicologia como na Psicologia da Religião, (1) é simplesmente função de uma tendência mais ampla na sociedade que diz respeito à religião ou a vê como *má*, mas vê a espiritualidade como *boa* (Popp-Baier, no prelo) ou (2) não é em nada sobre a espiritualidade. A fim de explicar isso mais de perto, devemos dar um passo atrás ou dar uma panorâmica geral, por assim dizer. Em outras palavras, devemos transcender o burburinho da maior parte da pesquisa da Psicologia contemporânea e tentar refletir sobre isso.

Este capítulo tentará, portanto, fazer da própria pesquisa psicológica o objeto de investigação levantando questões sobre suas metas, suas possibilidades, restrições e condições. Depois de algumas considerações preliminares, apresentaremos algumas proposições controversas e nada mais: como estudiosos, queremos aprender e ser ensinados, e isso normalmente se consegue mais através da confrontação e do enfrentamento de resistências do que por apoios recebidos e por repetições de dados.

Para falar da perspectiva da Psicologia, entendida como o esforço acadêmico para compreender o funcionamento do psiquismo humano, é diferente de falar de qualquer perspectiva espiritual. Esse é um aspecto que importa manter presente, como a maior parte da literatura atual e das atividades – como *workshops*, seminários, formação e o que quer que você já tenha tido –, que encontramos sob os mais diversos rótulos de Psicologia ou Espiritualidade e que são na realidade espirituais em sua natureza ou servem, pelo menos, a objetivos espirituais. Mais especificamente, este capítulo fala a partir da tradição que é chamada de Psicologia da Religião, um dos campos mais antigos da Psicologia no geral. Apesar de não se dever identificar espiritualidade e religião, a Psicologia da Religião constitui uma tradição à qual pertencem considerações teóricas e metodológicas que são indispensáveis se alguém busca estudar a espiritualidade do ponto de vista da Psicologia.

Quando a Psicologia se volta para a espiritualidade, ela na realidade se volta para áreas muito diversas ou variadas da conduta humana que, nesse sentido, são diferentes das do trabalho, das artes, dos esportes, da sexualidade, da guerra etc., como campos de atividades humanas, que também podem ser estudadas pela Psicologia. Ao fazer isso, a Psicologia busca estudar a espiritualidade tão cientificamente quanto possível, buscando ser neutra em sua abordagem do objeto e fazendo justiça ao objeto. A Psicologia em si não é a favor da espiritualidade e nem tenta destruí-la, nem promovê-la, mesmo quando um ou outro desses objetivos possa fazer parte dos motivos individuais por que alguém tenha escolhido tópicos dessa área para sua pesquisa. Em princípio a Psicologia como ciência é neutra no que diz respeito à espiritualidade, do mesmo modo como o é em relação ao trabalho, às artes ou aos esportes. Também os resultados das pesquisas psicológicas sobre a espiritualidade podem ser usados de modo totalmente opostos, do mesmo modo como os resultados da pesquisa médica podem ser usados de modos opostos – por exemplo, provocar ou prevenir o aborto. Como a Psicologia da Religião não é, em si, uma prática religiosa, apesar de poder ser *praticada* por motivos a favor e contra a religião, a Psicologia da Espiritualidade de modo semelhante, em si, não é espiritualidade e nem pode abordar seu objeto a partir de uma perspectiva da espiritualidade.

Dito isso, deveríamos dizer também que a Psicologia enquanto tal não é de modo algum neutra em termos de valores; no geral, é provavelmente correto dizer que a maior parte da Psicologia está comprometia na promoção do bem-estar humano. Entretanto, dois pontos não devem ser esquecidos:

(1) não existe um consenso sobre o que é o bem-estar humano; o bem-estar humano não é assunto da Psicologia, não é definido pela Psicologia; a Psicologia pode somente avaliar e explicar como o funcionamento do psiquismo humano estaria envolvido nisto. Por isso, para ser bem concreto, se o bem-estar for definido de tal modo que elimine a espiritualidade da vida das pessoas – como aconteceu no passado sob a ditadura do comunismo na Europa oriental, com o apoio da pesquisa ateia da Psicologia sobre a religião (Kääriäinen, 1989) –, a Psicologia como tal não terá contra-argumentos e até poderá muito bem ser usada para eliminar a espiritualidade da vida das pessoas. Em outras palavras e de novo, a Psicologia não pode tomar posição, por ela mesma, na avaliação da espiritualidade num sentido mais amplo, e sua própria avaliação da espiritualidade será sempre misturada com valores de natureza não psicológica.

(2) A Psicologia também deve ter em mente que podem existir também outros valores, até valores mais elevados na vida humana que o bem-estar; especialmente nos campos da religião e da espiritualidade.[53] Voltaremos a este assunto mais

---

[53] Não se deve esquecer que os valores não são evidentes por si para muitos dos psicólogos de hoje em dia, como a democracia, a liberdade intelectual, artística, política e de expressão religiosa, a separação entre a ciência e a religião e tantos outros campos, e que são *invenções* bastante recentes da cultura ocidental, e que não são compartilhados pelo mundo afora e não devem ser impostos ao estilo de George Bush.

tarde, mas deve ser afirmado como um *a priori* que a busca por uma neutralidade e a justiça para com o objeto estudado são algumas das metas mais difíceis da vida acadêmica; nunca serão plenamente conseguidas, ela continua a ser um ideal, e um ideal que impeça um juízo excessivamente apressado das coisas.

A Psicologia não define espiritualidade

Como consequência disso, e como já deve estar claro, não é tarefa da Psicologia apresentar uma definição própria da espiritualidade. Assim como não é tarefa da Psicologia definir domínios como o trabalho, a arte e esportes, mas estudar e tentar explicar e compreender o envolvimento humano no trabalho, na arte e nos esportes, também não é tarefa da Psicologia definir o que é espiritualidade. A Psicologia se volta para a espiritualidade, um domínio assinalado e definido por outrem, e não pela Psicologia, seja este *outro* a compreensão comum em certa sociedade, um *delegado* em particular ou mesmo outra área da vida acadêmica. Ainda assim, isso não significa que não exista da parte da Psicologia a obrigação de assinalar o que vai ser estudado quando ela se volta para a espiritualidade.

Aqui encontramos um grande problema, a luta por definir a espiritualidade, ainda que não uma luta e tarefa específicas da Psicologia. Fora da Psicologia existe já uma enorme literatura quanto à definição de espiritualidade, e um bom número de psicólogos já contribuiu para essa literatura (Zinnbauer, Pargament e Scott, 1999; Miller e Thoresen, 2003). Como não precisamos de uma definição de espiritualidade psicológica de per si, esses colegas não serão considerados aqui. Ao contrário, quando se estuda essa literatura, chega-se facilmente à conclusão de que é uma via sem saída tentar chegar a uma única definição do que seja a espiritualidade. O leque dos fenômenos no mundo humano que recebe o nome ou o adjetivo de *espiritual* compreende formas tão diversas e contrastantes de conduta que nos parece vão tentar *resumi-las* numa só, compreendendo aqui também a conceituação. Existem formas de conduta humana que podem ser vistas como espirituais, e até mesmo atos de heroísmo de um grupo são vistos assim numa determinada sociedade, mas são rejeitadas por outras. As práticas que se opõem vão desde o envolvimento no *sexo sagrado* para alguns até o celibato para outros; desde o trabalho pela paz no mundo até a violência, incluindo aqui o terrorismo. Tentar *capturar* todas estas condutas numa única definição obscurece mais do que ilumina ou nos deixa, na melhor das hipóteses, com circunscrições vazias.

Isto não quer dizer que essas circunscrições sejam sem valor, mas, como a Psicologia deve ser *espiritualmente* neutra, ela não pode julgar a partir de si mesma se um ato qualquer da conduta humana é espiritual ou não. Na medida em que a Psicologia serve de ajuda para perspectivas ou propósitos de uma espiritualidade, de algum *delegado* em especial, ela pode ao mesmo tempo estar desconsiderando, desaprovando e até mesmo condenando alguma conduta que este mesmo *comissionado* queira que seja feita. Este poderia ser o caso de um psicólogo que aceita ou estuda como espiritualidade o que, por exemplo, as Igrejas cristãs julgam que seja a espiritualidade. Na medida em que o psicólogo queira se afastar de qualquer juízo espiritual prévio, ela deverá aceitar como espiritual o que quer que os participantes da sua pesquisa lhe digam que eles consideram ser espiritual.

Entre esses dois extremos oscilam todos os projetos psicológicos de pesquisa. Como em todos os contextos existe sempre alguma compreensão do que deve ou não ser considerado espiritual, por mais circunstancial que essa compreensão possa ser, aqui entra o valor limitado de certa circunscrição da espiritualidade: como a Psicologia em geral estuda a conduta humana, ela pode considerar a espiritualidade como sendo *toda e qualquer operacionalização do compromisso com a Transcendência*. Os participantes da pesquisa podem estar envolvidos nas mais diversas formas de conduta, mas somente se eles mesmos circunscreverem seus atos como resultantes de seu compromisso com o que eles considerem ser a Transcendência; nesse caso, o psicólogo deveria considerar esses seus atos como espirituais ou de prática de espiritualidade. Assim, a mesma atividade – por exemplo, envolvimento em práticas sexuais, gritos, violência – pode ser espiritual para alguns, mas não para outros, que podem até condenar essas atividades como literalmente não espirituais, propondo exatamente o oposto como espirituais: não envolvimento em práticas sexuais, o silêncio e o pacifismo. O que importa não é com o que o participante está envolvido, mas se ele realiza sua performance a partir de um compromisso com o que ele considera a Transcendência. Deve-se dizer logo que com essa circunscrição não se resolvem todos os problemas conceituais, uma vez que este não é nosso objetivo, mas ela pelo menos ajuda os psicólogos a sair do dilema de aceitar uma compreensão excessivamente estreita da espiritualidade em oposição a não se ter ideia alguma do que eles estejam falando.

Ao longo de décadas, testemunhamos um debate nos estudos científicos da religião entre definições mais substantivas *versus* definições mais funcionais da religião (Platvoet e Molendijk, 1999), e não teria sentido algum repetir aqui esse debate, ainda que o referindo à espiritualidade. Apesar disso, ninguém conseguiu definir religião de um modo satisfatório para todos os estudiosos da religião. Pelo menos agora temos uma distinção entre religião e religiosidade, a compreensão geral; sendo que a religião refere-se a uma entidade macrocultural e a religiosidade ao *funcionamento* humano correlato ao nível pessoal. Estudando religiosidade podemos, por isso, normalmente, relacioná-la a uma tradição, a um grupo ou a uma organização mais ou menos definidos. Ainda que isso não seja impossível, com a espiritualidade isso é menos fácil, especialmente no assim chamado Ocidente, nas últimas décadas. Porquanto exista uma grande correlação entre a religiosidade e a religião, este não precisa ser o caso entre a espiritualidade e a religião. Apesar disso, as religiões sempre pressupõem e prescrevem uma espiritualidade; a espiritualidade não necessariamente pressupõe uma religião.

Deve estar claro agora que a espiritualidade não é a mesma coisa que um fenômeno macrocultural como a religião, mas também não é a mesma coisa que a religiosidade. A espiritualidade, como tentamos circunscrever aqui, refere-se à conduta humana, a práticas, atos e atividades. Somente como tal ela se sobrepõe à religiosidade. Algumas pessoas religiosas são também *espirituais*: elas realizam atos e atividades por causa de suas religiões, mas algumas pessoas religiosas não são, ou dificilmente são, *espirituais*.[54] É claro que todas as religiões prescrevem e pressupõem uma espiritualidade: elas querem que os seus adeptos vivam, comportem-se e *sejam* de certo modo; mas é também claro que os membros individuais de religião não vivem desse jeito ou que às vezes não vivem em nada daquele modo proposto. Por isso, quando se inventam diagramas ou fórmulas para explicar o relacionamento entre a religiosidade e a espiritualidade, não se deve perguntar se a religiosidade inclui a espiritualidade ou se acontece o contrário. Deve-se ter em mente que eles *aparecem*

---

[54] Pode ser o caso de alguém ser membro de uma organização religiosa, que acredita em certas coisas, mas não se envolve em atividade alguma por seu compromisso com a Transcendência; seja essa atividade religiosa ou não, ela muito dificilmente será chamada de *espiritual*; com essa pessoa pode-se ainda pesquisar a gênese e o desenvolvimento de sua imagem de Deus, a estrutura e o funcionamento de seu sistema de crenças etc., mas não sua espiritualidade.

em círculos que somente em parte se sobrepõem. Portanto, se algumas pessoas não pertencem a nenhuma tradição religiosa e até mesmo se negam a ser religiosas, mesmo assim podem ser *espirituais*, mas somente se confirmarem que praticam gestos e atividades por causa de seu compromisso com a Transcendência.

Esse tipo conceituação, por mais inteligente que possa ser, não resolve todos os problemas. Essa conceituação especialmente deixa em aberto a questão sobre o que é a Transcendência: devemos aceitar tudo o que os participantes da pesquisa apresentam? Existem limites claros aqui? Parece evidente que existem limites, pelo menos alguns. Alguém pode afirmar que vai fazer uma caminhada na floresta por razões espirituais, e não, ou pelo menos não somente, para relaxar ou por motivos de saúde, mas também porque venera a Natureza. Outro vai trabalhar não somente por causa da inerente satisfação que isto lhe dá ou ainda por causa do dinheiro que vai ganhar com o emprego, mas também por que o trabalho que faz é um serviço à Humanidade. Até aqui tudo bem, mas *é bastante difícil* encontrar alguém que afirme que está envolvido em algumas atividades por razões espirituais enquanto a sociedade circundante vê as mesmas como atividades criminosas. Notemos, entretanto, que a frase meio desajeitada *é bastante difícil* e apresentada aqui deliberadamente, uma vez que não é impossível termos razões espirituais envolvidas em atividades que outros podem condenar como crimes. Os exemplos que podem ser vinculados com violência – os eventos de 9/11 são um exemplo claro – mostram como é difícil e mesmo, nos últimos tempos, impossível chegar a uma concordância sobre isso.

Repetindo: o arrazoado apresentado aqui quer ajudar os psicólogos a evitar que apresentem uma posição espiritual de si mesmos. Como não existe uma espiritualidade em geral, mas somente condutas espirituais específicas, os psicólogos deveriam ouvir seus *sujeitos* de pesquisa e aceitar o que eles assinalam ou realçam em suas vidas como espiritual, ainda que não de modo ingênuo. A espiritualidade enquanto tal não existe; somente formas concretas de espiritualidade existem: práticas, atos e atividades realizadas por seres humanos como operacionalização de seus comprometimentos com o que quer que receba o nome de Transcendência. A motivação e a legitimação individual, sempre vinculadas ao contexto, fazem com que um ato seja espiritual, e não o ato em si mesmo. Por isso, os psicólogos que desejarem pesquisar a espiritualidade estarão normalmente necessitando muito de discussões como a em que estivemos, ainda que brevemente, envolvidos aqui: eles podem ir aos seres humanos, como objetos de pesquisa, que estejam envolvidos com formas bem específicas de conduta consideradas espirituais e podem começar a trabalhar a partir dali. Assim, a proposta é evitar falar sobre espiritualidade ou atos e atividades espirituais que a Psicologia nunca possa pesquisar e nem buscar pesquisar. A Psicologia pode, entretanto, fazer pesquisas com exemplos específicos de envolvimento espiritual e com seus resultados. Antes de fazer algumas recomendações para a pesquisa concreta, reflitamos, ainda que brevemente, sobre que tipo de pesquisa psicológica deve ser empregada aqui.

Que Psicologia para abordar atos e atividades espirituais?

Decorrendo imediatamente do dito acima, devemos distinguir duas grandes áreas de pesquisas da Psicologia. A Psicologia pode contribuir para pesquisar sujeitos contemporâneos, seus comportamentos e experiências, mas também pode contribuir para a pesquisa do resultado desses comportamentos e experiências. É um erro pensar que somente as pessoas de hoje podem ser objeto de pesquisa psicológica. A Psicologia da arte, por exemplo, não lida somente com os artistas vivos, mas também com obras primas de arte que permanecem conosco como resultado da atividade artística do passado, sejam elas pinturas, poesia, música, arquitetura ou outras coisas. Um conhecimento bastante considerável ou pelo menos de boas perspectivas a partir da psicologia pode ser elaborado ao se interpretarem obras de arte: deve-se perguntar o que motivou o artista, que tipo de pessoa ele era ou tem sido, como são ou foram suas relações com o objeto que se expressa na obra; que conflitos intrapsíquicos a obra revela ou manifesta; pode-se pesquisar também os efeitos da obra de arte no observador etc.

O mesmo pode ser feito quando lidamos com os produtos duradouros da religião ou do envolvimento espiritual. Uma grande parte da abordagem psicológica como a empregada no âmbito dos estudos sobre religião está já seguindo este caminho (Capps e Dittes, 1990; Haartman, 2004; Homans, 1989; Jung 1967/2003; Kripall, 1995; Rollins, 1999), e alguns psicólogos da religião tentam lidar com tais abordagens das vidas das pessoas do passado ou também das pessoas religiosas do presente (Belzen e Geels, 2008), mas entre os psicólogos eles são minoria. Essa possibilidade deve ser mencionada explicitamente, entretanto, uma vez que ela pode ser *praticada* com os produtos resultantes das atividades espirituais. As obras como a de Krishnamurti ou de John Heider, pessoas que normalmente não podemos chamar de religiosas, podem ser estudadas desse modo (Kripall, 2008). Tendo mencionado esse tipo de pesquisa, continuemos considerando que tipo de abordagem psicológica deve ser a preferida quando se estudam sujeitos ou temas contemporâneos.

Como já foi indicado, no caso dos atos e das atividades, estamos lidando com resultados de compromissos ou vínculos com a Transcendência. O compromisso é envolvente, não é algo que acontece sem mais, não acontece facilmente e não é fácil de se manter. É isso precisamente o que a literatura das tradições espirituais, por outro lado muito heterogênea, relata: eles concebem a espiritualidade como um caminho, como um processo que requer tempo, cheio de altos e baixos. Ainda que em tese seja possível isolar uma única experiência ou ato, a perspectiva que qualquer Psicologia assume tipicamente para compreendê-lo é a do processo. Mesmo um ato ou experiência isolado será compreendido por um psicólogo como parte de um contexto biográfico da pessoa envolvida. Estudar processos requer abordagens longitudinais, também na Psicologia. Preferentemente, um psicólogo empregará essas teorias, conceitos e instrumentos de pesquisa que sejam *sensíveis* às especificidades da cultura e que sejam dinâmicos, a fim de detectar, seguir e analisar as lutas e vicissitudes dos processos da biografia do indivíduo no qual um ato ou uma experiência em particular está imersa e do qual ela é um elemento inerente e constituinte.

O desafio e, na realidade, uma das questões mais básicas é se a Psicologia pode contribuir com algo para compreender atos e atividades deste jaez. A Psicologia da Espiritualidade compartilha este desafio com a Psicologia da Religião.[55] Voltemos, por uns instantes, para a Psicologia da Religião, a fim de aprender e aplicar os elementos da mesma à Psicologia da Espiritualidade. Desenvolver uma Psicologia da Religião somente faz sentido sob certas condições: se pensarmos – ou formos forçados a pensar (esta frase desajeitada será explicada logo) – que existe algo de específico na religião, na diversidade de fenômenos que são referidos a ela, corretamente ou não, como religioso. Se religião é só uma questão de *estar integrado num grupo*, somente *dar sentido*, de *coping com temas existenciais*, a Psicologia da Religião se-

---

[55] Devo evitar acrescentar sempre de novo o cansativo *e/ou espiritualidade* neste parágrafo. Muito do que direi aqui sobre Psicologia da Religião pertence também à Psicologia da Espiritualidade e, quando houver diferenças, sinalizarei de modo explícito.

ria um subárea da Psicologia social, da Psicologia Cognitiva ou da Psicologia Existencial. Mas talvez exista algo de específico na religião? Talvez ela seja um segmento específico da cultura, envolvendo os seres humanos de um modo diverso dos outros segmentos? A questão é, então, o que este específico afinal de contas é e se a Psicologia pode contribuir para avaliá-lo, pesquisá-lo e explicá-lo. Se não assumirmos que exista algo de específico na religião, não teremos a necessidade de desenvolver qualquer coisa como a Psicologia da Religião e então, a Psicologia da Religião estará só repetindo a pesquisa psicológica de outros *assuntos*, chegando a resultados que já foram obtidos e que seriam, claramente, supérfluos. Antes de ir adiante, apresento duas observações: uma curta e outra um pouco mais extensa.

A agenda oculta da Psicologia da Religião e da Espiritualidade

Antes de mais nada, muito do que a assim chamada Psicologia está na realidade fazendo não é nada mais do que isto: ela simplesmente duplica o que a pesquisa psicológica já faz alhures e não apresenta nada de novo e nem uma compreensão mais profunda a partir de si mesma. Isto não é um problema: existem muitas boas razões para se aplicar o que existe na pesquisa psicológica a sujeitos, eventos e contextos que são chamados de religiosos, repetindo ou confirmado o que os psicólogos já sabem de outras pesquisas prévias, mas, a partir disso, talvez, oferecendo compreensões interessantes das populações religiosas ou *comissionados* dessas pesquisas sobre a religião, ao introduzir nas pesquisas uma perspectiva psicológica no fenômeno ou num campo inteiro da existência que ultimamente é relevante para eles.

Essas pesquisas e compreensões levariam tipicamente a livros com títulos tais como *Psicologia para teólogo*, ou *Psicologia para líderes espirituais* (Blattner et al., 1992, 1993; Klessmann, 2004; Watts, 2002; Watts, Nye e Savage, 2002). Não há nada de errado com livros desse tipo. O objetivo aqui não é criticar esses livros; a questão é que existe uma *introdução* à Psicologia empregando exemplos de um domínio que este leitor em questão gostaria de ler, isto é, religião; isso não expande a Psicologia existente nem leva a tratados sobre uma religião em especial e/ou uma espiritualidade. Neste ponto, a visão apresentada aqui parte das excelentes observações, ainda que críticas, que David Funder (2002) fez em seu comentário a inúmeros artigos da Psicologia da Religião: ele também viu a Psicologia da Religião como um campo de aplicação dos instrumentos da Psicologia existente no domínio da religião, mas se recusa a admitir que a Psicologia da Religião é um campo distinto. Correndo o risco de ser criticado por lutar contra palavras somente, o presente ponto de vista defende a existência da Psicologia da Religião, mas como um campo separado da aplicação, exatamente como tantos outros campos da aplicação da Psicologia. A Psicologia da Religião é importante por que a religião é tão importante, tanto no nível individual como no nível da sociedade e até mesmo no nível global. A Psicologia da Religião não é importante por que é necessária para a *sistemática* da Psicologia. Qualquer Psicologia pode ser válida mesmo sem se dedicar explicitamente ao estudo dos fenômenos religiosos; entretanto, é bastante difícil ir por aí sempre desviando dos fenômenos religiosos se se quiser lidar com uma visão psicológica abrangente do ser humano.

A segunda observação relaciona-se com a primeira: a Psicologia, do mesmo modo que toda a vida acadêmica funciona sempre num contexto, funciona graças às possibilidades proporcionadas pelo contexto, mas também limitadas por ele. Vou dar um exemplo até óbvio, isto é, que a maior parte dos psicólogos envolvidos com a Psicologia clínica não indica como a *alma* ou mesmo a parte mais importante da Psicologia; somente indica que é um segmento na sociedade em que a maior parte dos psicólogos consegue encontrar emprego. Não é porque a clínica seja central para a ciência da Psicologia, mas é por sua relevância para a sociedade que a Psicologia Clínica acabou tornando-se tão grande. Como indiquei acima, não há nada de errado nisso, como não há nada de errado com os outros segmentos da sociedade, como as Igrejas ou os seminários de Teologia, que querem ensinar ou explorar os aspectos psicológicos da religião cristã.

A maior parte da Psicologia da Religião passou a existir precisamente por causa dessas possibilidades do trabalho psicológico proporcionadas por estes tipos de *empregadores* – chamemo-los assim por enquanto. Ser empregado por uma organização cristã não implica necessariamente produzir uma Psicologia necessariamente *contaminada* pela posição cristã, apesar de muitas vezes ter sido ou ser esse o caso (Miller e Delaney, 2005; Roberts e Talbot, 1997): obviamente, um psicólogo pode querer servir os interesses de seu empregador; não existe muito problema nisso. Isso se torna mais problemático, entretanto, se o *comissionante*, seja ele cristão ou não, interfere no trabalho psicológico, se ele tolera somente certos tipos de pesquisa, se ele permite que somente existam alguns tipos de resultados ou ideias. Nesse caso, o profissional e a integridade pessoal do psicólogo estão em questão, e esperamos que isso resulte na mudança para um outro tipo de empregador.

Apesar de esse caso ser claro e de fácil compreensão, as coisas se tornam mais complexas se o esforço para chegar a certos resultados e raciocínios não é o resultado de uma pressão externa sobre o psicólogo, por ele estar sob pressão pessoal e subjetiva de fazer aquilo desse modo, mas uma exigência de que ele pode nem estar consciente. Esse desejo pode, entretanto, estar enraizado num modo bem particular de envolvimento religioso, numa visão de mundo ou filosofia bem particular ou simplesmente numa religião em especial, seja esta simpatia refletida ou não.

Em toda a sua história, a Psicologia da Religião tem sido influenciada fortemente pelo que seriam as ideias cristãs. Isto não resultou de os estudiosos quase que sem exceção serem eles mesmos cristãos, mas por causa de *a prioris* da parte dos próprios pesquisadores: no mais das vezes eles eram cristãos e muitas vezes tentaram *provar* cientificamente a verdade do cristianismo. Mesmo os que tentaram se afastar de desejos tão simplistas não raro permaneceram convencidos de pelo menos isto: a superioridade do cristianismo. Até os dias de hoje, existe um grande número de colegas afiliados à Psicologia da Religião que gostaria de usar a Psicologia para motivar ou promover a religião de outras pessoas, normalmente o cristianismo (Belzen, 2004b).

Mesmo dentro de uma prática clínica profana, como, por exemplo, a psicoterapia, eles empregariam a linguagem religiosa, ideias e rituais muitas vezes até bem intencionados, esperando com isso ajudar seus clientes (W. R. Miller, 2002; Pargament, 2007; Richards e Bergin, 1997; Wong e Fry, 1998). Embora alguns neguem que estejam tentando evangelizar, aqui se pode duvidar: como alguém pode usar linguagem, ideias e rituais de uma religião em que realmente não crê, ser realmente *neutro* e ajudar um cliente? Mesmo se a proposta for de o terapeuta trabalhar com os recursos disponíveis a partir do *background* do paciente, é mesmo muito difícil imaginar o terapeuta dessa orientação, normalmente cristão, rezando orações muçulmanas de uma cultura, por exemplo, marroquina. Mas, na medida em que os psicólogos estiverem abertos quanto a suas razões para a *mistura* entre Psicologia e Religião no tratamento e o fizerem no *setting* terapêutico onde o cliente sabe que pode esperar isso, não se precisa ser tão crítico sobre esse tipo de prática.

Não é de uma mistura mais ou menos aberta entre a religião e a Psicologia que estamos tratando aqui. A preocupação é mais com as agendas religiosas e espirituais ocultas que se encontram muitas vezes na Psicologia, especialmente na Psicologia da

Religião e muito provavelmente também nas futuras psicologias da espiritualidade. Só umas poucas palavras como explicação: ao longo de todo o século XX, testemunhamos, especialmente na Europa, que a Psicologia da Religião se tornou *profana* ou laica: muitos pesquisadores deixaram de lado toda a apologética especificamente cristã, mas dirigiram-se para uma posição segundo a qual *alguma religião é melhor que religião alguma* e eles assumiriam, por exemplo, que ser religioso é melhor, de qualquer modo, que não ser religioso. Mesmo admitindo que para a Psicologia como ciência é impossível confirmar a verdade teológica de um sistema de fé, eles pensam que ser religiosos é melhor para a saúde mental, normalmente tendo por base o velho *a priori* de que o ser humano é religioso por natureza.

Como o objetivo não é estabelecer aqui um *tour* histórico, não iremos nesta direção mais longe que isso, mas os exemplos são muitos: vão de Hall e Leuba querendo atualizar o cristianismo através da Psicologia; de James, cujo *Varieties* é uma proposta no sentido da assunção de que o ser humano é religioso por natureza; de Gordon Allport, que desejava defender a religião da acusação de estar correlacionada com o preconceito, até os dias de hoje. A suspeita parece justificada até no interesse dos dias de hoje na espiritualidade de muitos psicólogos, tanto quanto eles se chamam de psicólogos da religião ou de outra designação. Aqui se esgueira o mesmo desejo apologético, apresentando-se com uma terminologia menos religiosa ou, talvez deva-se dizer, esteja até melhor disfarçado.

Sem entrar realmente na história da Psicologia da Religião, pode-se ir adiante e deixar essa suspeição mais clara. Um dos modos como a geração anterior tentou *provar* por meio da Psicologia que *a religião é um bem* – claro que as coisas foram apresentadas com frases mais sutis do que estamos fazendo aqui – foi pela fundamentação dela na natureza humana; por exemplo, na cognição humana ou na arte de dar sentido, partindo da velha tradição metafísica, vindo desde a necessidade dos postulados da razão prática de Kant até os *a prioris* de Troeltsch (Belzen, 1999a). E ainda mais que isso, por décadas os psicólogos foram apoiados por Rudolf Otto (1917/1976), que postulara a existência de uma emoção religiosa específica. Contradizendo James (1902/2002), que afirmou que as emoções religiosas somente são religiosas pelo fato de serem direcionadas a objetos religiosos ou por que *funcionam* em contextos religiosos; Otto e seus seguidores afirmavam que existe uma emoção *separada*, independente e única que seria religiosa por natureza.

Naturalmente, é impossível levar adiante pesquisas psicológicas tendo por base esse pressuposto, e de alguns anos para cá, na Alemanha, mesmo relatórios estatísticos bem elaborados concluíram mais uma vez, ou de novo, que essa emoção religiosa existe e pode ser distinta de outras emoções (Beile, 1998). Quando alguém parte de um pressuposto, este, normalmente, acaba por ser confirmado. Mas o quanto um pressuposto é necessário? O quanto é válido? A suspeita parece ser justificada, de tal modo que o mesmo parece ocorrer no que diz respeito à espiritualidade hoje em dia.

Outro exemplo: por décadas, enquanto se discutia sobre a definição de religião, os psicólogos *inspirados* religiosamente e outros estudiosos em bases empíricas estiveram cada vez mais *ampliando* o significado do termo, aparentemente para incluir tudo e todos sob a definição de religião e sob o pretexto de que todos os seres humanos seriam religiosos por natureza. Por isso, mesmo atividades não religiosas ou até inclinações religiosas eram encontradas em todo lugar, e, mesmo quando os sujeitos negavam serem religiosos, os estudiosos ainda assim afirmavam ou pelo menos insinuavam que eles o eram, como no caso de ir a um concerto de rock, fazer visitas em massa ao mausoléu de Lenin. Mesmo ser apegado ao dinheiro seria também um gesto *religioso*.

Com esses tipos de arrazoados, a Psicologia – e também outros ramos do mundo acadêmico que pretendiam estudar a religião – não ganha nada: isso mistura conceitos e dilata demais o fenômeno que afirma estar pesquisando, e no fim não aprendemos nada sobre o específico de qualquer que seja a forma de religião estudada, e, além disso, devemos lembrar que nenhuma outra área de estudos acadêmicos da Psicologia esteve engaiolada num tipo de raciocínio tão bizarro: se as pessoas não estão envolvidas com o esporte, se elas não estão realizando qualquer atividade artística, não encontramos nenhum psicólogo que passe a chamá-las de esportistas ou de artistas. Mas na Psicologia da Religião, devido ao *a priori*, numerosos pesquisadores e autores querem *encontrar* religião e religiosidade mesmo em pessoas que não estão nem aí para a religião ou algo de transcendente.

No momento, parece que estamos testemunhando um movimento apologético similar no que diz respeito à religiosidade: alguns psicólogos afirmam que a espiritualidade faria parte da natureza humana. Todos os seres humanos, asseveram, são espirituais; e isso se manifesta na religiosidade, mas não seria necessariamente o caso sempre.[56] Os defensores desta posição empregam diversos tipos de arrazoados. Vinculado à tradição estatística, Piedmont (1999) chega à conclusão de que a espiritualidade seria um fator da personalidade humana, do mesmo modo como os assim chamados *cinco grandes traços*.[57]

---

[56] Às vezes, encontramos um passo ulterior que seria a secularização, então não mais todos podem ser chamados de *religiosos*, mas agora todos são chamados de *espirituais*.

[57] A partir da síntese de Thurstone de 1933, em linhas gerais, os *cinco traços* seriam a *abertura para a experiência, a consciência, a extroversão, a socialização e o neuroticismo* e foram trabalhados em termos estatísticos como *traços universais da personalidade* [NT, a partir da Wikipédia].

A partir da psicologia transpessoal, Helminiak (1996) define como espiritual a tendência ao crescimento do psiquismo humano, e o respeito a essa capacidade inata resultaria na espiritualidade. Isso soa quase que paradoxal e ilógico, uma vez que, mesmo sem espiritualidade, o ser humano continuaria sendo espiritual, de acordo com Heminiak. A objeção a esse raciocínio seria a mesma objeção feita à *ampliação excessiva* do conceito de religião ou do ser-religioso, ou de querer fundamentar a religião ou a religiosidade na natureza humana: (1) não há necessidade desse pressuposto; (2) desse modo, não vamos descobrir nada sobre o que é específico de qualquer que seja a forma de religiosidade.

Em vez disso, podemos apresentar duas propostas ou sugestões: (1) os psicólogos devem evitar lidar com pressupostos relacionados à natureza humana, e seria melhor tomar consciência de que não existe esta tal *natureza humana* enquanto tal, mas que ela emerge da imersão do ser humano numa cultura dos seres humanos tratados de um determinado modo (Shotter e Gergen, 1989); deve-se assumir que o ser humano tanto pode *tornar-se* espiritual como não espiritual (e em todas as modalidades que possam existir entre estes dois extremos), mas não que ele seja espiritual por natureza e desde seu nascimento; (2) os psicólogos devem buscar contribuir para a pesquisa e a explicação das formas *específicas* de espiritualidade. E isso pode ser feito através da análise de atos e atividades de uma forma particular de espiritualidade, e pela comparação deles com esses atos e atividades que parecem ser psicológica e funcionalmente equivalentes, assim poderemos detectar algo de sentido específico que atos e atividades espirituais possam ter para as pessoas envolvidas.

O específico da conduta religiosa e espiritual

Voltemos ao tema principal: a questão de se a Psicologia da Religião pode contribuir com algo na avaliação, exploração e explicação dos atos e atividades especificamente religiosos ou espirituais. Essa contribuição se constituiria num arrazoado sistemático, distinto de uma pragmática, em favor de uma área de pesquisa chamada Psicologia da Religião e/ou Psicologia da Espiritualidade. O que seria esse específico? Pode a Psicologia falar algo sobre ele?

A espiritualidade é claramente um fenômeno cultural: ela consiste de todos os tipos de atos e atividades nos quais os sujeitos depositam certo tipo de sentido derivado do fato de eles mesmos estarem imersos em certa tradição espiritual. É o tipo de sentido atribuído que faz com que certo ato seja espiritual, e não a atribuição do sentido em si. Assim como a religião, a identidade nacional, as artes, os esportes e um sem-número de *campos* no sentido de Bourdieu, (1993) com os quais os seres humanos estão envolvidos, é o campo que é específico, não o envolvimento humano nele. É a estrutura e a natureza de um campo, daquela entidade cultural, com seus valores, convicções, convenções e moralidade específicos que levam à especificidade das experiências e condutas, não algo inerente à natureza do ser humano. Se existir algo na natureza humana que seja de natureza religiosa ou espiritual em si, necessitamos de uma Antropologia e Psicologia diferentes que deem conta disso; deveremos passar a tarefa para, talvez, a Parapsicologia ou, ainda, os campos das Psicologias Transpessoais. Isto é, certamente, uma opção teórica possível, mas, como a Psicologia transpessoal ainda não *convenceu* a Psicologia em geral de sua *verdade*, deve ser permitido pelo menos permanecer com tipos de psicologia mais estabelecidos e convencionais, sejam eles quais forem.

Para esses tipos de Psicologia[58] como nós os conhecemos, uma motivação religiosa não é a mesma coisa que uma motivação econômica, e isto não pelos diferentes processos psíquicos envolvidos, mas porque a religião não é a mesma coisa que a economia; é a natureza particular das diferentes religiões como campos culturais que evocam a motivação religiosa. Por isso, as motivações religiosas são motivações que emergem e funcionam num *campo religioso*. Também no que diz respeito à espiritualidade, a presente hipótese é de que a Psicologia não pode esclarecer a diferença entre atividades espirituais e não espirituais mais do que nisto: diferentes sentidos são atribuídos, mas os processos psíquicos envolvidos são os mesmos envolvidos nos demais processos de *dar sentido*. Assim, mais uma vez: os diversos tipos de espiritualidade têm uma própria especificidade, eles são diferentes das demais atividades e atos outros não espirituais, porque eles estão relacionados a algo bem específico, a qualquer coisa que as pessoas consideram ser Transcendência; por isso, os diferentes tipos de atos e atividades espirituais não são todos iguais e a mesma coisa; estar envolvido na *jihad* certamente não é a mesma coisa que buscar seguir o caminho das oito vias apresentado por Buda, e nem mesmo o fenômeno chamado *conversão* é o mesmo numa tradição religiosa. Por exemplo, dentro do âmbito do cristianismo, o conceito e o ato de conversão têm uma ampla variedade de significados, às vezes até contraditórios. Entretanto, os processos psíquicos envolvidos são específicos de um ato de espiritualidade ou de uma atividade deste gênero.

Este ponto de partida modesto *não* deve ser entendido no sentido de que *por isso* não há nada de detectável para a Psicologia ou que não se necessita da Psicologia da Religião ou da Espiritualidade.

---

[58] Deve-se ter sempre em mente que a Psicologia é um *empreendimento* ocidental, no Oriente existem Psicologias bastante elaboradas e radicalmente diferentes (Paranjpe, 1998) !

Ao contrário! Uma das tarefas da Psicologia é a de ajudar a compreender as peculiaridades da vida humana, também no campo da religião e da espiritualidade, e ela precisa ainda percorrer um longo caminho nesse sentido. Para as pessoas envolvidas, o tipo de sentido atribuído, o tipo de interpretação que elas apresentam para seus comportamentos e atividades, é precisamente o que faz delas ser o que são. A psicologia não deve abstrair isso, mas tentar compreender suas peculiaridades a partir disto: ela vai ensinar algo tanto da pessoa envolvida quanto do tipo de sentido que ela atribui. Os seres humanos não são máquinas que *funcionam* do mesmo modo, independentemente do contexto em que estejam.[59] Obviamente, o quanto alguém leva adiante um compromisso com a Transcendência ou não faz nada neste sentido é o resultado de um processo histórico durante o qual o sujeito foi *introduzido* numa ou em várias tradições espirituais ou até mesmo em apenas alguns elementos delas. Mas de qualquer modo é sempre o resultado de um processo durante o qual os fatores subjetivos e biográficos, acessíveis à Psicologia, tiveram um papel na gênese, na manutenção e no desenvolvimento desse modo particular de compromisso com a Transcendência ou no fracasso de sua gênese, manutenção ou desenvolvimento. Se alguém não desenvolveu nenhum tipo de compromisso ou aos poucos perdeu este compromisso, isto não quer dizer que a pessoa seja psicologicamente *problemática*.[60]

---

[59] Nem mesmo as máquinas funcionam em todos os contextos do mesmo modo; este modo meio absoluto de falar, herdeiro do modo de pensar cartesiano, é um tanto falho, mas nos desviaríamos demais de nosso assunto se entrássemos na crítica dele aqui.

[60] Isto seria a consequência lógica se presumirmos que os seres humanos são espirituais por natureza ou que os atos e atividades espirituais existem em virtude da existência de alguma faculdade psíquica específica ou algo assim, de tal modo que o fato de não estabelecerem relação alguma com a Transcendência deva então ser levado em conta como um defeito, ou pelo menos como um funcionamento psíquico não pleno.

Nem a ausência de espiritualidade implica que uma pessoa seria mentalmente menos saudável ou com menor capacidade de atribuir sentido, nem isso significa que essa pessoa não possa endossar valores morais em especial, nem ainda que deva ser desqualificada enquanto ser humano. A única coisa que podemos dizer – e que não é em si um veredicto psicológico – é que essa pessoa aparentemente não atribui um sentido espiritual ou não lida com valores espirituais. Sobre esses valores ou sobre o quão desejável seria mantê-los, a Psicologia não pode falar nada. A Psicologia pode, entretanto, contribuir para alcançar duas metas importantes: pode ajudar a pesquisar (1) a gênese e o desenvolvimento do compromisso em oposição ao não comprometimento (apostasia) e tentar descobrir se isto gera alguma diferença nas pessoas envolvidas e (2) como a manutenção de um sentido pode ser diferente da manutenção de outro sentido, e com isto contribuir significativamente para a pesquisa do tipo de mundo em que a pessoa entra ou vive quando é orientada por este ou por aquele sentido. Mas a Psicologia não pode concluir que a orientação de vida dada por valores enquanto tal seja um defeito e nem que os fatores individuais e biográficos sejam responsáveis por todos os *defeitos* de não compromisso com a Transcendência e de todas as orientações para valores!

Apenas um exemplo simples: um sujeito de pesquisa, que foi criado num meio protestante bastante tradicional, ao longo dos anos desenvolveu uma espiritualidade cada vez mais orientada pela *New Age*. Para ele, permanecer fiel à herança da fé cristã era impossível, dentre outros fatores, por causa de sua imagem de pai; ele via seu pai como fraco, e mesmo um frouxo, e, com esta imagem, o apelo óbvio da imagem cristã de Deus como Pai fora insuficiente para lhe proporcionar uma imagem de Deus como Pai em quem alguém pudesse confiar ou que fosse adorável, um *colaborador* forte, ou o que quer que seja. Para ele, um deus pessoal deveria ser rejeitado, precisamente por causa da doutrina cristã em que vivera que apresentava um deus como Pai. Sua luta com a imagem pessoal de Deus, entretanto, em absoluto impediu que ele desenvolvesse uma orientação de vida com valores e sua espiritualidade correspondente. Estudando seu caso, não apenas apreendemos algo sobre ele e suas peculiaridades, mas também sobre as particularidades de parte da religião cristã, isto é, sobre as oportunidades oferecidas e as dificuldades depositadas sobre os ombros dos fiéis nesta tradição religiosa.

Recomendações para a pesquisa empírica

Existem muitas possibilidades para o psicólogo que quer pesquisar um tipo de espiritualidade em particular ou os atos e atividades resultantes do fato de alguém estar comprometido com a Transcendência. Pode-se, por exemplo, tentar avaliar as relações entre essas atividades e temas interessantes como a saúde, o comportamento saudável, o bem-estar etc. As únicas notas de rodapé dessa pesquisa seriam:

1 – Isso não é específico da Psicologia: essas questões também podem ser levantadas – e cada vez mais o são! – por companhias de seguro e políticos. Os métodos para responder a essas questões – de um modo geral, *questionários* – nem são específicos da Psicologia: eles podem ser empregados por jornalistas, sociólogos e por cientistas da política. Para que uma pesquisa seja *psicológica*, são necessárias questões e interpretações mais especificamente psicológicas.

2 – Essa pesquisa corre sempre o risco de se tornar perigosamente *instrumentalizada*, servindo aos interesses de outros além dos psicológicos, e às vezes até mesmo perdendo de vista o comportamento espiritual enquanto tal. É óbvio que existem muito mais fundos para pesquisas que tenham em mente os interesses dos *negócios* da saúde, mas os psicólogos devem buscar também estar mais vinculados ao *sujeito* de sua pesquisa e explorar os atos e as atividades espirituais para o bem tanto do sujeito quanto dos

psicólogos; e não somente porque a espiritualidade pode estar relacionada com assuntos da saúde. Apesar de ser certo que a pesquisa psicológica dificilmente poderá ser levada adiante sem o emprego de teorias psicológicas, uma ciência como a Psicologia deveria sempre levar a sério seus objetos de estudo, e não reduzi-los, pelo menos não *a priori*, a categorias de algumas teorias, e nem somente ao que pode ser trabalhado com alguns métodos de pesquisa. Voltemo-nos então para algumas recomendações para a pesquisa empírica, recomendações estas que não devem ser consideradas de modo absoluto, mesmo *antes* de considerar que teoria e que método empregar. Como o espaço é limitado, lidaremos aqui apenas com alguns temas e de modo sucinto.

Em busca de exemplos plenos

Uma primeira recomendação – e muito importante – para a pesquisa empírica dos atos e atividades espirituais parece tão óbvia, mas, mesmo assim, no mais das vezes, não é seguida: vá e estude especialmente casos de modo intensivo, isto é, que tenham característica de ser vivido intensamente! Se alguém quer estudar o comportamento de fumar do ponto de vista psicológico, não tem utilidade alguma lidar com pessoas que num dado momento de sua vida fumaram um cigarro; tem também pouco valor considerar um senhor que fuma um charuto na noite de Natal. Se alguém quiser descobrir algo sobre o hábito de fumar, deve tomar os fumantes como seu objeto de estudo, aqueles que são viciados, que podem dizer o que significa fumar, que tentaram deixar de fumar e voltaram a fumar etc. Do mesmo modo, se alguém quer estudar os esportes, não deve buscar pessoas que não praticam exercícios físicos a não ser subir alguns degraus da escada de sua casa; deve buscar pessoas que deliberada, intensiva e frequentemente praticam um esporte. Se alguém quer estudar a criminalidade, deve ir às cadeias, ir à luta onde estão os tais, de qualquer modo, mas não simplesmente entrevistar alunos da faculdade. Se alguém quer estudar espiritualidade, não é muito diferente: deve ir e tratar com pessoas que realmente praticam esse tipo de espiritualidade! Se quer estudar o jejum como uma atividade espiritual, visitar *sites* que lidam com propaganda de programas de perda de peso não é uma opção obviamente válida. Se alguém quer estudar a espiritualidade franciscana, falar com franciscanos parece ser a opção. Se alguém estiver tentando provar um pressuposto *espiritual* relacionado a todos os seres humanos, entretanto, precisará elaborar uma definição que seja válida para todos e para cada um; deve, então, perguntar a alguém que responda suas questões (questões que, quase certo, *não* serão entendidas por todos se alguém usar uma abordagem de todos e de cada um em todas as tradições religiosas e em todos os continentes), correndo o risco de não comprovar informação nenhuma sobre alguma forma de espiritualidade, como a franciscana; como a sannyasin do Sri Ravi Shankar; como a de alguém que esteja frequentando os encontros orientados pela New Age ou como aquela que você mesmo tem.

Se alguém quer estudar o misticismo, que algumas pessoas dizem ser a *alma* de todas as religiões, deve voltar-se para as pessoas que seguem o caminho da mística. E não será fácil encontrá-los, apesar de tudo. Dificilmente existirá um místico que esteja por aí demonstrando ser místico. Nesse caso, essa pessoa deverá buscar conquistar sua confiança etc. E se alguém encontrar a pessoa que busca e de que precisa, é de bom alvitre prestar atenção nas particularidades das formas de misticismo que ali estão envolvidas. Pois se corre o risco de se chegar a resultados que muito dificilmente signifiquem algo.

Vejamos esta comparação: fazer uma viagem. Existem muitas maneiras de viajar. Tomando como pressuposto de que existiria um *núcleo comum* no viajar, do qual todas as viagens derivam, seu significado é exatamente isso: um pressuposto, mas não nos ajuda a compreender o que significa viajar para uma pessoa, uma vez que é claro que viajar de carro, de barco ou de avião são coisas diferentes. Pesquisar a *experiência central comum* não leva a nada. Designar ou empregar instrumentos estatísticos mais sofisticados também seria de pouca ajuda.

Tome-se como exemplo um instrumento bem conhecido, a Escala de Misticismo (Hood, 1975). Seja-nos permitido apresentar alguma crítica à *M-Scale* num jogo de imagens: Hood conseguiu tirar um coelho de sua cartola, mas... somente depois de colocar o coelho dentro da mesma! Hood queria descobrir se existiria um núcleo comum em todos os tipos de misticismo, o que, naturalmente, é uma questão válida e relevante. Ele começou a responder a questão de modo empírico (Hood, 2003b) e correto: elaborou um instrumento para responder a questão, testou-o e, num passe de mágica, um *núcleo comum* apareceu – *mas* o instrumento fora baseado numa conceituação de misticismo de Stace (1960) que *pressupõe* um núcleo comum. Assim, Hood *tirou um núcleo* da cartola empírica (a *M-Scale*), por assim dizer, mas somente depois de tê-lo colocado ali antes (isto é, a teoria do núcleo comum de Stace). Ou, dizendo de um modo menos jocoso: o instrumento para verificar a conceituação de Stace não é independente de Stace, mas, antes, embasado nele. Essa crítica deve ser compreendida corretamente: *não* se diz que esse tipo de pesquisa não deve ser levado adiante, mas, como não existe uma espiritualidade *em geral* e como nem todos são *espirituais*, o psicólogo necessita voltar-se para uma forma bem específica de espiritualidade, encontrar casos intensos e representativos dela e estudar o caso em profundidade (Hood e Williamson, 2008; Belzen, 1999b; Cohen, 2007; Geels, 1997; Hijweege, 2004; Popp-Baier, 1998). Somente depois as comparações podem ser feitas com atividades designadas espirituais, estudadas com igual cuidado, para se detectar que similaridade e diferenças possam existir.

Prestar atenção nas formas mais intensas do fenômeno que alguém diz estudar não é só um requisito do ponto de vista fenomenológico, não é somente necessário para ser fiel ao objeto que se pretenda estudar, mas também é importante do ponto de vista psicológico. Os *pais fundadores* de nossa disciplina ensinaram a voltar a pesquisa para os casos de espiritualidade reais, claros e excepcionalmente intensos, em vez de lidar com formas marginais – ou resíduos – de espiritualidade, e com a amostra mais ampla possível. Devemos apenas lembrar do *Varieties* de William James (1902/2002), um ensaio inaugural dos estudos psicológicos tanto da religiosidade quanto da espiritualidade e até os dias de hoje um *best-seller* desse campo de estudos. Com o fundador da tradição psicanalítica, Freud, vemos um reclamo semelhante: ele sugere que, a fim de aprender algo de significativo, devemos estudar casos intensos, no quais mesmo os *desvios* da subjetividade humana que podemos às vezes encontrar (Freud, 1933/1964) podem ensinar-nos algo sobre o ser humano em geral. Também o nome de Karl Jaspers (1917/1997) poderia ser mencionado, um pesquisador e teórico que até nos deixou uma proposta metodológica elaborada em termos de fenomenologia e de psicopatologia.

Nas últimas décadas, abordagens como as dos *pais fundadores* levaram ao desenvolvimento dos métodos e das técnicas contemporâneos empregados sob os rótulos de fenomenologia, hermenêutica, *teoria fundamentada em dados*, o método da autoconfrontação, etnometodologia, estudos de campo, estudos de casos, pesquisa biográfica e assim por diante, todas sendo bastante adequadas para explorar domínios que são tão característicos do ser humano como é o caso da espiritualidade.[61]

---

[61] A não ser que, mais uma vez, se deseje voltar para as definições que são tão vazias que até outros seres que nem são humanos passam a ser categorizados como tal.

Respeito pelo contexto de sentido

Como os atos e atividades espirituais sempre resultam de um sujeito imerso num contexto ou tradição espiritual, é de vital interesse para a compreensão desses atos e atividades pesquisar o respectivo contexto de sentido. Esse estudo não é psicológico *de per si*, mas constitui um componente primário de qualquer pesquisa psicológica de um fenômeno espiritual. O conhecimento com que o psicólogo precisa contar está disponível a partir de um sem-número de fontes, entre elas as informações proporcionadas pelas próprias tradições espirituais, mas especialmente os conhecimentos disponibilizados pelas disciplinas acadêmicas que lidam com os mesmos fenômenos ou similares, especialmente as outras ciências sociais como a História, a Sociologia e a Antropologia. Os relatos psicológicos que busquem proporcionar ao leitor uma maior compreensão do fenômeno espiritual em questão do que eles tinham antes será necessariamente interdisciplinar.

Entrar em contato

Além de obter informação sobre o fenômeno em questão, é necessário *testemunhar* o fenômeno, se for um fenômeno publicamente acessível, o que normalmente é. Um bom número de psicólogos pesquisadores tem sido criticado por nunca terem visitado os lugares onde os fenômenos que eles estudam ou perguntam a seus sujeitos se manifestam; alguns, esparramando por aí talvez até milhares de questionários, são também criticados por nunca terem falado com seus sujeitos. Até pode ser exagerado se apresentarmos isso nesta formulação, pode-se até dizer que um psicólogo que não tenha inclinação para falar com as pessoas faz mesmo o papel de uma triste figura, e um psicólogo que tenha medo de fenômenos espirituais fará também um papel esquisito se desejar ser um psicólogo *envolvido* com a Psicologia da Espiritualidade. Seria preferível que as críticas como as recém-apresentadas jamais existissem no que diz respeito a um psicólogo da espiritualidade.

Estar em contato

Seja radicalmente empírico: apesar de este ponto poder ser facilmente suposto no ponto anterior, deve-se reforçar que para um psicólogo que deseja compreender a experiência que um sujeito relata ou o sentido de um comportamento que ele presencia, é desejável que ele *esteja em contato*, e o mais próximo possível, com a experiência ou o comportamento do sujeito. Para se compreender o sentido de um ato ou gesto espiritual, o psicólogo faria bem se *conduzisse* ele mesmo o ato, mesmo se talvez não fizesse isso porque o interpreta como uma *operacionalização* do compromisso com a Transcendência. Não se precisa de muita explicação para se compreender que um psicólogo que se *uniu* na meditação com seu sujeito pode chegar a resultados bem diferentes de um psicólogo que somente submeteu seus *respondentes* a uma *survey*; o último obterá respostas que articulam opiniões sobre meditação, mas terá somente um acesso bastante limitado às experiências e às atividades da meditação em si mesma. Fazem muito bem os psicólogos que são *empíricos radicais*: entram em contato com o fenômeno que eles dizem estar pesquisando, e, apesar de existirem claros limites quanto a até onde afinal o pesquisador pode estar envolvido, não somente de um ponto de vista ético; mesmo assim será bom que, por exemplo, quando realizando suas pesquisas os seguidores do amma, o guru *abraçador* de Kerala (Índia), vá em frente e seja abraçado pelo amma, vá para a Índia, participe das atividades do ashram etc. e obtenha, pelo menos, alguma compreensão e impressão da espiritualidade daquele povo.

Saber interagir

Para os que fazem pesquisas sobre assuntos que são íntimos do sujeito envolvido, é necessário aprender a interagir com os participantes pesquisados. Como todos os psicólogos deveriam saber por sua formação profissional, fazer pesquisas através de entrevistas requer uma formação: treinamento para escutar, controlar sua própria opinião, não entrar em discussões etc. Deve-se, por outro lado, acrescentar: a formação no desenvolvimento de uma atitude de fascinação e de respeito quando for necessário manter certa distância ou mesmo nos casos de desaprovação. Assim como é necessária uma formação – pelo menos para a maior parte dos psicólogos e *conselheiros* em geral – para falar sobre a sexualidade sem uma vergonha excessiva, assim também é necessário um *treino* para se comunicar sobre temas que podem ser igualmente íntimos para os participantes da pesquisa e sobre temas e práticas que podem ser igualmente não compreensíveis, desagradáveis ou outra coisa ainda para o pesquisador. Também, como já sabemos das próprias pesquisas tanto sobre a sexualidade quanto sobre a religião, muitos informantes não falam – ou pelo menos não falam livremente – quando se encontram com uma pessoa que só está lá para fazer perguntas; é aconselhável que o pesquisador busque estar o *mais próximo* possível dos sujeitos com os quais ele está lidando em termos de aparência, e às vezes também no modo de falar, para conquistar a confiança e ter assim acesso a atividades, sentimentos e opiniões mais pessoais ou privadas. Naturalmente, esta não é uma recomendação para qualquer tipo de *fofocas* com os sujeitos de pesquisa; provavelmente o melhor e também eticamente apropriado é não pretender ser, agir ou fazer como os participantes da pesquisa, se esse não for realmente o caso.[62]

---

[62] Apesar de poder ser admissível que aconteça, e em algumas ocasiões já

E com essa última recomendação, voltamos ao que foi afirmado no início deste capítulo: esta é uma das metas mais difíceis de alcançar por qualquer pesquisador, mas deve ser considerado o desafio e o dever profissional, especialmente para os psicólogos, ser capaz de aprender a falar e a lidar com as pessoas cujos valores talvez eles não compartilhem e cujas práticas espirituais talvez até desprezem. Um psicólogo está – ou talvez deva estar – interessado nos seres humanos, deve tentar pelo menos estudar a subjetividade de seus participantes de pesquisa, aprender, escutar, prestar atenção, descobrir o que é psicologicamente relevante – e tudo isso ao mesmo tempo que deixa de lado seu juízo pessoal. A dificuldade não é de perder seu próprio ponto de vista, não cair no relativismo, não entrar em discussões estéreis, mas em toda e qualquer avaliação psicológica, estar o mais próximo possível e ao mesmo tempo manter a distância. Apesar de outros estudiosos muitas vezes chegarem a isso também, os psicólogos, mais do que os outros pesquisadores no campo da espiritualidade e da religião, são profissionalmente formados para levar isso adiante. Que eles primem por essa habilidade psicológica. Que liderem a pesquisa científica sobre estes fenômenos que são os mais específicos e característicos dos seres humanos: a religiosidade e a espiritualidade.

---

ocorreu de o pesquisador não ter explicitado claramente sua função e ter deixado em seus sujeitos falsas ideias sobre o que são os pesquisadores, vejam-se, por exemplo, as já clássicas *profecias fracassadas* de Festinger, Riecken e Schachter (1956).

7
A questão da especificidade da religião

Um excurso metodológico

Pesquisas históricas levadas adiante por estudiosos ativos de uma disciplina muitas vezes sofrem a tendência de procurar precursores dos pontos de vista dos dias de hoje ou antecipações das posições teóricas atuais. Isso é até compreensível se o envolvimento primário de alguém for com os temas atuais, mas não contribui para uma boa história. Se Wundt for deixado de lado porque *ofenderia* a ortodoxia corrente ou se for admirado porque algumas de suas ideias são vistas com simpatia para os projetos modernos, a meta deste *exercício* continua sendo a da justificação, seu nome é usado para justificar situações que se desenvolveram muito depois de sua morte. Esse tipo de historiografia pode ter algum valor ornamental ou retórico, mas continua encapsulada no âmbito dos parâmetros do presente e por isso não pode suprir aquilo que somente uma boa história pode proporcionar, especialmente uma luz para o presente através da confrontação com o *outro* do passado. Em relação às psicologias da psicologia de hoje, a de Wundt tem a qualidade da "alteridade", que seria potencialmente sua característica mais valiosa. Prestar atenção nesta alteridade pode favorecer a consciência dos preconceitos e dos vieses de hoje em dia (Danzinger, 2001a, p. 92).⁶³

Introdução: a Psicologia e sua metodologia

As questões metodológicas parecem ser endêmicas na Psicologia, como o são também nas ciências sociais em geral. O grande filósofo da ciência Henri Poincaré já havia observado: *As ciências naturais falam de resultados. As ciências sociais falam de seus métodos* (Berelson e Steiner, 1964, p. 14). Apesar de a metodologia da Psicologia lidar com os métodos e técnicas da pesquisa empírica, seus temas não derivam desses métodos e técnicas em si, mas de questões mais fundamentais relacionadas à natureza da Psicologia e do conhecimento científico em geral: Qual é o objeto da Psicologia? Como pode ser concebido adequadamente? Que métodos podem ser requeridos ou desenvolvidos para pesquisar o objeto da psicologia? A Psicologia é uma ciência singular (monotemática) ou é antes fruto de abordagens científicas pluriformes que hoje em dia compartilham muito pouca coisa além do nome com que são conhecidas? A Psicologia é uma ciência mesmo ou, como a história, a Teoria Literária e a Filosofia, um ramo do mundo acadêmico diferente das ciências naturais, mas mesmo assim pertencente ao mundo acadêmico? Depois de mais de um século de teorias e pesquisas, os psicólogos ainda debatem as abordagens e os paradigmas adequados a seus campos de estudo. Uma queixa comum tem sido que por agir desse modo eles passaram a ser definidos pelos últimos, ou seja, anteriores. Isto é, eles adaptam sua definição de Psicologia e seu objeto

---

⁶³ Essa citação de Danzinger refere-se a Wundt, mas, como espero demonstrar, aplica-se igualmente a James.

ao que eles podem pesquisar com aqueles métodos à mão em vez de seguir o adágio aristotélico segundo o qual os métodos devem ser designados ou elaborados de acordo com a natureza do objeto a ser pesquisado e – acrescentaria eu – de acordo com as questões que se quer responder. Até os dias de hoje isso resultou em publicações sobre a *crise na Psicologia* (Hans Driesch, 1925) e em convites a *repensar a Psicologia* (Smith, Harré e Langenhove, 1995), incluindo também seus métodos (Smith, Harré e Langenhove, 1995/2002).

Muitas dessas discussões são desdobramentos de tendências na Filosofia da Ciência que vêm desde o início do século XX (capítulo 2). Unidos por sua oposição ao monismo metodológico, que defende a ideia da unidade do método científico dentro da parafernália de assuntos sob investigação científica, pensadores divergentes, entretanto, apresentam dicotomias metodológicas similares a fim de sustentar um *status* acadêmico para as *humanidades*. O filósofo da vida (*Lebensphilosoph*) Wilhelm Dilthey (1833-1911) identificou como compreensão e explicação as abordagens desses ramos do mundo acadêmico: quando se pesquisam os seres humanos e sua cultura, ela afirma, a simples observação não é suficiente. Precisamos também lidar com pensamentos e motivos que devem ser *descobertos* através da tentativa de *passar* por eles. Devemos fazer inferências sobre estados íntimos como contrapostos aos comportamentos externos e observáveis através de nossa própria imaginação de estarmos no lugar dos agentes. Esse método da compreensão vem declarado por Dilthey como sendo básico a todas as humanidades.

Os pensadores neokantianos como Wilhelm Windebrand (1848-1915) e Heinrich Rickert (1863-1936) de modo semelhante recusam *modelar* a pesquisa em ciências humanas (como a História e a Psicologia) em termos dos procedimentos que Galileu usou em ciências naturais como a Física e a Fisiologia; ali se dá forte ênfase na formulação de hipóteses com linguagem matemática a respeito de *uniformidades* em formato de leis que podem ser comprovadas experimentalmente. Em vez disso, eles reforçam os diferentes objetivos e temas da pesquisa científica, que por sua vez requer métodos diferentes (Belzen, 2001b; Leezenberg e Vries, 2001; Pollmann, 1999).

Windelbrand distinguiu o conhecimento nomotético (o conhecimento do que *é sempre* o caso válido ao longo de situações particulares) do conhecimento idiográfico (sobre o que *uma só vez* foi assim). O conhecimento nomotético é formulado de forma ideal por proposições na forma de leis, enquanto o conhecimento idiográfico não o é. Com isso, as dicotomias correspondentes foram sendo apresentadas na forma de rótulos como métodos de pesquisa qualitativos *versus* quantitativos. É importante notar que, por outro lado, o debate metodológico atual em Psicologia não é mera reiteração ou simples continuação de controvérsias anteriores.

Estas discussões atuais podem beneficiar-se das considerações de debates metodológicos anteriores. Muitas vezes elas mostram que além das similaridades e das continuidades – que levantam a questão de se afinal houve progresso na Psicologia – existem *desvios* importantes das posições dos *pais* fundadores da Psicologia como uma disciplina acadêmica. Em vez de argumentar a favor ou contra certos métodos e técnicas na Psicologia, considerar suas posições iniciais pode ajudar a tomar consciência do que a Psicologia teria perdido e pode resultar num desafio ou num convite para retornar a seus fundamentos primeiros e reassumir partes de seu programa inacabado.

A Psicologia da Religião em particular é um ramo da psicologia adequado para esse *exercício* e talvez esteja mesmo necessitando dele, uma vez que foi caracterizado recentemente como sendo um *campo em crise* (Wulff, 2003). De acordo com David Wulff, provavelmente o autor com a melhor visão de conjunto do campo, a Psicologia da Religião necessita perguntar-se: *é tem-*

po de recomeçar? A religião é um assunto sobre o qual praticamente todos os fundadores da Psicologia se debruçaram (Wulff, 1997). Mas ela tem sofrido com a falta de *ânimo investigativo* da Psicologia em geral e praticamente desapareceu do campo completamente, com o surgimento do behaviorismo e do experimentalismo como métodos favorecidos até mesmo na pesquisa de tópicos que até excluem a experimentação (Hood e Belzen, 2005). Confusão com o que é seu objeto é também uma das maiores razões por que os psicólogos negligenciaram a religião como um tópico de pesquisa (Ragan, Malony e Beit-Hallahami, 1980; Shafranske, 1996b). Agora que a religião e a espiritualidade voltaram a ser tópicos populares e de interesse nos Estados Unidos e mesmo na maior parte da cada vez mais secularizada Europa, a Psicologia – e especialmente a Psicologia Clínica – está manifestando também seu interesse sobre esse assunto. Um número sempre crescente de publicações, de simpósios e outros desenvolvimentos institucionais testemunha essa tendência (Belzen, 2002a). Por outro lado, a Psicologia da Religião é somente um dos grandes campos no âmbito da Psicologia em que se verifica um bom número de debates metodológicos amplos e duradouros.[64]

Vamos examinar, por exemplo, a abordagem introduzida e defendida por William James (1842-1910), incontestável *pai* fundador da Psicologia nos Estados Unidos. Sabe-se que ele é amplamente citado pelos psicólogos, mas sua teoria e seu mé-

---

[64] Um bom número de manuais testemunha as briguinhas sem fim entre as abordagens analítico-empíricas e as hermenêuticas (Paloutzian e Park, 2005). Uma recente *Introdução* à Psicologia da Religião em língua alemã (Henning et al., 2003) foi incapaz de apresentar matéria pertencente aos métodos de pesquisa de um modo integrado e contém dois capítulos diferentes sobre os métodos, um sobre os quantitativos (Wolfradt e Müller-Plath, 2003) e outro sobre os qualitativos (Popp-Baier, 2003).

todo muito raramente são seguidos. Por ocasião do centenário da publicação de seu *Principles of Psychology* (1890) isso ficou evidente até de modo mais claro que em 2002, por ocasião do centenário do seu *The Varieties of Religious Experiences* (1902), que foi *celebrado* com muitas conferências e simpósios (Belzen, 2006; Carrette, 2005).

Parece, entretanto, que se lida com mais seriedade com James no âmbito da Filosofia que no da Psicologia. Por décadas o *Varieties* foi importante para os psicólogos da religião, uma vez que a celebridade de James legitimava a religião como um tópico para a pesquisa psicológica como uma empresa acadêmica. Mesmo entre o pequeno grupo de pesquisadores da Psicologia da Religião, entretanto, James não teve seguidores efetivos (Belzen, 2005). O *Varieties*, assim como a maior parte da obra de James em Psicologia, não chegou a gerar uma teoria dinâmica, nem criou um método e uma técnica específicos; nem mesmo levou ao desenvolvimento de uma *escola* no sentido de um grupo coerente de pesquisadores e de projetos de pesquisa inspirados numa mesma fonte, usando as mesmas teorias e métodos e trabalhando para um objetivo comum.

Parece que a Psicologia da Religião, como a Psicologia em geral, está fazendo pouco além de simplesmente florear a honra e a memória deste grande homem, William James. Isso é até um estado de coisa meio paradoxal que, no que diz respeito à metodologia, foi muito bem sintetizado já há algumas décadas por James Dittes quando ele escreveu:

> A Psicologia de James não é empregada pelo campo [da psicologia] e, ainda mais importante que isso, seu espírito não a inspira. Se William James é honrado como o pai da Psicologia da Religião, isto o é num sentido bem especial, que pode ser interpretado em termos de ambivalência, apropriados à Psicologia da Religião. Ele é reverenciado como um grande herói distante mas raramente seguido. Ele

é como o Moisés libertador, que fez cair as pragas tanto sobre as casas da religião como do *establishment* médico e que levou a Psicologia da Religião a uma existência independente. Mas suas recomendações quanto ao modo como esta existência independente deveria ser levada adiante foram ignoradas do mesmo modo como os construtores do bezerro de ouro ignoraram o legislador Moisés (Dittes, 1973, p. 328-329).

Hoje em dia a maior parte da Psicologia da Religião contradiz as convicções mais essenciais de William James. Muitos dos estudiosos ainda aderem ao empirismo, ao objetivismo e à generalização como critérios da qualidade acadêmica neste campo (Hood e Belzen, 2005). Além disso, naqueles lugares em que a Psicologia em geral está desenvolvendo e testando novos *passaportes* metodológicos (ainda que raramente no âmbito da Psicologia da Religião) não encontramos qualquer referência a James e menos ainda ao *Varieties*. Que o *Varieties* é claramente compatível com os métodos qualitativos, interpretativos e hermenêuticos (como a análise biográfica e a metodologia tipo N=1, os estudos de casos e a análise documental) é algo óbvio, e não vou esticar mais o assunto. Vou, em vez disso, focalizar-me no debate no campo da metodologia que seu *Varieties* gerou na Europa e vou concentrar-me nas *impressionantes* objeções (e alternativas) trazidas por Wilhelm Wundt, o fundador da Psicologia como uma disciplina acadêmica no outro lado do Atlântico.

Wundt *contra* James

Já é bastante conhecido que Wundt devotou uma parte substancial de seu trabalho à Psicologia da Religião. Seu *Völkerpsychologie* contém três extensos volumes dedicados ao assunto com o título de *Mythos und Religion* (*Völkerpsychologie,* volumes

4-6).⁶⁵ No prefácio da Parte I de seu projeto (*Völkerpsychologie*, vol. 4) ele escreve que o mito e a religião são "certamente daqueles assuntos comuns da vida que de um modo mais exigente que outros requerem que os trabalhemos psicologicamente" (Wundt, 1905/1920, p. vi). Wundt pensava então que era curioso que apesar de o interesse por estes assuntos, tanto dentro do mundo acadêmico como fora dele, estar claramente num *crescendo*, os psicólogos não os estavam pesquisando. E não porque eles estivessem ocupados com *coisas mais elevadas e importantes*, mas porque eles estavam também envolvidos com preocupações elementares e preliminares (e a maior parte delas ainda se sobrepondo às da Psicologia) de tal modo que eles não tinham tempo para pesquisar a própria vida da *alma* e com isto abordar os problemas complicados da gênese do mito e do desenvolvimento religioso com os métodos e perspectivas recentemente *conquistados* pela Psicologia (Wundt, 1905/1920, p. v.).

Estas afirmações de Wundt são surpreendentes em diversos aspectos e levantam várias questões. Não tinha ele presente o *Varieties* de James (1902) e outras obras claramente voltadas à Psicologia da Religião (Vandekemp, 1992: G. Stanley Hall, 1904; James Leuba, 1896; Edwin Starbuck, 1899) quanto publicou a primeira edição do *Mito e Religião* (1905)? A resposta a essa questão muito provavelmente será negativa; algo mais estava em questão. Uma vez que quando Wundt publicou a segunda edição do *Mito e Religião* em 1910 ele não mudou ou apagou essas frases mesmo quando o número de publicações em Psicologia

---

⁶⁵ *Völkerpsychologie* não deve ser traduzido por *Psicologia Popular* ou *do Povo*, como muitas vezes o é, em vez de psicologia da Cultura ou Cultural (Danziger, 2001a). Apesar disso – como sinalizaremos adiante – a concepção de Wundt difere radicalmente do que é compreendido hoje em dia por esse termo. Ao longo deste capítulo, usarei o termo original alemão para me referir a essa parte da psicologia de Wundt.

da Religião tinha crescido rapidamente e uma revista *dos profissionais da área* tinha sido fundada em 1904 por Stanley Hall (1846-1924), outro gigante da história da Psicologia da Religião.

Além do mais, a tradução para o alemão do *Varieties* apareceu em 1907 e despertou enorme interesse nos países de fala alemã; também em 1907, a revista alemã para a Psicologia da Religião acabara de ser fundada, trazendo a primeira contribuição de Freud nesse campo de estudos (1907/1959). Parece certo, nesse caso, que algo mais do que falta de informação ou de precisão histórica foi a razão para que Wundt publicasse o mesmo prefácio na terceira edição de seu *Mito e Religião, Parte I,* em 1920. Esta fora corrigida e atualizada, uma vez que, naquela altura, a religião se tornara um dos temas mais importantes da psicologia[66] e estava atraindo um número sempre maior de pesquisadores, especialmente na Alemanha (Belzen, 1996c). Nessa terceira edição, Wundt discute a contribuição de James para a Psicologia da Religião, mas, curiosamente, sem mencionar nada do *Varieties*, e, até mais surpreendentemente, ele ainda não menciona nenhum dos esforços de pesquisa feitos neste campo, incluindo a fundação de uma segunda revista em alemão em 1914. Não teria Wundt ciência das outras abordagens da Psicologia da Religião além das de James? Como é virtualmente certo, ele tinha sim e fora até formalmente convidado para participar da associação desta área das ciências, por que então ele o negligenciou? Afinal, que tipo de Psicologia da Religião que ele mesmo havia proposto?

Não tenho em mente aqui, propriamente, a história da Psicologia da Religião, não apresentarei também um sumário do pensamento de Wundt, mas farei uma revisão dos debates sobre a metodologia e sobre os conceitos da Psicologia da Reli-

---

[66] Uma boa fonte são as informações e as recensões na *Psychological Bulletin* daquele tempo.

gião nesse tempo, debates que não foram e nem são restritos a esse ramo da Psicologia. Admito de início que o que estava em questão na discussão, ou melhor, na falta de uma ampla discussão entre James, Wundt e outros pioneiros da área eram as profundas diferenças no que diz respeito à natureza da Psicologia, seus pressupostos metodológicos e teóricos. Estas diferenças continuam a *assombrar* a Psicologia até os dias de hoje. A fim de compreender e analisar esses debates e dar alguma substância as afirmações já apresentadas, devemos ter em mente alguns fatos e desenvolvimentos históricos. Esta contextualização histórica, entretanto, colabora com uma proposta analítica. Primeiro, farei uma revisão dos aspectos metodológicos dos debates que se seguiram à publicação em alemão do *Varieties* de James e apresentarei alguns *combatentes*. Esses debates do passado se mostram espantosamente similares aos debates com que os psicólogos de hoje estão envolvidos.

O *Varieties* na Alemanha

James deve a tradução e a publicação em alemão de seu *Varieties* ao teólogo Georg Wobbermin (1869-1943), um teólogo sistemático, isto é, da área da teologia sistemática, interessado na pesquisa científica da religião e vinculado a proeminentes universidades em Berlim e, mais tarde, em Göttingen. Seu texto de *virada do Século* foi uma das primeiras obras de relacionamento entre a Teologia e a Psicologia (Wobbermin, 1901). Ele se tornou famoso por seus esforços em introduzir a *psicologia do círculo religioso* da Teologia (Klünger, 1985).[67] Apesar de o *Varieties* ser já

---

[67] O *círculo religioso* de Wobbermin, em resumo, lida com (1) experiência pessoal, (2) aprofundamento no estudo, (3) volta à experiência, (4) novo aprofundamento e assim por diante [NT].

bem conhecido na Europa de fala alemã em sua versão original em inglês, Wobbermin o traduziu para o alemão com a esperança de estimular um interesse ulterior pela Psicologia da Religião (Wobbermin, 1907/1914, p. iv). No *Prefácio* da primeira edição, Wobbermin reconhece que os americanos fizeram a maior contribuição para a Psicologia da Religião e menciona o *Varieties* de James como sendo a obra-prima do momento (Wobbermin, 1907/1914, p. iv). Da perspectiva da História das Ideias ou, talvez mais precisamente, da perspectiva da História da Teologia, ele viu Friedrich Schleiermacher (1768-1834) e Albrecht Ritschl (1822-1889) como sendo os predecessores de James. Ele menciona o nome de outros dois alemães que igualmente tinham se envolvido com a Psicologia da Religião: Ernst Troeltsch e Gustav Theodor Ferdinand Franz Vorbrodt. Quem são eles?

Troeltsch (1865-1923) era um teólogo sistemático e um entusiasmado pensador da Filosofia e da Sociologia da Religião. Seu ensaio *Psicologia e Epistemologia na Ciência da Religião* (Troeltsch, 1905) tornou-se muito conhecido e acabou por ser citado por numerosos estudiosos da Psicologia da Religião. Nele Troeltsch reflete sobre os fundamentos da disciplina e tenta responder a questão de se e em que medida a Psicologia da Religião pode lidar com a verdade. Ele conclui que a Psicologia da Religião é *somente* uma ciência empírica (isto é, ela pode somente registrar e *esquematizar* os fenômenos) e que questões como a verdade no âmbito da religião somente podem ser resolvidas no contexto da Filosofia da Religião. A posição de Troeltsch acabou por se tornar um ponto de vista dominante ao longo do século XX. Apesar de seu interesse pela Psicologia – demonstrada anteriormente pelas recensões de livros que relacionavam a Psicologia e a religião –, Troeltsch não pertence realmente a esse campo de estudos.

Vorbrodt (1860-1929) era um pastor protestante com grande interesse pela Psicologia que esperava poder modernizar a Teologia e a Igreja. Seus interesses fundamentavam-se na reconceituação de temas teológicos e religiosos nas categorias biológicas e psicológicas (Vorbrot, 1904). Seus esforços – devido a seu estilo um tanto quanto confuso – acabou por não encontrar muito eco entre os estudiosos. Depois de saber dos esforços na linha de pesquisa empírica da religião levados adiante pelos americanos e franceses, ele se tornou o promotor mais ativo dos estudos da religião com base empírica, na Alemanha (apesar de ele mesmo não ter feito nenhuma pesquisa empírica). Além disso, para acompanhar as publicações estrangeiras e apresentá-las à plateia teológica (e às vezes também aos ambientes filosóficos), ele promoveu um sem-número de atividades neste sentido.[68]

Diante da tradução para o alemão do *Varieties* de James, Wobbermin criticou Troeltsch somente em parte, uma vez que, como teólogo, Wobbermin estaria primeiramente interessado na questão da verdade que, em sua opinião, não poderia ser aclarada pela Psicologia. A verdade que importa à religião, ele dizia, é a verdade absoluta, isto é, a verdade que difere da que está em jogo nas demais formas de percepção humana. Uma vez que ele acreditava que a verdade é fundamental para a religião, ele não poderia evitar as ciências da religião, às quais pertencem a História das Religiões e a Psicologia da Religião; esta deveria, na verdade, ser vista como constitutiva das ciências da religião – "mesmo quando se deva enfatizar fundamentalmente e desde o início que a resposta final e decisiva pode ser dada somente pela própria religião, isto é, somente pela fé enquanto fé" (Wobbermin, 1907/1914, p. xi).

---

[68] Por exemplo, em 1906 ele deu o primeiro curso sobre o assunto na Alemanha; em 1907 ele foi o fundador, junto com outros, da *Revista de Psicologia da Religião* (em alemão). Ele influenciou diversas pessoas que mais tarde trouxeram grandes contribuições para a Psicologia da Religião na Alemanha (Belzen, 2001-2002).

A Psicologia da Religião, entretanto, não teria muito mais que um uso limitado nesse sentido; ela não poderia determinar por si mesma o que é essencial e especificamente o religioso no fenômeno estudado. Troeltsch, afirma Wobbermin, compreendeu e estudou esse assunto corretamente, mas Vorboldt, que sustentava a visão oposta, isto é, que os fatos psicológicos podem realmente representar um critério para uma tomada de decisão epistemológica ou normativa em geral, estaria equivocado. Vorbrodt superestimava o que a Psicologia poderia fazer. James, por outro lado, teria visto as coisas do mesmo modo como o fizeram Troeltsch e Wobbermin e simplesmente falhara em não afirmar isso com a clareza necessária. Em seu prefácio, Wobbermin repetidamente afirma que ele não apoia sem reservas tudo o que vem nos textos de James (e ele mesmo acrescenta um subtítulo a eles), mas os vê como suficientemente importantes e efetivos "para despertar um interesse nas reflexões sobre a Psicologia da Religião", e por isso valeria a pena traduzir para o alemão (Wobbermin, 1907/1914, p. iv).

Questionários e estatística *versus* estudo de casos

Provavelmente, foram mais que essas críticas mais que justas que levaram Vorbrodt a não *colocar* James (e também Wobbermin) num lugar que não parece totalmente apropriado, isto é, no prefácio da edição alemã do *Psicologia da Religião* de Starbuck (1899; em alemão, 1909). Vorbrodt contrastava Starbuck com James e criticava o último de modo áspero. Em sua opinião, a obra de Starbuck representava um "complemento, e talvez até o fundamento (...) da Psicologia do anormal de James" (Vorbrodt, 1909, p. ix). Ele admitia ter sido um tanto quanto radical em sua caracterização do *Varities* de James, mas comentara que a significação do *Varieties* estaria somente no fato de James ter uma reputação tão grande em Psicologia e que ele oferecia um "bom marketing: um bom número de exemplos desviantes cuja relevância impressionara os teólogos alemães, cansados que eles estavam do racionalismo convencional" (Vorbrodt, 1909, p. ix). Vorbrodt então confirmou sua crítica a James (e a Wobbermin, que na opinião de Vorbrodt compreendera mal James) em poucas frases:

> o que James oferece é, no máximo, questões de uma Psicologia Popular da religião, em parte lembrando o romantismo retórico de Schleiermacher. Wobbermin refere-se a isso, mas de modo equivocado, quando admite a diversidade individualizada dos pontos de vista religiosos do pensamento de Schleiermacher como a razão para encontrar algo similar no livro de James. O *Varieties* de James refere-se a uma coleção de experiências selecionadas randomicamente, a tendência sistemática de Schleiermacher é a de unir as diversas forças e vínculos do universo num só: James quer, em especial, estabelecer um idealismo pluralista, uma inclinação filosófica que leva seu livro sobre religião a não mais parecer-se com um livro de *psicologia*, como Wobbermin pretende, mas com um livro de *filosofia* (Vorbrodt, 1909, p. ix, realces do original).

Enquanto essas críticas ainda lidam, em linhas gerais, com a história das ideias, Vorbrodt exprime, quase ao mesmo tempo, uma crítica muito mais direcionada para as dimensões da metodologia psicológica. James, afirma ele, não quer levar adiante uma pesquisa comparativa sobre os tipos de experiência religiosa, uma vez que

> ele não apresenta uma classificação sistematizada, e nem mesmo fecha com uma clara visão geral das variedades. James está menos preocupado com a uniformidade (...) que com as diferenças, e não está interessado na patologia – como Wobbermin e outros erroneamente admitem –, uma

vez que as condições que aparecem como patológicas em sua natureza são, na opinião de James, certamente variantes saudáveis e normais da experiência humana em geral (Vorbrodt, 1909, p. x).⁶⁹

Vorbrodt então conclui que James não deve ser visto como um psicólogo da religião – uma opinião oposta da sustentada por Wobbermin, que via o *Varieties* como a *principal obra* anglo-saxônica em Psicologia da Religião. Vorbrodt brevemente infere que a Psicologia da Religião de Starbuck, e não a de James, seria a primeira verdadeira obra em Psicologia da Religião apresentada ao público alemão (Vorbrodt, 1909, p. x).

Wobbermin, naturalmente, *respondeu* ao desafio. Apenas um ano mais tarde ele discutiu repetidamente isso em seu artigo *O estado atual da Psicologia da Religião* (Wobbermin, 1910). Por uma questão de brevidade, tocarei aqui apenas de passagem em alguns temas. Wobbermin realmente leva pouco em conta a crítica de Vorbrodt. Ele não apresenta argumentos concretos para apoiar sua afirmação de que James continua a oferecer muito estímulo e o maior avanço no campo. A crítica de Vorbrodt, afirma Wobbermin, está embasada numa supervalorização das promissoras pesquisas estatísticas em Psicologia da conversão de Starbuck e na subestima dos eminentes conteúdos psicológicos do *Varieties* de James. Wobbermin, entretanto, não indica com clareza por que ele considera que o *Varieties* teria eminentes con-

---

⁶⁹ Isso deve ser compreendido corretamente: Vorbrodt não tenta proteger James contra Wobbermin e outras falsas interpretações. Vorbrodt entende que James errou ao ver certo número de histórias de casos que ele selecionara como patológicos. Wobbermin e outros, corretamente, interpretaram esses casos no sentido de que James estaria preocupado com a análise dos fenômenos anormais, o que explica a *adição* de Wobbermin da palavra *patologia* no subtítulo de sua tradução. O que para Wobbermin é visto como patológico James vê como saudável, de acordo com Vorbrodt.

teúdos psicológicos. Ele meramente assinala que James já usara o material empírico compilado por Starbuck (o que por si só não faz do *Varieties* uma pesquisa em Psicologia) e que um psicólogo alemão da envergadura de William Stern (1871-1938) escrevera: "*o verdadeiro valor da obra está em seu conteúdo psicológico*" (Stern, 1909, p. 466). Em seu artigo, Wobbermin essencialmente não acrescenta nada ao argumento que apresentara em seu prefácio do livro de James em favor do *Varieties*. Ele comenta, entretanto, que o livro de Starbuck de um modo falso leva o título de *Religionspsychologie*, uma vez que essencialmente ele é um livro sobre a conversão. Seu texto, de modo límpido, mostra sua preferência por Leuba em vez de Starbuck.

As preferências metodológicas na Psicologia da Religião

Pode-se imaginar por que Vorbrodt e Wobbermin, que eram teólogos antes de mais nada, estiveram em posições tão diversas em suas avaliações do *Varieties* de James, entre outras coisas. Deixo de lado aqui a questão de se isso se deveria a diferenças pessoais ou se o seu desacordo se devia a pontos de vista teológicos diversos. Concentro-me, em vez disso, nos aspectos psicológicos do debate. Parece que os dois estariam separados por preferências metodológicas diversas. Wobbermin era formado e informado de modo amplo em Psicologia, entretanto, não *cresceu como psicólogo*. Ele nunca levou adiante uma pesquisa empírica em Psicologia e, ao que se sabe, nunca se ocupou com métodos de pesquisa; nunca publicou nada sobre a interpretação psicológica de fenômenos religiosos; suas obras em Psicologia da Religião, ainda que interessantes, ficam quase exclusivamente nas bases epistemológicas, no que ele demonstrou ser um teólogo competente e sistemático. Além do mais, em grande parte de seu tempo esteve ativo nos círculos intelectuais teológicos.

Em alguns desses aspectos, Vorbrodt era claramente diferente de Wobbermin, uma vez que realmente propôs e desenvolveu pesquisas psicológicas, não importando agora a natureza e o valor em si que tenham tido. Depois de ter cruzado os caminhos da abordagem empírica da Psicologia da Religião, ele avidamente leu toda a sua literatura e estudou todos os seus métodos. Ativamente buscou trabalhar com os empíricos das diversas tendências fora da Teologia e, apesar de ele mesmo não ter publicado nenhuma pesquisa empírica, muitas vezes se referia a elas em seus ensaios de Psicologia da Religião e era convidado para participar de projetos de pesquisa empírica dos quais existiam apenas alguns na Alemanha de então. Apesar de sua erudição, ele não era um pensador sistemático como Wobbermin e Troeltsch. Talvez, ou pelo menos em parte, devido a seu trabalho de pastor, ele sempre prestara atenção à relevância da *Psicologia da religião aplicada* (como ele a chamava) para a Teologia prática.[70] Se formos esquematizar, pode-se sintetizar o contraste entre Vorbrodt e Wobbermin como *empírico versus teórico*.

Enquanto os psicólogos e os cientistas sociais, em geral, gostam de esquematizações, classificações e tipologias como *empírico* e *teórico*, estas muitas vezes são imprecisas nos detalhes. Este é também o caso aqui: enquanto Vorbrodt certamente foi mais formado na tendência empírica nesta perspectiva que Wobbermin, ele mesmo não se tornou um empírico no sentido geral da palavra. Por outro lado, Wobbermin disse muitas vezes que a Psicologia da Religião seria uma ciência

---

[70] Pelo que ele fala, isso significaria algo próximo do que hoje chamamos de *Psicologia pastoral*; mas esta é somente uma das áreas em que os resultados e os conhecimentos da Psicologia da Religião podem ser aplicados. Na realidade, suas aplicações não são possíveis somente dentro das atividades pastorais, mas também em toda a sorte de psicologia aplicada em geral, por exemplo, na psicologia da saúde e na psicoterapia.

empírica (ainda que consistentemente tenha assinalado que não poderia ser somente empírica). O fato de que o *Varieties* tenha sido avaliado de modo diverso por Vorbrodt e Wobbermin talvez se deva menos ao tema *empírico versus teórico* e mais ao *que* uma pesquisa empírica em Psicologia da Religião deve parecer ou ser.

A raiz de suas diferenças pode estar nas diferenças metodológicas, tais como as que existem entre James e Starbuck. Starbuck conduziu sua pesquisa através de coleta de informações das pessoas por questionários que, ele imaginava, constituíssem uma amostra significativa de experiências religiosas em geral, dentro de uma população mais ampla. James, por outro lado, selecionou documentos de natureza bem singular (dentre os dados empíricos de Starbuck, entre outras coisas). Por isso, seu material é representativo não tanto de uma população de indivíduos, mas de um fenômeno a ser estudado. Além disso, James era de opinião de que "os fenômenos seriam mais bem compreendidos quando colocados dentro de sua própria série, estudados desde seu nascedouro até sua total decadência e compostos dentro do *continuum* de suas espécies exageradas e degeneradas" (James, 1902/1982, p. 382).

Finalmente, ele utiliza, diversamente de Starbuck, um método analítico: enquanto o último utiliza a abordagem estatística (ele codificou as respostas de seus questionários em diferentes categorias, contou, calculou e apresentou os resultados na forma de tabelas e de gráficos), James foi consideravelmente mais hermenêutico. James fez citações detalhadas de documentos e apresentou informações e comentários de seu pano de fundo histórico. Starbuck inicia pela determinação das frequências dos fenômenos e suas características, enquanto James busca apresentar os próprios fenômenos a seus leitores. Ele, empaticamente, descreve e comenta o assunto a fim de permitir que sua audiência desenvolva um *sentimento* para com o objeto estudado.

Ambos trabalham descritivamente – Starbuck em termos estatísticos, e James de um modo mais literário.[71]

Não sabemos qual dos dois americanos foi lido primeiro por Vorbrodt, mas parece claro que o método estatístico com maior aparência de *exatidão*, como o aplicado pela Escola Clark, impressionou-o de modo mais convincente. Como ele o compreendeu, a Psicologia da Religião seria praticada aqui de um modo que impressionaria até os mais preconceituosos estudiosos favoráveis às ciências naturais. No caso do estilo mais *familiar* de James, ele percebeu os problemas teóricos e filosóficos, obviamente, de um modo mais claro que no caso de Starbuck. Como mencionei antes, ele repetidamente tentou conquistar apoio no sentido de levar adiante pesquisas empíricas através de questionários. Wobbermin, por outro lado, parece que permaneceu relativamente pouco impressionado pelo trabalho de Starbuck. Apesar de reconhecer o valor, ele obviamente não o viu como merecedor de tanto valor, como vira Vorbrodt. O *Varieties* seria muito mais de seu gosto (apesar de ele de modo algum concordar com a filosofia de James), e ele o via como mais adequado para levar adiante a Psicologia da Religião na Alemanha; essa era a razão para traduzi-lo e publicá-lo em alemão.

---

[71] O método de James é muitas vezes caracterizado como sendo "fenomenológico" (Edie, 1987), o que é um tanto quanto problemático. O *Varieties* certamente não é fenomenológico no sentido da Psicologia fenomenológica como se desenvolveu no século XX com, por exemplo, Husserl, Merleau-Ponty, Bühler, Van den Berg, Rogers e muitos outros (Misiak e Sexton, 1973). Com muito boa vontade, o *Varieties* seria fenomenológico no sentido de ser descritivo e *de mente aberta*, algo que se poderia ser chamado "protofenomenológico" (Wilshire, 1968). Wulff (1997, p. 486) chama o *Varieties* de "uma fenomenologia vicária" (Spiegelberg, 1972, 1982). No geral, um grande número de contribuições ou publicações que não oferecem nada mais que uma descrição recebem, hoje em dia, o rótulo – incorreto – de fenomenológicas.

Por isso, respostas diversas à questão de quais métodos e técnicas deveriam ser empregados na Psicologia da Religião parecem ser a explicação mais adequada para as avaliações díspares do *Varieties,* e não uma comparação do tipo *empírico* versus *teórico* de Vorbrodt e Wobbermin em si mesma. Ainda assim, nem essa é uma explicação completa, uma vez que os anos posteriores mostraram que Vorbrodt se distanciou dos métodos que usavam questionários. Logo em 1911, ele escreveu que o método de Starbuck seria muito nivelador e que o método do questionário apresentava *imagens de testemunhos induzidos artificialmente* (Vorbrodt, 1911, p. xii). Ao que parece, então, ele desenvolvera um ponto de vista segundo o qual os questionários não seriam sempre o melhor método possível e deveria preferir-se outros métodos para a Psicologia da Religião.

Obviamente, nesse momento ele fora influenciado pelo trabalho original e motivador do psicólogo suíço Théodore Flournoy (1854-1920). Escreveu então que às vezes seria melhor usar "psicogramas religiosos no estilo das histórias médicas (...), afirmações feitas de um modo mais aleatório, recolhidas mais ou menos como na observação das estrelas.[72] Ele pensava que isso tudo seria ainda mais significativo quando a indução artificial da religiosidade, como, por exemplo, em questões apresentadas e em afirmações sobre este assunto, contradiz a natureza psicológica [do fenômeno], como é o caso da aparição espontânea do fenômeno, e leva a certas mudanças psíquicas, como não acontece em outras áreas de pesquisa; a observação livre, a anamnese, a gravação de fatos religiosos seriam então os métodos preferíveis" (Vorbrodt, 1911, p. xii-xiii).

---

[72] Com isso ele queria dizer que os fatos materiais se apresentariam por si mesmos numa história ou estória, numa biografia, em formas de expressão livres, em experiências não buscadas ou desejadas.

Não é claro por que Vorbrodt mudou suas preferências metodológicas, mas parece certo que – apesar de sua polêmica com Wobbermin – isso não mudou sua avaliação do *Varieties* ou de James em geral, que o estimulasse a desenvolver um interesse mais forte nos estudos de caso, para usar uma expressão mais moderna, como o fez Flournoy. Em seu prefácio à edição alemã dos textos de Flournoy, Vorbrodt mais uma vez expressa de forma clara sua crítica a James, afirmando que apesar de não ser algo errado a proposição de uma psicologia transcendental,[73] como a de Wobbermin, mas como proposta para descobrir os motivos e os poderes da vida religiosa, não haveria outra melhor que a de Flournoy (e, portanto, não James), que teria apresentado uma fundamentação empírica a esse respeito, como sua própria seleção dos casos estudados por Flournoy demonstrou. Ele afirma também – e aqui a crítica de James pode ser detectada – que esses estudos de caso eram casos normais da "piedade normal" (Vorbrodt, 1911, p.xv), "casos mais ou menos normais" (p. xviii), enquanto James trabalhava com material *patológico*.

Ainda em 1918, Vorbrodt apresentou mais críticas a James e a Wobbermin. James, escreveu ele, publicou seu *Varieties* "não para o bem da Psicologia da Religião, esta foi – como deve sempre de novo ser repetido – um mero subproduto de seu idealismo pluralista, do qual o leitor da edição alemã não sabe nada[74] e que é muito mais importante no *Varieties* de James que o seu muitas vezes mencionado pragmatismo" (Vorbrodt, 1918, p.

---

[73] Um termo que Vorbrodt usava de um modo um tanto depreciativo escrevendo que ele teria uma espécie de *halo desconfortável de espiritualismo* (Vorbrodt, 1911, p. xv).

[74] Wobbermin omitiu uma passagem relevante na tradução. Ele se defendeu assinalando que o *Varieties* não seria dependente da metafísica pluralista de James e que os capítulos finais omitidos seriam mais *sugestivos* que explicativos. Além disso, James teria *recém aprovado* os procedimentos de Wobbermin (Wobbermin, 1910, p. 535).

439). Historicamente, é também possível que a crítica aos questionários alardeada por Stählin, um dos participantes do curso de Psicologia da Religião de Vorbrodt em 1906, possa tê-lo levado a mudar sua orientação metodológica.[75]

Experimentos *versus* questionários

Quem foi Stählin e o que ele tem a dizer sobre os métodos em Psicologia da Religião? Wilhelm Stählin (1883-1975) formou-se como pastor protestante, mas seu interesse na análise Psicologia da Religião o levou a seguir programa de doutorado em Psicologia. Ele foi a Würzburg para estudar com Oswald Külpe (1862-1915), o primeiro assistente de Wundt no laboratório de Psicologia experimental de Leipzig. Depois de ser nomeado professor em Würzburg, Külpe desenvolveu seu próprio modelo de Psicologia experimental. Foi nessa bordagem que Stählin se formou, e que ele a introduziu nos estudos da Psicologia da Religião (Stählin, 1914b) depois de defender a metodologia empírica para as *metáforas da psicologia e da estatística* em sua dissertação de doutorado em 1913, que ele publicou numa das mais importantes revistas de Psicologia alemãs (Stählin, 1914a).

Depois de ele mesmo ter levado adiante extensas análises estatísticas, Stählin muitas vezes criticou acidamente o trabalho estatístico de outros psicólogos, e com grande sagacidade. Em sua excelente revisão ou recensão do *Religionspsychologie* de Starbuck

---

[75] Historicamente, pode também ser que o encontro pessoal de Vorbrodt com Flournoy na Conferência Internacional de Psicologia em Genebra (1909) o tenha impressionado tanto que ele se tenha envolvido totalmente nos trabalhos posteriores e por fim decidido traduzir diversos de seus trabalhos para o alemão. Essas questões não podem ser respondidas, uma vez que as fontes mais importantes se perderam e não foi possível encontrar nem os escritos pessoais de Vorbrodt, nem a correspondência com seus colegas.

(1899/1909), Stählin chama a atenção para os muitos aspectos positivos da obra. Ele, de um modo geral, concorda com Starbuck no que diz respeito aos princípios da Psicologia da Religião, a propósito quando este último afirma que a Psicologia da Religião não deve usar métodos outros que os usados pela Psicologia em geral – que seus únicos pré-requisitos são os da *hipótese de trabalho frutífera* da regularidade das ocorrências psíquicas (Stählin, 1910, p. 7-8). Stählin está, entretanto, só moderadamente satisfeito com os outros aspectos do pensamento de Starbuck. As últimas pesquisas fisiológicas lançaram uma luz no papel da religião no desenvolvimento dos jovens, mas para uma compreensão da vida religiosa elas são, com a maior das boas vontades, apenas uma ilustração, e não uma explicação. Além disso, Stählin acusa Starbuck de muitos erros, tanto em termos de estatísticas quanto em termos de tabulação (Stählin, 1910, p. 2): de confundir coincidência com causalidade (Stählin, 1910, p. 2), de supergeneralização (Stählin, 1910, p. 4) e de não prestar maior consideração às dúvidas quanto ao método do questionário.[76]

Stählin também apresentou dúvidas sobre a quem fora *perguntado* (por exemplo, um menino de só sete anos de idade) e reprovou Starbuck por não considerar que no processo de *conversão* quase sempre se adota o modo de pensar e de ver as coisas de um *modo religioso*, e com isso quase se exclui a possibilidade da descrição de uma vida *íntima* anterior sem *falhas* (Stählin, 1910, p. 5). Depois de notar que Starbuck não mostra evidências empíricas para muitos de seus supostos *fatos* (por exemplo, a crise subconsciente da preparação para a conversão), Stählin levou adiante um tema mais geral:

---

[76] Stählin assinalou três: um *talento* muito fraco para a introspecção (de acordo com a Psicologia *experimental* de então, e este talento deve ser treinado; tendo isso em mente, Stählin formou um grupo para trabalhar com ele); uma memória imperfeita; e o efeito sugestivo dos questionários.

o uso dos questionários e das estatísticas na psicologia da religião tem a maior de suas fraquezas no fato de que esse método nunca acessa mais que certos sinais e sintomas externos,[77] enquanto que a tarefa seguinte e mais importante da psicologia da religião deve ser a análise urgente dos próprios fatos psíquicos. Uma proposta programada de modo compreensivo deveria mostrar se as autobiografias publicadas de personalidades religiosas não poderiam, além de tudo, oferecer mais material que os relatos pouco confiáveis de muitos que são totalmente sem preparação para a auto-observação (Stählin, 1910, p. 7).

Stählin lidou de um modo cada vez mais crítico com os questionários como método da Psicologia da Religião também em muitas de suas publicações. De acordo com ele, a Psicologia deveria incluir a introspecção (*observação de si*). De acordo com seus contemporâneos, ele distinguia a auto-observação dos pesquisadores e as informações derivadas da observação de outras pessoas. A situação ideal é aquela em que os pesquisadores que tenham sido de um modo crítico formados para observar-se a si mesmos combinem esses resultados com a análise de outras auto-observações. Quanto menos dogmáticos e preconceituosos estes últimos forem, tanto melhor. Stählin (1911) chama a atenção explicitamente para o valor de *medidas não invasivas* (na linguagem da época: autobiografias, memórias, diários, cartas, mas também sermões, poesia religiosa e outros). Depois disto, ele deixou um espaço para as entrevistas. Os questionários, entretanto, apresentariam informações de pouca valia (apesar de gerar um grande montante de dados): existe uma boa margem

---

[77] Duas página antes, Stählin formulara de modo drástico: "apesar da intenção ser a oposta, muitas vezes em vez de se obter as experiências reais, consegue-se só opiniões" (Stählin, 1910, p. 5). A crítica de Stählin ecoa ainda hoje nas discussões metodológicas (Westerhof, 1994).

para dúvidas se os informantes apresentam respostas reais e honestas nos *questionários* escritos.

A análise estatística realmente proporciona alguma garantia contra as conclusões arbitrárias, mas nunca pode melhorar a qualidade pobre dos dados e a partir de números muito dificilmente se pode deduzir conclusões psicologicamente significativas. Na melhor das hipóteses, os questionários proporcionam informações sobre uma *religiosidade média* em certa população e por isso são mais interessantes para os sociólogos que para os psicólogos. Existem falhas demais nas informações derivadas de questionários: a auto-observação é insuficiente (um assunto a que voltaremos em breve), os relatos muitas vezes não são confiáveis, formulações imprecisas, assuntos paralelos às vezes predominam sobre os processos essenciais e articulam-se opiniões em vez de fatos (Stählin, 1912, p. 402).

Apesar de Stählin concordar com a análise da religiosidade feita de modo intenso através de estudos de casos, depois que ele encontrou Külpe ele claramente mudou a sua orientação metodológica. No que diz respeito aos estudos de casos, ele prefere Flournoy ao *Varieties* de James. Ele também considera o *Varieties* um livro escrito por um *filósofo* sobre aberrações da consciência religiosa. Ele percebeu claramente que as contribuições francesas à Psicologia da Religião apresentavam lamentáveis confusões entre a religiosidade intensa e patologias mentais ou, pelo menos, a manifestação de interesse por fenômenos anormais (Stählin, 1911, p. 48-49).[78] Durante a sua formação em Würzburg, Stählin foi *treinado* no que ele passou a ver como o método ideal de perguntar às outras pessoas sobre

---

[78] Apesar de Stählin não os mencionar, ele deve ter tido em mente autores como Ernest Murisier (1892, 1901) e Theodule Ribot (1884/1894, 1896/1903), que são representativos da escola francesa de psicopatologia em Psicologia da Religião ou escola de Psicologia da Religião psicopatológica.

as suas auto-observações religiosas: o experimento. A palavra *experimento*, entretanto, era empregada de um modo bastante diferente da do uso dos psicólogos de então. Essencialmente, ela significava produzir, deliberadamente, um fenômeno que o pesquisador queria que os participantes relatassem através da auto-observação. Em seu artigo de 1912, sobre os questionários em Psicologia da Religião, Stählin apresentou nada mais que um exemplo fictício de como perguntar algo a alguém que estivesse presente a uma prática religiosa e, imediatamente depois, questioná-lo a respeito de suas impressões (Stählin, 1912, p. 399).

Depois de sua formação no doutorado, no laboratório de psicologia em Würzburg, entretanto, ele relata uma pesquisa experimental que ele realmente efetivou. Ele apresenta a reação de 25 pessoas a 227 citações com conteúdo religioso a fim de descobrir *se elas as entenderam, quais fatores facilitaram ou atrapalharam, qual foi a mais lembrada, como a linguagem* plástica *era percebida e como ela funcionaria, a que impressões mais profundas estariam relacionadas e a que tipos, e questões do gênero* (Stählin, 1914b, p. 118). Era um experimento levado adiante na tradição inaugurada por Wundt, uma tradição de realizar *experimentos* de um modo bastante diferente do que se compreende hoje em dia por este termo na psicologia. Em contraste com os experimentos de hoje, os sujeitos não eram normalmente ingênuos no que diz respeito ao objeto de estudo, eles não eram selecionados randomicamente, mas antes *embasados* deliberadamente no pré-requisito de que fossem treinados na introspecção a fim de reunir um grupo que relatasse o mais fiel possível o que acontecia internamente quando expostos a um estímulo.

Stählin e outros consideravam isso bem científico, uma vez que o mesmo procedimento era usado de um modo estandardizado com todos os sujeitos e as reações eram anotadas (em experimentos posteriores até mesmo o tempo de reação era medido).[79] Em termos do que se fala normalmente hoje em dia em relação a métodos e a técnicas em Psicologia, estes *experimentos* pertencem claramente aos assim chamados métodos *qualitativos*. Como a revista alemã *Zeitschrift für Religionspsychologie* (Revista de Psicologia da Religião) parou de ser publicada em 1913, Stählin fundou os *Archiv für Religionspsychologie* (Arquivos da Psicologia da Religião) em 1914, a fim de promover esta abordagem *científica exata* da Psicologia da Religião.[80]

A abordagem genética *versus* experimental

Como era de se esperar, o inaugurador da Psicologia experimental, Wilhelm Wundt, compartilhou com Stählin a crítica do uso dos questionários na Psicologia. Ele criticou com certo desprezo *alguns psicólogos franceses e americanos* que tentaram reunir auto-observações pela distribuição de questionários e até pensam estar com isso fazendo um trabalho científico com o mesmo valor e precisão de um experimento (Wundt, 1907, p. 359). Ele os ridicularizou através de uma imagem de uma situação em que pedagogos, professores e outros profissionais distribuíam questionários aos seus alunos acreditando

---

[79] Essa é razão por que Karl Girgensohn (1875-1925), que se tornou muito conhecido e muito influente na abordagem experimental da Psicologia da Religião, também considerou a *situação* freudiana psicanalítica como sendo *experimental*: tudo o que o paciente disser durante a *livre associação* será levado a sério do mesmo modo. Ele julga que experimentos levados adiante como os da Escola de Würzburg seriam, entretanto, mais precisos (Girgensohn, 1921/1930, p. 23-25).

[80] Ele até mesmo fundou uma Associação para a Psicologia da Religião para apoiar essa nova revista, e psicólogos de renome como Kurt Koffka, Oswald Külpe, Harald Höffding, August Messer e Théodore Flournoy estavam na lista dos Conselheiros ou Comitê Científico da revista e da Associação.

realmente que eles estariam fazendo um *trabalho científico*; mal sabia ele que, na realidade, a maior parte da pesquisa psicológica ao longo do século XX seguiria precisamente esse *plano*! Num artigo sobre a Psicologia da Religião ele fala igualmente em tom crítico do *assim chamado método da Psicologia da Religião, isto é, uma variada coleção de dados em condições estáticas* (Wundt, 1911, p. 108), e com isso ele tem em mente o trabalho da Escola Clark como se apresenta na publicação de Starbuck (1899/1909).

Nesse mesmo artigo, Wundt critica severamente o *Varieties* de James, afirmando que os *testemunhos* americanos da Psicologia da Religião *não servem para muita coisa* para a Psicologia da Religião e nem mesmo para a Psicologia em geral no sentido que James queria (Wundt, 1911, p. 103). Wundt explica por que os casos que James descreve

> não têm quase nada (...) para a Psicologia da Religião, nem têm as condições sob as quais estas manifestações passam a existir, nem estas últimas foram sujeitas à análise psicológica, uma vez que isto só seria possível a partir da determinação daquelas condições e das relações com outros processos psíquicos. Dentre outras condições neste caso, as históricas são de máxima importância (Wundt, 1911, p. 106).

De acordo com Wundt, James mesmo não via o *Varieties* como uma contribuição à Psicologia da Religião, mas como exemplos que prepararam uma exposição mais clara de sua Filosofia pragmática da religião, uma exposição que ele mesmo anuncia no Capítulo final do seu *Varieties* (James assinalou em outras publicações também que a sua filosofia pragmática seria independente de sua Psicologia). Wobbermin cometeu um grave erro ao omitir exatamente esse Capítulo que James considerava a parte mais importante do seu *Varieties,* como ele mesmo sublinhou e elaborou em seu tratado ulterior sobre a religião

(Wundt, 1911, p. 94).⁸¹ Parece que era importante para Wundt que as pessoas compreendessem que o *Varieties* não seria um estudo psicológico, uma vez que ele *naturalmente apresenta grandes falhas, pois apresenta e leva em conta somente um número limitado de ocorrências, e levanta a suspeita de que ele fez essa seleção embasado em critérios não relacionados com a Psicologia* (Wundt, 1911, p. 107).

Por outro lado, Wundt não concorda com Stählin na sua última referência à abordagem experimental da Psicologia. Como já vimos, ele ignorou completamente o trabalho de Stählin e de outros dos primeiros psicólogos da religião e não os critica ou mesmo se refere a eles. Uma razão disso, em parte pelo menos, deve-se à séria controvérsia metodológica entre Wundt e a Escola de Würzburg no que tange à aplicação do experimento e à natureza da Psicologia.

Como já vimos, Stählin e os outros seguidores da abordagem experimental da Psicologia da Religião foram *educados* na tradição da Escola de Wüzrburg. Esta escola diferia de Wundt no que seria considerada pesquisa experimental, possível e legítima, dos assim chamados processos psíquicos mais elaborados ou superiores, e o pensamento seria o mais elevado entre eles. Wundt, entretanto, havia afirmado praticamente desde o início de seu envolvimento com a Psicologia que a experimentação seria somente aplicável no campo da Psicologia fisiológica. Wundt concebera uma pluralidade metodológica na Psicologia uma vez que ele considerava *o psíquico* (*das Psychische*), o objeto da Psicologia, e deveria ser *encontrado* não somente nos indivíduos,

---

⁸¹ Ao que parece, Wundt não leu a defesa de Wobbermin (1910) contra essa mesma *reprovação* da parte de Vorbrodt (1909), apesar de Wobbermin ter publicado sua defesa numa revista de Psicologia, e não de Teologia.

mas também nos *produtos* em nível da sociedade (e os primeiros entre eles, a linguagem, os mitos e a moralidade).

Em sua *Metodologia* (Parte II de sua *Logik*, Wundt, 1883), ele distingue como *meios, métodos e princípios da Psicologia*: (1) a observação íntima ou interna;[82] (2) o experimento psicofisiológico; (3) o método psicológico comparativo; (4) o método histórico psicológico. Este foi apenas um dos muitos esquemas que Wundt deu à Psicologia e a seus métodos e modelos; estes que às vezes diferem e mesmo se contradizem entre si radicalmente (Hoorn e Verhage, 1980). O importante aqui é que Wundt cada vez mais via a Psicologia tanto como uma ciência natural como uma ciência humana e que ele até mesmo via a Psicologia como sendo básica para *todas* as ciências humanas. Tenha-se em mente, entretanto, que ao fazer isso ele sustentou uma ideia de Psicologia que abrangia praticamente tudo e em que a Psicologia individual (que muitas vezes ele igualou à Psicologia experimental) seria apenas uma pequena parte. A maior parte da Psicologia, que por fim ele declarou ser o ramo mais importante desta ciência, ele chamou de *Völkerpsychologie* (Wundt, 1888).

Como um pano de fundo, é necessário lembrar que a filosofia de Wundt era claramente coletivista e não individualista. Ele era coletivista de dois modos importantes para se compreender o seu pensamento quanto à Psicologia. Por um lado, para Wundt a ordem social e os produtos culturais representam fenômenos que não podem ser explicados em termos de Psicologia do indivíduo; por outro lado, a cultura está imbricada no psiquismo individual. O funcionamento do psiquismo do indivíduo não pode ser entendido sem levar em conta o seu *ambiente mental* (*geistige Umgebung*);

---

[82] Wundt opôs essa observação íntima à auto-observação, não conseguindo, entretanto, deixar bem clara a diferença e explicar como os resultados da *observação íntima* poderiam ser relatados.

a mente de um indivíduo isolado não existe, é uma *abstração e enquanto tal uma arbitrariedade* (Wundt, in Danziger, 2001a, p. 85). Na *Introdução* do primeiro volume de seu *Völkerpsychologie,* Wundt escreveu que a visão comum da Psicologia como ciência é que ela *pesquisa os fatos imediatos da experiência, como são apresentados pela consciência subjetiva,* mas isto é muito limitado uma vez que não busca a análise de fenômenos que resultam da interação mental de uma multidão de indivíduos.

Não era a intenção de Wundt propor uma espécie de *Psicologia aplicada*, por exemplo, como na Psicanálise aplicada, em que os produtos culturais são estudados em vista do papel que os processos psíquicos possam ter tido em sua produção e manutenção. Wundt se opôs a terminologia de psicologia *aplicada* (*Anwendung*) à cultura deste modo. Em vez disto, ele defendeu uma extensão da Psicologia em nível da cultura (*Ausdehnung*), que ele entendeu como sendo uma *ciência teórica* (Wundt 1900/1907, p. 241-242). Na sua visão, as ciências como a História, a Etnologia e outras ciências humanas seriam *auxiliares* da *Völkerpsychologie,* que abrangeria *os processos psíquicos gerais, que subjazem ao desenvolvimento das comunidades humanas e à origem dos produtos* espirituais *comuns de amplo espectro* (Wundt, 1900/1997, p. 247). É um programa um tanto quanto ambicioso, e, neste sentido, estamos autorizados a nos perguntar o quanto disto ele mesmo realmente concretizou.

Wundt considerou o experimento como sendo inadequado como um método para pesquisar os *processos psíquicos mais elevados*. A sua discussão com os würzburgueses lidou exatamente com este assunto: Külpe, Bühler e outros eram de opinião de que seria possível pesquisar o pensamento humano através da experimentação. Para Wundt, entretanto, os dados do pensamento humano não poderiam ser revelados através de escores individuais em projetos experimentais, como se o pensamento fosse uma característica da mente individual humana. O pensamento somente poderia ser estudado no contexto da Psicologia da linguagem, um *assunto natural* da *Völkerpsychologie*, e não da Psicologia individual. A discordância entre Wundt e a Escola de Würzburg era radical: Wundt considerava a experimentação inadequada para o estudo dos fenômenos culturais. Infelizmente na sua discussão com Karl Bühler (Bühler, 1908, 1909) sobre a adequação da experimentação na pesquisa do pensamento, Wundt mesmo contribuiu para a redução de um debate metodológico de raiz para simplesmente uma discussão sobre os métodos (Holzkamp, 1980). Ele tentou mostrar em detalhes segundo os quais o que Bühler fazia não poderia ser chamado apropriadamente de *experimento*; Wundt (1907, 1908) mesmo o chamou pejorativamente de *método de questionamento* (*Ausfragemethode*). Nem Bühler e nem Wundt elaboraram mais os pontos de vista mais importantes sobre a Psicologia durante essa discussão. Neste ponto, temos já material mais que suficiente, entretanto, para responder à nossa questão inicial no que diz respeito aos motivos por que Wundt negligenciou os estudos feitos dentro da mentalidade da Escola de Würzburg no âmbito da Psicologia da Religião.

Para explicar e sintetizar: Wundt tinha três razões para a sua oposição do emprego do experimento na Psicologia da Religião. Primeira, mas a menos importante, ele não considerava os experimentos como os conduzidos por Stählin – inspirados e supervisionados por defensores da Escola de Würzburg tais como Karl Bühler e Karl Marbe – que fossem de algum modo experimentos mesmo. Segundo, mesmo se os experimentos de seu gosto tivessem sido utilizados, Wundt ainda assim teria rejeitado a pesquisa uma vez que ele considerava o uso do método da Psicologia individual (como o experimento) inadequado para estudar os processos psíquicos mais complexos ou elevados que têm por base os fenômenos culturais. Finalmente, invertendo este último argumento, Wundt acreditava que a religião seria um assunto da *Völkerpsychologie*, um domínio que ele queria pesquisar com outro método, um método planejado em termos diversos, isto é, a *abordagem genética* ou o *método histórico comparativo,* que tinham se tornado então, mais conhecidos. A fim de conhecer melhor estes métodos, devemos examinar, ainda que brevemente, as linhas gerais de sua psicologia da religião.

A Psicologia da Religião de Wundt

Apesar de um bom número de publicações lidarem, e algumas vezes até de um modo extenso, com a *Völkerpsychologie* de Wundt (Danziger, 2001a, 2001b; Diriwächter, 2004; Eckardt, 1997; Oelze, 1991; Schneider, 1990), ensaios sobre a sua contribuição substancial para a Psicologia da Religião ainda estão para serem escritos.[83] Este Capítulo não pode ser exaustivo, e vai tratar somente dos aspectos metodológicos. Para compreender a abordagem de Wundt é bastante útil voltar para o ensaio em que ele explicitamente se devotou à Psicologia da Religião, e não aos três volumes do projeto *Mito e religião.* Depois de criticar os outros (especialmente, como vimos, a William James), Wundt esquematiza a sua Psicologia da Religião *genética* neste artigo. Ele inicia lembrando as diferenças entre a Psicologia e as ciências de normas, ciências do valor e a metafísica e afirma que não é tarefa da Psicologia avaliar a religião em qualquer que seja o seu aspecto. Wundt além do mais, observa que muitos estudiosos, e mesmo teólogos, buscam derivar a religião de uma única fonte, seja ela o êxtase ou a revelação, a crença em almas ou espíritos, os fenômenos da natureza etc.; Wundt acre-

---

[83] A *síntese* da Psicologia da Religião de Wulff (1997), em muitos aspectos excelente, lida com a obra de Wundt somente de passagem. Schneider (1990) o faz de um modo muito descritivo, e nem sempre de um modo correto, comparando-a mais com a Sociologia da Religião que com a Psicologia da Religião.

ditava, em contraste com isso, que *a religião não cresce de uma única raiz, mas de muitas* (Wundt, 1911, p. 113) e apresenta uma *cura* para a falácia reducionista em Psicologia da Religião: *quem quer que deseja pesquisar a origem da religião em termos psicológicos, deve adentrar a totalidade do fenômeno da vida religiosa e explorar o relacionamento de fatores distintos um com os outros e com outros domínios da vida* (Wundt, 1911, p. 113). Como a religião não é um *produto* individual, ela não pode ser pesquisada em nível individual: *a religião como a linguagem e a moralidade é uma criação da comunidade humana e está intimamente relacionada com as duas* (Wundt, 1911, p. 113).

A Psicologia da Religião é *em primeiro lugar* parte da *Völkerpsychologie* e como o indivíduo pressupõe a comunidade; a religião não pode ser tratada ou estudada adequadamente quando se tem por base a Psicologia experimental individual. Como a *Völkerpsychologie* pressupõe a história dos fenômenos da vida em comum, *a tese é que a* Völkerpsychologie *não tem nada a ver com a História das religiões, está, metodologicamente, no mesmo nível que requer a linguagem, a arte e a moralidade, de serem independentes do desenvolvimento histórico destes fenômenos* (Wundt, 1911, p. 114).

De acordo com Wundt, a única possibilidade de a existência de uma Psicologia da Religião genética ser concretizada seria através do estudo: (a) do desenvolvimento religioso nos diversos estágios num sentido crescente (isto é, puramente histórico); e (b) através de uma amostra de fenômenos relevantes que determine as suas origens em virtude de suas transições subsequentes. O procedimento "b" era visto por Wundt, como uma condição para o procedimento "a" e por isso necessário para o estudo psicológico do desenvolvimento da oração, dos rituais de purificação, dos funerais, das concepções de tabu, do sagrado etc. Além do mais, isso seria central para responder a questão de *como a religião se origina, num sentido objetivo, e quais são os motivos subjetivos que podem ser admitidos a partir dessas criações objetivas* (Wundt, 1911, p. 115).

Tendo feito essas observações gerais, Wundt continuou com um estilo polêmico contra os seus oponentes. *Tomar um elemento seccionado da religião pode ser suficiente para um filósofo tendencioso, que não está preocupado com conhecimento da religião mesmo, mas somente com a prevalência de seu a priori. Ainda assim, essa* contemplação *arbitrária e isolada não pode ser chamada de Psicologia da Religião*; muito provavelmente essa desconsideração voltava-se contra William James, que se concentrara, segundo Wundt, somente nos fenômenos patológicos da religião. Ainda no mesmo estilo, Wundt se defende da objeção de que os fenômenos que ele queria estudar pertenceriam à História da Religião e não à Psicologia da Religião, uma vez que esta última lidaria com fatos da consciência individual independentes das condições históricas. Wundt primeiro assinala que a *validade* que pertence aos *últimos elementos da consciência* como a sensação, sentimentos e simples afeições, está aqui erroneamente estendida aos *produtos psíquicos que, até onde vai nossa experiência, se desenvolvem somente sob específicas condições históricas.* (Wundt, 1911, p. 116). Segundo, a História tem como sua tarefa demonstrar o desenvolvimento dos diversos povos, mas a Psicologia deve demonstrar as relações entre as diversas ideias religiosas e como os motivos religiosos estão conectados com o psiquismo em geral na *construço* dos seres humanos[84]. Wundt conclui: *não pode haver Psicologia da Religião sem História das Religiões* (Wundt, 1911, p. 116).

---

[84] Isso pode soar como uma espécie de desprezo para com os chamados psicólogos da religião *empíricos* como Starbuck e Stählin, que empregavam os métodos psicológicos individuais num subdomínio da *Völkerpsychologie* – no caso, a religião.

Problemas com a *Völkerpsychologie* de Wundt

Os debates sobre a metodologia em Psicologia da Religião, que se seguiram à publicação da tradução para o alemão da obra pioneira de James, o *Varieties* (James, 1902/2002), parece que se tornaram endêmicos e não somente neste ramo da Psicologia. Como os que trabalham com Psicologia da Religião o fazem com o mesmo *instrumentarium* teórico e metodológico da Psicologia em geral, encontram-se debates similares e discussões sobre os métodos e técnicas em todos os campos da Psicologia. Antes de entrar na discussão de alguns desses debates, pode ser útil apresentar alguns pensamentos sobre as razões por que a Psicologia de Wundt não conseguiu causar maiores impactos.

Primeiro, um aspecto mais geral: como a Psicologia da Religião de Wundt é parte de sua *Völkerpsychologie,* a anterior compartilha a sina da última. Um bom número de comentadores lidou com a *Völkerpsychologie* de Wundt e apontaram falhas importantes tais como certa vagueza quanto ao que ele tinha em mente, mudanças em suas ideias e mesmo contradições que foram *amadurecendo* durante as décadas em que ele trabalhou com ela, e a natureza psicológica dúbia de sua própria execução do projeto. Mesmo os estudiosos alemães, capazes de ler os seus textos no original e que devotaram ensaios da amplidão de livros à *Völkerpsychologie* de Wundt (Eckardt, 1997; Oelze, 1991; Schneider, 1990), achavam bastante difícil entender o que exatamente ele tinha em mente por este termo *Völkerpsychologie*.

No *Prefácio* da sua primeira edição ele esclarece que *Völkerpsychologie* – como o necessário adendo à *Psicologia individual* – deveria analisar *os fenômenos resultantes da interação mental da multiplicidade dos indivíduos* (Wundt, 1900/1997, p. 241). Na linha seguinte, ele descreve a tarefa como *a investigação dos processos psíquicos vinculados ao viver juntos dos seres humanos* (Wundt, 1900/1997, p. 241). Ele ainda chama a atenção de que, entretanto, *os fenômenos da psicologia geral* [isto é, individuais] *são determinados socialment'* e que a *Völkerpsychologie* deveria se ocupar, preferentemente, com aqueles fenômenos que *podem ser explicados tendo-se por base as leis gerais da vida psíquica*, como as que já estão ativas no indivíduo (Wundt, 1900/1997, p. 241).

Não é fácil compreender o que Wundt quer dizer com isso ou como ele pensa que estas tarefas e descrições possam caminhar juntas. Algumas vezes a sua argumentação soa um tanto circular: se os fenômenos psíquicos que encontramos nos indivíduos dependem da interação no âmbito de certa cultura, como se usam as *leis* do funcionamento do psiquismo individual para explicar o desenvolvimento daquela cultura? E, se estas *leis* são as mesmas tanto para a Psicologia individual quanto para a *Völkerpsychologie*, por que seria então necessário repetir, por assim dizer, a pesquisa da Psicologia individual no nível da cultura, como parece ser a tarefa *assinalada* para a *Völkerpsychologie*?[85]

No *Prefácio* do primeiro volume, Wundt indica que os objetos da *Völkerpsychologie* – linguagem, mitos e moralidade – foram originalmente estudados exclusivamente por ciências como a Filologia e a História. O que mais a *Völkerpsychologie* ofereceria em comparação com estas disciplinas? Wundt responde que o *Völkerpsychologist* proporciona uma nova perspectiva por conta de sua formação no pensar experimental e seu olhar para os fatores e processos psíquicos (Wundt, 1900/1921, p. v-vi). Raciocinando deste modo, entretanto, o que o distingue metodologicamente da aplicação (*Anwendung*) da Psicologia profunda à cultura, feita por Freud e outros psicanalista, uma procedimento que Wundt combateu alhures?

---

[85] Ver a descrição da tarefa da pesquisa atribuída à *Völkerpsychologie* apenas algumas páginas adiante: pesquisar os processos psíquicos sobre os quais se apoiam o desenvolvimento geral das comunidades humanas e a origem dos produtos mentais comuns de valor geral (1900/1997, p. 247).

Que Wundt tenha mudado o seu pensamento repetidamente ao longo de sua carreira dificilmente é uma crítica a um pensador de suas dimensões. Entretanto, isso não torna mais fácil a tarefa de compreender o que ele queria dizer ou de sintetizar as suas ideias. Para dar um exemplo impressionante: apesar de Wundt, de um modo consequente, dar aos diferentes volumes de sua *Völkerpsychologie* o subtítulo de *uma investigação das leis do desenvolvimento da linguagem, do mito e da moralidade*, ele nunca lidou com moralidade na sua *Völkerpsychologie*. Ele simplesmente referiu à *Ethik*, um livro que ele publicou alguns anos antes de iniciar a escrever a *Völkerpsychologie* (Wundt, 1886). É possível que o seu pensamento, no que diz respeito à ética no âmbito da *Völkerpsychologie*, não tenha mudado ao longo de trinta e cinco anos? Ou ele – ao contrário do subtítulo – não mais via a ética como parte de seu projeto?[86] Além disto, enquanto nos primeiros anos as suas observações na *Völkerpsychologie* reforçavam os âmbitos da Cultura e da História como formativos da Psicologia (isto é, do funcionamento do psiquismo e por isso da Psicologia como ciência do funcionamento do psiquismo), nos seus últimos anos Wundt parece estar cometendo um erro metodológico que ele tinha tanto advertido antes: ele parecia explicar os desenvolvimentos da Cultura e da História através das leis psicológicas em vez do inverso.

E ainda mais. Para muitos observadores, tanto de então como de hoje em dia, não fica claro para que tipo de psicologia a *Völkerpsychologie* de Wundt estaria contribuindo. Quando se toma exemplos de sua Psicologia da Religião, a propósito, encontramos longos Capítulos sobre *a fantasia da construção de mitos, crença em almas e nos cultos de bruxaria, mitos da natureza e mitos*

---

[86] Curiosamente, o volume 2 estava voltado para a arte, e os volumes de 7 a 10 à sociedade: 7 e 8 à sociedade, 9 à justiça e 10 à cultura e à história.

dos contos de fada e a lenda do herói (Volume 5, pelo menos umas 480 páginas), sobre *os mitos dos deuses e sobre religião* (Volume 6, umas 550 páginas) sem clareza alguma sobre o que seja psicológico nesses relatos de fenômenos históricos e culturais. Wundt não usava princípio psicológico algum para organizar e expor a montanha de material dos textos; nenhuma perspectiva psicológica para analisá-lo; e nem ele chegava a alguma conclusão psicológica no fim de seus longos tratados. Podia-se esperar que no Capítulo final do Volume 6 (Capítulo 6 do subprojeto do *Mito e religião*) fosse possível encontrar um *resumé* desses resultados e conhecimentos mais aprofundados da Psicologia da Religião. Em vez disto o Capítulo oferece (1) um relato das concepções da vida do além e da crença na imortalidade; (2) uma descrição de cultos religiosos; e (3) um tratado sobre a *essência da religião*, um assunto que ele mesmo antes claramente atribuíra à Filosofia da religião (Wundt, 1911). Este último tratado foi então dividido em (1) religião como problema psicológico; (2) as raízes metafísicas e éticas da religião; (3) o estado atual e o futuro da religião.

Na parte *religião como problema psicológico* mais uma vez não encontramos resultado algum, mas antes um texto programático no que Wundt assinala mais uma vez que a religião precisa ser estudada do ponto de vista da *Völkerpsychologie* e que os filósofos pragmáticos estariam equivocados. Como já assinalamos acima, Wundt não menciona aqui o *Varieties* de James nem uma só vez, apesar de contestar o método de *pesquisa de estudo de casos selecionados* enquanto tal (sobre o que James fundamentara o seu trabalho); uma vez que é uma abordagem que não tem nada a dizer sobre a origem da religião, o seu desenvolvimento ou o seu sentido na *cultura contemporânea* – tarefa, pelo menos pelo ao parece, que Wundt estaria atribuindo à Psicologia da Religião.

Ainda assim, dificilmente algum psicólogo da religião, então e hoje em dia, concordaria que esses temas devam ser assuntos da Psicologia da Religião. Para os psicólogos da religião a tarefa final atribuída por Wundt para esta área de estudos seria, provavelmente, trabalhada de modo mais apropriado no âmbito dos aspectos históricos do mundo acadêmico, e não na Psicologia: *mostrar como as ideias filosóficas se desenvolveram desde os símbolos religiosos e como elas afetam a transformação destes símbolos* (Wundt, 1915, p. 529-530).

Mesmo se pudéssemos entender de um modo geral o que Wundt queria com a sua abordagem da religião a partir da *Völkerpsychologie,* ainda continuaria sendo difícil encontrar uma Psicologia consubstanciada nos seus extensos escritos sobre o assunto. No Volume 8 da *Völkerpsychologie* (sobre a Sociedade), ele afirma ter tratado antes, nos volumes anteriores, das características psicológicas dos xamãs e dos sacerdotes; mas quando voltamos para os volumes a que ele se refere, não encontramos um tratado psicológico, mas somente uma descrição, um relato histórico. Assim, o que Wundt que dizer por *ter tratado do assunto de um modo Völkerpsychologista* de um produto cultural como a religião? Se tomarmos exemplos de outras áreas da *Völkerpsychologie,* concluimos com as mesmas questões e problemas. Dificilmente podemos nos surpreender quando um crítico de então, como o linguista Hermann Paul (1846-1921), que estava bastante familiarizado com a *Völkerpsychologie* e que já discutira o trabalho de estudiosos anteriores a ele neste campo da *Völkerpsychologie,* como Lazarus e Steinthal (Eckardt, 1997), escreveu: *Nós nos perguntamos: quais são as leis psicológicas que Wundt deriva de suas observações da linguagem? Devo admitir que procurei por elas em vão* (Paul, 1910, p. 321).

Para encerrar este primeiro ponto mais amplo, devo, talvez, indicar algumas características não específicas que podem ter sido as responsáveis pelo fato de a *Völkerpsychologie* de Wundt ter tido tão pouco impacto. Parece que o projeto foi um empreendimento de *elite*: nenhum dos muitos estudantes de doutorado de Wundt dedicou um único tópico de suas dissertações ao especificamente *völker-psicológico*. Wundt pensava que somente ele daria conta da *Völkerpsychologie* (Kusch, 1999). Isto certamente impediu a ampliação da abordagem entre os psicólogos daquele tempo. Aparentemente no fim de sua vida até mesmo Wundt tomou consciência de que a *Völkerpsychologie* – apesar de seus dez volumes sobre o assunto – continuava sendo uma *ciência do futuro* e que não tinha realizado tudo durante a sua vida. Além disto, o projeto mostrava sinais de ser ambicioso demais. Wundt escreveu como se as demais ciências humanas fossem meramente auxiliares da *Völkerpsychologie*: História, Etnologia e outras áreas do conhecimento deveriam fornecer os dados, mas estes deveriam ser organizados e interpretados por um *Völkerpsychologista* (Wundt, 1918, p. xi).

O que este *Völkerpsychologista* tinha a oferecer, entretanto, continua a ser obscuro, como vimos acima. Ainda assim, pelo fato de formular a sua argumentação desse modo e por causa de seu estilo polêmico no geral, Wundt não preparou o caminho da sua *Völkerpsychologie* para o encontro com os estudiosos das outras ciências humanas que se sentiram inferiorizados em vez de parceiros em nível de igualdade. A *Völkerpsychologie* levou Wundt cada vez mais para uma posição de isolamento (Oelze, 1991, p. 22-23). Finalmente, pode muito bem ser que a *Völkerpsychologie* de Wundt tenha sido um antigo projeto dos tempos anteriores ao início de seus trabalhos com Psicologia. Em sua autobiografia, Wundt relata que ele pretendia, inicialmente, escrever uma História comparada das religiões (Wundt, 1920, p. 199), um projeto que ele caracterizou no final de sua longa vida como realmente *Völkerpsicológico* (p. 200).

Existem outras razões possíveis para a compreensão do fraco impacto da *Völkerpsychologie* de Wundt (Oelze, 1991, p. 5-6), mas como elas são ainda menos específicas para a Psicologia da Religião que as que apresentamos acima, vamos deixá-las de lado. Em vez disso, vamos dar uma olhada em alguns assuntos menos pessoais, mas mais metodológicos, que foram responsáveis pelo fato de a abordagem de Wundt não ter se tornado um guia para a Psicologia da Religião. O mais importante, dentre estes – e um ponto que se aplica igualmente à *Psicologia* de seu *adversário* William James – é o *estreitamento* do espaço da Psicologia nas décadas após a morte dos *pais* fundadores.

Como já é bem conhecido e não precisamos contar mais uma vez aqui, para muitos psicólogos a pluriformidade de seu campo redundou numa *crise* e eles tiveram de buscar caminhos para unificar a sua disciplina. A partir de sua perspectiva, uma ciência unificada precisa de uma metodologia unificada, e a que eles adotaram fora modelada a partir das prestigiosas ciências naturais. Assim, em vez de seguir os passos de Wundt ou de James, no que diz respeito ao pluralismo metodológico, a Psicologia, no geral, voltou-se para um *monismo* metodológico (que, diga-se de passagem, *não* é a mesma coisa que o monismo metódico); este terminou por desconsiderar a abordagem mais hermenêutica de James e os *experimentos* essencialmente qualitativos de Wundt, adotando os procedimentos experimentais como eram aplicados nas ciências naturais, suplementados por testes psicométricos e questionários estandardizados que então eram analisados através de explanações estatísticas.

A metodologia dominante da Psicologia consiste em (Cahan & White, 1992):

• Behaviorismo metodológico: pesquisas em laboratório de mecanismos de percepção e de aprendizagem como a base para uma ciência unificada da psicologia.

• Confiança nos procedimentos experimentais que tomam os sujeitos coletivos (grupos de pessoas) como a base para a inferência sobre os processos psicológicos individuais.

• Uso de inferência estatística aplicada aos dados dos grupos, como, por exemplo, os estudos correlacionais embasados em testes psicométricos ou procedimentos de análise de variância para os experimentos clássicos de controle de variáveis ou de tratamento.

No que diz respeito à metodologia, métodos e técnicas em Psicologia, tanto James como Wundt saíram perdendo: as suas abordagens não vingaram, mas – apesar das críticas apresentadas por estudiosos como Stählin – foram *reprimidas* por exemplos de abordagens como a de Starbuck que foram levadas adiante quase que sem teoria, com a medida de variáveis e pela análise das mesmas com recursos da estatística.[87] A abordagem de Wundt, mais específica, não individualística e *völkerpsychológica* foi também até muito rapidamente esquecida. A cultura

---

[87] Isso não é fácil de dizer, isto é, se houve seguidores de Wundt ou de James ou, mais precisamente, se tivemos psicólogos fortemente influenciados por eles. Entretanto, a escola psicológica mais próxima de Wundt floresceu na antiga União Soviética (Rússia), isolada do Ocidente, onde suas ideias foram sendo acolhidas muito lentamente (Vygotsky, 1930/1971, 1934/1987, 1978; Luria, 1971, 1976, 1979, 1981; Leontiev, 1978, 1981). Aqui e ali, houve psicólogos nos Estados Unidos (especialmente nos primeiros tempos em que muitos foram formados na Alemanha) com alguma simpatia pela *Völkerpsychologie*. Cole (1996, p. 35) chama a atenção de exemplos como o de Charles Judd (1926), um psicólogo educacional que escreveu um livro sobre a Psicologia Social (a sua um tanto quanto equivocada tradução de *Völkerpsychologie*). Ele claramente seguiu Wundt quando ele sustenta que a linguagem, instrumentos, sistemas de números, o alfabeto etc. são formas de capital social acumulados ao longo da história. Os recém-nascidos devem adaptar-se às práticas e instituições sociais; as *mentes* individuais são realmente *formadas* pelo processo de socialização. Por isso, a Psicologia Social não pode embasar-se em propriedades do psiquismo individual, mas deve ser uma ciência independente, empregando métodos da Antropologia, da Aociologia e da Linguística. James influenciando outros pensadores pragmáticos como Mead (1934) e Dewey (1938/1963), teve, claramente, mais seguidores no campo da Psicologia Social *sociológica* (pelo uso de métodos qualitativos tais como o interacionismo simbólico e a etnometodologia) que na Psicologia Social *psicológica*, que usava métodos experimentais quantitativos (Strycker, 1977).

não era considerada um objeto para a pesquisa psicológica e quando se tratava disto, ela era apenas um objeto no qual os conhecimentos psicológicos poderiam ser aplicados; que a cultura seja constitutiva da ação humana e que regula o seu significado é uma compreensão normalmente vista como abstrata pela Psicologia em geral.

Os psicólogos, de um modo geral, negligenciam Max Weber, outro dos *pais* fundadores das ciências sociais *psicologizadas*, e a sua compreensão da realidade que vê os seres humanos como que *suspensos* em redes de significância em que eles mesmos se enredam. Em vez disso, a universalidade das *leis* obtida pela Psicologia em geral é, normalmente, confirmada não somente ao longo dos diversos contextos, mas ao longo de toda a espécie humana também (Cole, 1996, p. 31). Nas publicações de cunho psicológico, à cultura é reservado claramente um papel menor: se ela aparece, e quando aparece, ela se refere às diferenças culturais. Mesmo quando os psicólogos, em geral, reconhecem a influência da cultura, eles admitem que isto ocorre através de mecanismos universais, que seriam os objetos reais de interesse da psicologia: *A principal força da psicologia geral é a ideia de um* equipamento *central de processamento. Este processador, que é imaginado, paira além e acima ou mesmo transcende toda a matéria bruta sobre a qual ele opera* (Shweder, 1991, p. 80).

Na Psicologia da Religião reconhece-se uma preocupação com os *indivíduos extraídos* de sua cultura, no foco quase que exclusivo da religiosidade (privada) e na quase total negligência da religião como tópico de pesquisa na Psicologia da Religião. Na realidade – provavelmente por causa do temor de cair na falácia do reducionismo (ontológico) no que diz respeito às afirmações de verdades que seriam inerentes a todas as religiões – muitos, e talvez mesmo a maioria, dos psicólogos da religião defendem a posição segundo a qual eles somente podem pesquisar a religiosidade, a correlação individual e personalizada de uma religião dada, na qual o mesmo indivíduo foi socializado, e não a religião enquanto tal. Isto deveria ser questionado, especialmente à luz dos primeiros debates sobre a metodologia em Psicologia da Religião que acabamos de ver.

Debates atuais e perspectivas conquistadas

Uma retomada das primeiras perspectivas no campo – ou mesmo uma reorientação em relação a elas – pode ser vital para a Psicologia da Religião. A proposta de Wundt de uma Psicologia Cultural parece ser particularmente relevante. Mesmo concedendo que as contribuições de Wundt no que ele chama de *Völkerpsychologie* possam ter lá suas falhas e possam ter limitado este ramo da psicologia pelo menos no modo como ele a promoveu, suas compreensões profundas nos aspectos teóricos e metodológicos em geral continuam ainda tendo seu valor. Apresentando em termos contemporâneos: todas as condições do funcionamento do psiquismo, seja em termos limitativos (tais como a dimensão psicofisiológica ou as condições sociais e geográficas), operativos (tais como as atividades adquiridas ou aprendidas) ou normativos (tais como as regras e normas) são sempre variáveis culturais e históricas e por isso todas as *funções psíquicas mais elevadas* são constituídas, facilitadas e reguladas por processos culturais. Um dos problemas da *Völkerpsychologie* de Wundt é a falta de teorias e conceitos apropriados. Ele não tinha instrumentos teóricos específicos para conceituar as relações entre o funcionamento psíquico e a cultura. Ao recontar os relatos de linguagens, sociedades, religiões etc. ele não foi muito mais longe que a conclusão de que *os fatores psíquicos tiveram um papel*, sem determinar quais seriam estes fatores e o seu impacto preciso. Quanto ele iniciou o seu projeto ele não tinha sequer um *conceito fundamental* a sua disposição para a *Völkerpsychologie* além do *espírito do povo e alma do povo, pré-história e história, indivíduo e sociedade* (Wundt, 1900/1921, Introdução, Parte I).

Depois de um século temos teorias mais precisas e úteis e conceitos tais como *atividade, ação* (simbólica), *self-dialógico* e *mediação* (Boesch, 1991; Cole, 1995; Eckensberger, 1995; Hermans & Kempen, 1993; Ratner, 1996), temos trabalhos sobre a memória autobiográfica, sobre narrativas e sobre a Psicologia discursiva ou narrativa etc. (Crawford & Valsiner, 1999; Belzen, 2004a; Wang & Brockmeier, 2002). Muito próximo do espírito da *Völkerpsychologie* de Wundt, o trabalho da Psicologia Cultural contemporânea também sustenta que os padrões culturais de ação, de pensar e de experienciar a realidade são criados, adotados e promulgados por certo número de indivíduos em ação conjunta. Esses padrões são supraindividuais (sociais) em vez de individuais, e *artefatuais* em vez de naturais. Os fenômenos psicológicos são, por isso, culturais, na medida em que eles são artefatos sociais, isto é, na medida em que os seus conteúdos, modos de operação e relações dinâmicas são socialmente criados e compartilhados por certo número de indivíduos e estão integrados com outros *artefatos sociais* (Ratner, 1001, p. 9). Em um fenômeno religioso, por exemplo, a conversão tem sentidos diferentes dentro do âmbito dos diversos subgrupos de cada religião uma vez que ela é o resultado de certas práticas religiosas padronizadas que se relacionam algumas vezes com rituais e doutrinas religiosas muito diversas; ela pode até nem ser encontrada em alguns grupos ou subgrupos religiosos (Belzen, 2004a; Hijweege, 2004; Popp-Baier, 1998). Na Psicologia Cultural o *sentido* de algumas formas de ação (ou de pensar ou mesmo de experienciar) é claramente mais central que a ação em si mesma (que pode ser, e às vezes é mesmo, estudada também por outras ciências sociais ou humanas).

Apesar de Wundt até certo ponto desprezar a Psicologia da Religião no seu tempo, entretanto, a maior parte de sua crítica é ainda válida. Essencialmente, a sua reprovação tem dois aspectos: a Psicologia da Religião reduz o seu objeto à religiosidade e não chega a resultados significativos. Os dois pontos se relacionam entre si. Claramente existe, hoje, um grande número de pessoas interessadas numa abordagem psicológica da religião: a produção científica enorme na atualidade como as publicações, os seminários os *workshops* etc. – ainda que muitas vezes fortemente psicologizados em sua natureza – sobre a religião, sobre a espiritualidade, esoterismo e assim por diante, são um testemunho disto. Num nível mais acadêmico, existe um crescimento do interesse da parte das instituições religiosas e profissionais no que a Psicologia tem a dizer.[88] Entretanto, as pessoas dessas áreas científicas estão muitas vezes desapontadas com o que a Psicologia da Religião no sentido próprio[89] tem a oferecer (Nørager, 1996).[90] Este desapontamento com a Psicologia da Religião parece ser endêmico nesta área: mesmo quando este campo de estudos estava em seus inícios, os observadores de então reclamavam que a Psicologia da Religião tinha muito pouco a dizer sobre a religião em si mesma. Parece que estaria primeiramente preocupada ou interessada com a sua aceitação entre os demais psicólogos, buscando provar que ela mesma seria *científica* através da efetivação de experimentos, pelo uso da

---

[88] Na realidade, a maior parte das cadeiras das disciplinas e outras posições acadêmicas reservadas para a Psicologia da Religião estão alocadas nos Departamentos de Estudos da Religião e da Teologia, e não nos departamentos de Psicologia.

[89] A Psicologia da Religião deve ser distinta da Psicologia Religiosa, que é inerente às tradições religiosas (por exemplo, o budismo), da Psicologia Pastoral, de Psicoterapia religiosa e ainda de outras formas de Psicologia que estão a serviço de interesses ou objetivos religiosos. Em princípio a Psicologia da Religião é uma perspectiva acadêmica de análise da religião e deveria ser neutra em relação a seu objeto de pesquisa (Belzen, 1995-1996).

[90] Neste artigo o cientista da religião dinamarquês Troels Nørager refere-se às reações dos estudantes da religião na Universidade de Aarhus (Dinamarca) depois de terem tido o curso de Psicologia da Religião.

estatística, mas negligenciando o seu próprio objeto de pesquisa (Belzen, 2004b).

Na realidade, é impressionante que muito do que está sendo feito por aqueles que estão vinculados à área discorda do que é visto como sendo a corrente principal ou dominante da Psicologia: tanto o ensino como a pesquisa da Psicologia da Religião nos departamentos dos estudos sobre a religião são na maior parte das vezes *alinhados* com a Psicanálise (Capps, 2001; Jones, 1991, 1996; Jonte-Pace, 2003; Jonte-Pace e Parsons, 2001). As monografias em Psicologia sobre fenômenos explicitamente religiosos ou sobre assuntos relacionados com a religião raramente são publicadas por psicólogos, mas são antes de autoria de pessoas que lidam com a área, mas com uma formação em Psiquiatria ou História das Religiões (Carroll, 2002; Cohen, 2007; Geels, 1991; Kripall, 1995; Meissner, 1992, 1997) e muitas vezes são mais legíveis do que a maior parte das *Introduções* à Psicologia da Religião no sentido técnico (Argyle, 2000; Spilka *et al.*, 2003).

Chama a atenção que em diversos trabalhos acadêmicos de caráter mais geral sobre a religião como um fenômeno, os autores explicitamente voltam-se para as teorias e pesquisas psicológicas, mas raramente citam algo da Psicologia da Religião no sentido mais estrito (Boyer, 2001; Cohen, 2007; Guthrie, 1993). De certo modo, estes pensadores da religião em vertente antropológica continuam o programa inicial de Wundt: eles claramente trabalham a religião de modo interdisciplinar, empregam os conhecimentos da Psicologia dos dias de hoje, mas ficam fora das *metas* tanto das tendências predominantes da Psicologia geral e da Psicologia da Religião.

Os psicólogos da religião que trabalham dentro do contexto institucional de um Departamento de Psicologia se orientam, o mais possível, pelo estilo e exigências da tendência central da Psicologia. Não há nada de errado nesta estratégia, mas eles correm o risco de contribuir para a relevância dúbia da Psicologia da Religião.⁹¹ A razão para isso é que esta área da Psicologia compartilha as virtudes e as fraquezas da Psicologia em geral, na medida em que a Psicologia da Religião é parte da Psicologia geral, as críticas à área-mãe são do mesmo modo pertinentes à área-filha também. Na realidade, se a Psicologia da Religião estiver meramente repetindo a pesquisa psicológica sobre as *populações religiosas*, ela está correndo o risco de somente chegar às conclusões que os outros estudiosos já alcançaram como pesquisadores de outras *populações*. Em outras palavras, se seguir por esse caminho, a Psicologia da Religião não está fazendo nada de errado, mas não estará fazendo nada também de *particularmente* certo. Essa pesquisa psicológica pode estar sendo conduzida corretamente do ponto de vista metodológico: mecanismos psicológicos são conhecidos, distinções e variáveis podem ser reconhecidas nos sujeitos ou temas religiosos e as teorias psicológicas podem ser aplicadas também aos contextos religiosos. Tudo isto certamente é informativo, mas para um observador crítico isso pode parecer muito trivial.

A Psicologia da Religião obviamente não pode empregar senão teorias e técnicas da Psicologia em geral, mas se isto funciona somente como uma *validação* adicional ou como exemplo para essas teorias, métodos e técnicas o seu valor é bastante limitado.⁹²

---

⁹¹ Os psicólogos da religião devem estar muito bem *advertidos* de não ficarem muito preocupados com sua centralidade (ou não centralidade) no que diz respeito à tendência predominante na Psicologia em geral: nenhum dos *pais* fundadores tanto da Psicologia como da Psicologia da Religião especificamente (como Hall, James, Freud ou Wundt), e mesmo os que vieram mais tarde, como nenhum outro *contribuinte* significativo para o campo da Psicologia da Religião (Allport, Fromm, Jaspers ou Maslow) são considerados da *tendência predominante* na Psicologia contemporânea.

⁹² Deve-se ter em mente que nenhuma teoria psicológica foi formulada tendo por base a pesquisa em religião. Como é lógico e correto, a Psicologia da Religião sempre usou as teorias, os métodos, as técnicas psicológicas à mão.

Se algum elemento da Psicologia for conhecido como sendo um conhecimento válido, *a priori* pode-se assumir que ele é válido para as populações e contextos religiosos também. A questão incômoda, entretanto, é se a Psicologia da Religião não tiver uma tarefa mais importante (apesar de mais difícil): concentrar-se no seu objeto clássico, isto é, a religião. A tarefa ideal para a Psicologia da Religião seria proporcionar um conhecimento adicional sobre a religião a partir da perspectiva da Psicologia.

A Psicologia da Religião deveria então considerar como uma de suas primeiras tarefas a descoberta e a descrição do que seja o específico na religião: que as pessoas religiosas estão imersas em grupos religiosos e em comunidades religiosas é óbvio, que muitos processos como os pesquisados pela Psicologia Social e pela Sociologia podem ser encontrados nesses grupos ou comunidades é igualmente trivial. Mas se a questão for a compreensão da existência de alguma diferença entre o fato de ser membro de um grupo religioso *versus* o fato de ser membro de um grupo não religioso, então já não é mais trivial. O caráter religioso de um grupo acrescenta algo de significativo aos seus membros? Se não, qual é a natureza que esse *sur plus*, que significa pertencer a um grupo religioso, pode ter?

Se, por exemplo, como se afirma no cristianismo, a divindade é uma pessoa e ser cristão significa estabelecer relações com um deus pessoal, o relacionamento com este deus muito provavelmente apresentará muitas características psicológicas que os psicólogos podem discernir das relações interpessoais em geral. E mais, o relacionamento com um deus não é totalmente idêntico com o relacionamento com alguém, nem mesmo com uma pessoa amada ausente, um parente etc.: o deus cristão não é uma pessoa no mesmo sentido com que os outros seres humanos o são. Qual seria, então, a diferença entre o relacionamento com Deus e com uma outra pessoa? Se esta diferença puder ser descoberta e pesquisada, isso teria algum sentido psicológico ou impacto para a pessoa envolvida? Como poderia isso ser estudado e conceituado? Que tipo de realidade é esta com que uma pessoa devota religiosamente se envolve? Do ponto de vista psicológico, no que são diferentes ou no que são similares os contos de fadas, a fantasia, os mitos, a ilusão, a ideologia e assim por diante? Se a Psicologia da Religião for capaz de chegar às respostas a questões como estas, ela estará contribuindo significativamente tanto para o conhecimento psicológico como para o conhecimento das religiões (ou da religião).

Voltar aos textos clássicos nem sempre é o caminho para sair de uma crise e repeti-los meramente nunca é, uma vez que o contexto no qual eles funcionaram ou precisam agora funcionar (de novo) está constantemente em mudanças. Entretanto, como já foi assinalado por Danziger na longa citação no início deste Capítulo, para a Psicologia podem existir amplas razões para considerar os debates teóricos e metodológicos dos dias de seu início. Como a Psicologia da Religião parece estar em crise (Wulff, 2003), isso pode ser igualmente verdadeiro para esta subárea da Psicologia geral. O fato de que nenhuma publicação em Psicologia da Religião tenha até hoje se igualado ao *Varieties* de James, em termos de apelo ao público e ao meio acadêmico, pode significar – apesar das críticas de Stähkin, Vorbrodt e Wundt – uma boa razão para se olharem mais uma vez as teorias e a metodologia deste *pai* fundador, a fim de *fertilizar* a Psicologia da Religião nos dias de hoje.

Agora que a Psicologia Cultural está aos poucos se tornando uma voz clara e audível dentro do campo da Psicologia no sentido amplo, oferecendo teorias e conceitos, bem como métodos e técnicas para analisar o relacionamento entre o funcionamento do psiquismo humano e a cultura, pode ser igualmente sensato olhar mais uma vez para a proposta de Wundt – apesar de suas falhas – de levar a religião, e não só a religiosidade, a sério como um objeto da pesquisa da Psicologia Cultural. Antes que uma religiosidade se desenvolva na vida de qualquer pessoa humana individual, temos uma religião que é encontrada como um fenômeno cultural. Compreendendo a religião como um elemento da cultura pode *capacitar* os psicólogos a participarem na análise da religião, por exemplo, na pesquisa na especificidade que uma *forma de vida* religiosa (Wittgenstein) pode ter no que diz respeito à subjetividade daqueles envolvidos com esta forma de vida religiosa.

8

O *SELF* DIALÓGICO

Uma perspectiva no estudo psicocultural da religiosidade

No presente momento, o interesse pela Psicologia da Religião vem aumentando não somente entre os estudantes e a população em geral, mas também entre os praticantes e pesquisadores, como se pode ver pelas publicações da APA – Associação Americana de Psicologia. Em menor medida isto se aplica também à Psicologia Cultural da Religião. Há certamente maior interesse no campo do que havia há dez anos. Alguns autores e revistas especializadas associados a esta renovada atenção também se dedicam ao tema. Embora não ligados totalmente à Psicologia da Religião, eles fornecem exemplos ligados à religião que, certamente, deixa de ser tema tabu.

E talvez mais importante do que isto tudo seja o fato de que a abordagem psicocultural nos oferece a oportunidade de superar o conceito segundo ao qual a religião faz parte da natureza humana e que é melhor ser religioso do que não o ser. Além do mais nos livra de certos estorvos moralizantes que entravam a Psicologia da Religião. Quando entendemos religião como um elemento da cultura, necessitamos conceitos e unidades operacionais que nos ajudem a encontrar o nexo entre certa cultura e a pessoa com seus hábitos, ações e narrativas ou histórias. A teorização sobre *self* dialógico tal como iniciada por Hermans e Kempens pode ser um exemplo disso. Seu trabalho é reconhecido pelo movimento internacional em torno da Psicologia Cultural e promete ser uma análise cultural do fenômeno religioso.

É interessante olhar mais de perto para este corpo teórico, já que também está inextrincavelmente ligado ao desenvolvimento das pesquisas da Universidade Católica de Nimega (Holanda). O *self* dialógico pode ser visto como um resultado tardio de antigas iniciativas de integrar a Psicologia Cultural com a Psicologia da Religião na Holanda, um movimento que culminou em 1956 com a instalação do Departamento de Psicologia Cultural em Nimega, embora também tenha a ver com a instalação do Departamento de Psicologia Geral. Mas alcança também posteriormente o ideal de que a Psicologia da Religião deve acontecer a partir de uma perspectiva secular. Para corroborar essas afirmações, é necessário lembrar algumas informações históricas. Vou apresentar uma mescla de argumentação histórica e sistemática.[93]

O *self* dialógico

Um dos aspectos mais atrativos desta temática é que o *self* dialógico contempla as mais antigas tradições da Psicologia, bem como as mais atualizadas tendências do momento (EUA). O conceito de *self* dialógico é o resultado de contínuas conversações entre autores diversos, como Heidegger e Merleau--Ponty, enquanto representantes do pensamento fenomeno-

---

[93] Nota pessoal: Kempen morreu subitamente em 26 de março de 2000. Ele foi meu professor – e de todo psicólogo cultural holandês. Mais do que isso, foi meu colega e vizinho de sala. No Departamento de Psicologia Cultural nossas salas eram próximas, e nos tornamos muito amigos. Por muitos anos tivemos boas conversas no dia a dia, durante as quais partilhamos todo tipo de assunto, incluindo temas de relevância particular. O presente *paper* baseia-se substancialmente nessas conversações, nossas *mil horas,* como eu costumava chamá-las.

lógico; James e Mead, como representantes do pragmatismo americano; e Sarbin e Gergins, enquanto representantes de certos movimentos contemporâneos, como o construcionismo e as teorias narrativas. A compatibilidade com movimentos presentes na Literatura e várias outras áreas fica muito patente na teoria do *self* dialógico e nas teorias de Hermans e Kempen, comos também em MacAdams e Fogel.

Com seu esforço por conceber a pessoa humana como um *self* múltiplo, mutante, corporizado e dependente do contexto, Hermans e Kempen claramente contribuem para a Psicologia Cultural, assim como essa está sendo presentemente desenvolvida em vários lugares e de muitas formas, vinculando-se, além disso, a uma longa tradição de Nimega, onde ambos os autores estiveram presentes por cerca de 40 anos. A diversidade de fatores e fontes em seu trabalho tem sido uma característica forte e, igualmente, um fardo do departamento de Psicologia Cultural de Nimega. Mas em primeiro lugar vamos considerar brevemente o conceito em si.

Hermans e Kempen propõem inicialmente a ideia do *self* como uma multiplicidade de posições relativamente autônomas do EU numa paisagem imaginária. Seguindo a proposta de Sarbin de uma narrativa psicológica e assumindo que na narrativa do *self* um autor singular conta histórias sobre si próprio como ator, Hermans e Kempen concebem o *self* como polifônico: um e mesmo indivíduo pode e frequentemente vive numa multiplicidade de mundos, cada mundo tendo seu próprio autor contando uma história relativamente independente da dos autores dos outros mundos. De tempos em tempos os vários autores podem entrar em diálogo um com outro.

Além disso, o *self* conceituado como uma novela polifônica tem a capacidade de comportar as noções das narrativas imaginárias e diálogos. Em sua ideia de *self*, Hermans e Kempen não estipularam um EU geral que administrasse os vários constituintes do MIM, tal como fez William James. Ao invés disso, o caráter espacial do *self* leva à suposição de uma multiplicidade descentralizada de posições do EU que funcionam como vários autores relativamente independentes contando cada qual a história de seu respectivo MIM como ator. Em suas publicações iniciais, os dois psicólogos explicitam que sua visão difere da visão de muitos autores ocidentais. Em contraste à percepção do *self* como individualístico, o EU se move num espaço imaginário que lhe permite ter várias perspectivas, a partir das quais vários ângulos e mesmo contrastantes entre si são vistos. Em segundo lugar o *self* dialógico é social, o que não significa que um indivíduo total entre em contato com outra pessoa do lado de fora de si, e sim que o Outro ocupa posições neste *self* de múltiplas vozes. A outra pessoa é uma posição que o EU ocupa e cria numa perspectiva alternativa no mundo, incluindo o *self*. Finalmente, a concepção do *self* dialógico se opõe ao ideal do *self* como uma estrutura de equilíbrio centralizada. Hermans e Kempen não estipulam o *self* como o centro de controle. As diferentes posições do EU no *self* representam diferentes pontos de ancoração que, dependendo da natureza da interação, podem acionar as outras posições da organização do EU num dado momento no tempo.

Tendo delineado o *self* dialógico, tentarei mostrar a importância desse conceito dentro da Psicologia Cultural e especialmente no que tange uma Psicologia da Religião sensível à cultura. Um breve excurso histórico do contexto intelectual em que nasce o conceito nos levará à conclusão de que o *self* dialógico é o resultado tardio de uma reorientação final da programação da Psicologia Cultural e da Psicologia da Religião que havia sido postulada já desde antes da Segunda Guerra Mundial. Começarei procurando pela resposta para uma questão sobre onde começou o interesse dos meios universitários de Nimega por uma Psicologia atenta à cultura, o que acabou levando ao estabelecimento de uma cadeira ou disciplina um tanto original de Psicologia Cultural, transformada depois em departamento. Em um segundo momento no passado, tentaremos compreender o desejo incomum de Nimega de juntar Psicologia Cultural e Psicologia da Religião, e na parte seguinte do texto vou contextualizar um pouco o desenvolvimento, fundamentar e contextualizar algumas das conclusões que serão expressas por mim.

A origem da ideia da Psicologia Cultural

A ideia de estabelecer uma cadeira *magisterial* veio de Rutten (1899-1980), o professor que construiu o Departamento de Psicologia em Nimega. Precisamos considerar três fatores se quisermos compreender o que o motivou: sua formação profissional; seu contexto pessoal, personalidade e estilo; e sua visão de Psicologia.

A formação profissional

Primeiramente, Rutten foi indicado para lecionar no contexto das Ciências da Educação com o objetivo de treinar ou formar professores católicos. Ele sucedia seu professor de Psicologia F. J. M. Roels (1887-1962) de quem fora assistente por vários anos. Naquela época a Psicologia empírica era um tema raro nas universidades holandesas. A Psicologia teórica já vinha sendo ensinada havia várias décadas por professores de Filosofia, mas a introdução à Psicologia como uma disciplina trabalhada empiricamente estava atrasada especialmente em comparação com os países vizinhos. Roels parecia ser realmente a pessoa mais indicada para ser professor de Psicologia em tempo integral numa universidade holandesa. Ele lecionara antes em Utrecht (1918).[94]

Em Nimega, fundada em 1923, o Padre Hoogveld (1878-1942) era o responsável pela parte pedagógica. Ele queria seguir o exemplo da Universidade Católica de Leuven (Bélgica), onde fora dado à Psicologia um espaço no currículo pedagógico. Ele recrutou Roels para trabalhar meio período em Nimega, porque esse último havia estudado filosofia em Leuven com Michotte (1881-1965) que, por sua vez, havia estudado com Wundt e Külpe. Roels tinha um colega e amigo A. A. Grünbaum (1885-1932), russo, que trabalhava na Alemanha e que fugira para a Holanda no final da Primeira Guerra Mundial, tornando-se aí professor honorário de Psicologia do Desenvolvimento em 1928. Grünbaum foi um dos responsáveis pela introdução do movimento fenomenológico na Holanda. Em seu trabalho encontram-se todos os tipos de temas antielementarísticos que eram então elaborados na Alemanha naquele tempo: a intencionalidade (Brentano), a totalidade (Psicologia da Gestalt), a existência (Husserl) e a compreensão da vida fora da vida em si (Dilthey).

Grünbaum desenvolveu uma visão orgânica da consciência, ou seja, uma visão de que a consciência deveria ser considerada uma unidade em si e que esta unidade seria o resultado do envolvimento humano com uma atividade concreta que requer uma ação.

---

[94] Para ser historicamente exato e usar os termos adequados, Roels começou como assistente de C. Winckler (1855-1941), professor de Psiquiatria e Neurologia na Universidade de Utrecht. Em 1916 ele tornou-se professor não oficialmente contratado da Faculdade de Filosofia e Humanidades. Foi indicado como conferencista em Utrecht, em 1918, e como professor, em 1922. Mais tarde as funções de conferencista e palestrante foram mudadas para a de professor. Nenhuma daquelas duas funções existe mais.

Dentro das concepções da Psicologia científica daquele tempo, a consciência de um ferreiro trabalhando uma peça de ferro quente deveria ser descrita como um conjunto de sensações, atos de atenção e impulsos do desejo. Mas para Grünbaum essa descrição é artificial e contradiz a experiência real do ferreiro, pois ele, precisamente, está envolvido com fazer algo: *o complexo de sensações, sentimentos e impulsos está carregado pela experiência da situação como um todo na qual não há separação entre um EU que está reagindo e um meio que está influenciando o EU.* O ferreiro não é separadamente as sensações as quais têm de ser seguidas por impulsos do desejo, mas está vendo uma ferradura que ainda não tem a forma que ele deseja que ela tenha. Roels estava fortemente influenciado pelas visões propagadas por Grünbaum. Ele também afirmava que a pessoa é uma unidade.

O caráter *life-unlike* da Psicologia Experimental é um resultado desta preocupação com a consciência em paralelo com o dualismo cartesiano. Roels concordava com William Stern, segundo o qual o princípio básico da realidade não é o fato de que há fenômenos psíquicos e físicos, mas de que há pessoas concretas. A experiência concreta mostra que o *ser humano é uma* unitas multiplex: *muitos elementos diversos unidos nele.* A consciência não deveria ser vista como separada da realidade nem do mundo externo. Roels considerava a definição de Psicologia de Watson como sendo o estudo do comportamento como algo unilateral, pois que Watson permanecia no dualismo cartesiano, focando o corpo em um único momento, isto é, o do comportamento.

Na visão de Roels, a única definição aceitável de Psicologia deveria ser a de um estudo do ser humano como uma unidade psicofísica. Roels era bem mais do que simplesmente um teórico; ele tinha uma orientação prática e queria aplicar a Psicologia na busca de soluções para todos os problemas da vida diária. Era de opinião que a Psicologia aplicada era *tão necessária quanto o pão*. Mas num notável texto de 1928, teve de reconhecer que a Psicologia de seu tempo tinha muito pouco a dizer quando se tratava de resolver questões práticas.

Uma Psicologia aplicada ou Psicotécnica na opinião de Roels seria impossível sem uma Psicologia Cultural. A Psicotécnica em si registra apenas os elementos a partir dos quais os fenômenos são construídos. A Psicologia da Gestalt havia mostrado que o todo não pode ser construído como somatória das partes. Consequentemente Roels via como tarefa da Psicologia Cultural a de olhar os fenômenos como *momentos constituintes de um significado total*.

Esta base necessária da Psicologia Cultural faltava quase que inteiramente na Psicologia Pedagógica – Psicopedagogia – e também em todas as visões de mundo das psicologias então vigentes, da Psicologia Social e da Psicologia Econômica.

Background pessoal

Rutten herdou, portanto, seu interesse pela Psicologia Cultural de seu professor e padrinho Roels, que claramente o adotou, requerendo mesmo sua contratação pela Universidade Católica. Fizeram publicações juntos e quase imediatamente após a defesa de doutorado de Rutten, Roels saiu de Nimega, criando assim a possibilidade de Rutten ser seu sucessor. A tese de Rutten *A transição do tipo popular agrário para o tipo popular industrial* já atestava seu permanente interesse pelas questões da Psicologia Cultural. De acordo com Harry Kempen que, a exemplo de Hubert Hermans, também estudou com Rutten, essa teoria só pode ter surgido a partir de seu *background* autobiográfico. Rutten veio de uma região rural tradicional do sul da Holanda – Limburg –, uma área subdesenvolvida naqueles tempos. Para sua formação acadêmica ele se mudou para Utrecht, a maior universidade da parte central do país. E então foi dali para Louvain, de língua francesa. A substancial diferença entre esses dois ambientes deve ter chamado sua atenção para a relação entre cultura e comportamento. Como Roels, Rutten estava interessado em desenvolver diferentes psicologias para as diferentes áreas da Holanda. Para aplicar a Psicologia de modo prático, era preciso levar em conta os diferentes mundos dos sujeitos. Estes eram os mundos dos trabalhadores das docas, dos camponeses, dos acadêmicos e dos diversos segmentos religiosos da sociedade.

Quando, mais tarde, em 1957, viajou para os Estados Unidos, ele se deixou afetar pelos diferentes estilos acadêmicos de seus colegas de lá. Mas parece que ele percebeu que as diferenças entre a psicologia europeia e a americana não eram simples consequência de considerações científicas diferentes; são os diferentes lugares que geram diferentes psicologias.

Visão da Psicologia de Rutten

A sensibilidade de Rutten para diferentes culturas e subculturas – para usar uma frase heideggeriana – mostrou-lhe o caráter *seinsgebunden* do conhecimento, também do conhecimento científico. Consequentemente, ele lutou por uma Psicologia de Mente aberta, uma psicologia de visão de 360 graus, aberta a várias aproximações teóricas e não restrita a uma única visão. De acordo com pessoas que conheceram bem Rutten, esta luta era uma característica sua. Ele questionava profundamente várias posturas que via na visão moderna ocidental: o racionalismo que invadiu todos os segmentos da vida, o crescente individualismo e o declínio da sensibilidade mítica. Em sua visão a Psicologia deveria ajudar a balancear essas tendências. Ele se submeteu profundamente aos objetivos da *American Psychological Association* para a área da ciência, mas percebia que a aplicação da Psicologia *como meio de promover o bem-estar humano* necessitava ao menos de um suplemento a mais no desenvolvimento da Psicologia contemporânea.

A psicologia que ele encontrou nos Estados Unidos o levou a ser mais restritivo, pois, contrariamente a ela, estava interessado em um tipo de *psychologia universalis* que transcendesse o conhecimento localmente válido. A Psicologia Cultural deveria atender a esse interesse e, de 1950 em diante, ele começou, apesar da resistência de vários lados, a batalhar por uma cadeira universitária nesta linha. Em favor das futuras gerações, ele pretendia manter em seu instituto uma visão ampla e diversa. Quando na década de 1960, a Psicologia na Holanda se americanizou, tornando-se operativa e empregando a estatística, Rutten deve ter agradecido a seus assistentes terem viajado para a Índia e para a Tailândia para estudar o estilo e a espiritualidade Hindu e Budista.[95]

A combinação de Psicologia Cultural e Psicologia da Religião

O professor que ocupasse a cadeira de Psicologia Cultural criada por Rutten deveria dar uma atenção especial à Psicologia da Religião.[96] A questão é se Roels ou Rutten já tinham concebido a cadeira de Psicologia da Religião como necessariamente associada à Psicologia Cultural ou se isto teria a ver somente com o

---

[95] Em 1975, no início de seu Instituto, Rutten publicou um pequeno artigo em que sugeria que os psicólogos lessem a *grande literatura*. Ele dizia aí que, como psicólogos, somos capturados por certa maneira histórica de pensar. A linguagem profissional que nos foi ensinada e os métodos e técnicas com que aprendemos a lidar orientam a maneira como percebemos o comportamento. Há um perigo real de que a especialização que recebemos estorve nosso desenvolvimento.

[96] Para maiores informações sobre Psicologia Cultural, consulte Belzen (2009a).

primeiro, e último, titular da cadeira. Consideremos brevemente a primeira possibilidade.

Em geral a Psicologia da Religião não recebia atenção alguma dos católicos romanos holandeses e quando isto se dava era com uma intenção profundamente destrutiva. O primeiro a falar sobre o assunto, no sentido de defender este objeto de estudos e de postular uma cadeira para a subdisciplina foi Roels. A Psicologia da Religião foi perdendo-se e extraviando devido a parceiros errados, tais como a Teologia Protestante e a Filosofia Positivista. Os católicos não deveriam deixá-la só para eles; o que os ambientes católicos esperavam da disciplina era apenas contribuições apologéticas: que comprovassem o quanto a Liturgia era útil à alma ou quão insano é comparar os rituais religiosos com comportamentos obsessivos. Mas Roels não foi nessa direção. Foi somente anos mais tarde que a Psicologia da Religião falou disso.[97]

Em 1937, Rutten deu uma palestra no encontro da Sociedade de Filosofia Católica Romana Tomista sobre os *Domínios da Psicologia da Religião*. Em sua exposição metodológica, Rutten distinguiu claramente a perspectiva religiosa e teológica da perspectiva psicológica. De acordo com ele ambas as perspectivas

---

[97] Neste texto de Psicologia da Religião, escrito cerca de 10 anos depois, Roels fez apenas uma pequena referência à religião. "Dificilmente pode-se dizer que já houve um início da psicologia das visões de mundo que explore os diferentes tipos de estruturas psicoespirituais e as atitudes internas como geradoras de diferentes visões de mundo" (1928, p. 88). Isso parece absolutamente casual, bem diverso de sua reivindicação inicial pela existência dessa subdisciplina. Mas não se pode inferir a partir dessa afirmação que ele tenha abandonado os objetivos apologéticos que perseguia com a Psicologia da Religião. O texto de 1919 era dirigido a uma audiência católico-romana, enquanto o de 1928 vem de uma publicação para o Laboratório de Psicologia na assim tida como religiosamente neutra Universidade Estatal de Utrecht. Permanece pouco claro a qual Psicologia das visões de mundo ele se referia. Talvez se referisse a Jaspers (1922?).

são legítimas: a Teologia procurando pelos valores religiosos e pela realidade do fenômeno e a Psicologia investigando suas condições e aspectos psíquicos. Pesquisas científicas sobre o fenômeno religioso não podem nunca apelar para fatores explicativos de tipo sobrenatural. O fator *graça* não pode ser nem explicado, nem refutado pela Psicologia, que deve trabalhar com seus próprios instrumentos teóricos e conceitos.

No entanto, Rutten e Roels (1919-1920) não aceitaram a utilização das técnicas de investigação usadas por Girghensohn que empregava o método külpeano. De acordo com Rutten, a Psicologia deve ser metodologicamente neutra, mesmo quando estuda religião. Por outro lado, algo a que ele chama de *fato perplexo*, a Psicologia da Religião deveria ser realizada por psicólogos que fossem eles mesmos religiosos, já que seria necessário participar intencionalmente do fenômeno para poder compreender sua significação. No texto em que explicita seu pensamento a esse respeito, Rutten fala brevemente de algo que poderia ter sido inspirado pela Psicologia Cultural. Ele diz que, na medida em que certas formas de comportamento expressam as disposições e o desenvolvimento próprio da pessoa, elas coincidem com certas circunstâncias de tempo e lugar e podem, assim, ser sujeitas a leis psicológicas empíricas. Por *circunstâncias de tempo e lugar,* Rutten não queria dizer que se trata de condições manipuladas experimentalmente. Ele menciona também as *formas de religião transmitidas de pai para filho* e as *peculiaridades de uma época*. São frases que podem ser compreendidas como uma referência a ideias de cultura e de história, embora o texto em si não tenha sido concebido a partir da perspectiva da Psicologia Cultural. Tal como Roels, também Rutten não aceitava a ideia de um uso apologético da Psicologia da Religião, embora acentuasse que esta Psicologia poderia ser de grande valor para o cuidado pastoral (Rutten, 1937, p. 33-34).

Deve ficar claro que Roels e Rutten nem eram muito francos, nem falavam claramente sobre a desiderabilidade da aplicação da Psicologia Cultural e da Psicologia da Religião. É de se duvidar, portanto, se eles de fato concordassem com Wundt, para quem a Psicologia da Religião deveria ser estudada via Psicologia Cultural e não via Psicologia individual (Belzen, 2009a). Portanto, a razão pela qual Rutten queria justificar seu interesse pela Psicologia Cultural e pela Psicologia da Religião era bem mais simples. Anos após esta palestra sobre Psicologia Cultural, ele supervisionou um projeto de Han Fortmann (1912-1970), relacionado a uma tese de doutorado sobre oração. Fortman era um padre católico que estudou línguas clássicas e Psicologia. Assim que terminou sua tese, em 1945, ele se envolveu em um trabalho com jovens em nível nacional de organização e foi um dos editores do *Dux*, primariamente orientado para a juventude e, em um segundo momento, a uma audiência mais ampla. Tratava de assuntos como educação, cidadania, desenvolvimento da fé, vontade, fantasia, consciência, sexualidade etc. Por anos ele manteve contato com Rutten, o que se pode inferir de sua correspondência arquivada no departamento de Psicologia em Nimega.

No começo dos anos 50, Rutten se tornou ministro de Estado para Educação e Ciências. Em meados da mesma década, Fortman se juntou a um grupo de católicos romanos modernos que queriam mudar os costumes e a moral com respeito à sexualidade. Um dos membros do grupo era o renomado fenomenólogo F. J. J. Buytendyk (1887-1974), que se tornou presidente da Sociedade Católica Central de Saúde Mental. Num recente trabalho de história os membros desta sociedade foram referidos como *liberais*. Eles estavam profundamente preocupados com a saúde mental dos católicos e percebiam muitos problemas espirituais sendo causados ou relacionados a problemas mentais. Neste período as lideranças católicas suspeitavam da Psicologia, da Psiquiatria e dos tratamentos mentais. Muitas vezes esta legendária *Comissão Pastoral* teve de trabalhar em segredo, pois era vista como sendo quase subversiva.

Quando, em meados de 1950, Rutten voltou a seu trabalho de magistério em Nimega, seu aluno Fortmann, então calouro, parecia ser a pessoa ideal para formar com ele uma dupla de trabalho em certas tarefas que Rutten via como absolutamente necessárias: Fortman tinha grande interesse em contribuir com Rutten em seu ideal de criar uma Psicologia de mente aberta e relacionada com outros campos do conhecimento como a Antropologia e a História. Ele se mostrava capaz de contribuir para a promoção do bem-estar humano segundo uma abordagem psicológica aberta e em contato com as grandes transformações da sociedade. E mais, como padre católico e como autor de uma dissertação sobre religião, ele se *capacitava* a desenvolver uma Psicologia da Religião.

A tarefa que Rutten deu a Fortman era ampla e, de certo modo, híbrida. Tratava-se de elaborar uma Psicologia Cultural com especial atenção à religião, algo que rapidamente se mostrou amplo demais para o contrato de meio período que lhe fora oferecido em 1956. Por essa razão, três anos depois, a cadeira passou a ser em tempo integral e tomou o nome de *Psicologia da Cultura e Religião Geral e Comparada*. Para os propósitos de nossa presente análise é irrelevante falar agora sobre essa cadeira; é preferível que eu me concentre sobre o tipo de Psicologia Cultural que Fortman tentou desenvolver.

Psicologia Cultural: Programa e resultados preliminares

Para encurtar a história, Fortman nunca conseguiu realizar totalmente a tarefa que lhe fora confiada talvez também porque tenha morrido relativamente jovem, aos 57 anos, em 1970.

Os dois domínios, Psicologia da Religião e Psicologia Cultural, só bem aos poucos apareceram em seus trabalhos e nunca foram totalmente sintetizados. Isto se torna mais evidente em sua *Introdução à Psicologia Cultural,* na qual ele não presta quase atenção alguma à Religião. E, do outro lado, na esfera da Psicologia da Religião, na qual publicou mais que na Psicologia da Cultura, não há muito material escrito a partir da cultura.

Embora o subtítulo de seu principal trabalho (*Als ziende de onzienlijke* 1964-1968) seja *um estudo psicocultural sobre percepção religiosa e a chamada projeção religiosa* se tratasse mais de uma frase programática que de um projeto realizado, em seu IV volume, Fortman colocou em destaque o debate sobre religião como projeção, um debate que acontecia na Holanda no final dos anos 1960. Ele elaborou sínteses de importantes participantes desse debate e mesmo de precursores como Marx, Freud e outros. Partindo de uma bem fundamentada posição fenomenológica, ele argumenta que não existe uma projeção no sentido de algo *interno* que é projetado para o *exterior.*

Para uma breve caracterização da obra, podemos dizer que *Alz ziende de onzientiyke* é um tratamento em profundidade desse assunto, em nível mais teórico. Leva em consideração noções de várias disciplinas, incluindo a Teologia, mas pouco se refere à cultura e consagra atenção limitada a antropólogos culturais como Lévy Bruhl e Lévy-Strauss. Além disso, a parte III-b, do quarto volume, é inteiramente dedicada ao relacionamento entre saúde mental e religião, mas não essencialmente desde uma perspectiva psicocultural. O volume, portanto, está de acordo com a aspiração de Rutten por uma psicologia crítica da cultura contemporânea, mas não com o próprio desenvolvimento do *insight* de Forman, sobre a predominante importância do fator cultura na regulação e constituição da experiência e da ação humana.

Em seus maiores trabalhos no campo da Psicologia Cultural e da Psicologia da Religião o que se vê é um Fortman ainda preparando seu projeto de integrar Psicologia Cultural e Psicologia da Religião e recolhendo materiais para um futuro programa. Sua vasta orientação o impedia de enfocar uma única ou apenas poucas perspectivas; ele tentava familiarizar-se com os vários ângulos das múltiplas abordagens e estava em busca de uma bibliografia que pudesse vir a ser útil para uma futura Psicologia Cultural da Religião. Quando ele deu início a essa empreitada, não havia muito com que pudesse orientar-se e apoiar. Os antigos psicólogos da religião de orientação americana dificilmente se afinavam com os interesses culturais de Fortman. A psicologia germânica da religião quase se extinguiu após a Segunda Guerra Mundial e a metodologia experimental de seu mais importante representante do pré-guerra, Girgensohn, não era considerada por Fortman como aplicável. Quanto à Psicologia Psicanalítica da Religião, Fortman suspeitava dela e isto permaneceu sempre.

Seu descontentamento com a Psicologia vigente pode tê-lo encorajado a adotar uma nova abordagem, isto é, a da Psicologia Cultural. Mas surgim de novo perguntas: em que tipo de Psicologia Cultural ele poderia ancorar-se naqueles dias? De acordo com Harry Kempen, que se tornou o primeiro assistente de Fortman no campo da Psicologia Cultural, e não da Psiologia Religiosa, Fortman tinha de se orientar principalmente para teorias não psicológicas. Do ponto de vista da Psicanálise, havia somente o trabalho orientado para a sociedade do velho Freud, de Jung e da escola de Frankfurt. Já da Antropologia Cultural havia a escola da *cultura e personalidade* com trabalhos de Benedict, Halowell, Kardiner, os Kluckhohns, Linton, Margareth Mead e Whitings. Finalmente o *primeiro* Durkheim seria uma fonte de inspiração sociológica.

Enquanto o *primeiro* Durkheim concebia a sociedade como uma coisa existente anteriormente ao indivíduo e que, portanto, não poderia ser estudada de uma perspectiva psicológica, o *segundo* Durkheim abandonou este sociologismo e percebeu que a sociedade existe nos e através dos indivíduos. Os conceitos que fazem a mediação entre ator e sociedade se tornam *representações coletivas*, antecipando o conceito de *representações sociais* de Moscovici. Em seus anos tardios, como fica claro em suas publicações póstumas, como é o caso da *Introdução à Psicologia Cultural*, de 1971, Fortman também veio a ser um dos primeiros holandeses a acolher o movimento estruturalista na Psicanálise (Lacan) e da teoria literária (Barthes); antes disso este movimento era essencialmente francês.

Uma crítica branda ao trabalho teórico de Fortman é que muitos de seus escritos teóricos têm o caráter de resumos de importantes publicações; é como se ele fosse colecionando as pedras para construir a estrutura pela qual chegaria a um *design* arquitetônico. No entanto, este *design* – sua visão não totalmente explicitada da Psicologia da Religião – não foi bem compreendido e, após sua morte, seu Departamento se dividiu em três secções: Psicologia Cultural, Psicologia da Religião e Psicologia da Personalidade. Estas secções não estavam integradas nem prática nem teoricamente. Os psicólogos do Departamento ou se orientavam pela Sociologia, ou pela Psicologia Social, ou pela Psicologia Clínica. Contudo, e em grande medida, os psicólogos continuaram orientando-se pelo estilo de Fortman. Eles liam muito, eram teoricamente pluralistas, mas para que as pesquisas continuassem e pudessem chegar a bom termo eles não se limitavam à perspectiva de nenhum protagonista teórico em especial, nem à aplicação de métodos e técnicas padrões.

O número de abordagens teóricas cresceu, acrescentando às de Fortman ainda as seguintes *visões*:

- Comportamental Social (Behaviorismo): A sociologia do comportamento, notadamente, a teoria de aprendizagem social, abordam os processos culturais a partir da perspectiva da teoria behaviorista e neobehaviorista da aprendizagem, segundo parâmetros do tipo tomada de decisão.
- Psicanalítica: Como a empregada pelos teóricos de esquerda partindo menos da teoria da pulsão e focando mais no Eu e no Superego (Althusser e Foucault).
- Interacionista Simbólica: Um ramo da psicologia inspirado em George Herbert Mead e desenvolvido por sociólogos.
- Psicologia Cognitiva e Antropologia Cognitiva: Que retomam a psicologia cognitiva dos sistemas socioculturais vistos como reservatórios dos quais os atores derivam suas informações e inputs. Esta abordagem está sempre na iminência de conceber o indivíduo como alguém imerso em pensamentos.
- Psicologia histórico-cultural russa: Desenvolvida por Vigotsky e Luria, e anos mais tarde por Bruner, Coler, Scribner, Wertsch e outros que afirmam, na mesma linha de Wundt, que os processos superiores da mente são mediados pela cultura.
- Construcionismo social: Como formulado seminalmente por Berger e Luckman e atualmente defendido e desenvolvido por Gergen, Sarbin e outros.

No Departamento foi especialmente Harry Kempen quem continuou a explorar a psicologia contemporânea e outros corpos teóricos à procura de abordagens que pudessem contribuir para a futura síntese que não foi desenvolvida no Departamento de Psicologia Cultural. Inspirados por Fortman e ideologicamente limitados pela ausência de uma cadeira de Psicologia Cultural e Psicologia da Religião – cadeira esta dividida no começo dos anos 1980 já que ninguém apto foi encontrado para ela – as diversas secções do Departamento permaneceram mal conectadas entre si.

Teria sido preciso um *input* externo para se chegar a um pensamento desconstrutivo. Este pensamento chegou à pessoa de Hubert Hermans, velho amigo e colega de Harry Kempen e também aluno tanto de Rutten quanto de Fortman, mas que havia alcançado uma cátedra em Psicologia da Personalidade em outro departamento. A estratégia de Hermans era diferente da de Kempen: ele publicou seus trabalhos rápida e amplamente e, influenciado pelas mesmas orientações fenomenológicas, entre outros, de Merleau-Ponty, herdadas de Buytendijk e Fortman, desenvolveu uma abordagem original baseada em seu bem-sucedido trabalho sobre psicologia da motivação (Hermans, 1967; 1971; 1970).

Hermans concebeu o *self* como motivado por um número de valores coerentes, porém diversos; uma ideia que ele trabalhou empiricamente construindo uma pesquisa técnica harmoniosa: *O Método de confrontação do self* (Hermans, 1974; 1981; Hermans-Jansen 1995). A amizade e o diálogo contínuo com Kempen levaram ao desenvolvimento da ideia do *self* dialógico, que é claramente compatível com a temática e que representa uma contribuição à mesma, quaisquer que sejam os valores em torno dos quais o *Self* se organize. Isto é assimm uma vez que os valores são sempre resultantes de um contexto cultural e desenvolvidos em interação com pessoas do mesmo contexto. Hermans e Kempen concebem o *Self* como nascido de uma cultura, estruturado por elementos que dela decorrem e como um referencial múltiplo e mutante de uma história pessoal tecida dentro de uma cultura em dado estágio sócio-histórico.

Adotando várias técnicas, de um modo integrado, da Psicologia Cultural e combinando-as com a teoria de inspiração fenomenológica de William James (1890) e com ideias baktinianas (Baktin 1929/1973), Hermans e Kempen apresentam o *Self* como uma multiplicidade de vozes, como uma descentralizada multiplicidade de posições do EU, contando histórias a respeito de seus respectivos MIM.

Como meu objetivo não é o de fazer uma apresentação completa dessa teoria, mas simplesmente fornecer reflexões sistemáticas sobre ela, deixem-me continuar afirmando de que modo o pensamento de Hermans e Kempen se alinham aos que fazem parte da linha iniciada por Rutten e Fortman e, mais importante, de que modo isto é visto como um avanço no desenvolvimento da área. É com este tópico que lidarei nos parágrafos seguintes, isto é, com o *Desconfessionalizando a Psicologia da Religião* e *Em direção à Psicologia Cultural da Religião*. Nesta exposição seremos confrontados com outros exemplos claros da imersão no cultural da ciência psicológica, um tópico importante e tradicional na agenda de pesquisa da Psicologia Cultural (Hume, 1997; Danziger, 1990, 1997; Knorr Cetina, 1999; Moscovici, 1988; Valsinger e VanderVeer, 2000).

Conclusões

A Universidade Católica de Nimega foi fundada com o objetivo específico de fornecer uma formação não dominada pelo pensamento positivista e nem contrário aos ensinamentos católicos romanos. A razão era que devido ao fato de a ciência natural e a filosofia de vida que muitas pessoas derivavam dela, e não só os acadêmicos – desde Galileu até Darwin –, parecerem ser uma série de ataques à filosofia de vida da Igreja católica, os estudantes deveriam ser protegidos disso.

Desconfessionalizando a Psicologia da Religião

A Psicologia, que nesses dias estava tornando-se experimental e científica, orientando-se pelas ciências naturais e se emancipando da Filosofia, era vista com suspeita. Quando Rutten foi indicado professor de psicologia empírica, o bispo de Den Bosch (Dom Diepen), que era responsável pela Universidade, convocou Rutten e exigiu que ele explicasse como iria proceder. Rutten não pôde realmente tranquilizar o bispo, e este lhe pediu que ficasse atento, pois era muito jovem e inexperiente e o proibiu de discutir tópicos como *livre-arbítrio* em suas palestras. Dom Diepen prometeu a Rutten rezar por ele pelo sucesso de tão arriscado empreendimento como o de falar de Psicologia Experimental. No entanto, como vimos, Rutten embora católico fiel, não desenvolveu sua Psicologia segundo uma Filosofia Católica, mas empiricamente. Ele tentou criar uma espécie de *espaço livre* para a Psicologia, mesmo para a que se voltava para o fenômeno religioso. Os psicólogos não deveriam ser capacitados a fazer julgamento do fenômeno religioso, mas na medida em que esses fossem fenômenos humanos, eles poderiam ser estudados pela Psicologia. O fator teológico da graça não poderia ser negado pela Psicologia, uma vez que esse fator não pertence a sua perspectiva.

Entretanto, para salvaguardar os fenômenos religiosos de uma análise psicológica hostil, Rutten reafirmou a necessidade de o psicólogo da religião ser uma pessoa religiosa. Como consequência, mesmo sendo a Psicologia da Religião metodologicamente não confessional, ela deveria ser reservada aos religiosos e somente aos psicólogos católicos romanos. Deste modo os resultados da Psicologia da Religião deveriam também ser úteis para as atividades religiosas como para o trabalho pastoral e a orientação espiritual. Também Roels havia inicialmente defendido uma posição similar, mas Rutten assumiu uma visão mais liberal. Para ele a Psicologia da Religião não era um instrumento apologético em defesa do Catolicismo Romano, mas tão somente uma fonte potencial de *insights* gerais para uso no ministério pastoral. Fortmann fez uma distinção a mais e separou a Psicologia da Religião da Psicologia Pastoral, reunindo diferentes membros das equipes desses campos divergentes.

Com Fortman, a Psicologia da Religião se tornou um tipo de pesquisa neutra sobre a religiosidade, a contrapartida humana da religião. Fortman se manteve na mesma linha de Rutten no sentido de criticar as manifestações de defesa da religiosidade católica, e não da Religião Católica em geral, e da supervalorização da religiosidade católica. Sendo sacerdote e vivendo em uma Universidade Católica antes da grande secularização da Holanda, os tópicos que ele estudava eram os católicos, e ele era claramente reconhecido como um autor católico. A Psicologia da Religião era um empreendimento católico dentro da Psicologia secular de Nimega.[98]

No período depois de Fortman, esta se tornou uma característica de Nimega. Por um longo tempo o Departamento era conhecido como a *esquina católica* do edifício, pois a maioria dos membros da equipe eram ou haviam sido clérigos. Gradualmente, entretanto, foi crescendo o interesse pela Religião em geral. Em muitas publicações de autores de Nimega, podia-se perceber ainda um suave tom apologético. Em dias de desinteresse ou mesmo de desprezo pela Religião como tema da pesquisa psicológica, eles tentaram manter a religião como um tópico na agenda da Psicologia usando argumentação clínico-psicológica, baseando-se no fato de que a

---

[98] É claro, a influência do catolicismo romano pode bem ser detectada no forte interesse existente em Nimega pela Psicologia Fenomenológica. Uma psicologia que tentou ser não científica por natureza e, portanto, de acordo com muitos psicólogos católicos, seria mais adequada para investigar a psique. As relações entre catolicismo e fenomenologia podem ser claramente encontradas entre autores e professores muito conhecidos de Nimega, como Strasser e Buytendijk.

Religião seria parte inerente, e, portanto, benéfica, da natureza humana.

Mesmo que os membros da equipe não tentassem mais usar a Psicologia para elevar os costumes e a espiritualidade católica, já que desde os anos 1970 essas argumentações apologéticas deixaram de ser dominantes e de ter visibilidade na sociedade em geral. Eles usaram a linguagem supostamente neutra da Psicologia para mostrar o quanto a religião pode ser positivamente relacionada com a saúde mental e que tipo de impacto a dimensão religiosa e outros fatores podem ter na psicoterapia. Tentaram ainda detectar as condições favoráveis ao desenvolvimento da fé e mostraram que os novos movimentos religiosos não representavam um risco. Os fundos para esta pesquisa vinham sempre de fontes católicas. A atitude geral era que a religião pode ser um *monstro*, mas se, apropriadamente compreendida e praticada, ela enriquece a vida humana.

Em outras palavras, acompanhando os acontecimentos da sociedade como um todo, houve uma forte *desconfessionalização* no Departamento de Psicologia de Nimega desde os dias de Roels. Rutten libertou metodologicamente a psicologia empírica do patrocínio católico e reduziu ao mínimo seu objetivo apologético. Formann lutou por uma Psicologia da Religião enquanto um empreendimento neutro de pesquisa, embora permanecesse focado em temas católicos romanos. Depois de Fortmann, também tópicos não católicos foram estudados e, embora a benevolente inclinação para a religião fosse dominante, foram desenvolvidos esforços para que se participasse de pesquisas psicológicas comuns, sem características religiosas, e se buscassem também recursos *não religiosos* de financiamento, e se publicasse em meios sem vínculos religiosos.

No entanto, é somente com o conceito de *self* dialógico que uma perspectiva original não motivada ou legitimada religiosamente foi sendo desenvolvida. Com isso surge uma teoria que pode ser aplicada em pesquisas tanto religiosas quanto não religiosas e que, mais importante, não pressupõe qualquer superioridade em ser ou não religioso. O *self* dialógico reconhece ou admite que o ser humano vive em múltiplos mundos sociais, habitados por outros tanto *reais* quanto *imaginários*, pessoas conhecidas seja do passado, seja das histórias que foram vividas. Se a pessoa é religiosa ou, ao menos, familiarizada com algum tipo de religião, ela pode travar relacionamentos com deuses, espíritos, santos e/ou autoridades religiosas e pode conduzir um diálogo com todas elas e elas pode todas fazer parte de uma construção narrativa do mundo (Hermans e Kempen, 1993; 2003; Hermans e Hermans-Jansen, 2003). É importante, no entanto, perceber que o conceito de *self* dialógico não pressupõe que o relacionamento com esses *outros* religiosos devam fazer parte do *self*; essa pressuposição é um *a priori* teológico e razões ou avaliações teológicas são em si estranhas ao *self* dialógico enquanto um conceito psicológico.

Em direção à Psicologia Cultural da Religião

A partir dessa compreensão, o *self* dialógico se tornou a primeira contribuição de Nimega para o raciocínio psicológico cultural. Baseada em teorias que estavam na moda em Nimega, a teoria formula um *insight* original e integrado do relacionamento entre *self* e cultura. Informado pela herança psicológica e cultural, o conceito se opõe à ideia de um *self* unificado, centralizado e separado. Neste caso a teoria apresenta o *self* como evocado e estruturado por um *setting* cultural diversificado e as visões do *self* como um conjunto de relacionamentos com outros *reais*, bem como com outros *imaginados* vindos de diferentes domínios: da História, de algum momento do passado da pessoa, mas também de um passado mítico ou de algum âmbito espiritual.

A pessoa pode manter relacionamentos com pessoas realmente encontradas, mas também com pessoas conhecidas a partir de histórias, da televisão, de imagens ou estátuas de templos ou de outros espaços de encontro religioso. Portanto, Hermans e Kempen representam o *self* como um corpo de posições múltiplas do EU em histórias tornadas possíveis e disponíveis nos vários contextos culturais. Na medida em que a pessoa é religiosa ou familiarizada com discursos e práticas religiosas, ela se familiarizará com histórias sobre deuses, espíritos e santos. Em outras palavras, essa pessoa estará familiarizada com significantes religiosos com os quais ela poderá ou não interagir. A teoria do *self* dialógico foi proposta precisamente para detectar a presença de um ou vários relacionamentos com significantes, religiosos ou não; e até que ponto esses significantes constituem parte essencial da construção da narrativa do mundo de alguém. Ao mesmo tempo, buscar compreender por que, quando e como essas posições do EU se desenvolverão e para onde se moverão são os motivos das questões empíricas que podem ser examinadas por uma Psicologia da Religião baseada na teoria do *self* dialógico.

Qualquer Psicologia da Religião que empregue a teoria do *self* dialógico será uma Psicologia sensível ao cultural e, portanto, um exemplo do tipo de abordagem psicológica da religião que Fortmann tinha como objetivo.[99] Portanto, posso concluir

---

[99] Para uma compreensão correta, deve-se diferenciar claramente o emprego da teoria do *self* dialógico do simples emprego do Método da Autoconfrontação, como fora desenvolvido por Harmans anteriormente. O uso desse método enquanto tal não faz de uma pesquisa uma pesquisa psicológica, ou seja, pode ser usada, por exemplo, também para uma pesquisa teológica (Putman, 1988), e não necessariamente se alia à perspectiva da Psicologia Cultural. As pesquisas a partir da perspectiva do *self* dialógico, entretanto, serão sempre um estudo da cultura pessoal de alguém, como veremos com mais clareza adiante.

dizendo que essa teoria representa uma *quebra* em dois sentidos: é a primeira contribuição de Nimega para Psicologia da Religião e é uma integração da Psicologia da Religião com a Psicologia Cultural. Estas duas abordagens desde a morte de Fortman estavam separadas. A teoria do *self* dialógico é um valioso reconhecimento da herança dos antigos professores de Hermans e Kempen, isto é, Rutten e Fortman, os iniciadores da Psicologia Cultural na Holanda.

III – Aplicações

9

Religião como incorporação-*embodiment*

Conceitos e métodos psicoculturais no estudo da conversão em um grupo religioso calvinista

Alguns anos atrás, Meredith B. McGuire, então presidente da Sociedade para o Estudo Científico da Religião (Society for the Scientific Study of Religion – SSSR), tentou chamar a atenção da Sociologia e da Psicologia da Religião para o corpo humano (McGuire, 1990). Em um eloquente discurso presidencial, ela enfatizou que as ciências sociais da religião poderiam transformar-se se a noção de que os seres humanos são um corpo fosse levada em conta com seriedade. Mais particularmente, ela assinalou a importância do corpo (a) na experiência do próprio self e na do self dos demais, (b) na produção e reflexão dos sentidos sociais (c) e como sujeito e objeto de relações de poder.

O discurso de McGuire demonstra a crescente consciência no âmbito da Sociologia Geral contemporânea e na Psicologia do impacto que a cultura exerce sobre o funcionamento de tudo o que for humano, inclusive na religiosidade. Lamentavelmente o apelo de McGuyre não encontrou boa recepção na Psicologia da Religião. Mais ou menos pela mesma época, ao ser convidado para escrever um artigo no volume de abertura do relançado

International Journal for the Psychology of Religion (IJPR), Richard Hutch (1991) também chamou a atenção para o tema da incorporação. Mostrou que o corpo tem sido negligenciado como objeto de estudo e como o melhor instrumento do pesquisador (p. 196). A atenção a essa dimensão, afirma Hutch (1991), poderia favorecer uma construção teórica de uma Psicologia da Religião que vá além das limitações do etnocentrismo. Contudo, se alguém manusear os volumes seguintes da ISSR e do IJPR não encontrará eco das reivindicações de McGuire e de Hytch. Do ponto de vista do desenvolvimento da teoria e da pesquisa, isto é deplorável.

A teoria, contudo, não é um fim em si mesmo. Em qualquer esforço acadêmico, também no estudo científico da religião, novas teorias, conceitos e métodos só serão tidos como um progresso se demonstrarem que permitem um acesso melhor à compreensão do fenômeno em análise e se criam condições para uma abordagem de fenômenos considerados inacessíveis ou quando, ainda, tornam visíveis aspectos até então desconhecidos do fenômeno. Assim sendo, a elaboração de teorias sobre *embodiment* deverá comprovar seu valor na aplicação empírica: o que pode ela acrescentar para a exploração e compreensão da religião ou das religiões?

Psicologia da Religião e análise cultural

Como todos os fenômenos culturais, também a religião é um fenômeno múltiplo e multiforme, que não pode ser explicado por uma única disciplina científica nem tampouco ser abordado por uma única teoria ou método de um dado ramo do conhecimento. Embora pareça algo simples, a tomada de consciência dessa afirmação não é algo comum, particularmente na Psicologia em geral. Na medida em que influencia a Psicologia da Religião, a mesma crítica vale também para esta última disciplina – veja-se isto nos capítulos precedentes deste livro –, que sofre de um falta crônica de atenção para a especificidade de seu objeto. A principal razão para tanto é a aderência teórica ao assim chamado dogma *unidade psíquica da humanidade*.

Na Psicologia (da Religião) há pouca percepção disso, isto é, de que os resultados das pesquisas são válidos somente *enquanto estão acontecendo* (Gomperts, 1992), que os psicólogos normalmente estão escrevendo uma *história contemporânea* (Gergen, 1973) e não descobrindo as leis perenes de um psiquismo humano que não muda. Resulta daí o fato de muitos fenômenos intrigantes do passado e do presente ou não terem sido tratados pela Psicologia ou terem sido *recortados* para aquilo que os métodos e conceitos são capazes de ver e tratar. Do ponto de vista da metodologia, que na formação psicológica costuma ser tipicamente reduzido tão somente à estatística, essa é uma falha fundamental.

Como ficará mais claro adiante, esta é uma crítica à Psicologia em geral, e não aos pesquisadores individualmente que, pela falta de tempo e de recursos, são frequentemente forçados a conduzir suas pesquisas com os meios de que dispõem. Tampouco estou reivindicando que *proclamo* aqui algo *novo*. Ao contrário, reclamo da aplicação de um *velho insight* aristotélico para quem o método deveria estar em função da natureza do objeto a ser investigado e – eu acrescentaria – de acordo com as perguntas às quais o investigador quer dar resposta.

Se neste capítulo são usados conceitos e métodos distintos dos correntemente empregados na Psicologia da Religião não é com a intenção de apresentá-los como superiores ou como substitutos para tudo o que já se fez neste campo até o momento. A intenção é mais a de ampliar o escopo da Psicologia da Religião e alargar o espectro dos fenômenos de que ela pode tratar, além de contribuir para uma compreensão mais apropriada de certos fenômenos religiosos. Claro que não de todos! Todo e cada objeto de pesquisa solicita uma abordagem apropriada ao que ele é.

Portanto, não é por causa da teoria, mas em virtude de estar envolvido com a pesquisa empírica acerca de uma minoria religiosa – pesquisa esta que pedia uma referência teórica adequada –, que me orientei em direção a *outras aproximações teóricas* como as postuladas por McGuire and Hutch. Algumas delas são também apresentadas sob a admitidamente difusa designação de *Psicologia Cultural*. Nessa, encontramos não só o reconhecimento da pluriformidade do comportamento humano, uma pluriformidade que exige correspondentemente psicologias igualmente plurimodais, como também condição para dar conta dessa mesma pluriformidade.

Acresce a isso uma tomada de consciência da necessidade e do caráter inescapável no caso da cultura de poder evocar, facilitar e estruturar a subjetividade e o funcionamento humanos. Em correspondência a essa necessidade, várias metodologias e conceituações foram sendo desenvolvidas em diversos setores da Psicologia Cultural da Religião para investigar e conceituar as relações entre cultura e personalidade. Depois de enfatizar esses aspectos, devo ainda imediatamente sublinhar que o que está em jogo é algo distinto da elaboração da noção do senso comum de que *tudo é cultural,* no sentido de que tudo tem um contexto cultural. A questão é bem mais radical e foi aforisticamente expressa por Clifford Geertz, um autor extensamente citado na Psicologia Cultural: "não existe uma coisa como a natureza humana que seja independente da cultura" (1973, p. 49).

Trata-se, assim, de uma perspectiva muito diferente das velhas afirmações da escola *Cultura e Personalidade*, desenvolvida, por exemplo, por Franz Boas e Margaret Mead. Nesta escola, mais tarde, a psicologia ocidental, naquela época simplificada em geral sob a forma da Psicanálise, foi colocada no coração do empreendimento, e os pesquisadores tentaram encontrar argumentos que corroborassem com ou ao menos fossem equivalentes aos traços de personalidade que supunham existir no ocidente. Em certo sentido, esse é ainda o programa da assim chamada Psicologia Transcultural. Escolas surgidas posteriormente assumiram nomes como o de *Antropologia Cultural* e *Etnopsicologia*, abordagens que já se aproximam do que hoje em dia é chamado de Psicologia Cultural (Voestermans, 1992).

O que todas essas tradições fizeram foi deixar claras as deficiências presentes nas correntes predominantes da Psicologia ocidental. Ao criticar a Psicologia de fato existente, o que tem sido feito desde que a disciplina estabeleceu sua independência não significa necessariamente que se tenha uma alternativa à mão. Só nos últimos anos várias das abordagens desenvolvidas parecem ser promissoras, no sentido de dar origem a uma Psicologia e a uma Ciência Social diferentes. Em primeiro lugar, essas aproximações atuais compreendem que nós não estamos tratando com *elas*, mas também *conosco* e elas, as abordagens, por isso não mais lidam apenas com culturas *estrangeiras*. As pesquisas, aqui brevemente relatadas, realizadas nessas tradições, mostraram que os modos pelos quais os seres humanos percebem, colocam em categorias e refletem não são processos dedutíveis de algum tipo de *máquina humana* ou *hardware*, mas refletem e dependem de suas próprias autodefinições culturais.

Assim, a Psicologia Cultural, à diferença de outras das tradições psicológicas já mencionadas, tenta entender como qualquer comportamento, e também o dos ocidentais, é constituído pela *cultura*. Isso implica, em segundo lugar, uma ênfase mais forte na interconectividade dos corpos humanos com os sistema culturais de regulação. Para citar um aforismo de Geertz, "a cultura, em vez de ser adicionada, por assim dizer, a um animal completo ou já virtualmente acabado, foi um ingrediente, e um ingrediente central na produção desse animal em si" (1973, p. 47). A esse tópico da importância do corpo quero retornar mais adiante. Em terceiro lugar, nossa tentativa de levar a sério a reivindicação psicológica esperada por McGuire (1990) com respeito à cultura leva a uma transformação da Psicologia da Religião. Mas, agora, voltemos a nosso objeto empírico de pesquisa.

A tradição *bevindelijke*[100]

Uma pesquisa sobre um grupo religioso minoritário na Holanda levou-me à busca de instrumental cognitivo e empírico correspondente ao que se discute neste capítulo. Uma das tradições calvinistas da Holanda é conhecida com a designação de *bevindelijken* (Dekker & Peters, 1989; Hijweege, 2004). É uma palavra que não pertence ao holandês falado; é um termo técnico de difícil tradução. Em sua raiz está a palavra *bevinding*, uma antiga expressão usada para significar *experiência*. O termo então deve ser entendido como a experiência de um processo espiritual através do qual a alma passa por uma *amizade escondida* com Deus, como diz o Salmo 25,14. Deixando de lado aqui as distinções teológicas, podemos designar a tradição *bevindelijke* como enfocada na experiência espiritual subjetiva. Apesar desses fiéis por razões teológicas não aceitarem a palavra *misticismo*, os teólogos e cientistas da religião descreveram várias vezes essa tradição como mística (Belzen, 2003; Beumer, 1993; Brienen, 2003; Quispel, 1976). Embora essa caracterização não seja suficiente, vamos primeiro olhar o que ela significa pelo fato de estar centrada na experiência.

---

[100] O grupo em questão é chamado em holandês de *Bevindelijken*, um termo que nessa língua se refere a um grupo religioso de pessoas dedicadas exclusivamente ao cultivo da *experiência religiosa*. É esse grupo que será tratado neste capítulo. Não existe nenhuma palavra inglesa ou portuguesa que possa captar o sentido e as conotações deste vocábulo. Por esse motivo, prefiro manter o uso da palavra original como um *terminus technicus*, como é costume em estudos de Antropologia e História das Religiões.

Para além das discussões e conflitos sobre, entre outros temas, a doutrina e a organização da Igreja em sua relação com o mundo político e o mundo *alheio* em geral, o cristianismo ocidental manteve uma tradição contínua e particularmente orientada para o que se poderia chamar de *interiozação*. Deixando de lado muitas possíveis difererenças, pode-se dizer que a preocupação central de muitos místicos e de *autores espirituais* tem sido primariamente o cultivo de uma vida pessoal de fé baseada no coração.

Não obstante alguns deles terem sido também muito ativos na Igreja e na política, eles baseavam sua atuação em ideais espirituais, e seu objetivo primeiro era o de interiorizar a fé que professavam e se apropriar, experienciar e viver essa verdade em suas vidas. Em vez de exposições dogmáticas, o que encontramos nessas tradições são tratados sobre as virtudes espirituais, a oração e o crescimento na fé e o tipo de vida que agrada a Deus etc. (Aalders, 1980). Vou dar apenas um exemplo e simultaneamente menciono o livro que, fora a Bíblia, foi o mais lido no Ocidente. Refiro-me à *Imitação de Cristo*, de Tomás de Kempis. Quando a *Reforma* do século XVI foi aceita também nos Países Baixos, aproximadamente o que é hoje a Holanda e a Bélgica, a maioria dos habitantes protestantes organizou suas igrejas segundo a linha calvinista, mas os representantes do movimento espiritual do século XVII insistiram em uma *nova reforma*, dizendo que além da Reforma da Igreja era necessária também uma reforma do coração.

Buscava-se a *Pietas,* isto é, a piedade prática precisava ser cultivada. Era necessário rejeitar uma classe média morna presente na corrente central da Igreja, mesmo que ela tivesse uma organização reformada. O formalismo e a fossilização deviam ser combatidos. Era uma exigência semelhante à apresentada em outros círculos pietistas. A acolhida de autores pietistas alemães, franceses e especialmente ingleses (puritanos), ao lado de alguns outros fatores, levou, no século XVII, ao surgimento de uma variante pietista peculiar à Holanda (Heppe, 1879/1979), tendo como figuras centrais representativas Boetius, Teelcinck, Lodenstein. Eles, ao lado de outros mais conhecidos internacionalmente, como Bunyan, Whitefield e, mais tarde, Spurgeon, são lidos até hoje em certos círculos reformados (Hof, 1987).

Na Holanda pode ser encontrado um largo espectro de correntes espirituais também entre os *reformados* (os calvinistas que aderiram a diversas Igrejas que usam o nome de reformadas), originando-se daí uma série numerosa de tipos de piedade bastante diferentes entre si. Sem dúvida existem outros grupos protestantes, como os pentecostais e os evangélicos, que realçam a experiência subjetiva, caracterizada por uma leitura bastante literal da Bíblia. Esses grupos, contudo, devem ser separados dos *bevindelijken*. Até o presente momento, os crentes e os grupos que se identificam fortemente com os principais representantes da Nova Reforma (*Further Reformation*) são uma minoria claramente reconhecível. Esses grupos chegam atualmente a cerca de 250.000 pessoas, numa população de aproximadamente 14 milhões de habitantes. Estão presentes em várias Igrejas calvinistas, uma vez que a tradição *bevindelijke* não se identifica com uma Igreja específica, embora algumas Igrejas, como a Velha Igreja Reformada, possam abrigar um percentual maior de *congregações* ou paróquias *bevindelijken*, e com isso também mais membros que as outras Igrejas, como é o caso da Igreja Reformada Holandesa (Tennekes, 1969). Essas Igrejas têm suas próprias escolas, suas organizações socioeconômicas, seus órgãos de imprensa, suas mídia e agências de viagens e mesmo um partido político que tem duas cadeiras no Parlamento, ou seja, 1,3% dos votos etc.

Também como indivíduos eles podem muitas vezes ser facilmente reconhecidos como membros dessa comunidade. Normalmente, eles se vestem de preto, as mulheres não costumam usar calças compridas, evitam o uso de cosméticos, amarram seus cabelos para trás. É proibido trabalhar aos domingos e também andar de bicicleta, passear e fazer visitas etc. Eles se opõem à cultura hodierna: rejeitam a televisão, o seguro médico, as práticas de controle da natalidade e muitas outras coisas semelhantes. Do ponto de vista de sua aparência pública, recordam em muitos aspectos certas comunidades ortodoxas judias e os grupos de menonitas de Ontário (Canadá). Embora não lhes agrade esse tipo de comparação, ela não quer ser em nada pejorativa ou estigmatizadora. Quero somente passar uma impressão da natureza da subcultura – subcultura esta em muitos aspectos respeitável – que estamos analisando aqui.

O teólogo Vander Meiden, um ex-membro dessa tradição religiosa, publicou um *retrato* dessas comunidades, uma comunicação destinada ao grande público. No geral, esse relato teve boa aceitação, até mesmo pelos próprios *bevindelijken*. Ele acentua ali que a busca da interiorização religiosa – que em sua opinião é justificável –, assim como é apresentada pela Nova Reforma, pelo pietismo e vários outros movimentos de espiritualidade, pode levar, e ainda hoje levaria, à *unilateralidade*, ainda que em si, como qualquer outra proposta religiosa desse tipo, seja correta. De acordo com Vander Meiden, a espiritualidade *bevindelijke* é

> ainda exatamente tão piedosa e tão genuinamente vivenciada [como em suas origens] e ainda enfrenta o mundo como se fosse uma estranha nele. Está ainda totalmente voltada para o Céu e muito mais fascinada pelos movimentos da Alma do que pelos da Terra, que é vista apenas como sendo o lugar da ação salvífica de Deus (Vander Meiden, 1981, p. 101).

Vamos agora olhar com mais cuidado alguns elementos da espiritualidade desse grupo, embora disponhamos aqui só de algumas poucas e até mesmo inadequadas linhas para tal, enquanto Vander Meiden consagrou um livro inteiro ao mesmo objetivo.

Espiritualidade *bevindelijke*: sou um convertido?

Esses crentes foram frequentemente descritos como sendo *da pesada*. A expressão se refere à seriedade ou gravidade com que eles tomam todas as coisas da vida e da fé, em especial o medo do pecado e do inferno. Sua teologia e espiritualidade estão centradas na eleição e na conversão: "Muitos são os chamados, mas poucos os escolhidos" (Mt 22,14). A conversão é vista como um processo, e não como algo que acontece de uma única vez ou como se fosse um ato que se repete. É a obra de Deus nos que são seus eleitos. A pessoa escolhida deve ser convertida por Deus, deve arrepender-se e evitar o mundo e o pecado. A conversão é um ato de Deus; não obstante, em princípio, seja um evento que se dá de uma vez por todas, ela deve ser continuamente confirmada através da vida toda. O convertido *é colocado na estrada*.[101] Ele toma conhecimento de seu pecado e aprende a ver que fugiu de Deus e até o odiou, traiu seu amor e transgrediu seus mandamentos. Ele aprende a ver que é incapaz de observar

---

[101] Embora seja difícil fazê-lo, vou tentar, nas próximas linhas, resumir um pouco do estilo de vida dos *bevindelijk* fazendo uso de sua terminologia um tanto retórica. Evitarei deliberadamente o gênero neutro de falar que eles iriam rejeitar por julgá-lo oposto à *criação divinamente ordenada da liderança masculina*. Sob muitos aspectos os *bevindelijken* são radicalmente conservadores. Até sua língua, chamada de *língua de Canaã*, é arcaica, radicada em uma tradução da Bíblia do século XVII, insubstituível de seu ponto de vista e em autores da Primeira Reforma. Muitas das características que distinguem o grupo caem fora do objetivo desse texto, ou seja, um ensaio orientado para a discussão de sua espiritualidade, que devido à falta de espaço posso aqui apenas parcialmente descrever. Informações adicionais em inglês sobre o grupo e sua espiritualidade podem ser encontradas em Belzen (2003).

a lei de Deus, incapaz de se transformar se deixado sozinho em sua busca de melhoria. Aprende a se ver como um pecador que não só não pode mudar, mas que não *deseja* mudar, pois é recalcitrante, foge de Deus, mesmo quando exteriormente aparenta um rosto piedoso. Ele aprende a aceitar que só Deus pode *convertê-lo* de volta a Ele. Toma ciência de que uma intervenção da graça deve irromper em sua vida, desde fora, para transformá-lo.

Assim como ensina o Catecismo de Heidelberg, os pecadores eleitos, assim que recebem este conhecimento do *pecado*, começam a se orientar em direção à *redenção,* que é um trabalho unilateral do Espírito Santo dentro deles para, no fim, chegar ao estágio da *gratidão,* o que acontecerá apenas se os *severos* crentes da *ulterior* ou *Segunda Reforma* chegarem até este ponto. Os que acreditam que a Graça está trabalhando dentro deles, que julgam estar vendo uma pequena nuvem de salvação, devem ficar alertas: não estariam enganando a si mesmos? Não estariam eles sendo enganados pelo demônio? Não estariam se embalando no berço de uma falsa segurança? Não estariam se empurrando *enquanto cultivam um falso Céu em seus corações* diretamente para o Inferno? Não disse o Apóstolo: "examinem-se a si mesmos para ver se estão mantendo sua fé" (2Cor 13,5)?

Este e inúmeros outros textos bíblicos são citados e tidos como os favoritos. Cada um aprende a se examinar e a se distinguir dentre um sem-número de tipos de cristãos: cristãos nominais, cristãos só da boca para fora, cristãos aproveitadores, cristãos de domingo, cristãos de fala, cidadãos mundanos batizados etc. Distinguem, assim, os vários estágios da vida espiritual e também de sua própria vida espiritual, e as muitas formas de as pessoas conhecerem a Cristo, isto é, como Sumo Sacerdote, como Advogado etc.

Na verdade são pessoas *sérias* e estão *perturbadas*, o que pensam ser uma fase espiritual que antecede a própria conversão, quanto a sua salvação. Eles consideram tudo o que acontece em sua vida à luz do Absoluto. Escreve Vander Meiden:

O riso não é proibido, mas para quem descobriu sua condição de perdição o sorriso acaba, a não ser quando a eternidade o chama e sorri para ele. O rosto, as vestes, o caminhar, especialmente aos domingos, tudo isso é acobertado pelo pesado fardo do destino humano, o peso de ser ou não ser escolhido e da necessidade da conversão. A pergunta fundamental é: sou eu um eleito e posso, portanto, converter-me? É uma questão que injeta uma seriedade muito grande na vida da pessoa. É a questão mais pesada do que todas as outras que a vida levanta, de peso maior que os problemas sociais e políticos juntos. Os sérios levantam-se assim pela manhã e vão da mesma maneira para a cama à noite. Nos círculos dos sérios a saudação "como vai você?" é frequentemente interpretada assim: "Como você vai espiritualmente; você fez algum progresso na via da salvação; você já sabe se é um eleito, um nascido de novo, um convertido, um justificado e santificado? Pode detectar em você estes avanços?" (1981, p. 40).

É dessa forma que eles examinam a si mesmos e aos demais, pois entre eles a *conversação espiritual* é tida em elevado apreço. Repetidamente nos círculos *bevindelijken* a conversa se refere à vida espiritual com alusões contínuas à mesma. Nesse sentido, frases bíblicas ou religiosas são muito utilizadas. Toda a vida é permeada por elementos religiosos de tal forma que muitas coisas que alguém de fora julgaria serem religiosas não são experimentadas assim pelas pessoas desse grupo. Para eles as atividades se tornam religiosas em sentido estrito só quando são executadas com uma intenção religiosa expressa. Por exemplo, depois de ter repetidamente falado sobre Deus e suas obras durante o dia, eles se reúnem explicitamente para esse propósito ao entardecer. Esses grupos, além de participarem dos cultos aos domingos – possivelmente até três vezes num mesmo dia –, fazem, ainda muito frequentemente, com essa intenção, encontros caseiros, menos formais, uma espécie de *conventículos*, quando conversam sobre a *Palavra de Deus*, a Bíblia, e em especial sobre suas práticas de piedade (*praxis pietatis*), ocasião em que contam as histórias sobre o que "o Senhor realizou na vida dos indivíduos" (Schram, 1983).

Em parte essas histórias são tiradas dos livros publicados pelo próprio grupo, isto é, narrativas de conversões, autobiografias espirituais. Em parte são apresentadas pelos mesmos participantes, *se* é que aparece alguém suficientemente corajoso para testemunhar que se converteu ou, ao menos, para contar que pode observar ou que observou as obras do Espírito em sua vida. Isso exige coragem diante de Deus e dos outros. Pois, em primeiro lugar, eles não querem cometer um pecado apropriando-se de algo que só pode ser doado a eles por Deus! E, em segundo lugar, eles deverão expor-se a críticas ou, então, a olhares e questionamentos dos demais presentes. Estes são os primeiros que devem ser persuadidos a reconhecer que aquela dada pessoa de fato se converteu. Valendo-se do que conhecem – sermões, testemunhos pessoais, histórias e livros das *autoridades*, ou seja, dos antigos autores da Primeira Reforma – a respeito dos altos e baixos da vida espiritual; e com a ajuda do que sabem sobre a vida e o comportamento da pessoa em questão, quem dá o testemunho *entende* o que os outros julgam sobre sua espiritualidade. Há, portanto, boas razões para se ficar de sobreaviso.

Deve ter ficado claro que os *bevindelijken* não possuem uma teologia que seja distinta da teologia comumente pregada no Protestantismo, se é que algo assim existe (McKim, 1992). O que torna a espiritualidade e a experiência deles no que diz respeito aos princípios protestantes – isto é, calvinistas –, *operacionalmente* diferentes, é a vida cotidiana (Belzen, 1996a). É uma espiritualidade centrada na conversão, que é um tópico altamente ambíguo e controvertido. É controvertido não no sentido de debates teológicos a seu respeito, e sim no sentido de seu reconhecimento por parte dos fiéis individualmente.

De um lado, eles estão em permanente confronto com o chamado à conversão. E isso acontece nos cultos da igreja, na literatura e nas discussões privadas, uma vez que esse assunto da necessidade da conversão ali é permanente. Do outro lado, enorme ênfase é colocada na impossibilidade de fazê-lo por si mesmos, uma vez que é Deus quem, de modo muito *excepcional*, trabalha em seus eleitos. Alguém afirmar sem provas que é um convertido é um dos maiores pecados possíveis.

Assim sendo, paradoxalmente, alguém falar de sua conversão é algo muito raro e, além do mais, é visto com desconfiança. Só é aceito, se é que isto venha a acontecer alguma vez, depois de comprovações externas feitas por autoridades informais, isto é, não por teólogos ou chefes religiosos, mas sim pelos líderes dos conventículos. Embora sempre tenha havido alguns que tenham sido reconhecidos por muitos, nunca por todos, como convertidos e tidos em alta estima, nos últimos anos o número destes diminuiu. A interpretação teológica *bevindelijke* é a seguinte: *o Espírito já não trabalha entre nós porque estamos aproximando-nos dos últimos dias*. Mas mesmo os reconhecidamente tidos como convertidos nunca reivindicariam serem convertidos. Eles falariam mais sobre suas lutas espirituais, falariam de esperança e desalento e dos altos e baixos de sua vida espiritual. Além do mais, os que frequentam os *conventículos* – cujo número também está decrescendo – e também os que vão aos cultos nas igrejas já não podem ser claramente identificados pelo fato de não usarem mais as vestes que são características dos *bevindelijke*. Seu modo de andar, de olhar, seu vocabulário e tom de voz e tudo o mais que era típico do verdadeiro *bevindelijke* está desaparecendo.

A massacrante ideia de serem culpadas e de deverem submeter-se por justiça aos castigos que Deus está enviando pressiona a vida dessas pessoas. Eles não aceitam, por exemplo, as vacinas e o seguro saúde, pois interpretam a doença como enviada por Deus a cuja vontade não se deve resistir. Por isso, não se deve tentar escapar às consequências da ira de Deus através de medidas de segurança. Em todas as coisas, tanto na vida pessoal como nos eventos socialmente mais amplos, o que essas pessoas veem é especialmente a mão punitiva de Deus. A citação abaixo, tirada de várias fontes, ilustra bem isso. Um de nossos informantes falou-nos assim sobre sua socialização religiosa:

> Eu tinha três anos de idade quando quebrei o fêmur. No mesmo ano peguei uma difteria e fiquei muito doente. Minha mãe, que era uma pessoa *convertida*, sempre viu isso como uma advertência. Até a data em que deixei minha casa e certamente até a idade de vinte anos, ela ficou sempre me dizendo que eu devia mudar meu comportamento, pois eu era uma pessoa má diante do Senhor, pois Ele me enviou tantas advertências desde a tenra idade. Vira e mexe ela me admoestava dizendo que eu iria para o Inferno se não mudasse meu comportamento.

Por ocasião da grande inundação na Holanda no inverno de 1994-1995, o jornal da escola *bevindelijke* – *Reformatorisch Dagblad* – publicou o seguinte editorial no dia 3 de fevereiro de 1995:

> A inundação que ameaçou as casas e propriedades de muitos de nossos compatriotas e paroquianos nos relembra que o Dia do Senhor está aproximando-se e trazendo aflições para as celebrações religiosas com a devida sobriedade. A necessidade de nos humilharmos e de retornarmos ao Senhor Onipotente é-nos proclamada em Jr 5,20s. Que esta mensagem quebre nossa ilusão de autossuficiência e nos desperte de nossa cegueira e surdez, de tal modo que possamos ver a mão do Senhor.

A peste de cólera que avassalou a indústria da carne de porco do sul da Holanda em 1997-1998 prejudicou também fazendeiros cristãos pertencentes à tradição *beindelijke*. Um deles é um dos presbíteros – os mais velhos – da *Igreja da Antiga Reforma* da Holanda, e seria dele a citação num artigo de jornal: "Com esta epidemia o Senhor está demonstrando a impotência humana. Deus manda, esta é a realidade que deveria nos humilhar". Ele também apresentou suas razões para não vacinar os porcos:

> O ser humano não pode abolir todas as doenças. Isto é uma coisa muito clara, não? Apesar de todas as medidas tomadas, a epidemia está assumindo formas cada vez mais severas. O Senhor continua estendendo sua mão e mostrando impotência do ser humano (Berge, 1997, p. 17).

As dificuldades da pesquisa empírica

Tentar fazer uma pesquisa psicológica sobre a espiritualidade desse grupo não é fácil. Além dos problemas comumente encontrados quando se trata de estudar a religiosidade íntima das pessoas e mesmo de qualquer novo movimento religioso que se coloque como contracultura do *mundo moderno* – especialmente porque a Psicologia da Religião abstrai ao pesquisar, a ação de Deus! –, há que se contar com o fato de que a natureza paradoxal da experiência de conversão dos *bevindelijken* esconde alguns *ardis* ao pesquisador. Lidar com tópicos religiosos é algo reservado estritamente ao discurso religioso enquanto tal, seja ele da Igreja, do *conventículo*, do ministro, de um presbítero ou de conversas privadas. Alguém que não se expresse nessa mesma linguagem e contexto não terá acesso à religiosidade dessas pessoas.

Pela mesma razão, não faz sentido usar questionários, pois eles não teriam retorno. Também o envio de entrevistadores é de pouca valia, uma vez que os *bevindedijkens* não aceitarão conceder entrevistas ou, então, evitarão falar exatamente sobre algo mais relacionado com sua experiência de conversão ou sobre ela mesma. Além disso o entrevistador deveria estar muito bem treinado para saber falar e comportar-se adequadamente, tarefa que certamente muito longe de ter sucesso. Tentar coletar observações, provavelmente, será também uma trabalho embaraçoso, tanto para o obervador quanto para o observado. O entrevistador, além do mais, deve ser muito bem preparado para participar dos cultos abertos ao público quando essa presença for facultada. Mas o que mais provavelmente acontecerá, especialmente quando a comuniade perceber que ele não foi por razões de *piedade pessoal*, é que ele será *firmemente convidado* a se retirar da igreja ou mesmo da área próxima.

Mesmo que ele consiga permanecer e assitir ao culto, ele só logrará presenciar o que se obtém por intermédio de uma gravação: o cântico dos Salmos – com tradução e melodia do século XVII e sem instrumentos musicais –, alguns avisos sobre as atividades da Igreja, algumas longas orações de quinze minutos cada, e longuíssimos sermões de cerca de sessenta minutos, com um vocabulário arcaico, repetindo aos participantes que eles serão condenados ao Inferno eterno a menos que se convertam. Mesmo alguns colegas que colaboraram nesta pesquisa e estudaram durante longo tempo este grupo, em alguns casos por vários anos, sentiram-se muito pouco à vontade nessas situações, pois logo se vê que até grupos relativamente moderados não veem visitantes e pesquisadores como bem-vindos. Essas observações não trazem, assim, muitos *insights* sobre a espiritualidade privada e sobre a experiência da conversão e como eles lidam com ela.

Obviamente os obstáculos encontrados em pesquisas empíricas não são exclusivos de quem lida com os *bevindelijken*.[102] Mas, como os psicólogos estão, geralmente, mais interessados

---

[102] Até uma solicitação de bolsa de pesquisa que fiz para um estudante foi no início criticada (em 1992) pelos pareceristas da Organização holandesa que supervisiona a pesquisa científica. Eu deveria ter em mente que esse grupo é demasiado fechado para ser estudado, ainda mais quando o tema é a conversão. Apesar disso, o estudante já defendeu, com êxito, sua tese de doutorado (Hijweege, 2004).

nas experiências e nos estados e em relatos privados e subjetivos, há quem pense ser impossível conduzir pesquisas psicológicas com os *bevindelijken*.[103] Ocorreram, contudo, experiências ligadas a projetos de porte (Belzen 1989b, 1990, 1991b, 1991c) sobre a *espiritualidade bevindelijke* que não coincidem com as *suposições* acima mencionadas. Juntamente com vários outros pesquisadores, que iam mudando com o passar do tempo, tentei chegar o mais perto possível da experiência de conversão dos *bevindeliijken* sem, contudo, tornar-me *um deles* e sem ter uma experiência íntima minha da religiosidade deles.

Os resultados empíricos que tracei neste capítulo e que mencionei também na introdução à espiritualidade do grupo não foram coletados através de métodos estandardizados e diretos. Eles são, além do mais, bastante diversificados. Foram feitas dúzias de observações durante minha participação em cultos e em conversas espontâneas ou visitas em dias de festas onde aconteciam palestras de missionários, feiras de livros, cursos de formação e mesmo assembleias com fins políticos. Outras observações foram fruto de encontros com pessoas, na rua, depois do culto ou em suas casas, às vezes durante um papinho sob a forma de entrevistas semiestruturadas. Em alguns casos, cheguei a usar até o gravador. Lidei também com a análise de *egodocumentos*,[104] de novelas e a leitura

---

[103] Além de pesquisas teológicas e acadêmicas a partir da perspectiva *interna* (Brienen, 1978, 1986, 1989; Florijn, 1991; Graafland, 1991; Harinck, 1980; Jong, Spijker e Florijn 1992; Ketterij, 1972), foram elaborados alguns estudos do ponto de vista social e científico *externo* conduzidos por historiadores e sociólogos (Beumer, 1993; Dekker e Peters, 1989; Janse, 1985; Vellenga, 1994; Lieburg, 1991; Zwemer, 1992). Segundo o que sei, são raros os estudos psicológicos.

[104] O Instituto Holandês de História define o Egodocumento como uma espécie de designação coletiva para um tipo de texto no qual a vida e os pontos de vistas pessoais do autor são o tema central. Dentre esses temos os mais comuns: diários, autobiografias, memórias, narrativas de viagens, relatos de conversões religiosas e assim por diante. [NT]

de autores espirituais e de publicações acadêmicas sobre o grupo e de seus jornais e, inclusive, visitas por Internet, que, por incrível que possa ser, alguns deles acessam! Resumindo, tudo o que podia ser de ajuda para "entrar em contato" foi usado (Shouter, 1992). Compare-se isso com o método empregado por Festinger em seu clássico estudo *Quando falha a profecia* (1956). Note-se, porém, que a pesquisa participante em sentido estrito não foi empregada. Na realidade, eu não fui um *participante* real (Hood, 1998), de me aproximar e ganhar a confiança dos *manuseadores de serpentes*; aquele é um exemplo contemporâneo dos caminhos tortuosos que o pesquisador deve adotar para chegar a resultados positivos.

Variantes da Psicologia Cultural

Até que ponto a Psicologia pode ajudar a se entender essa espiritualidade *bevindelijke*? Geralmente, de acordo com uma mentalidade metafísica que é poderosa no Ocidente, imputa-se à Psicologia o estudo ou a busca do que, presumivelmente, são os elementos básicos de todo o funcionamento do psiquismo humano e a compreensão dos mesmos. Tipicamente, não se presta atenção alguma à *cultura*, isto é, as particularidades culturais são excluídas da consideração.

Cognitivismo

As abordagens cognitivistas, criadas juntamente com a tecnologia de computação, por exemplo, centram-se numa mente que é uma espécie de calculadora do indivíduo e conduz suas operações através de representações do mundo exterior (Sampson, 1996, p. 601). O encaixe dos seres humanos na história, na sociedade e na cultura é excluído por esse tipo de aproximação a fim de enfocar os processos e as estruturas intrínsecos da mente. Vozes críticas a esse modo de encarar tornaram-se mais frequentes e mais altas em anos recentes, mas o quadro geral se mantém ainda o mesmo na maior parte da Psicologia e também em sua análise da religião. Rambo (1992), autor de uma abordagem psicológica da conversão a partir de um modelo sintético, escreve:

> Os psicólogos da religião tipicamente não têm em vista o contexto religioso da conversão porque enfatizam o indivíduo. Até pouco tempo eles tendiam a se concentrar em tópicos que ignoravam ou davam pouco valor às variáveis culturais e sociais (p. 164).

Não obstante Rambo esteja, nessa sua monografia (1993), perfeitamente consciente da importância do contexto, ele não *consegue* citar estudos empíricos que mostrem ter sido compreendido o impacto que a cultura provoca na conversão religiosa. Parece que esse tipo de estudos psicológicos – por mais dignos que sejam de apreciação – não será de grande ajuda quando se trata de uma conceituação psicológica adequada a respeito das características específicas da espiritualidade *bevindelijke*. A maioria das pesquisas sobre a conversão estudou a conversão *para* uma nova fé ou *para* um novo grupo religioso. Tenha-se em mente que o *novo* aqui não quer dizer, como normalmente se compreende, um grupo religioso não ocidental, mas simplesmente *novo* no que diz respeito ao indivíduo que se converteu. Claramene, de um modo geral, aqui é a conversão a um *novo grupo* que está em jogo no caso da conversão *bevindelijke*. Não se pode sequer dizer que se trata de um (*novo*) engajamento em uma fé já anteriormente professada, pois um *verdadeiro bevindelijke* já é alguém muito *comprometido*, embora quanto mais comprometido seja, menos ele se dirá ou se proclamará convertido.

Além disso, não se conhecem absolutamente conversões em grupo aos *bevindelijken*. Em vez disso, as pessoas mudam sua *filiação* de algumas igrejas, mas eles – os que já são *bevindelijk* – permanecem dentro da própria tradição religiosa.

Construtivismo

O construtivismo social é uma abordagem correntemente usada em Psicologia que tenta dar a devida atenção ao fato de que os seres humanos são seres da cultura (Cushmann, 1990; Gergen, 1985; Harré, 1986; Sarbin e Kitsuse, 1994). Em suas diversas variantes, é um dos mais influentes ramos da Psicologia Cultural (Voestermans, 1992; Sampson, 1996). O construcionismo social busca substituir a atenção orientada para os processos psicológicos interiores ao indivíduo – um tributo pago comumente também pela Psicologia Social – pela preocupação com a interdependência e por resultados que decorrem de *ações conjuntas*. A tentativa de identificar as emoções, por exemplo, é vista como possivelmente ofuscante. Os socioconstrucionistas chamam a atenção para o fato de que o *discurso* emocional ganha seu sentido não a partir de uma presumida relação com o mundo interno – das disposições, pulsões, instintos ou traços –, mas da maneira como se configura, segundo os padrões de relacionamento vigentes na cultura.[105]

---

[105] Uma corrente psicológica semelhante, a Psicologia Discursiva é ainda mais expressiva nesse sentido. Encarando o discurso como a feição característica da vida humana, Harré e Stearns (1995) afirmam que não existe um processador central (Shweder, 1991) ou qualquer outro mecanismo desse tipo, como era admitido pela *velha* Psicologia Cognitiva. A Psicologia não devia andar à procura de algo assim. Deveria pesquisar a estrutura dos produtos discursivos, aos quais os fenômenos psicológicos se ligam, e procurar saber como as várias habilidades de conhecimento necessárias para se realizar as tarefas estudadas pela Psicologia são adquiridas, desenvolvidas, integradas e empregadas. Resistindo a todo reducionismo (neuropsicológico), eles escrevem apoditicamente: "não existe nada no universo humano, exceto cérebros em ação e manipulações simbólicas" (Harré & Stearns, 1995, p. 2).

As comunidades geram modos convencionais de relacionamentos e alguns padrões de ação dentro dos mesmos recebem com frequência certas marcas. Algumas maneiras de agir – nos padrões mais recorrentes do Ocidente – são consideradas como indicadores de emoções (Gergen, 1994, p. 222).

Uma pesquisa muito citada de Averill (1982) mostra que uma pessoa não é *motivada* ou não é *incentivada a agir* pelas emoções, mas, antes, *produz* as emoções ou delas participa. Ela age como alguém poderia dizer se estivesse num palco, como mostrava o psicólogo narrativo Sarbin (1986a). Seguindo a análise dos atos do discurso de Austin (1962), poderia ser dito que o valor performativo de uma expressão, digamos a respeito do estado espiritual de alguém, deriva de sua posição dentro de um amplo padrão de relacionamentos. Gergen (1994) argumenta que as falas podem ser vistas como constituintes de formas de vida ainda mais extensas, que podem incluir tanto ações – não só verbalizações – e objetos ou ambientes. Gestos e expressões faciais, por exemplo, contribuem para o contexto, tornam significativa a fala e lhe dão seu *status*, como uma forma performativa particular.

A versão responsivo-retórica do construtivismo social articulada por John Shotter (1993a, 1993b) sublinha e elabora de maneira precisa esse último ponto. Diferentemente de aproximações anteriores, ele põe o foco nos eventos da dinâmica psicológica interior ao indivíduo no contexto de características já determinadas do mundo externo. Shotter observa os eventos dentro do fluxo contingente da contínua interação comunicativa entre os seres humanos. Ele concorda com Harré (1992), para quem significados e habilidades cognitivas (Shotter 1993a, p. 7) se formam no que as pessoas dizem e fazem. Essas habilidades e esses significados não existiriam previamente como fontes bem formadas de ação e de expressões. Mas ele acentua que isso se faz sempre no relacionamento com os outros. Se os seres humanos devem ser percebidos como seres que *falam com autoridade*, eles devem antes adquirir a capacidade de responder aos outros, sendo que estes últimos de algum modo *desafiam* suas afirmações. Falar com os outros em várias maneiras de *papo* (conversa) é sempre algo retórico: o objetivo é *mover* os outros à ação, levá-los a acreditar, a mudar de percepção ou de opinião etc.

Shotter chama a atenção para o fato de que as pessoas percebem as ações dos outros nos termos de compreensão dos membros da realidade social de que cada um faz parte. Ao contrário de concepções anteriores, seu foco é posto no lado da vida social cotidiana desordenada da confusão ou do alvoroço (Wittgenstein, 1980; Shotter, 1993b). O que está incorporado no fundo da conversação humana é um tipo especial de conhecimento, não mencionado pela Psicologia até o momento, a saber, como ser uma pessoa deste ou daquele jeito particular de acordo com a cultura em que alguém se desenvolveu quando criança (Shotter, 1993a, p. 19). Este é um conhecimento que não precisa, e talvez nem possa, ser finalizado ou formalizado em um *bloco de afirmações* antes de ser aplicado. Não é um conhecimento teórico – um *saber que* –, pois é um conhecer da prática. Nem é uma habilidade ou arte – um *saber como* –, pois é um saber de conjunto, partilhado com outros. É um terceiro tipo de conhecimento que não é redutível a nenhum dos dois outros. É o tipo de conhecimento que a pessoa tem desde dentro da situação, do grupo, da instituição social ou da sociedade. É o que poderíamos chamar de *conhecimento desde*, de acordo com Shotter (1993a, p. 19). É o *conhecimento moral-prático* do qual falou Bernstein (1983).

Essas reflexões parecem particularmente úteis para analisar o que acontece com a espiritualidade *bevindelijke*. Para ser uma pessoa convertida ou, mais exatamente, para ser alguém sobre quem os *companheiros* crentes pensam que é um convertido, o processo tem a ver com esse terceiro tipo de conhecimento.

Não é, ou não é precisamente, uma questão de ser capaz de *prestar contas teológicas* corretamente sobre sua conversão ou de expressar-se de acordo com uma terminologia apropriada. Por mais difícil que seja, isso poderia ser conseguido por qualquer pesquisador dos *bevindelijken*. Ele, no entanto, continuaria estando em falta com um conhecimento de *dentro*, pois o que está em jogo é o conhecimento que possuiria por ser um membro socialmente *competente* e aceito da cultura *bevindelijke*. Assim, embora um crente *bevindelijke* possa não ser capaz de pensar reflexivamente sobre a natureza deste *conhecimento* enquanto uma representação mental interior, de acordo com perguntas formuladas a respeito de sua conversão e espiritualidade em sentido geral, ele poderá usar esse conhecimento enquanto um recurso prático para dar respostas adequadas. Um *bevindelijke* não é apto a fazer a lista dos critérios de por que e quando um crente pode ser tido como um convertido – pois, segundo a versão popular da doutrina teológica do grupo, ninguém pode conhecer ou julgar sua própria conversão, o que torna uma pergunta direta sobre isso totalmente fora de lugar. No entanto, há geralmente um alto nível de concordância entre os *bevindelijken* sobre o estado de conversão de seus companheiros de crença.

Ao mesmo tempo que reconhece a importância das narrativas como elemento que molda e expressa a subjetividade (Belzen, 1996b), o construcionismo social chama a atenção para a *narração* (Gergen) ou *para as palavras usadas na fala*, no dizer de Shotter. Como já ficou dito, uma narrativa sobre a conversão de um *bevindelijke* só será aceita se forem garantidos o conteúdo e o fraseado corretos; todas as características de quem fala que podem parecer irrelevantes para um estranho, tais como os tipos de vestuários, a postura física, o tom de voz, o semblante, a aparência do rosto, a respiração e, em certa medida, também aspectos como o lugar geográfico, o contexto familiar e educacional correspondem às expectativas dos ouvintes *bevindelijken*.

Isso torna naturalmente muito difícil ser *reconhecido* como convertido e quase impossível converter-se *para* essa tradição sem o ser efetivamente.

Corpo, cultura e religião

As características que acabamos de elencar a título de exemplo chamam a atenção para a grande importância do corpo para uma compreensão psicológica da tradição *bevindelijke*. Nas reflexões acadêmicas e teológicas sobre os *bevindelijken*, tem sido bem acentuada a importância da conversão. Sem negar isso, eu gostaria de refletir sobre a corporeidade ou incorporação, um tema que vem sendo cada vez mais considerado como de capital importância pela Psicologia Cultural, uma vez que se refere ao *reconhecimento* dos seres humanos socializados em comunidades com práticas tanto linguísticas como corporais comuns. Isso é importante porque o que é dito e a qualidade da incorporação do como é dito são simultaneamente engendrados e inextricavelmente interconectados (Sampson, 1996).[106] Podemos ver

---

[106] As críticas relativas à negligência da Psicologia com relação ao corpo – sem dúvida uma marca do pensamento ocidental em geral – foram apresentadas por antropólogos e por fenomenólogos como Nietzsche, Heidegger e Merleau-Ponty (Csordas, 1990; Merwe e Voestermans, 1995; Stam, 1998; Voestermans e Verheggen, 2007). Há sem dúvida boas razões para sustentar que os seres humanos podem compreender e pensar como fazem, porque nossa capacidade mais abstrata de pensar baseia-se em estruturas preconceituais incorporadas (Lakoff e Johnson, 1980; Johnson, 1987). Uma contribuição da Biologia Evolucinária, nessa mesma direção de raciocínio, é-nos fornecida por Sheets-Johnstone: ela mostra que conceitos abstratos mais elaborados (inclusive noções de morte, números, ação etc.) derivam de um *logos* corporal original. Com isso, sugere que as raízes do pensamento humano estão no corpo hominídeo, afirma que "os significados são gerados por um comportamento, por um movimento e por uma orientação corporal animal (...) [em outras palavras] o significado semântico é construído na vida corporal"

esse tipo de conexão em exemplos bastante triviais, como, por exemplo, o fato de boca, lábios, pulmões e cordas vocais serem socializadas de modo a formar sons adequados à língua que se fala. Mas podemos vê-lo também em práticas corporais as mais diversas, como o ficar de pé ou mover-se, e o comportamento nas várias circunstâncias e situações da vida.

Como se acenou brevemente no capítulo 3, o conceito de *habitus* de Bourdieu é esclarecedor neste ponto e serve como suplemento às considerações construcionistas.[107] Bourdieu descreve o *habitus* como "um sistema duradouro de disposições transponíveis que, integrando as experiências do passado, funciona a todos os momentos como uma matriz de percepções, de apreciações e de ações e faz com que seja possível a realização de tarefas infinitamente diversificadas" (Bourdieu, 1977, p. 82). Ou, também, como "um conjunto de relações históricas depositadas dentro do corpo dos indivíduos sob a forma de esquemas mentais e corporais perceptivos, apreciativos e de ação" (Bourdieu e Wacquant, 1992, p. 16).[108]

(Sheets-Johnstone, in Sampson, 1996, p. 618). Veja-se também Sacks (1990) que descreve como as atividades corporais evocam um *self* (p. 46). Seria ir para muito longe de nossos objetivos desenvolvermos essas ideias aqui. Para se ver uma das raras tentativas de conceitualização de interrelacionamento entre o corpo humano e a cultura na Psicologia da Religião, tentativa, aliás, fortemente orientada no sentido da Psicanálise lacaniana, leiam-se Vergote (1978/1988) e também O'Connor (1998).

[107] Na realidade, é assunto de discussão se o construcionismo social de fato é suficientemente sensível aos aspectos incorporados da vida humana (Baerveldt e Voestermans, 1996; Sampson, 1996).

[108] Os escritos de Bourdieu (algo tipicamente francês) não são de fácil leitura e tradução. Permitam-me mostrar uma variante do que ele diz: "o princípio gerador e unificador de todas as práticas, o sistema das estruturas cognitivas e avaliativas inseparáveis que organizam nossa visão do mundo de acordo com as estruturas objetivas de um determinado estado do mundo social: este princípio nada mais é do que o corpo socialmente informado, com seus gostos e repulsas, suas compulsões e

Bourdieu, no conceito de *habitus*, tende a considerar como unidos o que os ocidentais usualmente tendem a separar, isto é, corpo e fala. Mas os dois *vão juntos* no estilo articulado de uma classe social ou de uma tradição religiosa, como a dos *bevindelijken*, quando se considera que o estilo de vida de um grupo se torna incorporado. O discurso não deveria, então, no pensamento de Bourdieu, ser entendido somente em seu caráter linguístico. Ao contrário, ele é uma *práxis* e inclui até ideologias, características de classe e de posições políticas. Embora essas dimensões possam ser separadas no nível societal e cultural, elas não podem existir de forma abstrata ou desincorporada. A dominação, por exemplo, é uma dimensão incorporada, e a submissão, na maioria das vezes, não é um ato deliberado de concessão de poder consciente ante a força de alguém, mas *está alojada profundamente dentro do corpo socializado*. Ela se expressa na realidade com "a somatização das relações sociais de dominação (...) um aprisionamento efetuado através do corpo" (Bourdieu e Wacquant, 1992, p. 24, 172). Bourdieu sugere que o corpo hoje existente foi moldado de forma a carregar dentro de seus tecidos e músculos a história de uma dada ideologia.

Noções de incorporação, como esta de *habitus*, são importantes, uma vez que nos permitem superar a antiga separação conceitual entre sujeito e mundo que *assombra* há tanto tempo a Psicologia. O corpo pode ser concebido como uma entidade individual, mas a incorporação não, pois ela tem a ver com a

---

repulsões, em uma palavra, com seus sentidos, não só os cinco sentidos tradicionais – que escapam à ação estruturadora do determinismo social –, mas também o sentido da necessidade, o sentido do dever, o sentido da direção, o sentido da realidade, o sentido do equilíbrio, o sentido da beleza, do senso comum, do sagrado, do tático, da responsabilidade, dos negócios, da propriedade, do humor, do absurdo, da moral, do prático etc." (1977, p. 124).

cultura, com o *mundo*, e não só com o mundo material. Pode até ser relacionada a mundos possíveis. Graças à incorporação, os seres humanos se tornam capazes de se engajar no mundo de tal modo a *vestir semelhanças* e configurar os mundos sociais; em uma palavra, passam a ser capazes de simbolizar.

Para se entender o quanto a incorporação é significativa para a vida social religiosa, pode ser de utilidade recordar a obra de Goffman (1951), que assinalou que os símbolos de *status* de classe possuem tanto um significado de categoria quanto o de expressividade. O significado de categoria se refere a *matérias* relacionadas ou que demonstrem identidade; o segundo expressa o estilo de vida ou ponto de vista da pessoa em questão (Radley, 1996). As roupas escuras dos *bevindelijke*, o rosto pétreo, o semblante severo, o andar inclinado, o falar arrastado e outras características incorporadas não apenas identificam a pessoa como um membro da tradição *bevindelijke*. Elas são também expressão de um modo de vida, retratam a concepção de um ser humano que tem consciência de que *os prazeres do mundo* são traiçoeiros; vive curvado pela certeza de que ele será condenado por causa de seus pecados, que reconhece que é totalmente dependente da Graça, uma coisa que a pessoa só pode humildemente esperar.

O *corpo socialmente informado* (Bourdieu) é, nesses casos, o meio que os indivíduos utilizam para dispor das coisas que são importantes para cada um e apresentar como elas importam. Essas manifestações não devem ser confundidas com a comunicação não verbal. Elas são formas expressivas que fazem mais do que comunicar ideias sobre *selves* abstratos (Radley, 1996, p. 562). São manifestações que funcionam como ordenações corporais que simbolizam certas maneiras de ser e que fazem com que certo mundo social se mostre (p. 566).

Como em outras religiões, ou, para ser mais correto, como em outras tradições dentro de uma dada religião, *ser um crente* tem a ver com a participação nas atividades religiosas em alguma igreja; com a admissão de doutrinas teológicas específicas; com o reunir-se num *círculo mais íntimo*; com o ser capaz de repetir uma experiência religiosa padronizada – como, por exemplo, entre os evangélicos – e alterações de comportamento. Tudo isso não é suficientemente específico para caracterizar o que ser *bevindelijke* é ou pode ser. Ser um *bevindelijke* tem a ver com um estilo que tudo pervade e com a pertença a uma *forma de vida* específica (Wittgenstein) que se manifesta no corpo e através dele. O conhecimento da doutrina, a frequência aos *conventículos* ou o ser capaz de falar sobre a própria vida espiritual, segundo o modo previsto, não seriam aceitos pelos *bevndelijken* como prova suficiente para ser reconhecido como um *verdadeiro* crente e menos ainda como um *convertido*.

E, no outro extremo, se o corpo de um crente expressa o conhecimento experiencial subjetivo sobre a condenação, a redenção e a gratidão; se a face está marcada pela luta com Deus; se a voz é caracterizada pelas aflições sofridas; se o corpo e as vestes expressam a consciência de se saber totalmente dependente da Graça, então até uma proposta teológica precária para se falar da experiência espiritual pode ser aceita. Nenhum *bevindelijke* afirmará ser um convertido ou falará sobre sua conversão, mas quanto mais a comunidade de crentes julg-a-lo como alguém convertido ou, pelo menos, *uma pessoa visitada pelo Senhor,* tanto mais facilmente revelará *a experiência vivida com o Senhor.* Melhor do que ter sido eleito um *Ancião* (presbítero) da congregação será a *continência, o tipo de conversa e a roupa,* que devem dar público testemunho do estado espiritual interior da pessoa. Este é o modo de se expressar de um modo paralelo de um grupo. Já que o que importa para os *bevindelijke* não é só a aceitação da nova doutrina e a pertença a uma denominação diferente, mas também adoção de um estilo *inclusivo,* que é um componente de *forma de vida,* entende-se que uma pessoa que não nasceu e não foi socializada nesse grupo dificilmente estará qualificada para ser aceita como crente nessa subcultura religiosa. Torna-se assim compreensível também porque quase não se conhecem casos de conversão para a subcultura *bevindelijke*.

Comentários conclusivos

Trazer o corpo (de volta?) para a Psicologia da Religião pode levar a uma transformação da área de estudos, reivindicam Hutch (1991) e McGuire (1990). Ao afirmar a importância de a Psicologia da Religião lidar com o tema ou a perspectiva da incorporação, eu gostaria de fazer uma declaração talvez menos ambiciosa, mas seguramente não menos abrangente: a atenção ao corpo necessita ser inserida no campo da Psicologia da Religião, e isto dentro de uma perspectiva cultural-psicológica. A atenção à incorporação, por mais importante que seja, não é somente um requisito que tornará o estudo da religião apto a participar de um novo desenvolvimento no campo teórico da Psicologia,[109] mas é necessária, além disso, na perspectiva da pesquisa empírica por ao menos três outras razões.

(1) Em nossa sociedade, que cada vez mais rapidamente vem tornando-se mais heterogênea e pluriforme, a *religião* não é nem sempre, nem em todo lugar, nem para todos, a mesma coisa e tampouco significa a mesma coisa. Também os psicólogos ocidentais estão vendo isso mais clara e consistentemente. Já que cada

---

[109] Para a Psicologia da Religião, o surgimento de uma postura compreensiva em relação a esses desenvolvimentos teóricos será mais frutífero porque os psicólogos hodiernos são muito menos avessos à religião do que seus representantes do passado tendiam a ser. Autores como Boesch (1983, 1991, 2000, 2005), Gergen (1993, 1994), Much e Mahatrapa (1995), Obeyesekere (1985), Sampson (1996) e Scheibe (1998), mesmo não sendo tidos – nem por eles próprios – como especialistas em Psicologia da Religião, de fato, incluem novamente em sua obra as considerações sobre uma série de fenômenos religiosos.

religião produz experiências religiosas e disposições comportamentais próprias a elas, é muito importante examinar como uma dada religião, enquanto fenômeno cultural, *funciona* do ponto de vista psicológico, como transmite, como promove, como facilita essas experiências e disposições e como as faz funcionar.

(2) Todas as características psicológicas são encarnadas e habitualmente organizadas. Práticas profundamente enraizadas, necessidades e emoções estão ancoradas no corpo e só em medida limitada são acessíveis à reflexão verbal. A perspectiva cognitiva é demasiado limitada para a pesquisa empírica. Além de dispor de instrumentos para medir os sentidos e as ideias explícitas, isto é, as cuidadosamente consideradas, mesmo quando se referem ao próprio sujeito, há necessidade de desenvolver e empregar técnicas que sejam mais próximas à experiência para se poder examinar comportamentos de relações primárias que são *obstinados*, não reflexivos e padronizados (Voestermans e Verheggen, 2007).

(3) Dessa forma se poderão ampliar as metas da Psicologia da Religião. Não apenas pessoas capazes e desejosas de colaborar com testes, questionários de pesquisa e com experimentos, mas também um grupo de minorias será atingido com as pesquisas. Note-se que a crítica à pesquisa em Psicologia da Religião se baseia há décadas no fato de numerosos projetos serem realizados só com estudantes brancos, de classe média (Batson, Schoenrade e Ventis, 1993; Loewenthal, 1995, p. 152). Também no tocante às muitas conversões, aos novos movimentos religiosos, os sujeitos pesquisados são desse segmento social. Pessoas socialmente menos favorecidas ou menos educadas geralmente não são atingidas por testes escritos, que são, por sinal, a prática mais empregada. Ademais, minorias que por razões religiosas podem não ser atingidas por questionários e outros métodos quantificáveis poderão também ser envolvidas em pesquisas por essa outra via. Assim um fenômeno empírico como a conversão dos *bevindelijke* poderá ser psicologicamente estudado.

10

Religião, cultura e psicopatologia

Reflexões psicoculturais sobre um caso patológico

Para começar, um caso: por ocasião de uma reunião por motivos religiosos que ocasionalmente tinha lugar à noite, na casa do proprietário rural Martin Schroevers, na aldeia holandesa de Betuwe, Schroevers matou seu próprio empregado Peter, que era tido como possuído pelo demônio.[110] Aproximadamente uma dúzia de pessoas – homens, mulheres e crianças – estava presente no local, e alguns deles desmembraram e mutilaram horrivelmente o corpo. Martin havia sido proclamado Messias e levado em procissão triunfal por seus seguidores, ao som de Salmos cantados, do lugarejo de Betuwe, onde ele vivia, para Diedenhoven, onde sua mãe e seus irmãos o proclamaram como sendo o Escolhido. Pela manhã, Martin e seus seguidores retornaram a Betuwe, onde ele foi preso pelo polícia e levado à cadeia. Três outros envolvidos foram conduzidos a instituições psiquiátricas, para onde também Martin foi mais tarde.

O que havia acontecido ali? Foi um assassinato? Um caso de doença mental? Se foi esse o caso, o que a religião ou ideias religiosas tiveram a ver como o acontecido?

---

[110] Os nomes das pessoas e mesmo da vila foram mudado; as citações foram traduzidas.

Introdução: a necessidade de uma perspectiva múltipla

As ligações entre doença mental e religião são numerosas e complexas, além de controvertidas (Akthar e Parens, 2001; Boehnlein, 2000; Clarke, 2001; Kaiser, 2007; Koenig, 1998; Loewenthal, 2007; Plante e Sherman, 2001; Utsch, 2005). Há pessoas que sacodem os ombros quando as doenças mentais são associadas de alguma forma à religião. O que, por exemplo, tem a ver com uma *doença* da alma alguém tentar, através de renúncias, chegar ao Nirvana ou levar uma vida cristã? Por que se ajoelhar cinco vezes ao dia com o rosto voltado para Meca e recitando orações deveria ser considerado uma patologia? Deveria ir ao médico de tempos em tempos um jovem, um rapaz ou uma moça, profundamente religioso e angustiado em não pecar, quando decide parar de falar devido ao versículo que diz: "aquele que guarda sua língua e não erra ao falar controla todo o seu corpo"? Deveríamos nesses casos talvez nos assustar, exceto se o jovem em questão quiser tornar-se um monge cartucho? Neste último caso, um ceticismo de tom psicopatológico não seria apropriado, uma vez que estaríamos tratando com uma tradição antiga e venerável. Se assim é, devemos ficar mais desconfiados com relação aos *novos movimentos religiosos*?

Essas são perguntas de difícil resposta porque o estado da questão em que se inserem é muito complexo e também porque elas, as respostas, são em si mesmas de árdua formulação. Por sua própria natureza ou pela maneira como são formuladas, já se pode muitas vezes facilmente descobrir quais são os interesses de quem levanta a pergunta. Se uma pessoa pergunta qual deveria ser o juízo sobre o comportamento de quem fecha seus olhos, cruza suas mãos e, seja em silêncio ou aos gritos, começa a falar para outra pessoa que nunca viu, com quem nunca falou e da qual ela não tem razões para esperar uma resposta, mas com a qual, contudo, afirma manter uma relação pessoal íntima, é provável que quem pergunta esteja associado a alguma forma de crítica à religião. Se, ao contrário, ela começa a discutir sobre os cuidados necessários com os doentes mentais como fazem as Igrejas, é sinal de que o vento sopra em outra direção.

É, contudo, útil levantar tanto umas quanto outras questões para se poder ver os vários aspectos e possibilidades de relações existentes entre doenças mentais e religião. Como acontece com quase qualquer problema levantado, questões assim não são de fácil formulação, e talvez seja menos fácil ainda encontrar respostas não ambíguas. Em situações assim a *recompensa* parece não estar em dar a resposta precisa, mas em descobrir e tomar nota dos muitos outros aspectos que vão acrescentando-se ao problema em discussão. O avanço não está na resposta, mas em poder diferenciar as várias perguntas. É neste ponto que estamos, após aproximadamente um século de pesquisa e reflexões sobre doenças mentais e religião. Enquanto nos círculos dos mais envolvidos com o assunto, na imprensa ou na política as palavras de ordem possam ser apaziguadoras e inequívocas, nos círculos profissionais aceita-se a ambiguidade e se reconhece que as relações entre as doenças mentais e a religião são múltiplas e se ramificam em todas as direções que, sendo hipoteticamente possíveis, podem ser investigadas empiricamente.

Pode-se admitir que nem em todos os âmbitos os termos sejam de paz. A religião pode ser a raiz e a expressão de uma doença mental, mas pode também ser uma defesa contra ela, um meio de cura, um refúgio último, um método e um caminho para se lidar com a enfermidade mental (Batson, Schoenrade e Ventis, 1993; Hood *et al.*, 2009; Schumaker, 1992). Nesse meio tempo, esclareceu-se que tanto o conceito de *doença mental* e seu correlato de saúde mental como o de *religião* são demasiado amplos ou multidimensionais para serem assim sem mais simplesmente correlacionados um com o outro.

Dessa caracterização extremamente esquematizada dos resultados alcançados já podemos deduzir que as relações entre doença mental e religião não podem mais ser concebidas a partir de uma conexão causal entre ambas. Os estudiosos chegaram também à conclusão, especialmente tendo em vista os conhecimentos, as experiências e os comportamentos que até dois decênios atrás eram chamados de *patológicos*, que buscar *explicar* é algo inadequado em muitos campos da ciência psicológica. As disfunções psíquicas não podem ser explicadas em termos de *causas* que podem ser *tratadas* no sentido de serem eliminadas em função da restauração do que é um funcionamento psíquico *normal*. E mesmo se fosse possível identificar *causas* ou, para dizê-lo de maneira mais cautelosa, fatores que contribuem para uma enfermidade, não há possibilidade de manipular esses fatores como se eles fossem variáveis. Devem-se, isso sim, buscar caminhos que tornem possível lidar com a situação em que a pessoa se encontrar. De maneira análoga, hoje não se fala da *religião*, qualquer que seja o entendimento dessa palavra, como uma *causa* da *doença mental*. A questão central nas discussões em curso é da *religião* como um *sistema de enfrentamento* (*coping*) (cf. Pargament, 1990; Pargament, Maton e Hess 1992).

É sabido que no Ocidente por muitos séculos a busca de explicações era o paradigma da pesquisa científica. A "mecanização da visão de mundo" (Dijksterhuis, 1986), o sucesso das ciências naturais e as conquistas decorrentes dos avanços tecnológicos marginalizaram – por um longo tempo – como sendo inferiores todas as visões de mundo que não a das ciências naturais. Existiram, contudo, pensadores que diziam sempre ser a prática do pensamento causal algo próprio de uma específica visão de mundo e existirem outras visões ou tentativas de interpretar o mundo que são tão adequadas quanto aquela prática ou mais.

Eles assumiram uma posição segundo a qual na discussão de fenômenos diferentes, ou âmbitos inteiros de realidade, são necessárias diferentes maneiras de pensar. Numerosas distinções e descrições dos mais variados tipos de pensar já foram propostas. Provavelmente a melhor alternativa à hipótese *explicativa* foi a que chegou até nós numa linha de pensamento sugerida por W. Dilthey (1894/1964) geralmente denominada de *compreensiva* ou *interpretativa*. De uma maneira diversa da *explanatória*, usada nas ciências naturais, que mostraram sua força especialmente no estudo de áreas da realidade que são independentes do ser humano, o pesquisador da área das ciências humanas tenta *interpretar* as produções da cultura. A literatura, a arte, os padrões sociais de coerência e as várias expressões da consciência, de acordo com essa tradição, requerem um tipo de *explanação* inteiramente diferente da que é utilizada nas ciências naturais.

Alguns dos pesquisadores contemporâneos na área das ciências humanas, como Clifford Geertz (1973) e Paul Ricoeur (1981), propõem – especialmente quando se trata da religião – um método chamado por eles de, respectivamente, *semiótico* e *hermenêutico*, que nos permite captar as *regras* que controlam um dado sistema de símbolos ou de práticas convencionais. Não é possível entender um texto qualquer se não se conhece a gramática da linguagem sobre a qual ele se apoia; não se pode interpretar ação alguma sem se olharem o contexto, a linguagem e os conceitos que estão à disposição de quem está agindo. Contudo, por mais úteis que essas distinções possam ter sido, elas não resolvem o verdadeiro problema. No instante em que surgem os seres humanos, eles se tornam logo problemáticos, pois são *natureza* e *cultura*, isto é, estão imersos numa situação na qual a relação entre as duas dimensões pode não ser construída de tal maneira que as duas possam alternar-se ou que a *cultura* seja vinculada ou acrescentada à *natureza*. Para funcionar humanamente quase sempre as duas são inteiramente dependentes e determinadas pela natureza e ao mesmo tempo estruturadas pela cultura, e só a essa luz são inteligíveis. O funcionamento humano pode ser considerado e analisado desde uma multiplicidade de perspectivas, embora, para ser bem claro, possa-se discutir a adequação ou o resultado das diferentes perspectivas.

Exemplificando com algo do domínio da Psicologia da Religião, podemos examinar: as mudanças que podem ser registradas na atividade cerebral durante a oração; sob que condições a oração aparece ou, ainda, o que a oração significa para quem reza. Qual dessas aproximações alguém vai eleger como a mais importante depende do tipo da abordagem psicológica que ele prefere. Enquanto abordagens psicológicas elas todas – e outras também – são concebíveis. Importante é ter claro que nas ciências humanas são possíveis muitas perspectivas e que elas foram de fato desenvolvidas.

Nas últimas décadas a abordagem cultural esteve menos influente no mundo da Psicologia acadêmica do que no das ciências naturais, mas surgiu também uma série de abordagens culturais, e elas se apresentam sob denominações distintas: *fenomenologia, interacionismo simbólico* e *construcionismo social*. Digno de menção neste setor da Psicologia é o voltar-se ou o focar para a direção da linguagem. Influenciados por conhecidos psicanalistas, como Lacan e Schafer, muitos estudiosos compreenderam cada vez mais que o assim chamado *self* tem uma estrutura linguística e é uma entidade fictícia, constituída por palavras e ideias que não se referem a um mundo *real*, pois os signos, no fim das contas, são de natureza não referencial. Por diferentes que sejam essas abordagens teóricas e metodológicas, elas parecem às vezes ter suas raízes em uma posição filosófica comum que se desenvolveu no século XX, nas pegadas especialmente de Martin Heidegger.

O fundamental na chamada *hermenêutica* é a noção de que a realidade não pode ser captada *nela mesma* (Ricoeur, 1965/1970). Seja qual for a noção que as pessoas possam ter da realidade, este conhecimento será sempre condicionado e, portanto, limitado, pelo caráter de imersão da condição humana, e neste contexto é atribuída uma função proeminente à linguagem (O'Connor, 1997). Os pesquisadores de orientação hermenêutica, diferentemente dos empiristas e positivistas, não admitem que somente as ciências da natureza possam chegar a um conhecimento válido da realidade. Eles estão bastante convencidos de que toda a compreensão, inclusive a deles mesmos, está sujeita a mudanças culturais e históricas. A pesquisa empírica hermeneuticamente orientada tenta examinar os significados que são acessíveis às pessoas em situações específicas e como eles se dão, isto é, como as pessoas são capazes de perceber estes significados. Como foi o caso dos antigos fenomenólogos, esse tipo de pesquisa demonstra a intenção, os planos e os objetivos que motivam os indivíduos e os grupos; mas, com mais vigor do que no caso dos fenomenólogos, essas pesquisas se dão conta de que o *sentido* vem à luz pela ação conjunta de atores aptos para tanto, isto é, o sentido é *construído*. Resulta daí que a construção do sentido é como espécies de andaimes com que as pessoas constroem e adquire um lugar cada vez mais central neste tipo de pesquisa. Entre as psicologias empíricas construídas segundo essas linhas podemos encontrar, além das aproximações discursivas e dialógicas, a chamada Psicologia Narrativa. Vamos trabalhar com essa aproximação na análise do surpreendente caso de morticínio acima mencionado.

Psicologia narrativa e análise da religião

Como com qualquer abordagem pertencente à Psicologia Cultural, também no caso da Psicologia Narrativa nos encontramos na trilha das *hipóteses de mundo* ou da corrente metafísica que Pepper (1942) chamou de *contextualismo*. Pepper, além disso, distingue entre o *animismo*, *formismo*, *mecanicismo* e *organicismo*, expressões derivadas de uma metáfora de base característica.

A metáfora básica do mecanicismo, tão influente no Ocidente, é a máquina, por exemplo, uma bomba, um dínamo ou um computador etc. A visão de mundo mecanicista faz com que os eventos da natureza sejam vistos como resultantes de transmissões de força. O objetivo de todo cientista da natureza que trabalha dentro dos paradigmas mecanicistas é pesquisar algum tipo de causas que estejam por trás daquilo que aparece. Essa concepção mecanicista subjaz também a muitas teorias no campo da Psicologia, por exemplo, na metáfora da psique como um *apparatus* psíquico de Freud; no uso do telefone para a comunicação ou, mais tarde, do computador, na Psicologia Cognitiva.

O contextualismo enquanto hipótese de mundo, por seu lado, não está em busca de causas e/ou de conexões causais, e sim por padrões de significado. Sua metáfora básica é o acontecimento histórico sobre o qual a pessoa fala de várias maneiras, mas que é sempre apresentada como uma *estória* na qual os diversos atores representam um papel. Theodore Sarbin, provavelmente o pioneiro mais conhecido da Psicologia Narrativa, segue esta linha de pensamento. Com referência aos desenvolvimentos na Filosofia da História e na metateoria da Psicanálise, ele argumenta que a história – a narrativa – é uma metáfora fecunda para a Psicologia no estudo e interpretação do funcionamento humano.

Concretamente e reduzindo o assunto ao mínimo denominador comum, Sarbin define assim sua contribuição para a Psicologia Narrativa: *"Proponho o princípio narrativo segundo o qual os seres humanos pensam, percebem, imaginam e fazem suas escolhas morais de acordo com estruturas narrativas"* (1986a, p. 8). Suas ulteriores colocações contêm pontos que podem ser de relevância para essa abordagem. Sarbin afirma de fato que a estórias têm uma poderosa influência sobre a evolução das narrativas do *self*. Ele relembra o princípio de Dom Quixote (*Quixotic Principle*) formulado já antes por Levin (1970), que procede da observação segundo a qual os leitores constroem uma identidade e uma *narrativa do self* a partir dos livros que leem.

Em termos mais cautelosos, talvez se possa dizer que as pessoas, e provavelmente também os grupos, constroem uma identidade a partir dos vários elementos culturais que têm à disposição, entre os quais, em todo caso, estão também diversos tipos de estórias e de figuras imaginárias que nelas exercem um papel. A identidade construída e apresentada em cada caso pertence a uma estória cuja estrutura de enredo põe em questão a pessoa e seus contextos dentro de um relacionamento narrativo de onde se tira sua direção funcional. Eis um exemplo bem simples: uma pessoa que se entende ou se representa como *mãe* irá agir e reagir segundo uma maneira culturalmente predefinida. Não se deve entender o acima dito de maneira muito estereotipada.

O fato de Sarbin, que anteriormente adotava uma teoria dos papéis, ter passado a adotar a Psicologia Narrativa demonstra um progresso teórico; as pessoas não copiam papéis estáticos já pré-definidos, mas *funcionam* assim como os papéis fazem nas estórias. Nada é predeterminado com precisão já de antemão, mas uma direção é dada. Na estória de uma mãe ocidental é provável que ela, pelo fato de ter de cuidar do filho, não terá um emprego de tempo integral fora de sua casa, e será pouco provável que será ela a ensinar-lhe como jogar futebol. Os paradoxos e os efeitos especiais, por exemplo, no campo da arte, surgem precisamente quando a estória se afasta do estereótipo. Eis um exemplo: se ouvimos dizer que um indivíduo que sabemos ter sido um carrasco em um campo de concentração é também um pai extremoso e um sensível violinista ou que um padre católico teve filhos com diferentes mulheres. Via de regra, essas estórias são o resultado de diversos elementos, e são consideradas autênticas se, apesar de reais da vida, não são mais que meras cópias da vida. Nesse caso, devemos ter em mente que às histórias pertencem também as estórias de outras pessoas e suas definições de *self*.

No curso de sua vida a pessoa ouve e assimila estórias que a tornam capaz de desenvolver *esquemas* que dão uma *direção* a sua experiência e conduta; esses esquemas ajudam-na a encontrar um sentido numa potencial sobrecarga de estímulos. Para cada estória que vai desenrolando-se e em cada situação com a qual as pessoas são confrontadas, elas adquirem um catálogo de enredos que usam para dar sentido à estória e à situação (Mancuso & Sarbin, 1983). Aqui reside a possibilidade de se aplicar a Psicologia Narrativa aos fenômenos religiosos. Pois, como foi mostrado no capítulo 3, o que quer que a religião possa ser – e sabemos que definir hoje religião é tarefa dura e controvertida –, ela é também um reservatório de elementos verbais, estórias, interpretações, prescrições e mandamentos, cada qual com seu poder de determinar a experiência e o comportamento e possuindo sua força de legitimar seu caráter narrativo.

No que segue tentaremos aplicar essas reflexões ao caso da carnificina, explorando em primeiro lugar as possibilidades e os limites da abordagem narrativa em Psicologia. Foi com esse objetivo que selecionamos um caso bem extremado e mal dirigido, na esperança de assim, quase como num microscópio, podermos mais facilmente chegar às perguntas que poderiam ser levantadas no caso de se lidar com outros casos semelhantes.

Mate o demônio! Um caso de patologia religiosa?

Não é difícil imaginar que os eventos de Betuwe provoquem sensacionalismo e que se levante um rebuliço na grande mídia, especialmente se nenhuma das pessoas envolvidas houver tido antes algum tipo de pendência judiciária, pois os juízes costumam lançar mão do veredito de *não responsável por razão de insanidade mental*. As reações e as partes mais importantes dessa excitante história não são relevantes aqui, porque nosso interesse é conceituar a dimensão religiosa do fato a partir de um ponto de vista psicocultural dos episódios em seu todo, uma vez que parece tratar-se de um caso de patologia religiosa. O fato de o caso, como foi dito, ser um caso extremo aparece também porque não é uma prática comum o demônio se infiltrar em uma reunião de cunho religioso. Mas o assassinato de uma pessoa relacionado a convicções religiosas não é de todo desconhecido nem nas religiões mundiais, nem na história ocidental. Seria de todo irresponsável falar de *doença* mental em todos esses casos. Mas deixemos de lado esses complicadores transculturais e transtemporais e, por simplicidade, comecemos por concordar com nossos colegas de hoje que julgam tratar-se de uma contaminação ou uma indução psicológica na qual a doença mental de um passou para a maioria dos outros membros do grupo. Mas vejamos antes o que é uma doença mental.

Nesse sentido não podem ser ignoradas as muitas publicações nas quais os estudiosos asseveram que a religião enquanto tal é de fato uma forma de doença mental, uma ilusão coletiva, uma fase infantil da história cultural etc. Essas publicações, por várias razões antropológicas ou religiosas, pressupõem também que a religião é um sinal de saúde psíquica. Na literatura empírica, que se ocupa com temas relativos ao concreto funcionamento mental das pessoas ou dos grupos, a religião e a doença mental são trazidas somente no contexto de conexões descritivas. São feitas distinções entre casos de doenças mental em *funcionários* religiosos – por exemplo, a psicopatologia do clero – e casos nos quais a linguagem religiosa, com seus temas, suas ideias e ações são uma manifestação clara de sintomas patológicos.

Caem nessa segunda categoria aqueles casos nos quais, por exemplo, alguém imagina ser Jesus Cristo. Nessa mesma categoria, poderia cair um sacerdote que se vê coagido a comportamentos sexuais compulsivos. Um terceiro tipo bastante óbvio pode ser encontrado em publicações, geralmente mais antigas, nas quais os pesquisadores examinam se e em que extensão as crenças e práticas exercem um papel no início de uma patologia. Como foi mencionado, a questão relativa a uma eventual conexão quase nunca foi colocada nesses termos em anos mais recentes, pois todos os tipos de fatores podem em casos concretos ter contribuído para o surgimento da doença e quase sempre o fizeram realmente. Raramente existe uma causa única nas doenças mentais, e por isso a terapia visa influir em todas as condições envolvidas para que o paciente possa voltar a se comportar sem infligir danos a si próprio e aos outros.

Como tantos outros fatores, a religião pode, sob diferentes formas, exercer um papel na doença. Distinguir entre *patogenia* e *patoplastia* não ajuda grande coisa neste ponto. Também as fronteiras entre as categorias que elencamos não são tão impermeáveis assim. Na primeira das categorias citadas, por exemplo, terá a obrigação do celibato tido um papel na vida daquele padre? No caso da pessoa que imaginava ser o próprio Jesus Cristo, uma identificação mais intensa e aberta com o modelo de fé poderia ser um fator. Talvez ele pudesse pertencer, por outro lado, a um grupo religioso que deseja apaixonadamente viver a vida do discipulado cristão e que tentou evitar que seus membros saíssem dos trilhos já com certo atraso?

Em cada caso individual poder-se-ia estudar se e como certo tipo de religiosidade exerce um papel na vida do paciente. Depois que a questão *religião e doença mental* deixou de ser considerada a partir de ângulos de hostilidade ou favorecimento apologético à religião, ela deixou de ser mencionada na literatura científica (Neeleman e Persand, 1995). Só há pouco tempo alguns estudiosos passaram a defender, tanto em periódicos religiosos quanto em revistas psiquiátricas, que religião e espiritualidade não deveriam mais ser deixados sem exame, por razões de desinteresse injustificado ou por medo de se tocar em um ponto sensível, mas deveriam ser pesquisados e estudados em profundidade (Boehnlein, 2000; Koenig, 1998; Shafranske, 1996; Sims, 1994).

No caso que nos interessa aqui parece estarmos lidando com uma conexão entre religião e doença mental que pertence à segunda categoria: os sintomas das vítimas da *infestação* ou da contaminação psicológica apresentavam colorações religiosas. Essa foi a opinião unânime dos psiquiatras, seja em suas declarações oficiais a serviço do Estado, seja nas feitas em nome das instituições religiosas. Estes últimos se sentiam muito desconfortáveis com os fatos acontecidos, uma vez que o papel da religião neles era fortemente explorado pela mídia e se sentiam dúvidas no juízo emitido pelos psiquiatras *confessionais*.

O pano de fundo espiritual do caso

O incidente teve lugar em 1900. Ligava-se a pessoas que cultivavam a espiritualidade *bevindelijke* da qual falamos no último capítulo. Eles constituíam um pequeno agrupamento vivendo em um ambiente majoritariamente católico romano, e isso poucos anos após um cisma maior ter abalado a Igreja Protestante holandesa. A imprensa católica imediatamente usou o incidente para atacar a denominação protestante enquanto tal, dando a entender que é isto o que acontece quando as pessoas abandonam a Igreja Católica:

> Quantos destes profetas e apóstolos *peculiares* já não vieram ao mundo desde os tempos em que os reformadores lançaram o princípio do livre exame [interpretação] da Bíblia como uma bomba perigosa no seio da Igreja cristã! Desde então toda e qualquer pessoa, instruída ou ignorante, sábia, embotada ou prudente a seus próprios olhos, passou a poder explicar as passagens obscuras da Escritura. Que ruína isso não trouxe consigo! Que cegueiras e confusão, que fanatismo, loucura e crimes não produziu!

Na imprensa da chamada Protestante Igreja Reformada, que na Holanda tinha se separado da Igreja Protestante predominante, essas acusações eram rejeitadas. Afirmava-se que o incidente dizia sim respeito a protestantes reformados. Eles não eram genuinamente reformados, mas antes se constituíam numa seita ainda portadora de muitos elementos pagãos. O que estava envolvido no incidente não era a *verdadeira*, mas a *falsa* religião.[111] Psiquiatras reformados, no entanto, não podiam tão facilmente aplicar essa distinção entre verdadeira e falsa religião à doença mental. Demasiadas vezes eles haviam visto os *crentes*, indubitavelmente de congregações reformadas, *sadias* e *não sectárias* tornarem-se mentalmente doentes, o que subvertia todos os tipos de noções de religião.

Por outro lado, no caso em pauta, estavam presentes muitos elementos do modelo padrão da espiritualidade reformada para se *despacharem* os pacientes como sendo *meramente diferentes, não saudáveis, sectários* etc. Motivados por um interesse obviamente similar ao da imprensa reformada, isto é, proteger sua própria religião de eventuais ataques, os psiquiatras *confessionais* assumiram com muita gana os argumentos da Psiquiatria que se orientam prevalentemente pelas ciências naturais. Com isso concluem que a doença mental resulta de distúrbios oriundos do substrato físico e são geralmente condicionados por fatores hereditários.

A Psiquiatria confessional, como era de se esperar por causa de sua crença na *alma*, dificilmente pode mostrar sensibilidade aos componentes psicológicos que iluminam o significado do caso (Belzen, 1989a). Por outro lado, eles não dispunham de conceitos a sua disposição para considerar o papel da religião como algo diverso de uma *causa* relevante ou não relevante para o caso.

---

[111] Sobre as diversas reações da Imprensa, veja-se Belzen, 1998a.

Mas de que espécie de elementos da espiritualidade reformada estamos, então, falando no caso em debate? Antes de dar uma resposta, devemos fazer uma digressão histórica. Como vimos no capítulo 9, a conversão é central para o *convertido bevindelijke*. Converter-se é o coração de sua espiritualidade. Dificilmente alguém tem a ousadia de se proclamar convertido, uma vez que os crentes ou fiéis hesitam em aceitar como convertido até mesmo o mais devoto dos membros. Com frequência, usam frases evasivas para essas pessoas, ou seja, dizem que elas *estão mudadas* ou que são alguém em cuja vida *a mão de Deus se fez visível*. Mas se uma pessoa é tida como genuinamente convertida, os demais estão desejosos de ouvi-la para aprender em primeira mão como o Espírito Santo agiu e continua agindo com essa pessoa. Quando alguém é reconhecido como verdadeiramente convertido, torna-se uma autoridade espiritual, e as pessoas de outras igrejas locais a procurarão para ouvir seus relatos, para vivenciar o trabalho que nela está sendo realizado e para conversar com ela. Cheios de admiração, de gratidão e com um toque de inveja, embora isso seja tido como pecaminoso, elas escutarão a *pessoa espiritual* cuja autoridade será respeitada não somente em assuntos espirituais, mas também em outros domínios. Um convertido, além do mais, julgará se o outro também *está na estrada certa* ou se sua situação é outra.

> Nas igrejas e grupos ultrarreformados, *os convertidos* tendem a ter autoridade. São eles que decidem quem pode ou não participar da Ceia do Senhor e dirão a você o que pode e o que deve ou não ser feito. Essa autoridade abrange quase toda a vida das pessoas. Vai de como deve ser organizada a Liturgia e como o ministro deve pregar até temas que se relacionam com o fazer ou não o seguro contra incêndio ou tomar banho, ou seja, se o banho pode ser aos domingos e em companhia de alguém do outro sexo (Ruler, 1971, p. 34).

É secundário se estes *convertidos* se julgam ainda como tal; dentro da tradição reformada original isso não tem efeito. "O que estas pessoas espirituais dizem é verdade; é a vontade de Deus", escreve Ruler (1971, p. 35), um teólogo espiritual muito próximo deles. Apesar de sua simpatia por essa vertente religiosa, ele chamou a atenção para os riscos que podem estar presentes quando os demais da congregação manifestam tanta dependência da autoridade dessas pessoas e como isso poderia conduzir a uma tirania sem controle algum.

Os acontecimentos de Betuwe

Os devotos do episódio de Betuwe pertenciam todos a esta modalidade de religiosidade dos reformados *sérios*. A aldeia está localizada numa área predominantemente de católicos. Os protestantes de Betuwe, juntamente com os da povoação vizinha de Altforst, formam uma única congregação, sendo que o grupo Betuwe, onde a tragédia aconteceu, constitui um ramo mais conservador. Sua insatisfação com a orientação dada à comunidade pelo pastor no início dos anos 1890 chegou a tal ponto que eles organizavam seus próprios cultos na hora em que a cerimônia religiosa *oficial* era celebrada e tinham suas próprias reuniões, nas quais certo Oswald Suurdeeg exercia a função de dirigente. Mas quando, já em meados dos anos 1890, outro pastor ainda mais conservador apareceu, os encontros independentes foram suspensos, e os devotos da aldeia voltaram a estar entre os mais piedosos da congregação. Eles eram zelosos na participação da vida da igreja e zelosos também na leitura da Bíblia e na oração. Em seu escasso tempo, para sua própria edificação e formação, liam livros de piedade que eram compartilhados entre eles. Dentre estes, temos os de Bunyan e alguns outros que continham narrativas alegóricas sobre demônios que atacavam e depois abandonavam as pessoas sozinhas. Um desses escritos, por exemplo, tinha o seguinte título: *O coração do homem como templo de Deus ou a casa do Demônio* e era ilustrado com figuras fantásticas.

Entre Suurdeeg e Martin Schroevers estabeleceu-se uma boa amizade da qual resultavam longas conversas espirituais. Uns anos antes, um dos irmãos de Martin Schroevers caiu doente com influenza. Este homem, Art Schroevers, era solteiro e ainda vivia com sua mãe, que era viúva. Juntamente com a febre alta surgiram alucinações. Ele tinha horríveis e estranhas visões. Entre outras coisas, havia uma história na qual se contava que ele jazia estendido nas portas do inferno e Deus o erguia novamente. Aos poucos correu a notícia de que Art havia se arrependido de seus pecados, e seus parentes e conhecidos começaram a procurá-lo afluindo de muitos lugares. "As pessoas queriam testemunhar a graça que ele tinha recebido", dizia o relatório que o psiquiatra reformado L. Bouman fizera sobre os eventos (1901, p. 108). Martin, proprietário de uma propriedade agrícola vizinha, visitava regularmente seu irmão. Todos, especialmente os membros da família, estavam profundamente impressionados e pensativos com o que havia acontecido com o doente enquanto estava acamado. No início apenas Art havia vivido algo mais assombroso. Ele contava, por exemplo, como havia visto sua caneca cheia de água, embora já tivesse bebido todo o líquido, e como escutara vozes que ordenavam que ele cantasse e rezasse. Mais tarde, também outras pessoas viram e escutaram *coisas maravilhosas*. A família contava, além de Art e de sua mãe, com quatro irmãos e três irmãs, que também contraíram a mesma gripe. Um dia, durante a doença de Art, os parentes e alguns amigos estavam sentados juntos lendo uma passagem da Sagrada Escritura. Subitamente, um após o outro, eles viram o Demônio. Em outros encontros, eles viram repetidas aparições e escutaram barulhos estranhos, como os que relataram depois aos psiquiatras e à polícia.[112] Subsequentemente a esses fatos, os parentes entraram em um estado de agitação e sentiam medo de dormir durante a noite, chegando às vezes a nem dormir.

Entrementes, outras coisas surpreendentes aconteceram. Em maio do ano anterior, o irmão de Schroevers, de nome João, tinha saído de casa, e desde então houve muita briga na família sobre sua intenção de se casar com uma moça católica. Ele ainda não havia aderido à Igreja dela, mas havia ido muitas vezes ter com ela e tivera várias conversas com o padre católico. Desde maio de 1899, ele havia mudado para a casa de um parente da noiva e só raramente visitava a mãe, ainda assim de maneira bem rápida. Durante a doença de Art, contudo, ele ia com mais frequência e não abandonava o quarto do enfermo. Ficava ali de pé e imóvel sem dizer uma palavra, a ponto de causar espanto aos outros. Certa ocasião, de repente, ele começou a gritar: "Art, Art!", em seguida ficou muitos minutos em silêncio e voltou, depois, a gritar de novo. Todos na casa acorreram ao quarto para presenciar o que ia acontecer. Estavam presentes também alguns visitantes, e as moças mais jovens começaram também a gritar, mas Art as interrompeu dizendo: "Não importa nada, João, estou disposto a morrer por você".

Todos os que pertenciam àquele grupo da congregação estavam seguros de que grandes coisas estavam acontecendo na família Schroevers. Uma outra pessoa que gozava de grande reputação na comunidade, a senhora Soontjes, era também dessa opinião. Em virtude do respeito que as pessoas sentiam por ela, seu parecer em assuntos religiosos contribuiu significativamente para reforçar a convicção dos outros. Comentava-se que os dois

---

[112] Para se informar melhor sobre esses tipos de fenômenos, veja os relatórios Ruysch, 1900 e Bouman, 1901.

irmãos haviam se tornado *alheios às coisas mundanas*. As pessoas vinham para conhecer pessoalmente o que acontecia. O pastor, porém, manteve uma atitude reservada. Dizia-se que ele, após uma visita, teria dito: "eu fui lá na esperança de que algo de bom pudesse surgir de tudo aquilo". Ele acabou aconselhando as pessoas a deixarem o doente sozinho. Isso já não era mais possível, uma vez que de todos os lados *companheiros* de fé vinham fazer visita, e as pessoas nem podiam mais dormir direito. Os animais no estábulo não eram mais cuidados, porque as pessoas julgavam ver o Demônio saindo do corpo de alguns deles e começavam a profetizar e a esperar a nova vinda de Cristo.

Nesse meio tempo, cenas semelhantes começaram a acontecer na casa de Martin, que já convalescia da gripe. Também lá eram observados fenômenos notáveis como foi confirmado por João e Art, que já estavam em condições para visitar Martin. No dia 1º de fevereiro, Martin contou a sua mãe que algo muito grande estava ocorrendo nele. As pessoas pensaram inicialmente que ele estava falando de sua conversão. Entre as pessoas que foram visitá-lo estavam duas irmãs, Ella e Maria Leven, de 17 e 22 anos, respectivamente. Na tarde do dia 2 de fevereiro, Maria havia tido uma longa conversa com Martin. Ao voltar para casa, ela se sentiu aliviada, experimentando um sentido de liberdade e perdão. Não podendo dormir, ela quis visitar novamente Martin para partilhar com ele a grande graça que recebera. Sugeriu, então, a sua irmã, por volta de uma hora da madrugada, voltar com ela à casa de Martin, para que também sua irmã fosse liberada do Demônio.

Ao chegar lá, solicitou a Martin que expulsasse o Demônio de Ella e ele, então, soprou na boca da jovem e entre suas narinas. Ella ficou muito agitada. Quando Martin achou que o Demônio simplesmente não queria sair, chamou seu empregado Peter e seus filhos para que o ajudassem. O empregado demorou a aparecer e disse: "Não tenho nada a ver com toda esta confusão". Martin mandou então que ele segurasse uma bacia para que Ella pudesse cuspir nela o Demônio. Martin fechou os olhos de Ella, bateu em seu rosto e perguntou: "Você está sentindo isto?". Ela respondeu que não (Ruys, 1900, p. 89). O que aconteceu em seguida ela realmente não sabia. Ela viu Pedro caindo, *atingido pela mão de Deus*. O Demônio saiu de seus olhos e de sua boca; ela viu chamas e escutou um trovão, achou que o Demônio tinha saído dela para entrar em Pedro. Nesse mesmo instante, ela sentiu um imenso alívio.

Em sua conversa com Ruysch, ela recordava que Martin e outros caíram sobre Pedro e batiam em seu corpo morto até que o sangue saísse dele. Ela se sentiu feliz, e todos estavam com o moral elevado. Eles haviam triunfado sobre o Demônio. Eles cantavam dizendo: *Deus seja louvado, o Demônio foi vencido!* Cantando saíram em procissão até a aldeia próxima onde morava a mãe de Martin, para levar-lhe a boa notícia. De manhã cedo, Martin, que havia ficado em casa, foi ver seus vizinhos e dizia: "Apertem as mãos de Cristo! Eu fui santificado e esmaguei a cabeça de Satanás". Pouco depois apareceu Suurdeeg, e os dois se puseram a caminho da casa da mãe de Martin. Um dos irmãos de Martin, que era casado, contou mais tarde ao psiquiatra Bouman que ele e sua mulher foram acordados por um dos irmãos mais jovens, que ainda vivia na casa de sua mãe, dizendo que eles deveriam ver o milagre que havia acontecido. O Demônio havia sido abatido, e Martin pedia que eles viessem imediatamente ver o acontecido.

> Nós não havíamos ainda comido nada. Minha mulher e eu fomos imediatamente para a casa de nossa mãe e encontramos lá Martin e Suurdeeg. Eles falavam sem parar, e ninguém ousava fazer perguntas. Especialmente Martin, que eu vi coberto de sangue, estava extremamente agitado. As duas irmãs haviam perdido a cabeça. Nós deveríamos todos segui-lo, dizia Martin. Ele falava sem parar, e eu nem tinha

coragem de contradizê-lo porque eu não sabia o que estava acontecendo. Eu queria ir para minha casa, pois meus animais não haviam ainda sido alimentados. Martin and Suurdeeg diseram: "Nós chegamos ao milênio, os animais não precisam mais ser alimentados, e você não vai para casa". Eu então deixei meus animais de lado e os segui (Bouman, 1901, p. 112).

Quando eles voltavam para Betuwe, cantando Salmos ao longo do caminho, a polícia os encontrou e prendeu Martin. Ninguém ofereceu resistência. Martin assegurava que as autoridades não podiam fazer mal algum a ele e que regressaria à casa em um instante. Ele exortava os que o seguiam dizendo: "Cantem, filhos, eles estão colocando algemas nos pulsos de Jesus Cristo". Quando eles passavam pela casa da senhora Soontjes, ela deteve a *procissão*. Um dos seguidores da ala conservadora, que neste meio tempo havia se juntado a eles, voltou-se para ela, pondo em dúvida tudo o que estava acontecendo. Mas ela respondeu que tudo estava em ordem. Ao ouvir isso, eles foram para a casa de Martin, onde encontraram até a empregada cantando os Salmos. Isso reforçou a convicção de todos de que um milagre havia ocorrido: era compreensível que a mulher de Martin e seus filhos cantassem hinos religiosos, mas se também a empregada havia ficado cheia de alegria, era porque um verdadeiro milagre deveria ter acontecido.

Assim, outras pessoas se juntaram na casa de Martin e continuaram a celebração. Cada vez que eles escutavam um som na rua, pulavam de pé para dar boas-vindas a Martin. Eles cantavam, oravam, expulsavam de novo o Demônio até que aos poucos o grupo foi se dispersando, cada um dando a desculpa de que estava sendo procurado por seus parentes. No dia seguinte, foi solicitado a Ruysch que comparecesse à polícia, e assim se deu início à investigação. As duas irmãs Laven, que já haviam retornado a sua casa, contaram suas histórias, e as pessoas acreditaram nelas. Elas foram levadas, bem como Martin e Suurdeeg, até a instituição psiquiátrica. Ruysch viu no que acontecera algo diferente do que os participantes. Não era nem uma obra de Deus, nem uma heresia que pudesse levar a comportamentos criminosos, como era a opinião dos católicos de Betuwe, mas nada mais que *insanidade*. Sua interpretação médica foi a que se tornou dominante e, em consequência, nem Martin nem os demais foram processados judicialmente.

O papel da religião

Ruysch, assim como seus colegas reformados, pôs em dúvida a opinião, defendida principalmente pela imprensa católica, de que a religião dos participantes é que havia provocado a tragédia de Betuwe. Essa tese dos psiquiatras reformados pode ter sido levantada por motivos apologéticos. Se deixarmos fora de cogitação a atribuição de culpa e a preocupação com a causa, fica claro que a religião teve algo a ver com o acontecido. Mas o que, então? A religião foi *o contexto cultural de significado* (Much, 1995) para a família Schroevers e os outros envolvidos. Esse contexto tornou possíveis a ação e a experiência, que não são acessíveis para quem não foi educado naquele contexto. É através da assimilação de um sistema simbólico, como o da religião, que as pessoas entendem e constroem o mundo, tanto o natural como o social e, em alguns casos, também o espiritual.

Neste sentido a Psicologia Narrativa acentua de modo especial a relevância das estórias. As estórias da *espiritualidade reformada séria* que esses fiéis tinham em comum é que deram significado à experiência, forneceram coerência ao grupo e favoreceram a ação em pauta. Desde muito tempo antes, as pessoas pertencentes a esse segmento conservador protestante estavam convencidas de que Deus agia em seu meio e, mais especialmente, na família Schroevers. Art estava literalmente prostrado, de cama, perturbado com seus pecados. Era *desafiado* pelos outros a se converter, pois, de acordo com a espiritualidade que haviam recebido, a alternativa restante era a de ser condenado por toda a eternidade. O anseio por *ser escolhido* que decorre da *sóbria* tradição reformada e a noção de graça adotada por eles os impulsionavam a se unirem e reforçava neles o combate pela salvação, a análise do que excitava suas almas e seu engajamento religioso.

Quando Martin, pressionado por tudo isso, sentiu ocorrer dentro de si uma mudança, as pessoas correram para se reunir na casa desse homem espiritual e buscavam edificar-se conversando com ele. As pessoas nem conseguiram dormir por causa de sua ansiedade quanto a sua condição de pecado e perdição ou devido à alegria espiritual, e ir no meio da noite até o pastor ou algum mentor espiritual não é algo raro na tradição desse grupo. Há *memória* de coisas desse tipo em muitas de suas conversações e narrativas. O empregado de Martin, Peter, mostrou-se recalcitrante e se recusou a tomar parte em tudo aquilo. Para uma espiritualidade dualista como essa, era uma prova que ele era um adversário, um demônio ou uma pessoa possuída pelo espírito mau. Poder vencê-lo era um trabalho da graça de Deus. Que os eleitos de Deus caíssem todos juntos sobre ele estava prefigurado na Escritura: não dizem as promessas dos tempos messiânicos (Gn 3,15) que Satanás será um dia esmagado?

Depois de tantos milagres acontecidos nos dias anteriores não era motivo de surpresa que eles fossem tirados da cama com a notícia de que algo de grandioso havia acontecido, que Martin tivesse sido eleito e que o Demônio tivesse sido derrotado. O Reino de Deus havia chegado, e um deles havia relembrado na semana anterior que repetidamente havia lido para eles o capítulo final do *Maranatha,* ou *O julgamento do Grande Juízo,* do livro de Koenraat Mel *As trombetas da eternidade e sermões sobre a morte e a ressurreição dos mortos no Juízo Final, Fim do mundo, Inferno, Céu e Eternidade* (Amsterdã, 1752).

Uma interpretação escatológica do evento logo se espalhou: não haveria mais necessidade de dinheiro, e os animais não precisariam mais ser alimentados. Inflamando umas às outras, as pessoas cantavam Salmos e caiam em um estado de êxtase espiritual. Quando, no auge dessa exaltação, uma pessoa que duvidava escutou a senhora Soontjes – "que em assuntos religiosos tinha mais visão que qualquer outro entre nós" – dizer que tudo estava em ordem, todos se convenceram de que algo muito especial estava acontecendo. As pessoas cantavam salmos, rezavam, gritavam de alegria, perdoavam umas às outras os pecados e esclareciam velhas mágoas, de acordo com seu sistema de crenças. Uns poucos injuriavam a Igreja Católica e ofendiam o Papa enquanto cantavam salmos, atividades sem dúvida agressivas, mas bem de acordo com os ensinamentos sobre *a prostituta da Babilônia* que para eles era a Igreja Católica. Era o bastante para excitar a raivosa reação dos católicos locais. Mas nem a resistência, nem a prisão pela polícia foram capazes de abalar a fé daqueles crentes. Eles sabiam pelas Escrituras que o ódio dos gentios e os reis da terra se uniram contra o Senhor e o seu Ungido (Sl 2,1-2). Martin como Jesus, foi feito prisioneiro, mas iria manter sua promessa e retornar brevemente. Para tudo o que havia acontecido, estes devotos tinham um versículo da Bíblia e tudo era explicável para eles segundo alguma palavra da Escritura que lhes servia como referência para estruturação de sua experiência e de seu comportamento.

Não se deve subestimar a importância das crenças religiosas neste e em outros casos. No momento em que um mito, seja ele religioso ou não, "torna-se parte do tecido de um sistema de crenças de uma civilização, ele passa a guiar o pensamento e a ação e milita inevitavelmente contra a introdução de metáforas alternativas", escreve Sarbin (1992, p. 325) num ensaio inicial no qual aplica suas perspectivas psicológicas da narrativa a *condutas indesejadas*.

Essas considerações não são, sem dúvida, uma *explicação* dos eventos, e não foi para essa finalidade que elas foram apresentadas. Nem são apropriadas para romper com os psiquiatras daquela época que julgavam e ainda julgam a religião como a responsável pelo acontecido ou a culpavam de outras maneiras ainda. É bom que se lembre de que a explicação psiquiátrica "é uma doença" era apenas uma das possíveis interpretações – aliás, uma explicação relativamente recente, do ponto de vista histórico.

Em outras épocas e em outros contextos sociais, todo o acontecimento teria sido visto e tratado diferentemente. Há pontos de vista, por exemplo, segundo os quais uma pedra cai do céu porque ela quer voltar para o seu habitat natural (Kuhn, 1962) ou uma colheita fracassa por causa da feiticeira da aldeia etc. Eles podem não ser plausíveis para um ocidental do fim do século XX, mas dificilmente seria um argumento contra o ponto de vista em questão. Podemos seguramente proceder da premissa de que para a interpretação de um dado estado de coisas muitas são as alternativas aplicáveis. Por exemplo, para entender o fim de uma guerra, é preciso considerar aspectos bem diversos, como o econômico, o militar, o sociopolítico e numerosos outros.

Um fenômeno como o misticismo pode ser analisado do ponto de vista histórico, sociológico, médico-psicológico e outros. Mesmo dentro de uma única perspectiva, podem ser privilegiados vários aspectos. Uma aproximação psicológica de tipo narrativo, por exemplo, é só um dos possíveis pontos de entrada entre outros que poderiam ser aplicados no caso de Betuwe. Uma perspectiva menos atenta ao cultural que levasse mais em conta o aspecto do indivíduo, poderia discutir a história pessoal de vida de Martin, que deve ter sido bastante significativa no contexto. Ele se casou com uma viúva rica dona de uma *fazenda*. A despeito de sua idade, ainda jovem, ele já se transformara em um chefe religioso. Poderia ele ter-se deixado conduzir por inveja, talvez, das *grandes coisas* acontecidas como seus irmãos Art e João? Teria existido entre eles alguma rivalidade? Teria havido tensões entre ele e seu empregado Peter antes dos acontecimentos fatais? Que papel teria tido o fato de as duas jovens irmãs terem grande respeito por ele, tratando-o como uma autoridade religiosa e até o visitado no meio da noite? Teria havido um desejo de mostrar que algo realmente grande havia acontecido com ele? Todas estas e outras perguntas semelhantes são, sem dúvida, possíveis e relevantes, mas não podem ser respondidas porque não temos *fontes* para esse tipo de análise. Em todo caso, elas não deveriam levar-nos a cair em tentações de *análises selvagens*.

Perspectivas distintas podem sim *conviver* amigavelmente na medida em que tratam de aspectos diferentes e funcionam em níveis diversos. A análise psicológica do jovem Lutero feita por Erikson, por exemplo, de modo algum debilita a visão convicta que se tem de que ele era um instrumento de Deus. Interpretações teológicas ou religiosas não excluem na realidade interpretações de ordem psicológica ou psiquiátrica. Podem, contudo, existir tensões entre ambas.

Para enfrentar o caso que nos ocupa, a Psicologia não pode decidir se Martin era *genuinamente* convertido ou não. Muito menos pode a Psicologia pronunciar-se sobre a validade teológica da *doutrina da eleição*. Mas ela pode e talvez deva colocar questões a uma espiritualidade que diz às pessoas que elas são condenadas por toda a eternidade, que o Inferno está a sua espera e que um verme deve ser considerado mais afortunado, uma vez que não pode se *perder*. Pode ser correto afirmar teologicamente que todos são pecadores necessitados da graça de Deus, mas é possível também perguntar, psicológica, antropológica ou também pastoralmente se é sadia a prática de instilar nas pessoas uma autoimagem tão extremamente negativa. Pode ser espiritualmente desejável que uma pessoa se imbua da realidade do pecado e que ela deseje experimentar essa verdade existencialmente, mas significa que toda a jovialidade deva ser sufocada no nascedouro com questões do tipo: "Que razões existem para sorrir?" ou "Você não sabe o que o espera no além?".

São perguntas de difícil resposta que requerem a reflexão conjunta de psicólogos e teólogos ou líderes religiosos. No caso em pauta, como foi dito no início, a resposta é simples. O que aconteceu não é normal e não pode ser justificado religiosamente. Nenhum psicólogo pode julgar se alguém é o Messias ou se alguém está possuído pelo Demônio, mas a comunidade religiosa oficial rejeitou imediatamente esta *ilusão* de um ponto de vista reformado, dizendo-a sem justificativa e contrária ao ensinamento. Isto é certo, mas não havia também representantes da Igreja e da Teologia igualmente ansiosos por se distanciarem dos acontecimentos porque o caso degenerara e se depravara e porque havia acontecido uma morte?

De novo, havia sem dúvida algo realmente errado, e a espiritualidade reformada não pode ser tida como responsável pelo homicídio. Mas, então, em que ponto as coisas começaram a dar errado? Em que ponto a autoanálise desejada por Art se mostrou doentia? Quando a leitura de estórias de conversão e as conversações piedosas, as orações e os cantos chegaram a este ponto? Quando o que era digno tornou-se doentio? Pode ser claro agora que, no domínio da espiritualidade e em outros também, as fronteiras entre doença e saúde mental são extremamente difíceis de serem traçadas. Lembrem-se de que nesse caso o pastor, que na ocasião de sua última visita não estava envolvido, embora não entusiasmado com o que acontecia, não tomou iniciativa alguma além daquela visita e claramente não se deu conta de que estava ante um caso de doença mental.

Ou eis um exemplo ainda mais forte, quando pela manhã Mertin e Suurdeeg foram visitar a mãe de Martin para contar *as grandes coisas* que haviam ocorrido, o policial local foi até lá, mas, surpreendido pela excitação geral, apesar das manchas de sangue nas mãos e roupas de Martin, ele nada fez. Ele até acompanhou o grupo de volta a Betuwe e, quando seus colegas de lá quiseram prender Martin, ele ficou quieto em seu veículo. Só quando seus colegas, que provavelmente no entrementes haviam visto o cadáver, pediram sua ajuda é que ele começou a se mexer (Bouman, 1901, p. 112). Será que também ele foi *infeccionado* pela mesma doença mental?

Todo o episódio, as estórias e as ações, apesar da excitação causada, não teria ainda *acontecido* fora dos quadros de referência da concepção reformada? Seria o policial, também ele talvez um reformado, familiarizado com o quadro de referência reformado? Teria sido esta a razão pela qual ele, como qualquer outra pessoa reformada, não conseguia reconhecer como algo absurdo e como um crime o que estaria acontecendo ou já teria acontecido naquele lugar? Para todas essas perguntas provavelmente nunca teremos respostas. Mas as perguntas não estão limitadas só a este caso, elas evocam todo o complexo de problemas culturais e psicopatológicos ao qual pertence a crítica psicopatológica da espiritualidade. Não tenho a intenção de desenvolver essa crítica aqui, pois isso escapa aos objetivos desta obra, digo, deste ensaio, cujo único propósito é o de acentuar a importância da análise psicológica narrativa.

11
Psicopatologia e religião
Uma análise psicobiográfica

A Psicologia, ao se voltar para a autobiografia, não o faz com o intuito de examinar as situações nelas descritas ou para reconstruir eventos particulares ou fatos de época, por mais interessantes que todos esses aspectos possam ser para a pesquisa. Essas são tarefas para historiadores. A Psicologia tampouco visa pesquisar as qualidades literárias da biografia ou do gênero literário em si. Este é o campo de trabalho dos críticos literários. Ao se ocupar da autobiografia, ela pretende indagar questões psicológicas e sempre de uma perspectiva psicológica. A razão mais importante para fazê-lo é que trabalhar com autobiografias, tenham o formato que tiverem, é o recurso mais efetivo para reunir informações para certos tipos de indagação. Isso vale não necessariamente só para publicações do gênero, mas pode incluir textos solicitados explicitamente pelos editores da pessoa pesquisada sob a modalidade de diários e outros dados biográficos (Bruner, 1990).

Se o pesquisador estiver interessado em conhecer a evolução da identidade de uma pessoa, dificilmente poderá existir um método melhor do que pedir ao biografado que forneça a intervalos regulares um texto que seja o mais pessoal e subjetivo possível. Mesmo quando psicólogos estudam uma biografia já existente, publicada ou não, eles o fazem com a finalidade de encontrar respostas para questões psicológicas sistemáticas relacionadas a fatores como a evolução psicossocial, vínculos da criança com os pais, relações sociais em geral, experiências de culpa e de vergonha da sexualidade, desordem mental etc. Para o psicólogo interessado na religião, as autobiografias podem servir bastante para fornecer informações sobre o desenvolvimento da religiosidade pessoal e a influência que certas formas de religião podem exercer no desenvolvimento da personalidade.

O papel da autobiografia na Psicologia

As autobiografias podem também servir como uma importante fonte de informação para pesquisar o que os psicólogos chamam de *self*, já que através da autobiografia a pessoa se apresenta a si própria. Apresenta-se pelo modo como nos conta uma estória sobre si mesma e sobre sua vida.[113] Ao fazê-lo, o autor está pintando um retrato ideal de si próprio. Embora a estória em si não precise necessariamente ser idealizada e o autor possa a estar narrando com um pouco de vergonha, ele desenha um quadro de si mesmo que espera que o leitor aceite. Neste capítulo pretendo tentar várias maneiras psicológicas de se ler uma biografia particular. Pretendo de novo manter o ponto de vista da Psicologia da Religião, ao considerar a relação entre religião e saúde mental. Antes de introduzir a autobiografia, gostaria de resumir algo da teoria subjacente a minhas considerações.

Muitas vezes a reação inicial à ideia que venho expondo, isto é, a autobiografia enquanto apresentação do *self* e do *self* enquanto uma construção narrativa, é a de choque. Estaria eu dizendo que a identidade do *self* de uma pessoa é *somente* uma

---

[113] Ainda que se pudesse usar aqui o termo *história*, usamos o termo *estória* devido às características das narrativas, pois julgamos mais adequado; mais adiante, quando lidamos com relatos sobre os quais não se tem clara essa dimensão, usamos o termo *história* [NT].

estória? Não seria possível que as pessoas contassem de várias maneiras sua estória? Elas contam muitas estórias diferentes ao longo de suas vidas e também as narram em versões diferentes para diferentes ouvintes. Se todas essas estórias fossem o que o *self,* ou os *selves,* de uma pessoa em particular é de fato, onde ficaria a unidade dessa pessoa? Ocupemo-nos, brevemente, dessas questões, principalmente visando evitar alguns equívocos e corrigir tantos outros.

Como já vimos em capítulos anteriores, o *self* é fundamentalmente caracterizado e mesmo constituído pela linguagem e pela estória. Para o desenvolvimento e funcionamento da consciência do *self,* visto por muitos teóricos na linha indicada por Hegel como sendo precisamente aquilo que distingue o ser humano do animal, a linguagem é de vital importância. A autoconsciência, para Kojève (1947, p. 163-168), pressupõe que o ser humano, ao usar o pronome *eu,* mostra-se capaz de se localizar como distinto do mundo dos objetos e até de si mesmo. Assim, para Kojève, existe um nexo intrínseco entre autoconsciência e linguagem, não podendo realmente existir autoconsciência sem linguagem.

O psicanalista Lacan (1966) falará mais tarde de *nascimento do sujeito,* referindo-se com a expressão ao processo pelo qual a criança entra na ordem dos símbolos e aprende em particular a lidar e a se conformar à linguagem que encontra em sua subcultura. Para poder falar sobre si mesma, uma pessoa deve desenvolver a habilidade de objetivar e o faz através da linguagem. Assim, a linguagem é uma pré-condição que torna possível a subjetividade, e não o contrário. Não existe um sujeito essencial que deseja fazer uso da linguagem, mas antes a constituição do sujeito pressupõe a linguagem (Haute, 1993, p. 165-167). Quando o sujeito, uma vez constituído pela linguagem, deseja conhecer algo ou partilhar algo sobre si mesmo, deve valer-se da linguagem se quiser dizer a si ou aos outros quem ele é. Deve anunciar quem se tornou até aquele ponto. *Até aquele ponto* porque o ser humano é uma criatura da história: sua vida, do berço à morte, é uma história. Essa história pode ser expressa em lugares e modos diferentes. Pode ser apresentada sob a forma de uma estória. Se alguém é solicitado a dizer quem é, responderá com algum tipo de história de vida. Sem dúvida a transciência humana só pode ser expressa linguisticamente.

Para especificar esta estrutura linguística, Ricoeur (1981, p. 169-172) usa o termo *narratividade*. O ser humano tem uma estrutura narrativa e, em virtude de sua historicidade, precisa conectar-se à história, em especial a sua própria história (Zwal, 1997, p. 100). Isso torna o *self* não só um produto do passado, mas também uma interpretação do passado.

Ao desenvolver a noção de seu próprio *self*, os seres humanos devem confiar nas estórias que foram repassadas a eles e que absorveram ao longo de sua socialização. Cada estória sobre nós mesmos está sempre encerrada na estória continuada de uma dada história cultural. As possibilidades existentes para a compreensão do *self* que adquirimos e desenvolvemos são sempre o produto de uma tradição histórica particular que nos torna seu produto (Heidegger, 1927). Essas estórias que habitam e formam nossas vidas e as tornam possíveis são antes de mais nada as estórias que constituem o *background* de todas as ideias presentes em uma dada cultura. Elas estão incorporadas não só em nosso modo de ver a humanidade, o mundo e a vida, mas igualmente em nossa percepção das formas da arte e dos rituais que são compartilhados por todos os que participam daquela cultura. São as estórias arquetípicas de todas as culturas, e nós as vivenciamos através de metáforas e expressões, filmes e jogos e também em símbolos funcionais como um crucifixo ou o V da vitória, em monumentos e em símbolos que são associados a comemorações e feriados e festas (Guignon, 1998, p. 569).

São essas estórias que fornecem estruturas para as estórias ordinárias que vivemos, experimentamos e favorecemos no dia a dia, como fontes de sentido e mediadoras de certo horizonte de compreensão. Naturalmente, essas estórias arquetípicas diferem de cultura a cultura, e mesmo de subcultura a subcultura. As estórias otimistas sobre o *self* redentor dos Estados Unidos (McAdams, 2006) são muito diferentes das de sacrifício e de sofrimento com as quais crescem os russos. Ambas são, por outro lado, bem distintas das estórias arquetípicas sobre sacrifícios rituais comuns no Japão. Essas diferenças fundamentais podem fazer os *padrões de vida* de uma cultura ou subcultura parecerem destituídos de sentido aos olhos de uma outra; pensemos como certas formas de vida monástica católica são vistas por certos protestantes.

Em segundo lugar, o impacto das estórias pode ser detectado na maneira como as pessoas se comunicam no cotidiano da vida comum. Sempre que nos envolvemos numa conversa comum, estruturamos nossas estórias de acordo como o modo estandardizado de contar aceito em nossa cultura. Ao fazê-lo, quase sempre usamos dicas narrativas que informam o interlocutor sobre o tipo de estória que ele irá ouvir. Uma maneira de começar a contar como "Era uma vez" pede um modo de compreender diferente de "Que dia de cão eu tive ontem". Da mesma maneira estamos longe de poder contar uma estória sobre nós mesmos ou até construí-la conscientemente, sem que a maneira como o *self* se articula à ela seja sujeita a estritas limitações que em geral permanecem implícitas. Assim como a linguagem e a estória tornam possível o *self*, elas também determinam seus limites.

Na Psicologia Narrativa proposta por Sarbin e outros (Sarbin, 1986b, 1986c, 1993; Sarbin e Kitsuse, 1994; Sarbin e Scheibe, 1983), essas noções foram ampliadas para cobrirem outras partes do funcionamento psicológico além do *self*. Num texto programático *A narrativa como uma metáfora de raiz para a Psicologia*, Sarbin (1986b) introduz o *princípio narrativo: os seres humanos pensam, percebem, imaginam e fazem escolhas morais de acordo com as estruturas narrativas* (p. 8). Ele vê, por exemplo, as emoções como inseparáveis de seu contexto social. Ele usa em sua análise a imagem de uma cena com muitos indivíduos na qual a ação de um participante funciona como o foco para as seguintes ações protagonizadas seja pela pessoa, seja pelos outros participantes da cena. Assim, para ele, as emoções nunca deveriam ser estudadas como eventos que se dão dentro de um só indivíduo.

Segundo os psicólogos narrativos, não apenas as emoções são conduzidas pelos enredos, mas também as ações. No ouvir e contar estórias dá-se um envolvimento dos narradores e das próprias aventuras narradas. As ações estão presentes *nas* estórias e *fluem* delas. O chamado *Princípio de Dom Quixote* afirma que as pessoas agem para estender o enredo de uma estória concreta, especialmente quando estão imaginando a si próprios como protagonistas das mesmas. Esse princípio se refere à prática de configurar a identidade de alguém através da emulação das estórias. A ideia de fundo é que as narrativas com as quais os participantes culturais se familiarizaram continuam determinado suas ações e fornecendo o caráter, os ideais, as molduras, os instrumentos e os modos de proceder que os indivíduos e os grupos usam para configurar suas atividades.

A abordagem pelo método narrativo dirige a atenção do estudioso para a interface entre o indivíduo e o funcionamento coletivo do grupo. É uma tentativa de se compreender o funcionamento humano como sendo culturalmente configurado: não importa que emoção ou forma de atividade a pessoa esteja executando, o comportamento é visto como dependente das estórias, dos esquemas de enredos e papéis da cultura ou da subcultura na qual a pessoa cresceu e na qual ela agora está vivendo. Isso é assim porque há sempre outras pessoas presentes na presente situação, seja ela real ou imaginária. Toda ação é uma ocorrência interativa dirigida a um ou outros mais. Em lugares e tempos diferentes, a pessoa irá apresentar distintas versões de si mesma, e essas poderão variar e *desviar* em proporção menor ou maior. Assim a um amigo será mostrado um *self* diferente e provavelmente mais privado do que a um simples colega etc. Mas, independentemente do que as estórias dizem sobre o *self*, elas irão sempre seguir os enredos configurativos existentes.

Em virtude disso, Hermans e Kempen (1993) – seguindo Baktin (1929-1973) e usando a terminologia de James (1890) e de Mead (1934) – apresentam o *self* como uma novela polifônica. Nele as pessoas se colocariam numa multiplicidade de mundos nos quais uma estória sobre um *mim* acompanhada por um *Eu* pode e deve ser contada repetidamente. Essas estórias podem ser relativamente independentes umas das outras, e por vezes até são contrárias entre si, e os *Eus* das diversas estórias podem comunicar-se entre si dentro do mesmo *self*.

Há mundos diversos narrados por diferentes estórias e contados por diferentes *Eus*, mas não existe um *Eu* de sustentação que organiza e coordena os diferentes *mims*.[114] O *self*, portanto, não é unitário e indivisível, nem é sempre e em todo lugar o mesmo; ele é plural e depende de cada contexto. É uma multiplicidade descentralizada de posições do *Eu* que funcionam dialogando entre si como se fossem autores relativamente independentes. Ou seja, eles contam um ao outro estórias sobre seus respectivos *mims* funcionando como atores.

De acordo com uma antiga opinião da teoria literária, todo texto e, portanto, também a articulação do *self* em um determinado tempo e lugar são o resultado de relações entre texto. É um produto da intertextualidade, uma membrana dentro da qual são tecidos elementos já produzidos em outro lugar de maneira descontínua (Sprinker, 1980). Assim, a capacidade de diálogo do *self* pressupõe muito mais do que uma conversa com quem

---

[114] Para mais detalhes, veja-se o Capítulo 8.

estiver presente aqui e agora, através ou não de um contato visual direto. A articulação do *self* que emerge num dado tempo e lugar não soa como sendo de uma única voz. Nela ressoam outras vozes coletivas, como as dos pais e dos outros significantes, assim como as da classe social, do grupo profissional ou de uma tradição religiosa.

São especialmente as *vozes sociais*, como as aludidas por Bahktin (1929/1973), que infuenciam o que a pessoa diz e determinam o que ela *pode* dizer em primeiro lugar, geralmente sem estar consciente. Existem também vozes únicas, pessoais no *self*, mas também um bom número de vozes coletivas, talvez até muitas.

Em resumo, as pessoas não podem escolher ao acaso as estórias para articular quem são. As histórias que contam, os significados que elaboram e o sentido que dão dependem da interação de várias vozes.

Há outras modalidades de psicologia bem diferentes da Psicologia Narrativa que oferecem pontos de vista que podem ser relevantes para o estudo da própria história de vida da pessoa. Neste capítulo vou tentar combinar diversas dessas formas para interpretar uma autobiografia em particular. A Psicologia é um empreendimento muito heterogêneo. Há muitas abordagens distintas que por vezes parecem contradizer-se entre si. Em minha opinião isto não constitui em si um problema. Também a vida de uma pessoa será sempre mais rica do que aquilo que qualquer teoria tem a dizer sobre ela. Para entender uma outra pessoa, os psicólogos devem necessariamente empregar diversas formas de intuição e técnicas de pesquisa, podendo encontrar dificuldades ao longo de todo o caminho. A pesquisa psicológica mais recente mostra que as recordações não são simplesmente um espelho que reflete o passado. São mais reproduções mutantes, as quais podem modificar-se ainda que estas mudanças, por motivos óbvios, apliquem-se ao passado ao qual a memória se refere.

Assim noções de memória que a concebem como uma série de fotografias ou uma *gravação em vídeo* são incorretas. A lembrança não é estocada em um canto da memória, como se estivessem em um cofre no qual tudo o que você teria de fazer para se lembrar de alguma coisa seria trazer à memória a foto ou o vídeo em questão. Nas palavras de um psicólogo bastante conhecido, "a memória é um processo e não um depósito" (Cermak, 1989, p. 121). Acrescente-se ainda que as memórias se referem não apenas às coisas realmente acontecidas, mas também às fantasias, às imagens e às estórias. Nossas lembranças não são só sobre um fato que se deu uma única vez; elas dizem respeito a estórias ligadas àquele fato ou a fatos semelhantes. É possível que a gente esteja pensando em um evento externo quando de fato se está recordando uma estória ou um relato muito pessoal desse fato.

A memória autobiográfica não é fixa, ela é movimento (Kotre, 1995); tem a ver com o presente e não só com o passado. É importante tomar cuidado para não se tirar conclusões incorretas. Ela nem é um processo arbitrário, nem está sob o controle do indivíduo. As pessoas não elaboram ou formam conscientemente suas próprias memórias para assim serem capazes de contar certa estória. As experiências de vida não são simplesmente submetidas a um registro e arquivamento. Elas são recordadas ou esquecidas de modo seletivo de acordo com certo padrão, para serem mais tarde entretecidas de novo em estórias a respeito de quem somos (Scheibe, 1998, p. 142). É importante ter isso presente quando se estuda uma autobiografia. Em qualquer hipótese, não se deve esquecer que no gênero autobiográfico é o sujeito que *avalia* a si mesmo e está envolvido em direcionar a estória. É ele também quem atua na operação de trazer à mente, selecionar, aplicar e interpretar suas memórias.

A autobiografia espiritual como fonte da Psicologia da Religião

Antes que se tenha a impressão de que estamos interessados em teorizar abstratamente, voltemos a atenção para uma autobiografia concreta. Podemos perguntar se e em que medida a autobiografia de alguém poderia fornecer *compreensões profundas* sobre possíveis relações entre a religião e as funções psicológicas. Tendo presente essa preocupação, voltemos a uma das mais antigas intuições da Psicologia da Religião. A questão mais específica com relação à conexão entre religião e saúde mental teve sempre um lugar de peso, e não apenas em função de sua presumível importância. Mesmo os *pais fundadores* da área da Psicologia abordavam a religião na perspectiva da *mente saudável* e da *alma enferma* e do *self dividido* (James, 1902/2002). Eles faziam comparações metodológicas entre rituais religiosos e neuroses de obsessão (Freud, 1907/1959). A animosidade entre psicólogos e representantes das organizações religiosas foi em certos momentos mais amarga, mas, passados quase cem anos de pesquisa e de formulação de teorias, parece que se chegou a um consenso quanto a alguns aspectos disso.

Em resumo, é quase impossível fazer afirmações gerais sobre o assunto. A religião pode ser (1) uma expressão de desordem mental; (2) é uma força socializadora e *opressiva* que ajuda as pessoas a enfrentar as tensões da vida e as aberrações mentais; (3) é um agente protetor para algumas pessoas perturbadas; (4) é uma terapia; (5) é um risco (Spilka *et al.*, 2003). A religião pode, portanto, ser estruturada numa grande variedade de modos, e em casos individuais é bom considerar qual o tipo de conexão pessoa-religião que existe no caso.

Um exemplo elucidativo é o caso de uma autobiografia na qual um *Eu* fala de que maneira ele foi curado de uma depressão séria graças à *religião*, mas que, a despeito das intenções claramente *propagandísticas*, foi afastada pela comunidade muito religiosa a que queria servir. Tenha-se, entretanto, em mente que *religião* é um termo demasiado amplo que requer uma explicação mais detalhada. As razões para esta rejeição são importantes, mas não são fundamentais para o psicólogo. Para ele o primeiro interesse é o que motiva a pessoa a escrever uma autobiografia e também conhecer as *funções psicológicas* envolvidas. Entre as perguntas do psicólogo estão as que dizem respeito à conexão entre religiosidade e funções psíquicas. Vamos, agora, lançar um olhar sobre a autobiografia de Doetje Reinsberg-Ypes (1898), cujo título é o seguinte:

> A história da conversão de uma mortal de cinquenta e cinco anos
> depois
> de ter sido possuída durante dois anos e meio
> pelo Demônio, em Veldwijk,
> e redimida e renascida em Jesus Cristo,
> seu Redentor e Salvador,
> que realizará seu plano para ela, agora e sempre.
> Pela Senhora Reinsberg, viúva.
> Publicado em Vedwiijk em favor de pacientes pobres e infelizes.
> Às expensas da autora.
> Haia – 1898

A autora, de nome Doetje Reinsberg-Ypes (1840-1900), era uma mulher de Amsterdã que havia sido internada no Hospital Psiquiátrico Cristão de Veldwijk, em Ermelo, de 1890 a 1892, com o diagnóstico de *melancholia agitans*, que corresponde aproximadamente ao atual diagnóstico de depressão. O texto tem uma razoável extensão, isto é, 470 páginas. Ela dividiu a publicação em quatro *livros* ou, na realidade, em três, pois a maior parte do quarto capítulo refere-se a correspondências, algumas delas com conhecidos teólogos holandeses. Seguem um pós-escrito e uma conclusão. O período de permanência em Veldwijk oferece a estrutura para a história que Reinsberg relata. O primeiro livro trata de sua vida antes de sua estada em Veldwijk; o segundo conta seu período em Ermelo, e no terceiro ela fala sobre sua vida depois de ter deixado Veldwijk. O número de páginas consagradas a seu período em Ermelo é o mais extenso dos três livros.

No primeiro livro ela conta que nasceu em Leeuwarden, perdeu seu pai em tenra idade e, após a morte de sua mãe, quando ela tinha 17 anos, foi assumida por um tio. Aos vinte anos ela foi *forçada* a cuidar de si mesma. Dirigiu-se a Amsterdã, onde já vivia uma de suas irmãs. Não lhe foi fácil arranjar-se naquela cidade, mas, com a ajuda de cristãos caridosos de diversas Igrejas protestantes e depois de certo número de tentativas fracassadas, ela finalmente conseguiu um trabalho. Casou-se com um garçom e após algum tempo abriu seu próprio café-restaurante e hotel. Os negócios corriam bem, mas os dois não conseguiam evitar males em outros aspectos de sua vida. Ela fala então de doença e de morte de alguns de seus filhos. Pouco depois da morte de seu marido, ela vendeu o hotel e passou aparentemente a viver dos proventos, tendo uma vida razoavelmente próspera em Amsterdã com suas três filhas. Mas as coisas não foram bem por muito tempo. Por um tempo ela não esteve muito ligada à religião e à Igreja, mas voltou a frequentar de novo os cultos. Por ocasião de um culto, sentiu-se mal. Teve início um processo que por fim a levou a ser internada no hospício de Veldwijk, em Ermelo.

No livro dois ela oferece um elaborado relato de como fora levada a Velwijk e de como fora recebida. Ela narra em detalhes sua vida diária na instituição, descrevendo como fora removida de uma a outra ala e como, ao fim, deixou Veldwijk e Ermelo. No terceiro livro, ela fala sobre como foi viver com suas filhas em Baarn e depois em Haia. Descreve como passou por vários grupos religiosos e Igrejas cristãs, quase todas pertencentes aos calvinistas reformados. O terceiro livro não é exclusivamente narrativo: mais da metade de suas páginas é dedicada a *reflexões* de tipos variados, com títulos como *Sobre falsos mestres em geral* e *Com relação ao justo* e ele termina com um *Epílogo*.

Em sua autobiografia Reinsberg segue fielmente a estrutura das *histórias de conversão*, um subgênero das autobiografias espirituais surgido na Holanda entre os seguidores da primeira Reforma de nome *Nadere Reformatie*. A seguir apresentamos uma breve exposição sobre essas ideias.[115]

Poucas histórias de conversão são autobiografias. Um grande número delas é escrito depois da morte do protagonista e segue uma tradição que tem origem nas *vitae* da Idade Média. Esses escritos contêm uma estória altamente estilizada sobre a vida de alguém tido como santo. As *autobiografias religiosas* tornaram-se muito populares, especialmente em alguns ambientes protestantes. Não há nada de estranho nisso, uma vez que a Reforma colocou a experiência individual da fé no primeiro plano, tornando a salvação uma questão pessoal e individual. Tenha-se presente, a propósito, a famosa questão de Lutero "Como consigo um Deus misericordioso?" e se compare com a autoanálise de Calvino em seu *Institutes*. Com a eliminação da confissão sacramental surgiu a necessidade de outra forma de reflexão religiosa sobre a própria vida. Segundo Delany, um dos primeiros a focar a atenção na estória de vida como subgênero da autobiografia, as biografias religiosas do século XVII escritas pelos protestantes se tornaram muito mais introspectivas que os relatos objetivos escritos por católicos e anglicanos (Delany, 1969, p. 4). A *autobiografia espiritual* é um tipo de relato no qual as mulheres têm forte

---

[115] Sempre que se tratar de biografia ou autobiografia relacionada à conversão ou à tradição religiosa em pauta, preferimos utilizar a expressão *história de conversão* e não *estória de conversão* [NT].

presença, bem maior que em outros tipos de escritos. Por outro lado, é verdade que, nas primeiras autobiografias, as mulheres escreviam mais que os homens sobre as *agitações* da alma. Provavelmente porque a religião era um dos domínios em que elas podiam escrever com mais liberdade (Pomerleau, 1980, p. 28).

Escrever sobre as conversões pessoais é um fenômeno que aconteceu na Holanda principalmente no século XVIII nos grupos chamados de *conventículos* (Lieburg, 1991). O sistema do conventículo é geralmente associado à *Nadere Reformatie*, um movimento dentro do calvinismo holandês que teve lugar nos séculos XVII e XVIII sob a influência dos puritanos da Escócia, da Inglaterra e, em menor escala, da Alemanha e que se esforçava por manter o comportamento e as experiências dentro das normas religiosas da doutrina *Nadere – Mais Longe*. Este movimento, pois, defendia que as pessoas haviam escolhido não se contentar com a reforma externa do século XVI, que havia reformado a Igreja só institucionalmente. Sentia que a conduta e a vida interior da pessoa deviam conformar-se com normas espirituais e que o próprio indivíduo necessitava ser reformado, mudado, convertido. Esta conversão deveria ser tanto interna quanto externa, e o devoto deveria começar a viver dentro de uma orientação inteiramente nova, não simplesmente adaptar seu comportamento exterior. O comportamento correto não mostrava o panorama real do interior da pessoa, uma vez que até um não convertido poderia viver uma vida externamente exemplar.

Na *Nadere Reformatie* da Holanda, o autoexame pode ser encontrado em quase todas as tradições e veio rapidamente a ser enfocado fosse ou não a pessoa uma convertida.[116] Segundo a doutrina calvinista, converter-se é uma indicação de ter sido

---

[116] Esse assunto foi extensamente trabalhado no Capítulo 9.

eleito por Deus *desde a eternidade,* antes da fundação dos tempos. Supunha-se que Deus havia determinado quem seria eleito por Ele e quem seria condenado e sentenciado. Porque só um pequeno número havia sido destinado a ser escolhido, a questão da conversão era uma das mais importantes na vida do *crente* da Reforma *Nadere*. Era até a mais importante, uma vez que se tratava de um tópico decisivo para a salvação ou para a danação eterna. Os devotos dessa comunidade se preocupavam intensamente com esta questão e até hoje alguns ainda se preocupam (VanderMeiden, 1981) não só nas cerimônias dominicais, como nos encontros religiosos privados. Esses encontros receberam o nome de *conventículos*. Neles as pessoas falavam sobre suas experiências religiosas pessoais e em que circunstâncias eram *testadas* dentro das normas estipuladas nos livros escritos pelos chamados *velhos escritores*, teólogos dos tempos da Reforma *Nadere*.

Nos círculos influenciados por essa tendência havia o costume de ler histórias de conversão que eram consideradas autênticas e desde longa data aceitas pelos grupos tradicionais. Gradualmente esses escritos passaram a funcionar como normas em relação às quais a experiência individual de fé devia ser confrontada, e muita gente modelava seu comportamento religioso e sua vida interior de acordo com elas. Quase todas estas histórias de conversão têm uma estrutura que pode ser comparada. Apesar de os autores das autobiografias espirituais dos séculos XVII e XVIII, e em especial do século XIX, não terem lido *As Confissões* de Santo Agostinho, quase todos eles o seguiam como modelo. De um modo geral, procedia-se dentro de um esquema. O autor traçava, inicialmente, um quadro de sua vida antes da conversão. Esse período poderia ter sido vivido dentro ou fora de círculos cristãos, isto é, quando ele estava ainda *separado de Deus*. Uma grande atenção era dedicada, então, ao momento ou a um processo que poderia durar até anos e às circunstâncias da *conversão*.

Em termos teológicos e mais precisos, o foco era o fato de ter sido convertido por uma intervenção de Deus em sua vida. A história se concluía com uma narrativa, mais longa ou mais breve, do período da conversão, ou seja, da *nova* vida, devotada ao serviço de Deus, que pode ter seus problemas e tentações, mas que sempre decorre em sua presença. Quando não se tratava de uma autobiografia, costumava-se concluir com uma longa descrição da morte *piedosa* do protagonista. Como no caso de Agostinho, a biografia ou autobiografia religiosa pode terminar com uma série de relexões de natureza teológica mais geral.

Em quase todas as narrativas aparece essa estrutura básica da história da conversão. Os escritos que pertencem a essa tradição da *Nadere Reformatie,* contudo, exibem alguns traços presentes em menor grau nas histórias de conversão de outros círculos protestantes. Isso torna possível identificar quais são os traços mais frequentes ou menos frequentes em cada tradição ou subtradição e, com base nisso, determinar a tradição religiosa que está por trás de cada história. Como em toda autobiografia, a história de conversão não é um elenco de experiências, mas uma autoapresentação, ou em outras palavras, uma apresentação do *self* do autor. Este se apresenta de certa maneira e tenta levar o leitor a crer que sua apresentação é verdadeira. A imagem de si que o autor quer nos outros evocar forma, assim, um segundo objetivo da história. Com isto ele quer ser reconhecido pelo leitor a quem o leitor seja capaz de identificar a partir da narrativa principal. Com isto, o autor se sentirá inclinado a omitir ou a esquecer tudo o que for diferente da narrativa básica que estiver usando e dará ao texto a configuração mais adequada à estrutura narrativa pré-existente. Por vezes, o autor irá complementar a informação que porventura estiver faltando na narrativa de base.

Não tem sentido acusar o autor de estar mentindo, sendo hipócrita, guardando segredo ou *embelezando*, com fez Freud ao repreender seu biógrafo, até de maneira pouco elegante para o pai da Psicanálise (Freud 1960, p. 423). As ações humanas simplesmente têm muitas causas, como ele próprio ensinou. Acrescente-se ainda o fato de que nós nos permitimos ser levados por narrativas não devido a estratégias conscientes, mas em consequência de processos de socialização, a maioria dos quais não está sob o controle de nossa consciência. O ser humano é guiado não só por intenções pessoais conscientes e inconscientes no sentido da Psicanálise que se relacionam à vida individual a curto prazo, mas também por fatores inconscientes de longa e média duração, como aqueles genéticos, históricos e sociais. Entre estes últimos estão a linguagem e as estórias que estruturam a subjetividade humana. Sem elas a subjetividade humana não existiria nem seria capaz de se articular.

Já o título do livro da senhora Reinsberg apresenta todos os sinais das histórias de conversão do protestantismo holandês. A divisão da obra em quatro livros corresponde inteiramente a uma norma básica de narrativa aplicável a todo o gênero. Ela chama sua vida anterior a sua estada em Ermelo "de uma mortal sem Deus". A segunda fase de sua vida compreende a conversão que aconteceu durante sua internação psiquiátrica, e a parte mais extensa do escrito é a ela dedicada. No terceiro livro ela discute os mais de quatro anos em que recebeu a graça de viver como "alguém redimida por Jesus Cristo", e no quarto livro ela termina com uma série de reflexões de naturezas diversas. A semelhança com outras histórias pietistas de conversão não poderia ser maior.

O conhecimento desse gênero de textos nos ajuda a entender também as incongruências da história da senhora Reinsberg. Ela diz, por exemplo, muitas vezes que antes de sua conversão ela não teve ou não esteve consciente de qualquer tipo de vida religiosa e que ela "nada tinha a ver com a religião". É o que se lê de um modo claramente formulado na primeira página do *Prefácio* de seu livro: "Embora eu não tenha tido conhecimento algum da Bíblia antes dos quatro anos de idade, o Espírito Santo me permitiu falar da palavra de Deus" etc. Para um historiador ou um psicólogo empirista, não se pode dizer se o Espírito Santo deixou ou não que ela falasse da Palavra de Deus. A primeira metade da frase, no entanto, pode provocar certa surpresa, pois, como se pode ler em seu próprio livro, a senhora Reinsberg de maneira alguma foi educada sem religião e sem hábitos ou contatos religiosos.

Sua afirmação, com todo o respeito para com Freud, não pode ser interpretada como uma distorção, um extravio ou coisa do tipo. Está inteiramente de acordo com as normas básicas das narrativas usadas em histórias pietistas de conversão, que mandam o autor se apresentar e apresentar suas experiências como as de alguém que antes da conversão era uma pessoa não religiosa ou até avessa à religião. Isso não quer dizer que sua vida era totalmente sem-religião, e sim que o verdadeiro caminho de *santificação* era inexistente até aquele momento. Uma pessoa pode ter sido batizada e pode ter sido mais ou menos fiel à participação na igreja e a outras práticas religiosas, mas, de acordo com a tradição pietista, especialmente segundo a *Nadere Reformatie* da Holanda, isso não é o bastante.

Neste ambiente, como já se explicou, enfatizava-se que além de um modo externo correto de viver também deveria haver uma condição interior correta e convicção. A pessoa devia ser "convertida", isto é, ser alguém cuja primeira inclinação fosse ser voltada para Deus, do fundo de seu coração e de sua mente; alguém cuja vida toda fosse a de uma testemunha do estado novo de vida, ou seja, de convertido. Isso é o suficiente para uma discussão adequada sobre o gênero "história de conversão".

A construção narrativa do *self*

O *self* humano é uma entidade dinâmica e complexa, carregada de contradições e tensões. Muitas e variadas teorias tentaram apresentá-lo conceitualmente e colocam a ênfase em diferentes áreas. Nas modernas teorias, o *self* e a identidade, como componentes de uma personalidade mais inclusiva, são às vezes apresentados como uma narrativa polimorfa e dialógica. McAdams (1993) fala de um mito pessoal construído por cada indivíduo para poder indicar quem ele é. Esse mito não é, porém, estático. Primeiro e antes de mais nada, ele está sujeito a mudanças ao longo do tempo e, segundo, a história narrada depende do contexto em que é contada. Tanto o contador da história depende das possibilidades de que dispõe naquele contexto ao construir sua história, quanto o *self* apresentado pode variar de acordo com os *escutadores* ou ouvintes aos quais é contado. Dependendo da situação do narrador, de sua perspectiva quanto a seu passado e seu futuro antecipado, ele produzirá uma história.

Parafraseando Hermas e Kempen (1993), podemos dizer que o *self* é um texto que está sendo editado constantemente, não por um *Eu* central e soberano, mas por uma multidão de posições do *Eu*, posições que podem interagir entre si e com outros.[117] Dessa perspectiva, a questão relativa ao *self* de Reinsberg pode ser interpretada como: De qual de suas possíveis posições do *Eu* ela está falando para seus leitores? Que versão de seu *self* está sendo apresentada a eles?

Reinsberg fala sobre sua vida da posição do *Eu* de quem chegou ao ponto da conversão em certo momento de sua meia-idade. A posição torna visível sua vida de uma maneira particu-

---

[117] Mais detalhes, no Capítulo 8.

lar, aliás, como toda posição. Ela permite que se faça luz sobre a vida e apresenta os *fatos* vividos em uma perspectiva particular. Mas vejamos se sua *posição do Eu* pode ser especificada com mais precisão. Pode-se, em princípio, distinguir muitas posições do *Eu* em cada *self*. Aliás, este é um dos significados da expressão *self de muitas vozes* ou *as muitas vozes do self*. Assim cada posição do *Eu* pode ser estudada em termos das várias vozes que o compõem. Isso significa que se pode descobrir até que ponto a história exibe contradições internas, lacunas e outras características próprias. Mas pelo fato de cada pessoa ser produto de sua cultura e história, a multiplicidade de vozes pode também se referir aos sons de outras vozes, como os da voz de um grupo que pode ecoar em uma voz individual particular (Wertsch, 1991).

À primeira vista, a definição mais precisa da posição do *Eu* desde o qual Reinsberg nos fala em seu livro parece ser bastante simples. Afinal ela se descreve já no título como sendo a "redimida e nascida de novo" e chama seu livro de uma história de conversão. Assim, aparentemente ela está falando da posição e da perspectiva de uma pessoa convertida. É algo bem verdadeiro, exceto que a designação é demasiado simples e não chega a revelar a multiplicidade de vozes presentes na espiritualidade de Reinsberg. Esse é um dos aspectos que torna interessante sua história.

O que é uma conversão? Há um considerável *desentendimento* quanto a esse ponto, até nos círculos religiosos que falam disso. É claro que no caso de Reinsberg não estamos tratando de uma conversão no sentido de uma mudança de religião nem, em primeiro lugar, de mudança para outra comunidade dentro de uma mesma tradição religiosa. Em seu caso, estamos lidando com uma forma que Rambo (1993), em um válido esforço para desenvolver uma tipologia religiosa não teológica, chama de intensificação, isto é, "um revitalizado engajamento em uma fé na qual o convertido já estava previamente afiliado, formal ou informalmente".

De fato Reinsberg, não obstante seus repetidos escritos em contrário, seguramente não cresceu sem uma socialização na religião. Ao contrário, durante seus anos em Amsterdã, ela se envolveu em um tipo de experiência praticada no movimento religioso de nome *Réveil* (Despertar) e em outros círculos pietistas, dos quais os *bevindelijken* são apenas um exemplo. Mas ao que parece não teve contato com este último tipo de religiosidade naquela época. Como já se indicou, na redação de sua história de vida ela seguiu as estratégias retóricas encontradas usualmente nas histórias de conversão publicadas em círculos de calvinistas *bevindelijke*. Seu estilo talvez seja muito radical e até um tanto exagerado, pois ela nega, por exemplo, ter tido qualquer conhecimento anterior da Bíblia.

Além dessa estrutura geral, existem vários outros elementos dos *bevindelijken* que podem ser encontrados em seu livro. Um deles é o das "pulsações" e "impressões" que ela relata, quando as "vozes" divinas de admoestação urgiam a ainda não convertida a abandonar a via do pecado que estava seguindo até então. Reinsberg passou a interpretar muitos dos fatos de sua vida anterior ao período de Ermelo como intervenções de Deus em sua vida. Ela teve o que parece ter sido uma pequena crise nervosa depois de um incêndio no hotel, o que chama de "uma séria advertência", e olha a doença e morte de seus filhos como "a voz de Deus para o bem e para o mal". Ela conta a morte de seu marido August Reinsberg no capítulo *O Senhor leva meu marido*. Esses incidentes formam uma parte fixa do discurso padrão usado pelos pietistas para se orientarem na descrição de suas conversões (Groenedijk, 1973, p. 75).

O objetivo aqui era o de demonstrar a existência de indicações de que Deus estava "ocupado" com o narrador e "envolvido" em sua vida de pecado, mesmo quando o pecador não fazia parte do círculo dos pietistas. Podemos concluir que a *posição do Eu* que ela usou ao escrever seu livro mostra vínculos com a tradição pietista do calvinismo? Mesmo que num estudo como este nunca seja possível responder com total certeza, a resposta certamente será afirmativa, contanto que se advirta que essa não é a palavra final sobre a questão. Para fundamentar a resposta num sentido positivo, pode-se chamar a atenção de que ela não só se alinhou a esta tradição, mas quis também ser reconhecida como uma convertida. Prova disso é o fato de ela ter enviado seu livro a um bom número de proeminentes teólogos calvinistas.

Começando com sua entrada na família Volten, junto à qual Doetje encontrou acolhida em Ermelo, durante o período intermediário entre sua estada no asilo e sua alta, Doetje foi orientando-se religiosamente na direção de uma espiritualidade carismática. Essa é uma outra voz que pode ser percebida em sua *palavra,* e a segunda qualificação espiritual que pode ser aplicada a sua *posição do Eu* é a de carismática. O conteúdo desse tipo de espiritualidade é mais difícil de ser descrito que o do pietismo. A espiritualidade carismática é menos ligada a uma comunidade ou igreja do que a dos *bevindlijken,* ou seja, não se vincula a nenhuma comunidade de igreja em particular na época aqui considerada, ainda que fosse mais encontradiça em algumas do que em outras. Ela, claramente, está relacionada com os precursores do movimento evangélico de hoje.

Uma distinção, porém, precisa ser estabelecida devido ao surgimento do movimento pentecostal mais estrito, na Holanda do início do século XX. No caso do *movimento* evangélico, à diferença da tradição pietista do calvinismo, os fiéis envolvidos não buscam o alimento espiritual exclusivamente nas comunidades de igreja das quais são membros. Eles frequentam reuniões e também dão apoio financeiro a outros grupos, assim como leem as publicações de outros círculos e participam de encontros e atividades de outras agremiações pararreligiosas. Teologicamente, a tradição carismática participa das tendências mais centrais presentes no protestantismo ortodoxo da Holanda, tanto na calvinista e pietista quanto na evangélica. No entanto, coloca a ênfase na ação do Espírito Santo na vida da Igreja e na pessoa do crente, sustentando que os chamados "carismas" ou dons do Espírito Santo devem agir aqui e agora como o fizeram nos tempos bíblicos. Referem-se com isso, mais particularmente, aos fenômenos "espetaculares" como as curas, a glossolalia e os "milagres" de todos os tipos.

A outra voz que pode ser percebida na posição do *Eu* de Reinsberg enquanto autora é a voz carismático-evangélica. Isto é, pelo menos duas tradições religiosas podem ser identificadas na apresentação que ela faz de si mesma, tradições que certamente têm muita coisa em comum, mas que é interessante serem diferenciadas em um estudo minucioso como o presente. O entrelaçamento dessas duas tradições pode ser divisado no livro de Reinsberg até nas estruturas e técnicas retóricas. Os testemunhos pessoais de conversão que são tipicamente apresentados em círculos carismáticos diferem parcialmente dos relatados nas histórias de conversão *bevindelijke*. A construção da identidade da pessoa convertida se faz com técnicas retóricas ligeiramente distintas. Nas narrativas dos *bevindelijken* é feita uma clara distinção entre o *antes* e o *depois* da conversão. Além disso, o tempo e as circunstâncias relativas à conversão são delineados em seus detalhes, ao passo que, no caso de Reinsberg, as décadas anteriores são tratadas sumariamente.

Já nos testemunhos dos evangélicos carismáticos, o contraste entre *a vida antes e depois* é descrito em termos de vida *não religiosa* versus *religiosa*. As histórias dos *bevindelijken* falam de como uma pessoa que, apesar da frequência fiel à igreja, era atormentada pela incerteza sobre sua própria "condição" e não ousava tomar parte na Ceia do Senhor ou rezar a Oração do Pai-nosso, comportamentos religiosos que negam a religiosidade familiar anterior à conversão. Os testemunhos carismático-evangélicos, por sua vez, falarão mais de como a pessoa vivia totalmente sem

Deus, sem Igreja e sem religião ou que tinham este modo de vida só por causa de sua educação cristã. *As prostitutas e os fariseus* são o paradigma padrão para pessoas inteiramente perdidas no pecado e que, de repente, e de preferência de uma maneira forçada, converteram-se como que miraculosamente.

Na estória de Reinsberg podemos ver que ela nega qualquer conhecimento em matéria religiosa, embora sua história o contradiga. Ela discute as coisas como se jamais tivesse tido contato com a religião. Um exemplo é o título do último capítulo de seu livro, *Decisão: Oração do Espírito Santo, pela graça, por alguém que nunca antes orou*. Exatamente porque seu próprio relato desdiz isso é que podemos perguntar-nos se um carismático-evangélico mediano teria escolhido esse modo de contar sua história. Parece ser algo um tanto exagerado, e há nisso razões para aprofundar nossa análise.

Após examinar a maneira de construção da narrativa de Reinsberg, na próxima secção, precisamos fazer uma análise mais funcional, para a qual precisaremos de formas diferentes de raciocínio psicológico. O *como* da construção literária de sua identidade como convertida nos é agora claro, mas estamos longe de entender o *porquê*. Nem tampouco os conceitos de identidade e de *self* usados neste capítulo nos dão razões suficientes para levantar essas questões. Após ler o relato de Reisberg, podemos começar a levantar perguntas baseadas em teorias psicológicas que trabalham com outras aproximações e que poderão ajudar-nos a entender por que ela escreveu aquele livro e por que o fez daquela maneira. Na voz que nos chega da posição do *Eu* que é assumida por ela enquanto autora, podemos distinguir qualidades como o tom ou o timbre que aparecem ao lado de várias posições ou tradições coletivas.

Eis um exemplo óbvio e provavelmente reconhecível: ela se configura como alguém *especial*, alguém que, após uma infância difícil, conseguiu, através de trabalho duro, tornar-se uma comerciante bem-sucedida que, ainda bem jovem, retirou-se dos negócios para viver com seus próprios recursos, como uma mulher de classe, frequentadora dos melhores círculos. Retrata-se como alguém abençoada por Deus, alguém que teve uma especial experiência com Deus e que foi escolhida por Ele para ser seu instrumento no mundo. Alguém, ainda, que tinha uma história para contar, uma história digna de ser ouvida por tantas pessoas quantas possível, pois poderiam tirar proveito dela. É o caso de se perguntar o que esse tom significa, a que ele se refere e qual é sua causa.

A identidade que Reinsberg apresenta, como acontece em toda apresentação do *self*, é uma identidade desejada. Apresenta todos os problemas-padrão que fazem parte do conceito de identidade. A identidade fornecida por uma narrativa é um texto que obscurece seu próprio sentido, um sentido de anseios que o autor não conhece e geralmente não pode conhecer (Ricoeur, 1965/1970).

Psicanalistas como Lacan falam do *status* problemático do conceito de identidade. Para Lacan, a identidade é um constructo elaborado no espaço que ele chama de "imaginário". Ela é acompanhada por dúvidas e suspeitas quanto ao que significa o entendimento do *self* da própria pessoa. Ao mesmo tempo é também o antídoto desesperado contra a fragmentação interna, contra anseios conflitivos e o caos ameaçador (Rosenberg, Rosenberg e Farrell, 1992, p. 41-42). Vejamos a seguir se existia alguma premência interior na vida de Doetje que pudesse ser a causa de ela escrever e de escrever assim como escreveu.

A energia psíquica de Doetje – Reflexões sobre o *self* psicológico

A perspectiva psicanalítica pode ser boa quando usada no sentido heurístico. Vou tentar usá-la para complementar alguns *insights* obtidos através da Psicologia Narrativa empregada até aqui. Em um estudo mais longo demonstrei que a psicologia do *self* proposta por Kohut é particularmente útil para analisar em mais profundidade a energia psíquica de Doetjes (Belzen, 2004). Antes de discutir alguns fatos empíricos, vou fazer uma introdução às ideias de Kohut, em especial às reflexões que ele faz sobre o narcisismo como uma forma de energia psíquica. Freud distinguia um narcisismo primário de um narcisismo secundário. O narcisismo primário se desenvolve depois de um breve período de autoerotismo. Inicialmente os impulsos libidinais não se dirigem a coisa alguma ou a ninguém especificamente. A satisfação experimentada pela criança ao sugar o seio da mãe é a mesma que ela sente quando suga sua própria mão. A criança experimenta o seio da mãe como uma parte dela mesma, daí o autoerotismo. O *Ich*, ou o *Ego*, assinala a emergência de um objeto no qual a libido pode se concentrar e se ligar, dando início ao narcisismo (Freud, 1914/1975, p. 377). O termo narcisismo denota, dessa forma, a primeira fase na qual a própria criança é o objeto da catexis libidinal. Só depois que isso se dá é que a criança se torna capaz de se relacionar com um objeto separado de si mesma. É a fase em que se torna possível para a libido vincular-se a um objeto do mundo externo.

Freud percebia um contraste ente a libido do *Ich* e a libido do *Objeto*. Um emerge às custas do outro. Quanto mais a libido da criança se vincular a objetos do mundo externo, menos energia sobrará para ela orientar para si própria (Freud, 1914/1975, p. 43). Embora o narcisismo, segundo Freud, nunca se dissolva inteiramente na escolha objetal (*Objektwahl*, em alemão), ele pensa que o ideal para a pessoa é que ela se retraia de si mesma o quanto for possível e se oriente para o mundo externo.[118]

---

[118] As reflexões que Freud faz aqui são mais ou menos consistentes com as reflexões religiosas dominantes no Ocidente, que pregam o amor ao próximo e consideram a atenção dada ao *self* como pecaminosa. É de se notar que esse não era o sentido expresso por Freud em suas explanações técnicas.

Quando, em uma fase posterior, a libido se concentrar novamente no sujeito, levando-o a desviar sua atenção dos objetos do mundo externo, pela via da regressão, Freud chamará isso de narcisismo secundário (Freud, 1914/1915).

Kohut não concorda com Freud. Ele sustenta que a libido do *Ich*, ou libido narcisista, e a libido do *objeto* se desenvolvem separadamente, mas em linhas paralelas. Elas não devem ser vistas como as duas pontas extremas de um mesmo *continuum* – antes, evoluem de formas arcaicas para outras adultas, de modo contínuo, mas separadamente. Assim, o narcisismo, inclusive suas manifestações bem depois da tenra infância, não deveria ser julgado negativamente. Para Kohut, contrariamente, o narcisismo, fora em casos de destruição patológica, torna possíveis ações que devem ser avaliadas positivamente. Ele proporciona energia que irá permitir à pessoa ser criativa, auferir prazer de seu trabalho, alegrar-se com suas realizações e as dos outros, buscar e conquistar seus ideais etc. O narcisismo, portanto, não deve ser *derrotado*, e sim transformado numa forma adulta. A libido do *Ich* e a libido do *objeto* poderão caminhar lado a lado, de acordo com Kohut, enfocando o mesmo objeto, assim como numa possível relação amorosa ideal. A libido narcísica pode viabilizar as mais elevadas conquistas no campo artístico e humanitário, como aconteceu com Albert Schweizer (Kohut em Moss, 1977, p. 55). Baseando-se numa análise empática do fenômeno da transferência analítica, Kohut sustenta que, além dos problemas típicos da Psicanálise clássica (cujas raízes se situam na fase edipiana, quando a criança se vê ante a tarefa de renunciar a seus desejos narcísicos para assumir a cultura que a circunda), é importante distinguir os problemas enraizados nesta fase primitiva do narcisismo, na qual *a sensação do self* está passando por uma evolução.

Para Kohut, o *self*, para o qual ele oferece uma definição sem ambiguidade, aparece através de um espelhamento suficientemente empático na mãe ou em outro cuidador primário.[119] O processo pelo qual o recém-nascido toma consciência de sua separação da mãe é de natureza difícil. A criança precisa começar a perceber que existe um mundo lá fora que não se submete a seus desejos e que a mãe não está todo o tempo a sua disposição. Para um recém-nascido que precisa confiar nos outros para poder sobreviver, há algo de ameaçador nessa situação. Se não houver alguém que responda a suas necessidades de cuidado, ele poderá morrer. A criança responde a essa situação frustrante desenvolvendo um desejo alucinatório, através do qual preserva a unidade e integridade que havia perdido. Por um lado, ela desenvolve uma imagem grandiosa de si, baseada no aforisma *eu sou perfeito*, e, por outro lado, forma a imagem de um outro todo-poderoso, uma imagem parental idealizada que possa garantir o cuidado e a proteção: "Você é perfeito, mas eu sou uma parte de você" (Kohut, 1971, p. 27).

É um processo que Kohut julga acontecer entre os oito meses e os três anos de idade. Se os pais se relacionam empaticamente com a criança, eles realizarão duas funções necessárias para ela, isto é, aceitando a imagem grandiosa que a criança tem de si mesma, admirando-a e fazendo-a sentir que ela é realmente muito especial e, também, tornando-a um objeto de admiração para si mesma. Assim, os pais executam a chamada função *self--objeto*, ou seja, eles funcionam como o primeiro *self-objeto* para a criança. O que conta não é tanto o que os pais fazem e como são, uma vez que é a qualidade da interação com os pais que é internalizada pela criança e que é o importante. Se os pais não são bem-sucedidos neste ponto, a criança não se tornará capaz de desenvolver uma *sensação de self* saudável e normal. Ela

---

[119] Por razões de conveniência e de síntese, usaremos daqui em diante somente o termo *mãe*.

continuará tendo dúvidas a respeito de si mesma e de sua autoestima, precisamente porque não pôde "olhar-se no espelho" ou o fez insuficientemente. Ela caminhará vida afora sem uma sólida experiência de sentir seu ser que lhe dará a sensação de "ter permissão para existir" ou "ser suficientemente boa", dois sentimentos aos quais poderá recorrer diante das adversidades da vida e dos quais poderá continuar retirando a dignidade de seu *self*, mesmo quando fracassar. No entanto, é inevitável que os pais nem sempre possam responder integralmente às necessidades dos filhos.

Isto, diz Kohut, não é nem necessário, nem desejável. Pequenas frustrações de todos os tipos, contanto que não traumáticas, chamadas por Kohut de "internalização mutacional", podem ocorrer e fazer com que ambas as funções sejam aos poucos desconectadas dos pais e absorvidas pelo *self* da criança. A imagem grandiosa de seu *self* se torna assim mais realista. Deixa de ser um narcisismo exibicionista e se torna "o combustível para nossas ambições e objetivos egossintônicos, para satisfação do que realizamos e para importantes aspectos de nossa autoestima" (Kohut, 1971, p. 27-28).

Da mesma forma, a imagem parental idealizada se transforma em ideais a serem buscados. O *self grandioso*, a imagem de si como algo grandioso,[120] é o primeiro a se tornar parte do *self* nuclear. Isso ocorre entre o segundo e o quarto ano de vida (Kohut, 1977, p. 178). Esse *self* é derivado em especial das relações com a mãe. A *imago parental idealizada* se forma entre o quarto e o sexto ano de vida, durante a fase edipiana, e é derivada das relações com ambos os pais.

---

[120] Esse é um exemplo do uso por vezes inconsistente que Kohut faz da linguagem: ele usa a mesma palavra para se referir seja à imagem do *self* como grandioso, seja ao *self* do qual esta imagem é uma parte.

Se o desenvolvimento da criança encontrar mais do que os traumas *normais* (experiências muito difíceis ou muito frequentes de ausência de respostas empáticas da parte dos pais ou o divórcio e despontamentos semelhantes), a transformação das duas imagens, *a do self e a dos pais*, não se efetuará. Em situações assim, elas não serão integradas e continuarão a existir independentemente uma da outra. Se o *self* grandioso sofrer traumas no meio de seu processo evolutivo, a energia narcísica exibicionista não terá condições para ser reinvestida no *self* grandioso de uma maneira modificada, e o sujeito será privado de uma adequado senso de autoestima. Se a energia narcísica idealizada sofrer frustrações traumáticas com relação ao objeto idealizado, ela reverterá para a imago parental idealizada, privando, assim, o sujeito de suprimento de energia para seus ideais.

As duas imagos, neste caso, reterão a energia psíquica de forma reprimida ou de uma forma que seja separada das imagens mais reais, distorcendo o desenvolvimento do sujeito e impedindo que o futuro adulto possa agir no mundo e experimentá-lo de uma maneira realística. O adulto – cada um, naturalmente, a sua maneira e segundo variadas escalas – permanecerá ligado a suas ilusões inconscientes e de grandeza e agirá como se fosse o centro do universo ou, então, se afastará de tudo porque receoso de ter desapontadas suas expectativas exageradas. Outra possibilidade é que ele permaneça amarrado à imago parental idealizada e possa gastar toda a sua vida buscando um substituto ao qual possa submeter-se e com o qual possa identificar-se para, dessa forma, poder participar da grandiosidade desse substituto e manter-se por si mesmo. Caso as expectativas desse *self* e dessas imagos não integradas sejam drasticamente frustradas, a pessoa quando adulta poderá simplesmente regredir às sub-representações mais antigas do *self* e do objeto. Seu *self* e seu mundo desabarão, e a pessoa enlouquecerá (Pietzcker, 1983, p. 45-46).

Em geral, as coisas não vão tão longe. Na maioria dos casos essas desarticulações psíquicas não ocorrem. A pessoa narcisisticamente vulnerável é ainda capaz de fazer um belo trabalho e de apresentar ao mundo externo uma imagem de ajustamento e de sucesso, embora a um alto custo psicológico. É preciso, a essa altura, ter em mente mais uma vez que o narcisismo e suas expressões não precisam em si ser patológicas. Se transformado, o polo do *self* grandioso irá suprir a energia que o *Ich* precisa para suas atividades. E o narcisismo idealizante nessa modalidade transformada tornará possíveis capacidades sociais como a criatividade, a empatia, a habilidade para confrontar-se com a percepção de limites, humor e sabedoria (Kohut, 1966/1985, p. 111).

Há pelo menos três indicações de que no caso de Reinsberg estamos lidando com uma pessoa narcisicamente vulnerável ou que sofria de uma personalidade narcísica ou de uma desordem no sentido de Kohut. Vou tocar brevemente nas duas primeiras indicações e discutir em maior detalhe a terceira.

Em *primeiro* lugar, se o diagnóstico de Doetje for feito com base numa classificação psicopatológica moderna como o DSM, o que é possível e já foi tentado por vários diagnosticadores como Belzen (2004 a), pode-se confirmar a existência de uma personalidade narcísica. Em *segundo* lugar, contratransferências normalmente desenvolvem-se em leitores de seu livro, o que é indicativo dessa desordem. Através de seu livro, Reinsberg evoca sentimentos de tédio e ressentimento entre pessoas que seriamente desejam comprovar mais profundamente sua história. Elas se sentem inclinadas a fechar o livro e a terminar a leitura. Kohut acha que esse tipo de sentimentos, de uma perspectiva psicoterapêutica ou contratransferencial, é uma importante indicação de que estamos tratando com uma paciente com problemas de narcisismo (Kohut, 1971, p. 273). Em *terceiro* lugar, a desordem da personalidade narcisista que Kohut coloca em quinto lugar em sua lista de desordens primárias,[121] parece ser perfeitamente aplicável a Doetje (Kohut, 1977; Kohut e Wolf, 1978). Esta desordem não se manifesta sob a forma de comportamentos desviantes e os sintomas são a hipocondria, um profundo sentimento de vazio e depressão, um sentido generalizado de mal-estar, aborrecimento e embotamento emocional. A capacidade de trabalho é, em geral, seriamente inibida. Há uma hipersensibilidade a ofensas pessoais, e as respostas a aparentes faltas de empatia são violentas e excessivamente raivosas (Laan, 1994).

Das anotações diárias dos relatórios médicos, podemos deduzir que Doetje, quando ela foi admitida em Veldwijk, apresentava, sem dúvida, evidências de preocupação com sua autoestima. Ela sentia que sua autoestima era nula; ela era uma grande pecadora, era demasiado tarde para ela, e ela se sentia "indigna de tudo; todos são bons, menos eu" (Medical Dossier Veldwijk, 416, 16/4/1890). Essas ansiedades parecem ser de natureza pré-edipiana, pois as ansiedades edipianas são vivenciadas como ataques físicos ao corpo ou à integridade física, vindos de alguma fonte externa. Envolvem metáforas referentes a danos externos de partes do corpo acariciadas, como os olhos ou as partes genitais. O exemplo comum talvez seja a ansiedade de castração. Ansiedades pré-edipianas, por outro lado, manifestam-se sob a forma de ataques ao *self* desde dentro, às vezes cometidos por um perseguidor, como é o caso das vozes que Doetje relatava escutar, ou por insuportáveis sentimentos de indignidade (Gay, 1989, p. 82). Elas também são simbolizadas por ataques ao rosto do próprio paciente ou de outras pessoas (Kohut, 1979).

---

[121] Nas desordens secundárias, em oposição às primárias, essas reações são vistas como respostas dadas por um *self*, em princípio estruturalmente não prejudicado, às tentativas e tribulações da vida.

Deste ponto de vista são importantes as frequentes menções nas fichas médicas de Doetje de sua aversão por seu próprio rosto; ela não queria que ninguém o visse e até o mantinha escondido com um lenço. Uma das anotações diz que, "perdendo o controle (...) ela deu um inesperado tapa no rosto de uma paciente que estava falando de modo muito agitado" (MDV 416, 4/10/1890). A própria Reinsberg escreve muitas vezes como tentava esconder seu rosto o quanto possível no início de sua permanência em Veldwijk, ficando de pé em um canto do quarto.

Como se disse, Kohut faz um nítida distinção entre problemas cuja origem estão na fase edipiana e problemas cuja origem está em uma fase narcísica anterior. Também Freud faz semelhante distinção, mas mantém que os problemas narcísicos não podem ser tratados, enquanto Kohut pensa de outra maneira. O diagnóstico diferente de Kohut tem como base a distinção entre os vários tipos de transferência desenvolvidos pelos pacientes. A transferência neurótica clássica tem a ver com o problemático conflito de desejos incestuosos relacionados a objetos da infância da pessoa. A ansiedade que os acompanha está relacionada a ameaças de punição ou à negligência física. Os objetos aqui são, contudo, diferenciados, e o problema não está no *self*, que já demonstra uma boa coesão. Numa pessoa com uma desordem radicada na fase narcísica, porém, a ansiedade se relaciona à consciência que o *self* tem de sua vulnerabilidade e de sua tendência à fragmentação.

Em desordens assim, o problema central se situa no desenvolvimento perturbado das configurações narcísicas, uma vez que o *self* fica privado de suas fontes de energia, o que provoca uma incapacidade de manter e regular a autoestima (Siegel, 1996, p. 65). Dessa maneira, o medo de desintegração é de natureza diferente do medo edipiano de perda do amor. Para Kohut, ele se assemelharia mais ao medo da morte.

A maneira como Doetje se olhava frequentemente no espelho poderia também ser interpretada como medo da fragmentação. Isso poderia ser tido como apenas casual, pois ela estava com vergonha de seu rosto, que via como "demasiado feio e muito magro". Talvez ela se olhasse no espelho porque queria assegurar-se de que seu rosto era ainda o mesmo de antes e que precisava ser encoberto por um lenço. Essa explicação se justifica, mas podemos facilmente nos perguntar por que Doetje teimava em lançar mão dessa mirada autoatormentadora ao espelho. Será que algo mais se manifestava nesse gesto? Tendo em mente essa pergunta, consultemos rapidamente as reflexões do psicanalista francês Jacques Lacan sobre a fase narcísica.

Lacan estabelece uma relação explícita com a figura mitológica da qual deriva o nome do fenômeno. Como na obra de Ovídio, o narcisismo supostamente tem a ver com a atração em se ver refletido no espelho (Evans, 1996, p. 120). Por isso Lacan chama esta fase, dos seis aos dezoito meses, de "fase do espelho" (Lacan, 1949/1977), um termo que marca uma etapa histórica do desenvolvimento da criança por se referir à relação essencialmente libidinal da criança com a imagem de seu próprio corpo (Lacan, 1953, p. 14). A fase do espelho comporta tanto um componente erótico quanto um agressivo. Quando a criança começa a se observar conscientemente, uma dupla reação é evocada. A imagem mostra uma unidade que a criança ainda não experimentou propriamente; é como a promessa de uma futura experiência de completude e unidade. Ao mesmo tempo, a imagem de unidade é confrontada com sentimentos de fragmentação, que é tudo o que a criança pôde experimentar realmente até aquele momento, pois ela não possui ainda controle sobre membros e seus movimentos são ainda descoordenados. A criança se torna consciente disso através da imagem de unidade, imagem com a qual pode confrontar-se. O contraste da experiência entre o corpo fragmentado e a unidade fornecida pelo espelho provoca ansiedade, uma ansiedade que a criança resolve identificando-se com sua imagem refletida no espelho, o que constitui o primeiro passo para a formação do *Ich*. Mas essa identificação dá início à alienação e à dúvida relativa à identidade da própria criança, algo que seguirá o sujeito por toda a vida. Afinal, a criança está identificando-se como algo que não existe, ou seja, ela *não* é a imagem no espelho.

Assim, a identificação com uma imagem de si próprio é *o* paradigma de ordem imaginária na qual o sujeito em desenvolvimento está entrando. A ordem imaginária continuará existindo, mas para escapar de permanecer preso nela de modo permanente a criança deverá dar um passo adicional e entrar na ordem simbólica, identificando-se com a identidade já existente no mundo dos símbolos, das normas culturais, dos valores e, principalmente, da linguagem. O medo de fragmentação do corpo, que pode ser expresso em sonhos e associações, manifesta-se em uma grande variedade de imagens, tais como a castração, a mutilação, a deterioração, a debilitação, ser posto de lado, ser devorado, ser arrebentado etc. (Lacan, 1949/1977, p. 11).

Combinando agora Kohut e Lacan, podemos entender a fase do espelho como aquela em que a mãe, funcionando como uma superfície de reflexão, volta-se para o filho. Com isso, ela torna possível a emergência do *self*. Assim, quando em Veldwijk se notou que Doetje "frequentemente olhava seu rosto no espelho" (MDV 416, 17-4-1890), poder-se-ia tomar esse fato como uma indicação da ansiedade de fragmentação que ela estava sentindo, uma ansiedade que ela resolvia pelo constante gesto de se ver no espelho para se certificar de que ela estava ainda unida, e não fragmentada. A função a que servia o olhar-se no espelho poderia ter tido para Doetje um objetivo diferente daquele de encobrir o rosto como um lenço. Não se deveria alinhar demasiado rápido um ao outro. Olhar-se no espelho dava a ela segurança. A imagem que via ali vinha de encontro a seu profundo desejo de ser completa e de não se fragmentar. A função a que servia sua imagem espelhada era a de um objeto do *self*, como acontece com a maioria das pessoas (Gay, 1989, p. 152).

Em muitíssimos lugares de seu livro Reinsberg descreve emoções que podem ser inequivocamente interpretadas como sendo de *raiva narcísica* no sentido da teoria de Kohut. Trata-se de uma raiva caracterizada pelo excesso presente em pessoas narcisicamente vulneráveis. A menor provocação pode desatar em violentos ataques de raiva. A raiva narcísica segue sempre uma ofensa narcísica. É consequência do "fracasso do ambiente do self-objeto de corresponder à necessidade mínima", não à máxima, assinale-se, que a criança tem de repostas empáticas (Kohut, 1977, p. 116). A ofensa narcísica caminha passo a passo com sentimentos de humilhação da parte do paciente. Ele reage a uma ofensa real ou antecipada, agindo envergonhadamente ou respondendo com ira narcísica. A raiva explode porque o objeto do *self* foi inadequado e não logrou satisfazer as expectativas. Esse tipo de raiva é caracterizado pela ausência de qualquer tipo de empatia em relação à pessoa que provocou a ofensa. As funções do *Ich* só servirão como meios e como racionalização para se vingar. Doetje mostrava muitas vezes esse modo, mas nos limitaremos a dar só um exemplo.

Depois que Doetje já estava vivendo por um bom tempo com a família Volten, as coisas começaram a caminhar muito melhor para ela, seja em geral, seja segundo seus critérios religiosos, que iam crescendo gradualmente. De acordo com o modelo que ela adotou em seu livro, o evento que passa a ser contado aconteceu quando ela já havia se convertido e recebido o Espírito Santo. Não obstante ela se sentir muitas vezes atormentada por ataques de ansiedade e escutasse vozes dentro da cabeça, ela, segundo sua própria visão, começava a ter melhoras. Certa tarde eu (...) desci para tomar uma xícara de café. Naquela tarde eu falei como o Espírito Santo me inspirava falar e o fiz fogosamente a ponto de alguém que estava lá ter me dito: "Cuidado, Madame, senão a senhora será mandada de volta a Veldwijk"... (p. 159). [122]

Esse era exatamente o tipo de reação que ela não podia tolerar, ou seja, ao invés de receber admiração por seu ardor religioso e de ser reconhecida como alguém abençoada por Deus, ela era lembrada de seu receio de se *perturbar* mais uma vez; lembrada do medo de perder a batalha com suas vozes e de ser recambiada ao asilo de dementes, no qual os pacientes, segundo ela pensava, estavam nas garras do Demônio. O comentário, bem-intencionado mas sem qualquer pingo de empatia, foi feito por um visitante da família Volten, que, conforme o livro todo atesta, era muito mais cautelosa no trato com Doetje. A reação dela mostrou quão ferida ela se sentiu e quanta energia teve de mobilizar dentro dela. E a história vai adiante:

Mas de repente senti um enorme poder dentro de mim. Tomando a Bíblia e coloquei-a no alto e eu disse: "Tão verdadeiramente quanto esta Bíblia é verdade, com tanta certeza eu asseguro que nunca mais voltarei a Veldwijk..." Algo sagrado me sacudiu quando eu disse isto (p. 159).

Suas repetidas doenças psicossomáticas, seu comportamento indócil e carente de atenção e sua hipocondria tomados em conjunto certamente indicam uma desordem de personalidade narcisista, no sentido de Kohut. Indicam uma debilidade fundamental do *self* nuclear, que só pode ser preservada através da relação com objetos externos do *self* para poder reafirmar-se e

---

[122] Isto é, a senhora poderia ser retirada da tutela e ser reenviada ao hospital.

gozar de admiração. Tentemos examinar melhor o *self* e as possíveis fraquezas que possa ter. Um importante instrumento para tanto poderá ser a análise da transferência que ela estabelecia com o ambiente em que vivia.

Já observei que Kohut reconhecia a existência de um *transfert* narcísico, mais tarde chamado de transferência *self-objeto*, para além da forma de transferência já descrita por Freud. No *transfert* narcísico, o paciente não responde ao psicoterapeuta, como não o faz também com relação a pessoas da fase edipiana; em casos assim, os conflitos sobre poder e autoridade são revividos na relação com o psicoterapeuta. O paciente trata o terapeuta como tratava o objeto do *self* de uma fase na fase narcisista. O paciente o experimenta como uma parte dele próprio ou a si mesmo como parte de um todo maior. Os problemas que surgem na fase pré-edipiana têm a ver com o desenvolvimento do *self*, com o ser um e o ser um todo, com coesão e autoestima. Nessa transferência *self-objeto*, Kohut distingue várias formas que podem ocorrer, segundo sua teoria do *self*, se o paciente tratar o psicoterapeuta como alguém por quem deseja ser aceito, visto como digno ou até admirado. Seriam indicações da reativação do não transformado ou insuficientemente transformado grandioso *self* da infância. É como se este *self* grandioso se estendesse a ponto de incluir o terapeuta que, então, só existiria para espelhar a grandeza do *self* do paciente. Por essa razão, essa forma de *transfert* é também chamada de *transfert de espelho*. Por outro lado, o paciente admira o terapeuta e atribui a ele toda sorte de conhecimentos, habilidades e poder; a imago idealizada dos pais está sendo reativada. Nessa hipótese se fala de *transfert de idealização*. Se o paciente se aproxima do terapeuta como de um igual, como de quem não é diferente nem deveria sê-lo em particular, a condição é chamada de *transfert de alter ego*. Para o paciente é aparentemente demasiado ameaçador que o terapeuta seja um outro real. Um *duplo* dele próprio é aceitável porque confirma e reforça a desejada unidade fundamental (Uleyn, 1986, p. 55-56).

Essas formas de transferência não se dão apenas nas situações terapêuticas; elas funcionam em todos os demais tipos de relacionamento tidos como importantes. Devido à limitação do espaço, examinaremos apenas a primeira modalidade, que, no caso de Doetje, é a forma mais óbvia de transferência.

Já vimos que Doetje queria ser considerada uma pessoa especial por aqueles que ela reconhecia como importantes, como pessoas abençoadas por Deus, libertas das mãos do Demônio e agora com a missão de levar o mundo à perfeição. Ser aceita era, assim, uma coisa importante para ela. Seu livro está repleto de exemplos desse desejo de ser afirmada e admirada. Revela também o outro lado da moeda, seu medo de fracasso e de crítica. Essas características podem ser encontradas tanto em seu relato de Ermelo quanto nos dos anos seguintes, mas são evidentes também no pouco que ela conta de seus anos anteriores.

Ela diz, por exemplo, que quando jovem gostava muito de roupas bonitas e que tinha "um coração terrivelmente orgulhoso" (p. 9). Por mais que as roupas, contudo, fossem bonitas, ela não se sentia segura de ser suficientemente formosa: "quanto mais bonita eu ficava, tanto mais infeliz eu me sentia" (p. 3). Escrevendo sobre a época do hotel, ela diz que se matou de trabalhar "para que ninguém se queixasse, pois, como eu sempre disse, tenho mais medo de queixas do que da morte" (p. 21). Doetje dá a impressão de ser muito apegada a coisas que a mostravam sob uma luz favorável, mas sua sede parecia ser insaciável. Esse traço pode ser visto na "batalha sagrada" que ela travou em Veldwijk. Embora ela fosse positivamente tratada lá pelo pessoal e pelo pastor, o Reverendo Notten, e pelo fato de dizerem muitas coisas positivas sobre a doutrina cristã a respeito do amor e da misericórdia e de ter escutado que seguramente existia perdão para ela, era difícil para ela apropriar-se disso tudo pessoalmente. Ela continuava ouvindo vozes que a criticavam. Algo dentro dela a impossibilitava de acreditar que a mensagem cristã de salvação se aplicava a ela. Ela continuava com medo de ser condenada para sempre. Ela escutava textos bíblicos sobre o Inferno com muito medo ou, então, procurava não escutá-los.

Aparentemente ela sentia uma enorme, duradoura e insaciável necessidade de respostas empáticas vindas de objetos do *self* capazes de espelhar. Nunca se sentindo capaz de acreditar em sua dignidade, era levada a buscar ser digna através do tratamento que recebia dos outros e de seu esforço para merecê-lo. Desse modo, agora melhor conhecido, só se pode tirar uma conclusão à luz da psicologia do *self*: o *self* grandioso de Doetje como parte de seu *self* nuclear era subnutrido. Sua necessidade normal de ser positivamente espelhada deve ter sido traumatizada em sua primeira infância de tal modo a não permitir que seu *self* narcisista pudesse transformar-se funcionando como um *self*-objeto que ela pudesse realizar por ela mesma, pois estava dividido e nunca fora integrado. Doetje deve ter sofrido de uma ausência de fé fundamental em seu próprio valor. Ela só podia acreditar ser aceitável e digna de valor, e isto nunca inteiramente, se pudesse receber reconhecimento por parte dos outros. Na expressão de Kohut, o "brilho no olho da mãe" que ela recebeu quando pequena deve ter sido muito inadequado.

Hipóteses psicológicas e pesquisa empírica histórica

Os fatos históricos relativos à infância de Doetje de que dispomos corroboram a hipótese psicológica de que nela há uma clara evidência de um desenvolvimento traumático do *self* grandioso e, em um grau menor, também da imago parental idealizada. Na idade em que se desenvolve o *self* grandioso, Doetje provavelmente deve ter vivido perturbações em sua necessidade de encontrar respostas empáticas. Nessa fase, essa necessidade é mais séria do que na idade ligeiramente superior, quando a imago parental toma corpo. Uma variedade de fatores torna plausível que a mãe de Doetje, Johanna Catharina (1806-1858), não tenha tido condições de oferecer à menina aquela atenção otimizada de que ela carecia e que é tão influente para o amadurecimento psíquico. Quando Doetje nasceu, sua mãe já tinha quatro outros filhos menores, e pouco antes do nascimento de Doetje, ela havia perdido uma filha pequena. Quando Doetje tinha cerca de um ano, a mãe ficou novamente grávida e teve de cuidar da nova filha logo em seguida. Só quinze meses após, quando Doetje já tinha três anos, a criança seguinte passou a exigir atenção. Passado mais dois anos sobreveio um choque, isto é, a morte da criança caçula do casal Ypes-Santée, um evento que, como a doença de sua irmã Albertina e a gravidez que a precedeu, devem ter impedido Johanna Catharina de agir como um adequado objeto do *self* para Doetje.

A descrição que Reinsberg faz de sua infância bate perfeitamente com o quadro delineado até aqui. As primeiras pessoas que ela menciona não são sua mãe e seu pai. Eles não aparecem até o momento em que Doetje conta que passou a morar com um tio. A pessoa em quem ela aparentemente buscava refúgio não era sua mãe, mas sua ama. Ela se assentava com ela em "canto" e chorava bastante quando, pelos três anos e meio, ela veio pela primeira vez do jardim de infância e era a ama quem a confortava com contos de fadas e outras estórias (p. 1). Teria então a pequena Doetje sentido a necessidade de buscar consolo no mundo da fantasia?

Mesmo que Reinsberg estivesse estilizando sua descrição da infância por causa de seu esquema de trabalho narrativo de sua conversão e o devesse apresentar com uma época de maldade e infelicidade, continua surpreendendo que em algumas páginas ela volte repetidamente a falar de quanto se sentia infeliz em sua infância. Devido à perda de outras pessoas importantes, como o irmão maior, a irmã e o pai, conforme se dirá depois, os bem conhecidos sentimentos de culpa não faltaram. Maior, porém, que o sentimento de culpa, era o de vergonha, uma vez que ela escreve muitas vezes sobre esse sentimento e quase nunca sobre a culpa, o que representa um outro indício de um problema psicológico do *self*. O fato de ela ter recebido o mesmo nome da irmã que havia falecido pouco antes também terá efeitos.

No século XIX era frequente a morte de crianças no parto, e os vínculos com as crianças devem ter sido menos intensos do que hoje, passados cento e cinquenta anos; mas a morte da primeira Doetje deve ter tido algum impacto em seus pais, pois a criança já estava com dois anos ao falecer. Em circunstâncias desse tipo os pais sofrem psicologicamente pela perda e buscam alguma substituição para ela, sentindo-se às vezes compelidos a provar a si mesmos e ao resto do mundo que são capazes de gerar e de manter a vida de um filho (Agger, 1988). Muitas vezes a criança morta se torna representante das esperanças e fantasias idealizadas dos pais que são impostas como expectativa na que vem depois. Não raro isso pode conduzir a desordens de tipo borderline ou narcicista (Agger, 1988, p. 24).[123]

A criança que nasce em seguida nunca poderá preencher a imagem idealizada da que morreu, tornando-se quase inevitavelmente um desapontamento para os pais (Kernberg e Richards, 1988). Especialmente a mãe é atormentada por fantasias ansiosas da morte da *criança substituta,* o que pode provocar profundos sentimentos de vulnerabilidade e inadequação. Nas páginas iniciais de seu livro, Reinsberg pinta exatamente este quadro de

---

[123] Esse é um problema bem conhecido. Meissner (1997, p. 259) fala de *"uma síndrome infantil de substituição"* e cita uma copiosa bibliografia que mostra que essa síndrome exerce um papel na vida de personagens famosos como Schliemann, Atatürk e Stendhal.

uma criança que vive num constante desapontamento, que não consegue corresponder às expectativas e que, em consequência, desenvolve sentimentos correspondentes em relação a si. A ferida narcísica que decorre dessa falha crônica em satisfazer as expectativas dos pais quando ela vive segundo os padrões idealizados da irmã falecida deixa traços irrevogáveis. Nenhuma tentativa é adequada, nenhuma realização é satisfatória, e nenhum esforço é suficiente para compensar a perda sofrida pelos pais.

Vimos como Doethe viveu esses padrões no modo como ela se aplicou quando gerenciava o hotel e, mais tarde, como se aplicou "ao serviço do Senhor". O "peso de uma criança substituta" deixa uma marca também em sua sensação nuclear do *self*. Quando criança, Doetje não viveu o sentimento de que ela podia existir, de que era suficientemente boa e que era aceita assim como era. Nunca poderemos saber como se desenvolveu realmente a situação, mas não podemos duvidar de que o ambiente, tão importante para ela, não era favorável no que toca à resposta a suas justas necessidades infantis de ter um espelho em que se mirar. No caso de Doetje, a traumatização de sua sensação de ser alguém, de ser um *self* e de ter a permissão para o ser, levou a uma dúvida corrosiva em relação a sua autoestima e gerou uma desordem narcísica que mais tarde se expressou em sua vida numa enorme necessidade de ser admirada pelos que ela julgava serem importantes.

A formação da imago parental idealizada, na qual geralmente a imagem do pai tem impacto maior, tem lugar entre o quarto e o sexto ano de vida. No caso de Doetje, parece que foi bem menos traumática do que a da formação do *self* grandioso. Seu pai desapareceu sem qualquer vestígio quando ela tinha doze anos de idade, mas até aquele momento ele esteve presente (Belzen, 2004a). Uma amostra de que a formação do *self* grandioso de Doetje sofreu uma traumatização maior do que a da imago parental idealizada pode ser vista a partir de um comentário de

Kohut sobre a recuperação da desordem da personalidade narcísica. Ele diz que em geral ela é procurada e encontrada na necessidade e no polo do *self* que foi menos traumatizado e que teve melhores condições de compensar os defeitos do outro polo.

Se e em que medida Doetje se recuperou é uma questão que não pode ser respondida de modo direto. Sem dúvida ela foi declarada *recuperada*, ao ter alta em Veldwijk, mas o que podemos deduzir disso é que apenas as razões de sua internação já não existiam mais. Doetje estava novamente em condições de viver em sociedade e podia reassumir a responsabilidade de sua própria vida, viver por si mesma, tomar cuidado de si e se ocupar com seus próprios negócios comerciais, como os do arrendamento da saída dos prédios. Ao deixar Veldwijk, ela já não sofria da *melancholia agitans* e da depresssão. Mas o que dizer sobre sua desordem narcisista de personalidade? Também ela havia desaprecido ou ao menos se transformado?

Não parece provável. De um lado, é claro que ela não havia deixado de lado a relação transferencial idealizada que havia estabelecido com Deus. Graças ao fato de ter-se tornado uma fé viva, ela assumiu a perspectiva na qual pôde colocar sua vida e o que havia acontecido com ela durante sua doença. A relação de transferência idealizada que ela estabeleceu como o Reverendo Notten em Veldwijk desapareceu gradualmente. A Psicanálise contemporânea vê o desenvolvimento e o gradual desaparecimento de uma transferência deste tipo como um bom sinal. Na visão de Kohut, o tratamento permite que o terapeuta se faça "disponível" para exercer as funções de um objeto do *self*, tarefa que não foi bem executada pelos pais.

Graças à empatia que o terapeuta oferece ao paciente, pode ainda ter início um processo de *internalização transmutativa,* e o paciente pode ser ajudado a desenvolver suas próprias estruturas psicológicas, que tornarão a permanente disponibilidade empática do objeto do *self* menos necessária. Ocorreu algo assim na relação de Doejte com Notten? Parece mais provável que Notten, funcionando como um objeto do *self*, o que certamente ele foi para ela, tenha sido simplesmente substituído por Deus. Doejte encontrou um *objeto do self melhor* e substituiu Notten por ele. Continuou nutrindo um profundo respeito por Notten, mas após deixar Ermelo tornou-se uma outra pessoa. Estava num relacionamento transferencial de espelho com Deus. Esperava que também Notten a admirasse por todas as grandes coisas que ela fazia. Tudo indica que a necessidade que ela tinha de ser admirada não diminuiu, mas até cresceu ou, então, tornou-se mais visível. Em todo caso, sua necessidade de transferências idealizadas já havia diminuído, como supúnhamos, e aparentemente ela podia ser satisfeita pelo único objeto que pudemos encontrar durante o período em que ela escreveu o livro. Se foi realmente assim, ou seja, se Deus serviu como objeto do *self* para Reinsberg no contexto de uma relação transferencial idealizada, podemos admitir que isso comprova a plausibilidade da hipótese de que o desenvolvimento de uma imago parental idealizada foi no caso dela menos traumática. Ter encontrado Deus como um objeto do *self* a ajudou a alcançar um nível de compensação das falhas de seu *self* grandioso.

A pesquisa feita nessa seção está embasada em instrumentos da Psicologia e da Psicopatologia, mais ainda que na seção anterior. Depois de obter uma compreensão melhor da doença de Doetje e de ter feito um primeiro estudo de sua personalidade tomando por base um moderno sistema de classificação patológica, chegamos à conclusão de que são principalmente as teorias e dados psicoanalíticos que podem pavimentar um caminho para compreender a natureza, contexto e possíveis razões de seus problemas psicológicos. A Psicanálise levantou questões concernentes a suas relações na infância e juventude e permirtiu a análise de certos aspectos da biografia de Doetje (pontos que talvez não teríamos descoberto se não usássemos os *óculos* da

Psicanálise, do modo como fizemos) e que mostraram a necessidade de mais pesquisas históricas.

O procedimento adotado poderá servir como um exemplo do método interdisciplinar delineado no capítulo 2, quando introduzimos a psico-história como um dimensão de interesse tanto da Psicologia quanto da História. Como ali se explicou, os pontos de vista psicológicos discutidos no presente capítulo encontraram ali duas contribuições. *Primeiro*, tornaram possível que os fatos às vezes disparatados que ali apareciam tivessem uma base teórica conectada. *Segundo*, que fornecessem um fundamento heurístico para a pesquisa empírica que exigisse, por sua vez, a busca de novos dados. Fica sem dúvida pendente e a ser visto se todas as interpretações que daí resultaram são igualmente corretas ou possíveis, mas indicamos os problemas metodológicos. Sem a ajuda da Psicologia e da Psicopatologia nunca teríamos sido capazes de desenvolver uma história mais nuançada de Doetje Reinsberg-Ypes e dos diversos fatores implicados em sua doença e em sua recuperação. Estamos com isso nos aproximando do momento em que poderemos responder à pergunta sobre as razões pelas quais ela escreveu e publicou sua autobiografia e sobre o que esse fato pode ter tido a ver com sua saúde mental no que ela se relaciona com a religião.

A função da autobiografia de Reinsberg

Doetje parece ter estado à procura de um objeto do *self*. Em sua demanda por aceitação, afirmação e admiração, ela buscou obter dos outros o que havia sido negado a ela em sua vida desde o nascimento. É aí que se deve buscar a razão mais profunda pela qual ela escreveu seu livro. Tendo em mente essa discussão anterior, não será difícil compreender por que Doetje, devido a uma falha em seu *self* grandioso, esteve procurando encontrar admiração no espelho de objetos do *self*. De maneira alguma é seguro que o meio em que viveu tivesse condições de satisfazer essa sua necessidade do modo que ela esperava. Já mencionamos que, em Baarn, Doetje se envolveu em uma série de conflitos de Igreja. Seguramente não recebeu ali o tipo de *apreciação* que procurava. Esse pode ter sido um dos motivos, inconscientes, sem dúvida, pelos quais ela mudou de comunidade, passando a Haia.

É igualmente válido supor que quando este espelhamento empático faltou também ali, ela tenha chegado à ideia de convencer seus *desmotivados* ouvintes pelo testemunho poderoso de seu volumoso livro. Se as pessoas de Haia se recusavam a aceitar seu testemunho oral, um instrumento espetacular como um livro, escrito por alguém que "se mostrava tão ignorante" e que "não conhecia a Palavra de Deus", não poderia servir para convencê-las?

Em qualquer hipótese, Reinsberg nos estaria dizendo que em Haia foi "revelado" a ela "pelo espírito de Deus que era da vontade divina que este livro fosse escrito" (p. 21). Ela, que ainda não havia encontrado um espelho, havia encontrado uma estratégia, podendo até ser provisória, para se espelhar: escrevendo um livro que se tornaria cada vez mais importante para ela, que até ela admirava e que a ajudaria a se tornar gradualmente identificada com a Palavra de Deus, do mesmo modo como ela testemunhara também através de suas declarações e cartas. O livro ocuparia cada vez mais seu tempo. No fim, ela trabalhava nele dia e noite. A última semana antes da festa de Pentecostes de 1897 foi para ela uma batalha "com Cristo, contra Satã e seus poderes" (433).

No final das contas, o livro funcionou como um objeto do *self*, ou seja, de objetos com os quais ela havia tido muito poucos encontros no mundo externo. Identificando-se com a entidade por ela mesma produzida, isto é, seu livro, ela poderia encontrar a *totalidade* que não havia sido capaz de experienciar dentro dela mesma. A deficiente completude, a ausência de um "sentido do *self*" foi simbolicamente compensada através de um livro "perfeito", desejado e inspirado por Deus (Schönau, 1991, p. 12-14). Dessa forma, não foi por acaso, mas sim por uma oportunidade de ouro que ela explorou o filão mais ou menos aceito do gênero literário da conversão narrada em *autobiografias*. Aliás, um gênero cujas tonalidades narcisistas foram demonstradas inúmeras vezes (Wysling, 1982; Hansen-Löve, 1986). O ato de escrever tornou-se importante para Doetje. Tornou-se a maneira pela qual ela sentia que era de fato alguém e que podia manter à distância a ameaça da fragmentação e tentar dar a si mesma o que percebia ser deficiente da parte dos outros. Por essas razões, ao escrever não podia parar. Quando o livro finalmente terminou e ela já havia relatado a história de sua vida até aquele momento, e nada havia sido deixado de ser contado, ela continuou escrevendo uma série de capítulos doutrinais, seguidos por um *epílogo*. No fim de seu *Livro IV*, que contém as cartas, ela acrescentou um *pós-escrito*, no qual contava o que havia acontecido com o manuscrito em si. Mesmo depois que o livro fora editado ela continuou escrevendo:

> O livro será publicado num destes dias, e dezoito folhas dele já estão impressas. O restante está pronto para a gráfica. Exatamente agora estou dando os toques finais para que esta obra, em que fui dirigida por Deus todo-poderoso, compelida pelo amor de Jesus Cristo e preenchida pelo Espírito Santo, pudesse ficar pronta (p. 442).

À medida que ela foi chegando ao final do livro, sua verborreia torna-se cada vez mais longa. Passagens que não traziam informações adicionais, escritas simplesmente como *linguagem espiritual*, aumentaram em número, como se seu nervosismo crescesse na mesma medida em que ela continuava a escrever.

Esse nervosismo tinha provavelmente a ver com seu receio de que o livro pudesse ser mal recebido. Nesse sentido, ela já havia recebido a rejeição do manuscrito por parte dos teólogos Notten e De Davornin Lohman. Ela, no entanto, estava preparada para dar tudo o que podia em favor de seu livro, inclusive seus recursos financeiros e a si própria. Com muita dificuldade ela havia conseguido encontrar uma gráfica, mas não quem publicasse o livro. O impressor lhe disse que estaria disposto a imprimir o livro caso ela pagasse a publicação, mas que primeiramente o manuscrito teria de ser preparado para a impressão (p. 438-439). Um especialista neste campo foi então contratado, e para poder pagar pelo projeto todo, Doetje foi tão longe a ponto de vender sua casa de Amsterdã!

Relação da religiosidade com a saúde mental

O livro certamente não trouxe a Doetje o que ela esperava. Não foi bem recebido. Um extenso estudo sobre sua recepção mostrou que não recebeu sequer uma recepção mediana (Belzen, 2004a). Das poucas cópias encontradas em bibliotecas holandesas, as páginas estão por vezes sem serem despicotadas. São muitas as razões para essa falta de cobertura. A linguagem, o estilo e a forma são algumas delas, pois não se adaptam completamente ao gênero literário calvinista das *histórias de conversão*. Outra razão é sua falta de autoridade, assim como estigma de seu passado psiquiátrico. Em fins do século XIX, era raro alguém sair de um hospício, e esse fato dava pouca chance à pessoa de ser levada a sério.[124] Há ainda um outro fator sobre o qual a Psicologia

---

[124] O stigma psiquiátrico teria sido também a razão pela qual a autobiografia foi apagada em círculos mais íntimos e por que a memória da própria Doetje mal e mal sobreviveu.

da Religião poderá lançar alguma luz: a composição psicológica da religiosidade da autora.

A religiosidade, vista como o correlato pessoal subjetivo da forma particular de religião, faz naturalmente parte dos altos e baixos da vida de uma pessoa. Assim, para mencionar um exemplo desta extensiva categoria, a imagem ou o conceito de Deus que alguém possa ter depende primariamente da tradição religiosa e de sua versão cultural e historicamente definida que ela possa ter recebido, mas é ao mesmo tempo independente dos dados e também de fatores da própria história de vida da pessoa. A imagem de Deus muda à medida que a pessoa cresce, podendo, porém, quase não mudar ou permanecer num processo de estagnação, o que é muito significativo. Muda em geral sob a influência dos *incidentes críticos da vida*. Depende dos outros significativos, como os pais e cuidadores primários, as figuras de autoridade e mentores e outros modelos de papel social importantes.

Para obtenção de resultados significativos, uma análise da religiosidade da pessoa poderia, assim, ser sempre possível quando remetida a um panorama mais compreensivo de sua vida psicológica, incluída a questão de sua chamada *saúde mental*. Como é sabido, os critérios da saúde mental ou da vida psicológica normal são de difícil determinação. Mesmo quando podem ser descritos como tipos ideais, permanece a questão de como se poderá chegar a uma verificação em cada caso individual. Qual a saúde mental de Doetje, inclusive o de sua religiosidade, na ocasião em que ela estava escrevendo seu livro? Parece ser simples a conclusão neste caso de que ela foi declarada *em recuperação* após ter tido alta e que não sofria mais da *melancholia agitans*. Ela era novamente capaz de se comportar de maneira *apropriada* e por si mesma etc. Desse ponto de vista ela era psiquiatricamente *normal*. Contudo isso não nos diz muita coisa. O que nos diz é que ela não era mais uma pessoa internada numa instituição.

Também hoje não significa muito mais dizer que uma pessoa não está mais recebendo cuidados psiquiátricos.

Vamos, então, usar um outro critério, no esforço de não declarar Doetje *insana*, mas tentando explorar sua saúde psíquica. Vejamos a mais famosa de todas as descrições de saúde mental, a de Sigmund Freud. Ele sustenta que uma pessoa psiquicamente saudável é a que tem condições de trabalhar e amar. Vergote (1978/1988) acrescenta a esses critérios, para uso na psicopatologia religiosa, "e de se alegrar e se comunicar". Doetje nunca mais trabalhou no sentido de se manter, uma vez que não tinha necessidade financeira para tal. Estava ela em condições de trabalhar? É difícil saber, uma vez que nos faltam os dados para tanto, mas não nos faltam razões para duvidar disso. Não sabemos, é verdade, qual o papel de suas filhas quanto à mudança de Doetje para Haia, e, ao que tudo indica, elas não tinham muito a dizer sobre esse ponto, mas, qualquer que seja o caso, parece que ela tinha condições de levar esse empreendimento adiante bastante bem. Ela ainda viajou bastante e parecia ser capaz de manter relações pessoais. Escrever e publicar o livro pode ser uma considerável *realização*. Mas surpreende ela dizer que teve só um pequeno "prazer" em tudo isso, indicando que não é certo que ela estivesse em condições de obter prazer ou satisfação de sua incansável atividade. Todas as suas atividades parecem ter sido inspiradas pelo desejo de convencer seus conhecidos e a si mesma de sua própria *importância*. O projeto inteiro parece monitorado pela necessidade de ser vista como uma pessoa extraordinária, com experiências extraordinárias e imbuída de uma *paixão* sem limites. Seria ela capaz de amar novamente? Ela desenvolveu uma forma de amor a Deus e à Igreja, num sentido geral, e não de uma comunidade ou congregação concreta. Talvez fosse capaz também de amar seus filhos.

Reinsberg impressiona como alguém que não mantinha relações cordiais com as pessoas que a cercavam. O gênero narrativo *permite*, até certo ponto, que o autor se preocupe em especial consigo e não em retratar os outros, mas é marcante o fato de seu livro não conter sentimentos calorosos para com os filhos. Durante sua estada em Baarn e em Haia, ela menciona um esfriamento dentro de si a despeito de melhoras ocasionais, a alegria e o *fogo* haviam desaparecido; sua ocupação principal era de combater uma dura luta "com o Demônio".

Conforme Pietzcker (1983, p. 52), isso pode ter sido uma indicação do problema do *self* grandioso. Por temer que o mundo externo reaja friamente e a rejeite, a pessoa desloca sua energia psíquica do objeto e a redireciona para si mesma. Lemos que Reinsberg se sente "apavorada até a morte" diante de críticas mesmo antes de seu período como empregada e hoteleira. Se é correta nossa suposição de que seu *self* grandioso não se transformou, podemos ver aí mais uma evidência desse fato, o que se mostrava também no modo insensível e sem amor como ela se relacionava com seus conhecidos mais próximos. Mostra-se aí o modo de comunicação que lhe era próprio. Disso seu livro está repleto de evidências, e suas cartas oferecem uma enorme quantidade de informações do mesmo tipo.

De outro lado, sua forma de se comunicar era sempre unilateral, ou seja, as outras pessoas serviam principalmente como ouvintes aos quais ela podia contar sua história; serviam para ser de testemunhas. Ela queria falar *para*, e não *com* elas. Quando escrevia para conhecidos em Veldwijk, era para mostrar as grandes coisas que havia realizado. Ao escrever para seu irmão, seu objetivo era o de mostrar as grandes façanhas que supostamente havia feito. Em sua correspondência com Wisse e Kuyper, ela ensinava como as coisas deviam ser vistas e, até ao responder a uma carta de Notten, mesmo respondendo aos comentários dele, era sempre para provar que ela estava certa. Não é esse o tipo de comunicação que Vergote (1978/1988) tinha em mente.

Vergote comenta, entre outras coisas, que os critérios *objetivos* ou o tratamento *objetivo* dos critérios não são possíveis. A saúde mental é algo que não pode ser determinado com precisão ou medido em alguns pontos de uma escala decimal: "é o estilo como alguém lida com a realidade e a sociedade que é importante. Este modo ou estilo representa o valor a mais que ilude qualquer regra objetiva" (Vergote, 1978/1988, p. 29). É precisamente neste ponto do estilo ou do modo de tão difícil quantificação que a saúde mental de Reinsberg levanta quetionamentos, e nisso se inclui sua religiosidade. Surpreende que ela mencione tão poucas expressões de aprovação de Ermelo; em outros termos, os fiéis de Ermelo parecem ter sido os que, sem qualquer clara premeditação ou tentativa sistemática, a introduziram na nova modalidade de experiência religiosa ou ressuscitaram nela a religiosidade evangélica com a qual talvez tenha tido contato durante seus primeiros anos em Amsterdã.

Para os calvinistas e os evangélicos de Ermelo, a religiosidade de Doetje, como se mostrou durante o período de seu tratamento ali, dever ter parecido mal trabalhada, lembrando muito a paciente psiquiátrica. Eles escutavam sua fala logo que ela se tornou *religiosa* e, prudentemente, não a contradiziam, mas tampouco reagiam positivamente ao que ela dizia e que eram observações muito exageradas para ouvidos calvinistas. Por exemplo, quando Doetje escreveu pela primeira vez uma carta para seus filhos, ela terminou a carta com o comentário "estas cartas são escritas não só com tinta, mas com as verdadeiras palavras de Deus", e nesta ocasião mostrou o texto para as senhoras Volten e Juss, uma amiga de Volten, e a Senhora Juch, "esta senhora surda e boa apenas ficava ali balançando sua cabeça enquanto ela lia a carta, mas sem dizer coisa alguma" (p. 157).

Elas devem ter-se sentido contentes ao ver que Doetje estava dando mostras de recuperação, retomando suas atividades positivas, como a de restabelecer contatos com seus filhos, e gradualmente se tornando mais independente, mas seguramente não estavam de acordo com que ela tivesse escrito "palavras de Deus". A reverência que os calvinistas têm para com a Palavra de Deus é bem conhecida. É um título honorário reservado exclusivamente para a Bíblia, enquanto texto escrito, e para os sermões na igreja, enquanto palavra falada. Não obstante toda a sua estima pelos *velhos autores,* nenhum calvinista iria referir-se a um livro redigido por um dos autores da *Nadere Reformatie* como sendo a Palavra de Deus ou a uma confissão oral de conversão da fé como "a palavra viva de Deus".

O comportamento de Dotje e a natureza de história de conversão de seu escrito nos leva a perguntar quem poderia estar de acordo com ela. Ela mesma nos assegura que isso se deu numa única conversação, por ocasião de um encontro acidental (e nesse caso o leitor deverá esperar e ver se a impressão que ela aparentemente causará em seus ouvintes, que ela fez com que escutassem e ficassem silenciosos, teria os efeitos positivos que ela buscava). Isto é, seu trabalho de dar testemunho dava às vezes frutos. Mas, como ela mesma escreve, em encontros de maior duração ela definitivamente não recebia muita confirmação de sua fé, de sua história, de suas convicções e de seu zelo. Talvez fosse essa a razão pela qual ela tendia a abandonar as várias congregações às quais se associava, só mantendo contato com grupos não estabelecidos ou oficiais, como o Exército da Salvação e a Sociedade Religiosa da Plenitude de Cristo (*Geloofsvereeniging der Volheid van Christus*), os quais eram eles mesmos marcados por um estilo que contrastava bastante com o das igrejas holandesas daquela época.

Movimentos religiosos ainda não bem enraizados não eram muito seletivos com respeito a seus aderentes. Havia uma considerável rotatividade, pois careciam de gente e de recursos financeiros para concretizar seus planos grandiosos. Doetje, que claramente adotava elementos da espiritualidade desses grupos, provavelmente se sentia em casa entre eles. Mas será que os membros e os líderes desses movimentos aprovavam sua religiosidade, em particular no que diz respeito a suas reivindicações religiosas? A Sociedade Religiosa, por causa de sua visão carismática da Pneumatologia e da Eclesiologia, provavelmente não negaria que um crente pudesse falar ou escrever "palavras verdadeiras e vivas de Deus". A insistência de Doetje de que havia sido libertada da possessão demoníaca, de que sua cura devia-se exclusivamente à oração e a sua decisão de se apresentar como uma convertida eram elementos já presentes naquele movimento e que ela adotava. Mas existem suspeitas de que seu relacionamento com a Sociedade Religiosa não foi sempre ótimo. Mesmo nesse círculo ela foi tida como exagerada. Sua maneira de se associar aos outros era muito agressiva devido a sua profunda necessidade de segurança. Há uma notável ausência de nomes de pessoas desses círculos em sua autobiografia e de menções de aprovação ao livro que ela escrevia. O conteúdo da religiosidade de Doetje parece corresponder em muitos aspectos com a forma de cristianismo advogada por aqueles grupos, isto é, um cristianismo de testemunho agressivo, de fundamentalismo bíblico, de combate às Igrejas estabelecidas, de rejeição da autoridade doutrinal e de tomar como critério espiritual a experiência etc.

Apesar disso tudo, em algum lugar ou aspecto havia uma diferença relutante. Não é sem plausibilidade supor que, devido ao estigma psiquiátrico que talvez tenha sido de menor peso para a Sociedade Religiosa do que para membros de igrejas estabelecidas, ela tenha impressionado os membros desses grupos como uma "duplicata", para usar uma imagem de Rümke (1956/1981, p. 215) com respeito à diferença fenomenológica entre saúde e doença mentais.

É de se supor que a religiosidade de Reinsberg fosse dominada por suas necessidades, assim como a Psicologia do *self* as detecta. Nos parágrafos anteriores, chegamos à conclusão de que ela deve ter sofrido de uma enorme necessidade de ter respostas empáticas espelhadas por objetos do *self*. Pelo fato de não ter condições para acreditar em seu valor, ela se via coagida a obtê-lo através de esforços próprios e de árduos trabalhos pessoais. Como acontece em casos semelhantes, esse padrão pervadiu também seu modo religioso de funcionar. Ela pode ter recebido sem dúvida uma mensagem de graça, mas o alegrar-se na graça e na salvação não era o que ressaltava na religiosidade de Doetje. Ela se esgotou inteiramente, como na fase em que dirigia o hotel, tornando-se incansável em sua "luta" por Deus. Não eram gratidão e alegria, mas trabalho e zelo ou até mesmo obstinação as marcas de seu modo de ser religioso. Ela era de opinião, e em parte influenciada pelas ideias da ideologia da cura que ela havia aprendido, de que sob circunstância alguma ela deveria pedir a ajuda médica, pois *Cristo só era o bastante*. Fica evidente na história da venda do hotel e de várias outras passagens que seu modo de relacionar-se com Deus não era o de receber com gratidão o amor imerecido, mas o de lutar para que as orações fossem atendidas.

Religião e as transformações do self

No caso de Doedje podemos legitimamente nos perguntar em que medida sua personalidade modificou-se pela e sob a influência da religião. É evidente que sua conversão a modificou e que ela, sob a influência da religião, tornou-se *uma outra pessoa*. Não cabe à ciência julgar se e em que grau esse evento deveu-se à religião no sentido espiritual-religioso. Mas lhe cabe dizer em que sentido psicológico ela se transformou. Nessa hipótese, porém, é preciso que estejamos plenamente conscientes da teoria psicológica a partir da qual estamos fazendo essa pergunta. Até um conceito genérico como o de mudança de personalidade pode apontar para coisas muito diferentes, como, por exemplo, a reestruturação segundo a qual as informações vão sendo processadas, a modificação das estruturas psicodinâmicas no sentido psicanalítico ou a demonstração de comportamentos diferenciados na perspectiva do behaviorismo.

A conversão a uma religião em geral exige mudanças. Não restam dúvidas de que Doetje mudou após sua estada em Ermelo. Mas será que existem evidências de que houve uma mudança de personalidade? Podemos fazer várias afirmações a esse respeito se tomarmos como referência um modelo de personalidade que está tornando-se popular hoje em dia (McAdams, 1994a, 1994b, 2005).

Esse modelo faz uma distinção de abordagem entre três níveis: (1) o nível das disposições que são vistas como altamente independentes de seus contextos, ao qual pertence as *cinco grandes* da moderna teoria dos traços[125] e também muito da Psicanálise; (2) as concernências pessoais como as estratégias, planos e metas; (3) a identidade e a história de vida da qual as pessoas auferem significado e sentido, e isto para além das correspondentes experiências que demonstram uma integração dos níveis 1 e 2. Em termos desse terceiro nível, fica claro que Doetje mudou muito depois de sua conversão. A identidade, a conversão, a autoapresentação e história que depois contou sobre si mesma eram completamente diferentes das anteriores.

Na Psicologia humanista, na qual existe um elevado grau de atenção quanto à autodefinição e à experiência de sentido, o termo *personalidade* inclui vários modos de ver o *self*, modos que vão desde William James (1890) a Hermans e Kempen (1993). À essa luz aparecem claras evidências de que houve uma mudança de personalidade em Doetje. O mesmo é verdade quando

---

[125] Os *cinco grandes* são conhecidos através do acrônimo, a partir do inglês, OCEAN, que significa: Openness to experience (abertura à experiência), Conscientiousness (consciência), Extraversion (extroversão), Agreeableness (capacidade de concordar) e Neuroticism (neuroticismo).

se considera o segundo nível do modelo. O comportamento que Doetje passou a exibir após a conversão mostra outra orientação: são outras suas áreas de interesse, e as coisas às quais ela passou então a devotar-se eram totalmente distintas das que a ocupavam quando vivia em Amsterdã. Sua vida assumiu contornos muito diferentes.

Mas, como no primeiro nível do modelo, as disposições e as estruturas psicanalíticas, incluído o *self*, sofreram as menores mudanças no sentido da psicologia da personalidade. O *self* de que falam as teorias da Psicanálise, como a de Kohut, significa algo diferente do *self* da tradição inaugurada por James. Assim, dando sequência às reflexões de Kohut sobre o *self*, vamos buscar uma resposta para a questão sobre uma possível mudança de personalidade em Doetje. Nesse sentido, vamos em busca de compreender em que medida suas necessidades narcísicas *subdesenvolvidas* mudaram em virtude da conversão.

Já dissemos algo a respeito quando comentávamos que o *self* grandioso de Doetje não havia sofrido mudança alguma. Mas o que dizer sobre sua imago idealizada dos pais? Afinal, ela acabou tomando Deus como seu objeto do *self*. E esse processo deve ter estabelecido uma relação transferencial idealizada para com Deus a qual provavelmente teve algum efeito restaurador sobre as falhas existentes no outro polo, o de seu *self* grandioso. Foi essa transferência idealizada que a ajudou provavelmente a se manter bem psicologicamente. Se esse efeito foi duradouro e suficiente não sabemos. Comentamos anteriormente que, ao se mudar de Baarn para Haia, Reinsberg relatou sintomas que se intensificavam e deu a impressão de estar mais agitada. Ela parecia estar chegando à beira de uma nova descompensação psíquica, que ela antes estava conseguindo evitar abrigando-se dentro de si, escrevendo uma autobiografia e tornando-se um personagem de uma obra escrita.

Há aqui razões suficientes para nos preocuparmos com o modo como ela se comportou após a publicação do livro, uma vez que este, além disso, pareceu não ter sido recebido entusiasticamente. A maneira com que Doetje conta a venda de seu hotel mostra que ela se relacionava com Deus de uma forma altamente imperativa. Ele "tinha de" escutar suas orações, ele "tinha de" curá-la quando enferma, ele "tinha de" realizar "o milagre de vender o hotel" para que ela pudesse pagar as custas do livro. À essa luz, podemos perguntar-nos se tomar Deus como objeto do *self* contribuiu com algo para uma transformação do *self* de Doetje. A resposta provavelmente não será positiva, uma vez que Deus como objeto do *self* não dá início a uma *internalização transmutante* tão necessária para que ocorra uma transformação. O processo é posto em movimento por falhas ou fracassos não traumáticos daqueles que servem de objetos do *self*, os pais ou, mais tarde, um terapeuta. Por meio dessas falhas não traumáticas, o sujeito consegue passar a adotar e internalizar funções que o objeto do *self* fazia em seu lugar e com isso se torna menos dependente de um objeto do *self* que seja empático. Na experiência de fé de uma crente como Reinsberg, porém, Deus não contém falhas nem *traumatiza*, assim a experiência de relacionamento com Ele não desperta um processo de internalização das funções exercidas pelo objeto do *self*. Se a religião em geral pode exercer ou não essa função é uma questão errada porque formulada de uma maneira demasiadamente ampla.

Já se realçou muito que o conceito de *religião* costuma ser demasiado inclusivo e que as muitas coisas diferentes que nele podem ser incluídas impedem que se possa trabalhar analiticamente com ele. O mesmo é verdadeiro com relação à pergunta acima. O narcisismo que permanece infantil pode expressar-se na *religião*, mas formas transformadas de narcisismo podem com a mesma facilidade manifestar-se sob a forma de atividades religiosas. A religião enquanto tal ou uma forma específica de religião, como é o caso de uma denominação ou ramo cristão, não *faz* nada e não tem relação com o desenvolvimento psicológico ou com algo que seja compreendido como saúde mental. São os símbolos religiosos e em especial as práticas ou, melhor ainda, as pessoas envolvidas na religião que provocam os efeitos.

Doedje não aprendeu nenhuma *nova* religião, pelo menos nova para ela, em Ermelo. O calvinismo e o protestantismo evangélico não eram novos para ela, que já os havia conhecido em sua infância e na primeira adolescência. Tampouco o era a doutrina calvinista que em Veldwijk se transformou em estruturas organizadas e que ajudaram a provocar dentro dela uma evolução positiva. Eram calvinistas e evangélicos pessoas como as enfermeiras, o Reverendo Notten e a família Volten, que com paciência, que pode ou não ter sido motivada por sua fé cristã, deram a Doetje a empatia que ela necessitava para se recuperar psicologicamente.

Da mesma forma, movimentos como o Exército da Salvação e a Sociedade Religiosa, com seu estilo emocional ainda pouco usual naqueles tempos, também vieram ao encontro da *necessidade* de Doetje de demonstrações externas. Nesses ambientes, sua espiritualidade não era tida como desviante ou, pelo menos, não era algo extraordinário. A espiritualidade carismática e mais livre que era advogada naqueles movimentos de cura era o clima em que o narcisismo teve condições para se manifestar com mais facilidade do que em ambientes de Igreja mais normados dos protestantes reformados e calvinistas. Formas alternativas são mais facilmente interpretadas num sentido espiritual nos novos círculos que Doetje passou a frequentar do que nas Igrejas tradicionais. Note-se que este raciocínio não pode ser *virado*, isto é, não se pode dizer que movimentos como esses obstruem ou revertem o desenvolvimento do narcisismo ou que induzem a desvios. Só os membros desses movimentos é que podem fazer essa coisa, se é que podem.

A relação entre religião e saúde mental tem suas complicações, e isso é bem verdade também no caso de Reinsberg. Classificações esquemáticas podem ser de alguma utilidade, mas não fazem justiça à riqueza da vida. Na extensa classificação de possíveis relações entre saúde mental e religião que Spilka e outros (2003) propuseram, um dado fenômeno religioso pode ser classificado em várias das categorias apresentadas. Expressões religiosas como a glossolalia, a entrada numa ordem monástica, o jejum, a oração etc. são outras tantas formas pelas quais uma desordem psicológica pode manifestar-se, mas elas são também fatores de socialização e de restrição de transtornos mentais. Elas podem constituir tanto uma fuga quanto um fator terapêutico e também podem representar um perigo para a saúde mental de alguém. É sempre importante *controlar* como a religiosidade se relaciona com o ambiente cultural e o mundo subcultural no qual vive a pessoa e como se estrutura dentro da vida psíquica mais ampla da mesma.

Agora que fizemos esta longa caminhada com uma única pessoa, os relacionamentos continuam mostrando-se tão complicados como sempre o foram. A religião teve um papel, ao que tudo indica, bastante modesto, no surgimento da doença de Reinsberg. Funcionou, no entanto, mais como um veículo através do qual ela lograva articular seus problemas, mas teve seu papel também em sua recuperação, criando um quadro de referência que acabou ajudando. Doetje foi interpretando sua situação e sintomas de modo que aos poucos obteve novamente controle sobre eles, e isso a habilitou a retomar uma vida independente do ambiente psiquiátrico. Cultivando dentro dela a fé em um Deus acessível e amoroso, ela teve a oportunidade de eliminar parte de seus problemas psíquicos, de se ressocializar, enquanto, por outro lado, seus problemas psicológicos continuaram manifestando-se em sua religiosidade.

Reinsberg pode ser encaixada em todas as categorias de classificação que Spilka e outros propuseram (Spilka *et al.*, 2003), o que torna relativo o valor dessas classificações, embora heuristicamente útil, em princípio. Para entender algo a respeito da religiosidade de uma pessoa e sua possível relação com a saúde mental, não importa quão estruturada essa seja, o importante é focalizar a atenção no indivíduo e imergir em sua *história pessoal* de vida, assim como essa se articula em sua autobiografia.

12
A religião e a ordem social
Fatores psicológicos

Neste último capítulo vamos voltar-nos para uma abordagem em uso na Psicologia Cultural. Não vamos indagar sobre o que se dá culturalmente no funcionamento psíquico de um grupo ou indivíduo, mas nos concentrar em algo que é quase o oposto disso. Vamos pesquisar a parte psicológica do desenvolvimento e a formatação da cultura ou, melhor, de uma dada subcultura. Novamente nos voltaremos para os Reformados (*gereformeerden*) holandeses e tentaremos refletir como os fatores que podem ser conceituados e explorados através de teorias e pontos de vista psicológicos tiveram um impacto em sua história. Esta história, combinada com a de muitos outros grupos do país, construíram uma ordem social chegando a dar à sociedade uma estrutura que, além de notável, foi durante um longo tempo considerada a única da Holanda. Várias pesquisas mostraram que essa não pode mais se manter, a *pilarização,* que foi característica da Holanda durante grande parte do século XX, e continua a ter seus efeitos até hoje. Evidentemente, primeiro devemos apresentar o fenômeno.

Por vezes, a história é caprichosa em seus caminhos. Quando, por exemplo, consideramos o fenômeno da história da universidade europeia, percebemos que as universidades holandesas não têm uma tradição muito longa. A mais antiga, fundada em 1425, *nos países baixos, à beira do mar,* foi a de Leuven, localizada atualmente numa região da Bélgica onde se fala a língua holandesa. Na Holanda de hoje, a primeira Universidade foi a de Leiden, que é somente do ano de 1575. Mais estranho ainda pode parecer o fato de a capital da Holanda (Amsterdã) não poder ser considerada uma *cidade universitária*, senão nos fins do século XIX. Chama a atenção que, depois de 1880, repentinamente, Amsterdã tenha se tornado a sede de duas universidades completamente independentes. A universidade hoje conhecida pelo nome de Universidade de Amsterdã tem sua origem no *Athenaeum Illustre*, fundado pelas autoridades locais em 1632. Destinada principalmente ao ensino da medicina, só se tornou uma universidade municipal em 1877, quando obteve o direito de conceder o título de doutor. Igualada, assim, às universidades mais antigas chamadas de estatais, a Universidade de Amsterdã é inteiramente financiada pelo estado e adotou seu nome atual em 1960.

Durante aquele mesmo ano de 1877, alguns calvinistas holandeses decidiram fundar uma universidade protestante que seria independente tanto do estado quanto das Igrejas. Essa universidade, chamada de *Universidade Livre*, foi aberta ao público em 1880. Ela era, sem dúvida, uma instituição cristã, ou seja, uma universidade baseada em princípios cristãos neocalvinistas e que consequentemente dava origem a um tipo de ensino diferente do que havia se desenvolvido e era ensinado nas universidades estatais. Nesta universidade privada e *especial*, isto é, cristã, tinha-se como meta outro tipo de ensino.

O fato de um grupo religioso poder ter a sua disposição uma universidade pode parecer digno de nota, quando se compara essa situação com a de um país vizinho como a Alemanha que, em fins do século XIX, servia como modelo para a educação acadêmica na Holanda. Até os anos 1970 não existiam na Alemanha universidades privadas. Por outro lado, o fenômeno constituído por uma universidade privada é tão somente uma pequena peça no mosaico que estava formando-se na Holanda naqueles anos.

Nas décadas anteriores e posteriores à virada do século XIX, a Holanda evoluíra na direção de uma sociedade dividida em segmentos, cada um deles em grande parte autônomo, fechado e sustentado por uma retaguarda religiosa e/ou ideológica (Blom, 2006; Rooy, 2005). No período entre as duas grandes guerras, a Holanda passou a ser uma nação de subsociedades: protestante, liberal, católico-romana, socialista e outras poucas mais. Na historiografia e nos estudos da sociologia das últimas décadas, a situação (a qual, diga-se de passagem, não ocorreu só na Holanda e caracterizou o país por, pelo menos, um século) foi estudada sob o epíteto de *verzuiling ou pilarização* (Blom e Talsma, 2000; Becker, 1993; Lijphart, 1976; Post, 1989; Velde e Verhage, 1996). O termo, que já por si implica uma interpretação específica e uma avaliação do fenômeno em questão, sugere que a sociedade holandesa assumiu a aparência de um templo clássico da Grécia antiga no qual um único teto era sustentado por muitas colunas ou pilastras. Da mesma maneira, a Holanda é o único país que se sustenta sobre muitos grupos ideológicos e religiosos, cada um deles constituído por um leque de estratos sociais. Como ficará mais claro, esta é uma descrição eufemista da situação daquela época. Na realidade, foram levantadas muitas *queixas* quanto ao sistema da pilarização. Dizia-se ser ele responsável pela manutenção artificial de divisões sociais e de estereótipos e rivalidades ou mesmo de conflitos entre diferentes grupos, o que teria levado à formação de grupos fechados dentro de cada pilastra. Vamos examinar alguns resultados das pesquisas feitas sobre o sistema da pilarização mantendo o uso geralmente aceito do termo.

Um aspecto surpreendente da pesquisa sobre a pilarização é o que indica uma ausência quase total da Psicologia no quadro de disciplinas que se envolveram neste trabalho. Enquanto os sociólogos, os cientistas políticos e os historiadores produziram bibliotecas inteiras em relação ao tema, as contribuições da psicologia se distinguem pela ausência. A carência de estudos psicológicos sobre o assunto, mesmo de uma perspectiva mais geral, chega a surpreender. Sem levar em consideração todos os outros fatores presentes no fenômeno da pilarização, esse fenômeno resultou de atividades de seres humanos e foi uma construção concebida e mantida por eles. Foi, ademais, uma estrutura social na qual milhões de pessoas viveram durante décadas.[126]

Seguramente são circunstâncias que deveriam ter despertado a atenção da Psicologia. Não é ela, afinal de contas, uma das ciências que estudam o ser humano? No caudal da literatura de valor existente, só aparece um título psicológico: *A Psicologia da Pilarização* (Verwey-Jonker, 1957). A autora é geralmente conhecida como socióloga, mas pertencia a uma geração em que não havia ainda traçado uma linha divisória clara entre as disciplinas acadêmicas como hoje se faz, não sem desastrosas consequências. Ela foi educada numa época na qual a sociologia e a psicologia ainda mantinham relações fraternais, mesmo que de luta por vezes fratricida, como foi no caso do estabelecimento dessas duas disciplinas como áreas acadêmicas separadas. Nesse sentido vale a pena comparar os trabalhos altamente psicológicos de Weber, de um lado, às muitas reflexões culturais de Freud e de Wundt, de outro. Tudo o que fazem os seres humanos pode ser estudado pela psicologia, embora esse empreendimento não seja simples e embora a psicologia nunca possa ser a única disciplina a fazê-lo. Sem dúvida, não existem fenômenos acessíveis só à psicologia.

À parte dessas observações de cunho epistemológico, o que quero salientar é que a pilarização exige em si mesma uma aproximação psicológica. Confinar a pesquisa apenas ao campo da So-

---

[126] Embora existam ainda remanescentes do sistema, a decadência do sistema de pilarização começou nos anos 1960 (Kruijt e Goddijn, 1961; Duffhues e Vugt, 1980).

ciologia e das Ciências Políticas não faz justiça aos aspectos multifacetados do fenômeno empírico. Procurando evitar ficar preso a considerações abstratas, examinemos a descrição mais citada do fenômeno, a do historiador católico Rogier, embora ela esteja longe de ser uma definição. Ele descreve algumas das facetas da pilarização no caso da população católico-romana, como segue:

> [esta é uma] comunidade cujos membros não somente votam todos no partido político da comunidade, mas também assinam um jornal católico, uma revista feminina católica, bem como uma revista católica ilustrada e outra revista católica destinada à juventude; uma comunidade que propicia a seus filhos o *prazer* de uma educação católica do jardim de infância à universidade e tem a garantia de contar com uma instituição católica que permite escutar uma emissora de rádio católica, de viajar, de compra um seguro de vida, de cultivar a vida artística, de se especializar cientificamente e de praticar esportes (1956, p. 613).

A descrição relembra pateticamente as características da pilarização que tenho em mente quando digo que um pilar ou coluna pode viver ou desaparecer sem ter contato com os membros dos outros pilares. Cada um dos pilares é autossuficiente em alto grau, e cada um tem seu clima, estilo e linguagem próprios.

Uma observação *de campo quanto aos aspectos religiosos* feita em 1930 teria sido uma base razoavelmente segura para predizer as escolhas que alguém faria no futuro relativamente ao estilo linguístico, à roupa e à vida familiar. Seria possível saber em que partido as pessoas votariam, quais programas de rádio ouviriam e quais seriam proibidos às crianças, sua ética e sua moralidade. E, no sentido inverso, se alguém soubesse que alguém votou no Partido Católico, haveria uma boa probabilidade de se saber como ela rezaria, como se vestiria, como usaria seu tempo de lazer, qual sua opinião sobre a sexualidade no casamento, a que sindicato pertenceria, que nomes cristãos nunca daria a seus filhos etc.[127] Todos estes são aspectos que constituem um ambiente social especial e completamente separado, e que deve ser levado em consideração ao se falar em pilarização ou em pilares.[128]

Hellemans (1985) assinala que duas dimensões podem ser distinguidas no retrato pintado por Rogier: (1) os que fazem parte de um pilar que forma uma comunidade, uma subcultura, e, (2) no interno da comunidade, a rede de organizações de diversos domínios que são coordenados ideologicamente.[129] Lançan-

---

[127] Irwin et al. (1987) falam de "brechas entre os vários grupos populacionais" e focaliza sua atenção no comportamento eleitoral como um exemplo da influência e da importância da pilarização. Em 1958 este era ainda "um produto virtualmente impecável da mentalidade pilarizada". (...) Esse método poderia ser empregado para declarar de antemão a preferência partidária de 72% dos votantes (Andeweg, 1981, p. 86).

[128] Laarse brinda-nos com uma descrição mais primorosa e elaborada que a de Rogier, mas se refere tanto às dimensões organizacionais quanto aos aspectos da mentalidade. Ele descreve a pilarização como o fenômeno "que faz com que o povo, cada vez mais, execute suas atividades sociais dentro de vínculos complexos organizados com base nas lealdades religiosas e ideológicas (o que é distinto de parentesco, nível ou classe social). Ela abarca muitas áreas da vida da comunidade, competindo entre si por uma fatia dos recursos financeiros e do poder do estado. Envolve, portanto, não apenas laços políticos emergenciais, mas igualmente a formação de ideias socioculturais com respeito à identidade do pilar" (1989, p. 29).

[129] Na realidade, quase tudo o que é propalado na literatura mais popular como uma descrição pejorativa do ambiente social dentro de um pilar pode ser resumido nas seguintes dimensões: (1) estreiteza de mente, agressividade em relação a outros grupos, autoimportância, autoritarismo etc. Isso significa que coisas que criam memórias azedas do passado pilarizado continuam sendo passadas para muitas pessoas até hoje. Certamente, essas experiências negativas não se aplicam a todos, nem sempre e em todos os assuntos, mas não se pode negar que o fato em si continua existindo. Pense-se que os termos *pilar* e *pilarização* servem como designações paliativas e legitimadoras para o que muitos, e especialmente nos anos 1930 (Ellemers, 1984, p. 141), experimentaram como sendo um esforço para manter dividido o povo holandês. Eles falavam em tom desaprovador de *paroquialismo*.

do um olhar geral sobre as pesquisas a respeito da pilarização, notamos que a maioria delas está focada na segunda dimensão do fenômeno. Foram realizados estudos para determinar como os vários segmentos da população eram estruturados. Buscou-se compreender como essas organizações estavam conectadas entre si, que papéis eram exercidos por certos membros de sua elite e em que medida a pilarização era ou não completa (por exemplo, quantos calvinistas votavam realmente para o Partido Antirrevolucionário ou eram membros da Associação Holandesa de Rádios Cristãs etc.).

Os sociólogos estudaram a pilarização sobretudo como o meio pelo qual os grupos ideológicos conseguiam exercer o controle social sobre os que os apoiavam através de redes organizacionais. Já os cientistas políticos estudavam a pilarização como um modo de regular os conflitos políticos em uma sociedade caracterizada pelo *pluralismo segmentado* (Ellemers, 1984). Quanto à primeira dimensão, por outro lado, resta ainda muita pesquisa a ser realizada sobre as características dos ambientes sociais e sobre a subcultura, o estilo e a mentalidade existentes.[130]

Examinando a literatura mais recente sobre a pilarização, pode-se encontrar uma tendência nova: a grande quantidade de

---

[130] Hellemans (1985) reserva as palavras *pilar* e *pilarização* só para aquelas situações nas quais as duas dimensões estão presentes. Esta relutância em fazer um uso mais amplo dos termos permite a ele distinguir a *pilarização* de outros fenômenos que só parcialmente se relacionam com essa expressão. Assim, apenas a existência de uma subcultura, como a dos negros nos Estados Unidos, não pode ser chamada de *pilar*, se lhe faltar uma rede de organizações de sustento. Por outro lado, um conglomerado neocorporativo, uma rede distinta de uma rede casual, não pode ser chamada de *pilar*, se lhe falta o suporte de um clima social próprio e distintivo. Essa pilarização, sem dúvida, é um meio para segregar e segmentar uma sociedade plural, mas, inversamente, nem toda forma de segregação ou segmantação é uma forma de pilarização.

estudos no nível macro foi seguida por mais e mais pesquisas no nível médio, e vários autores insistem em dizer que a *agenda* do futuro deveria voltar-se para as pessoas e sua vida dentro de cada pilar (Bosscher, 1987, p. 91-92). Os sociólogos, além de considerar teorias de larga escala e *redes*, deveriam estar mais atentos ao estudo de motivações pessoais, percepções e conteúdos ideológicos das crenças (Bornewasser, 1988, p. 206). A história da pilarização deveria ser abordada mais em termos de funções latentes e menos em termos de funções patentes (Dierickx, 1986, p. 538).

Este último tipo de pesquisa já existe em certa medida, mas tem sido levado a cabo mais por historiadores do que por sociólogos (Bruin, 1985; Blom, 1981; Koppenjan, 1986, 1987; Laarse, 1989; Maassen, 1987; Reinalda, 1992). Pesquisas mais diretamente relativas a eventos no micronível e orientadas para os motivos e sentimentos das "pessoas ordinárias", que em última análise são as que formam o pilar, poderiam ter a contribuição dos psicólogos, se não fosse o fato de que eles geralmente parecem olhar o campo da história como sendo um "jardim proibido".[131]

Talvez os psicólogos pudessem ajudar mais se voltassem mais uma vez sua atenção para o *fator religioso*. Quanto a este ponto é notável a crítica feita a um bom número de dissertações defendidas na Universidade de Amsterdã, como alertou J. de Bruijn, professor de história e diretor do Centro de Documentação Histórica sobre o Protestantismo Holandês na Universidade Livre. Embora bem na linha de um desiderato de Bosscher (1987), de que a pesquisa histórica deveria prestar atenção aos

---

[131] Em sua *Introdução à Psicologia Histórica*, Peeters (1994) indica, muito corretamente, que nas fileiras da Psicologia sempre existiu tradicionalmente muita resistência em aceitar o impacto da *mentalidade* ou, para usar o fraseado mais formal de Duijker (1981), de determinantes comportamentais cognitivos (1994, p. 30).

detalhes e não se orientar para os quadros sociológicos executados com pincéis de grande porte, DeBruyn não está satisfeito com o trabalho de autores como Laarse (1989), Groot (1992), Leenders (1992), Wolffram (1993) e Miert (1994). Sua objeção é a de que eles estão demasiado preocupados com a fenomenologia e com a sociologia da pilarização, o que os leva na realidade a se colocarem meio de lado do tema que interessa.

Para DeBruijn, esses historiadores, devido a seu ponto de vista "informado" por uma visão sociológica, têm a tendência de reduzir os movimentos "espirituais" a fatores econômicos e sociais. E o que o incomoda, como professor de uma universidade confessional, é que eles não conseguem reconhecer o caráter autônomo e autêntico da religião e da visão de mundo como um fator *sui generis* no processo histórico (DeBruijn, 1998, p. 65). Evidentemente, DeBruijn imagina que esse reconhecimento só virá a se constiuir se os historiadores reconhecerem os motivos, o pano de fundo e a inspiração dos que participam de cada pilar. Ainda devemos esperar algum tempo para saber se ele está ou não certo. Afinal de contas, há uma grande quantidade de estudos, especialmente do lado da sociologia, que trata dos motivos organizadores da pilarização.

Os motivos por trás da pilarização

A pesquisa dos motivos que estão por trás da pilarização nos darão a oportunidade de ter uma visão geral do conjunto da produção sociocientífica existente (Dekker e Ester, 1996; Duffhues, 1987; Ellemers, 1996; Winkeler, 1996a, 1996b). Kruijt, um dos fundadores da sociologia na Holanda, via a pilarização como um fenômeno estrutural. Ele o descrevia como uma maneira pela qual a religião ou a denominação religiosa se organizaria, até mesmo dentro do âmbito das esferas institucionais que não estariam primeiramente contectadas com a religião (Kruijt, 1957;

Kruijt *et al.*, 1959). Os motivos mais importantes mencionados na pesquisa iniciada por Kruijt são a emancipação, a proteção, o controle social, os procedimentos nos conflitos e a resposta à modernização. Vejamos rapidamente cada um deles.[132]

De acordo com a hipótese da emancipação, a pilarização era uma reação contra a deprivação social sofrida por alguns segmentos da população (Henricks, 1971). Essa hipótese foi formulada pela primeira vez por Verwey Jonker (1962), que estudou quatro movimentos a partir desta perspectiva: os calvinistas, os católico-romanos, os socialistas e as mulheres. Essa visão foi levada adiante especialmente por historiadores confessionais e por sociólogos (Elmers, 1984, p. 129). Em anos mais recentes, contudo, a hipótese da emancipação perdeu apoio. Não obstante ela explique o surgimento de certos grupos sociais, como o dos trabalhadores, ela não explica a divisão entre as várias alianças confessionais. Se um grupo ideologicamente bem definido quisesse obter uma maior mobilidade social através do sistema escolar, não faria mais sentido enviar as crianças para o sistema subsidiado pelo dinheiro público em vez de para as escolas confessionais que no século XIX e inícios do século XX eram muito mais pobremente equipadas? (Righart, 1986, p. 29-30).

A *emancipação*, numa visão retrospectiva, tem todas as armadilhas de uma reconstrução e legitimação formulada por uma elite. Na realidade não é provável que, sendo um instrumento político surgido no século XIX e ao qual se associavam pessoas *comuns* com a finalidade de chegarem a se emancipar (Stuurmanm, 1983), uma vez alcançadas a igualdade social e uma re-

---

[132] Naturalmente, o que aqui estamos considerando limita-se à situação da Holanda. Para hipóteses sobre a situação da Bélgica, veja-se, entre outros, Huyse (1984), Aelst e Walgrave (1998), e para estudos internacionais pode-se ter em mente Righart (1986) ou Lijphart (1992).

presentação proporcional no Parlamento ou mesmo o controle do governo, a pilarização continuasse sendo mantida

A hipótese da proteção, desenvolvida particularmente por Thurlings (1971) para o segmento católico da população, parece ser mais plausível. Vê a pilarização como baseada no anseio de populações confessionais de protegerem a integridade de sua fé e a autonomia de sua Igreja contra ameaças que a rondavam. As Igrejas pretendiam defender seus membros da secularização, da perda da fé, da luta de classes, do materialismo e de todo um complexo de fatores que ameaçavam a influência e o poder da Igreja (Dierickx, 1986; Duffhues, 1980). Nesse contexto, porém, é necessário perguntar-se se essa *proteção* tinha motivações de natureza pastoral ou se as Igrejas tinham também objetivos políticos, tais como eliminar o socialismo, seu maior oponente no fim do século XIX (Righart, 1986, p. 30). Para Dierickx, essa hipótese é uma explanação excessivamente simples: "o fato de os bispos católicos e os líderes dos sindicatos do comércio manifestarem interesse em relação à sorte de suas subculturas particulares não prova que essas subculturas eram seus únicos objetivos e que a pilarização fosse sua única estratégia para tanto" (1986, p. 538).

O motivo do controle social é levantado sobretudo como objeção à hipótese da emancipação (Doorn, 1956). Segundo essa linha de pensamento, a pilarização era especialmente uma tentativa elitista, de cima para baixo, para adquirir e salvaguardar suas posições de poder. Estando a pilarização enraizada numa troca institucional de vantagens e punições sociais e sendo reforçada pela socialização que se dava no interior dos grupos, ela criava uma base para que as elites pudessem exercer um controle social (Bax, 1988). Igualmente inflexíveis na ênfase dada ao papel das elites, são as hipóteses que têm a ver com ofensivas morais e civilizatórias. São dois termos que foram inicialmente usados para indicar os esforços da burguesia do século XIX para impor disciplina às classes operárias (Stuurman, 1983; Verrips-Rouken, 1987).

O estudo politológico de Lijphardt (1975) foi um dos primeiros feitos a partir de uma outra perspectiva. Ele apresenta a pilarização como um caminho no qual os conflitos sociais eram regulados por uma sociedade caracterizada por um extraordinário grau de clivagem política ou por um "pluralismo segmentado". A monografia de Lijphardt estimulou outros cientistas políticos a aplicar seu modelo de democracia, a democracia consociativa ou *Proporzdemokratie* para sociedades distintas da holandesa como, por exemplo, a da Irlanda do Norte, da Bélgica, Suíça, Áustria, Chipre, Líbano, Malásia, Canadá e outras (Lijphart, 1992).

A pilarização pode também ser vista como um modo particular pelo qual uma sociedade relativamente pequena, caracterizada pelo "pluralismo segmentado", e um alto grau de particularidades, tenta lidar com os processos de modernização (Ellemers, 1984, 1996). Por essa via, a pilarização é tida como um processo específico que se dá num específico período de tempo e no contexto de uma sociedade igualmente específica.

Sem dúvida surgiram ainda outros pontos de vista. Goudsblom (1979), por exemplo, enfatiza os aspectos da integração nacional e da formação do Estado. Não há razões para se traçar aqui uma visão completa dos motivos e objetivos que foram avançados em relação à pilarização na Holanda. O breve apanhado apresentado é suficiente para dar uma ideia da natureza das várias opiniões sociocientíficas e para expandir o suficiente o quadro geral do fenômeno. Por valiosos e necessários que estes estudos possam ser, e na realidade o são, cada um e todos eles tendem a não lançar luz sobre o primeiro aspecto do "mundo da vida" ou Lebenswelt, da "mentalidade" que Rogier menciona e que Hellemans trata de maneira diferenciada.

Cada uma dessas hipóteses nos deixa, sem dúvida, com um problema que elas não dão conta de demostrar em suas raízes:

não se fala nelas das perspectivas e das motivações do povo *simples*. As hipóteses postuladas, na medida em que todas elas eram um produto de racionalizações, tiveram sua origem na mente da elite. Mas não respondem à pergunta de por que o povo *simples* continuou vinculado aos *pilares*. O que fez com que o povo se associasse e apoiasse as organizações de maneira tal que ele acabasse vivendo totalmente dentro do pilar? Ou, para dizê-lo de maneira mais crítica, o que fez com que o povo permitisse ficar encerrado em um pilar?[133]

Algumas tentativas de entender a pilarização sob o prisma da *modernização* (Ellemers, 1984; Hellemans, 1985) também não dão uma resposta a essa indagação. A pilarização foi sim um passo para a modernização, mas permanece a pergunta de por que a modernização se efetuou através de pilares. O que se faz necessário quanto a esse ponto é realizar mais pesquisas e em especial um tipo de pesquisa que seja de uma "natureza diferente" (Bornewasser, 1988, p. 206; Dierickx, 1986, p. 583). Uma pesquisa assim pensada poderia fazer mais justiça ao fator da identidade religiosa nesse processo todo. Questionar a inspiração e as motivações conscientes ou as que foram publicamente articuladas não comprova que elas tenham sido bem-sucedidas, não obstante o que DeBruijn parece acreditar. Além disso, na contramão do que DeBrujin (1998) postula, o pano de fundo e a inspiração da pilarização de modo algum foram exclusivamente religiosos.

Nesse sentido, uma das primeiras correções que a pesquisa seminal de Kruijt indicou foi a de que era preciso reconhecer que a pilarização não era um fenômeno que ocorreu só entre grupos religiosos. Todas as hipóteses levantadas possuem cer-

---

[133] Por essa razão, de acordo com a opinião de muitos dos participantes, foi exatamente o que se deu. Apenas compare os termos comuns que foram usados naquela ocasião em favor da abolição do sistema da pilarização que teve lugar depois da Segunda Guerra Mundial.

ta plausibilidade, mas não se sustentam em todos os tempos e lugares e seguramente não bastam para explicar toda a história da pilarização na Holanda. Em vez de lutar para chegar a uma única hipótese explicativa, o denominador comum que poderia *explicar* a pilarização como um todo poderia ser encontrado se buscássemos um caminho diferente. Poderíamos tentar trabalhar um pilar por vez ou, então, uma constelação local de pilares e tentar, por essa via, alcançar uma visão de conjunto dos fatores que tiveram um papel na pilarização.

Tendo presentes os vários pontos propostos pelos historiadores, eu gostaria de pleitear por estudos mais detalhados que considerassem com um olhar mais minucioso o nível micro do que se deu na base de cada pilar. Penso que assim poderemos captar e entender o que as próprias pessoas apresentavam como sendo as razões de fazerem o que fizeram. Poderíamos considerar a mentalidade e outros fatores psicológicos, e estes, por seu turno, poderiam lançar luz sobre as questões relativas à motivação dos que tomaram parte na pilarização.

Nos primórdios da pilarização: Um estudo de caso sobre a saúde mental entre os calvinistas

Na próxima seção usarei um estudo de caso para tentar compreender alguns aspectos da mentalidade *pilarizada* dos calvinistas em torno do ano 1900. Vamos tratar das origens da pilarização dentro da comunidade calvinista na área da saúde mental. Mais especificamente, estudaremos a implantação da Associação Cristã para o Cuidado da Saúde Mental, em novembro de 1884. Essa Associação se expandiu rapidamente e se tornou uma das mais poderosas organizações no campo da saúde mental na Holanda. Foram fundados muitos asilos, um dos quais o de Veldwijk, onde Doetje Reinsberg-Ypes, que "encontramos" no capítulo anterior, foi internada. A Associação criou ainda uma série de organizações irmãs e se tornou responsável por uma organização guarda-chuva, cuja função era a de promover o crescimento de uma Psiquiatria e de uma Psicologia especificamente calvinista. Não examinaremos aqui como o pilar calvinista se organizou nesse setor, e sim o modo como envolveu seus membros de base, incentivando-os a apoiar essas iniciativas e, assim, colaborando para fazer nascer a pilarização.

Trata-se de um fenômeno bastante conhecido na Holanda e essencialmente interessante para estudar a pilarização porque essa Associação procurou dar uma base *religiosa* a seu trabalho *psiquiátrico*. O objetivo que perseguia era o de oferecer "um avanço do cuidado cristão aos insanos e enfermos mentais segundo a Palavra de Deus", ou seja, um cuidado baseado "na Sagrada Escritura de acordo com as declarações das Igrejas calvinistas" e que são formulações contidas no relatório anual da Associação. Numa linguagem saturada de expressões religiosas, os calvinistas eram convocados a apoiar as iniciativas da Associação, entregando seus pacientes aos cuidados dela e indo trabalhar como profissionais da saúde mental em suas instituições. Vou resumir a exposição, para não cansar o leitor com citações. Os apelos da Associação revelam dois aspectos distintos: (1) o trabalho de assistência aos doentes mentais deve ser realizado de acordo com a vontade de Jesus e em nome de Jesus, pois é um dever cristão; (2) este trabalho deveria ser concretizado dentro de um contexto calvinista.

Há um outro ponto de especial importância para a pilarização com base na inspiração e motivação calvinistas neste primeiro aspecto. Executá-la em hospitais *neutros*, ou seja, não confessionais, era tido como inadequado. O serviço deveria ser concretizado em hospitais calvinistas, sob a orientação de profissionais calvinistas, segundo princípios calvinistas etc. Quando adaptados a objetivos de outros setores da sociedade, é o segundo ponto que é decisivo na constituição de um *pilar*. Olhando mais de perto as instituições psiquiátricas existentes, a Associação fala de "instituições nas quais o sangue de Cristo era desconhecido". Sem negar a qualidade dessas instituições, os fundadores da Associação estavam de acordo que essas eram "instituições nas quais o único Salvador, o misericordioso e poderoso Médico das mentes e corpos perturbados, não era honrado e venerado como o Senhor ou o era insuficientemente. Ao contrário até, neste caso, sob muitos aspectos, trazem prejuízo a esses sofredores" (AR1, p. 4).[134]

Em seu segundo Relatório Anual, a Associação noticia que havia sido aberto o seu primeiro hospital, o de Veldwijk, no dia 1 de janeiro de 1886. Nessa ocasião, R. Klinkert (1857-1886), seu primeiro médico-diretor, fez um pronunciamento no qual mostrava a importância da conexão entre fé e ciência, inclusive na prática da Psiquiatria (AR2, p. 15). No discurso de D. K. Wielenga (1845-1902), o então Vice-Presidente da Associação afirmou que esperava mais cuidado cristão[135] de pacientes psiquiátricos do que de qualquer outro, uma vez que "pela graça de Deus, podemos aqui lançar mão de recursos que lá não são

---

[134] A abreviação AR significa *Annual Report of the Association of Christian Care for the Mentally Ill* (Relatório Anual da Associação para Cuidados Cristãos em favor dos Doentes Mentais).

[135] Onde se diz cristão, leia-se calvinista. Durante esse período os calvinistas estavam fortemente inclinados a reclamar a designação *cristãos* exclusivamente para eles. Sem negar explicitamente essa designação aos outros, expressava-se muitas vezes a convicção de que a religião calvinista era a mais pura e a mais conforme às Sagradas Escrituras e que o calvinismo era o cristianismo *por excelência*. Assim, os calvinistas não hesitavam em chamar suas atividades e organizações de *cristãs*, em vez de somente de *calvinistas*. Os católicos romanos, diga-se de passagem, compartilhavam esse emprego e geralmente se referiam aos calvinistas como os *cristãos*.

disponíveis"¹³⁶ (Wielenga, 1885-1886, p. 48).¹³⁷ Esses fatores são, para Wielenga, o poder da Palavra de Deus, a fala do cristão e a oração em nome do Senhor.

No terceiro Encontro Anual da Associação, o presidente Lindeboom (1845-1933) fez um discurso programático sobre *O significado da Fé cristã para as ciências da cura, em especial para a Psiquiatria* (1887). Sua fala tornou-se o discurso padrão para os relatórios e as falas publicadas nos anos seguintes nessa linguagem pietista típica dos calvinistas daquela época.¹³⁸ Foi repetida em outras declarações porque, devido à religião calvinista, a Associação era tida como completamente diferente das demais organizações, e uma nova psiquiatria, a *calvinista*, estava sendo desenvolvida, e até mesmo já tinha dado alguns passos, com base na religião calvinista.

Na sexta Reunião Anual, Lindeboom afirmou que o fundamento tanto da teoria quanto da prática psiquiátrica da Associação devia ser a Bíblia (AR6, p. 53). A Associação insistia a cada ano em suas objeções a instituições neutras: "o grande revés é que Cristo, o maior dos médicos, sumo sacerdote cheio de misericórdia, foi banido desses espaços. A Bíblia está suprimida, e se pensa que a leitura deste Livro promove antes a insanidade do que a cura" (AR12, p. 12). O pensamento existente nessas instituições neutras é completamente incorreto, pois "a verdadeira religião, revelada nas Sagradas Escrituras, é medicinal (...) o cuidado mental prestado segundo a Palavra de Deus

---

¹³⁶ Isto é, em instituições *não calvinistas*, especialmente as neutras, ou seja, as *não confessionais*.
¹³⁷ O texto foi editado muitas vezes durante o apogeu da pilarização no *Livro Comemorativo do Quinquagésimo Aniversário da Associação* e publicado privadamente em 1935 (p. 9-26).
¹³⁸ É um estilo linguístico tirado principalmente da *Tradução Autorizada da Bíblia Holandesa* e de autores espirituais do século XVIII.

tem uma influência salutar sobre os enfermos mentais". Lindeboom, por ocasião de seu discurso na décima terceira Reunião, dizia: "Nosso objetivo é converter as ciências médicas, tomar posse da cátedra dos médicos e psiquiatras e proclamar a todo o mundo Cristo, o consolador" (AR*14*, p. 15). Em 1899, ele declarava que o atendente cristão é melhor e pode fazer mais que um humanista, pois "possui a plenitude de Cristo, em quem todos os tesouros e dons estão escondidos" (AR*17*, p. 18).

Como, porém, já indiquei num estudo anterior (Belzen, 1989a), a Associação jamais logrou desenvolver uma Psiquiatria calvinista. O que ela fez foi assumir e adotar a então existente e expressá-la em linguagem calvinista. Seus hospitais eram organizados e funcionavam exatamente como os demais da Holanda, exceto que tudo era feito no estilo calvinista e abrigando as práticas e costumes correntes no mundo calvinista de então. Apesar das elevadas aspirações e tentativas que foram feitas, nunca se conseguiu estabelecer uma cátedra profissional na Universidade Livre, mas várias organizações específicas foram fundadas visando implementar o programa de uma Psiquiatria Calvinista (Belzen, 1989c, 1998b). Na prática, contudo, a Psiquiatria ordinária era a mesma em hospitais calvinistas, católicos ou neutros de toda a Holanda. Acentuou-se, no entanto, que a Psiquiatria não consiste só de atividades profissionais e de princípios, teorias e tratamentos e cuidados correspondentes.

Até aproximadamente a Segunda Guerra Mundial, tudo isso se realizava em hospitais que sob muitos aspectos se pareciam com as *instituições totais* de Goffman (1961), nas quais os pacientes e o pessoal de serviço eram inteiramente absorvidos num relacionamento interpessoal claramente reconhecível no nível de uma organização de todo cortada do mundo externo, dentro de um estilo de vida e de uma atmosfera toda sua. Deste ponto de vista, existiam diferenças significativas entre a Psiquiatria da Associação e a das outras modalidades. A Psiquiatria da Associação era diferente porque seus participantes, os doentes e o pessoal qualificado, especialmente, eram diferentes, ou seja, eles eram calvinistas. As pessoas de serviço nessas instituições tinham sido socializadas num ambiente calvinista, praticavam as cerimônias religiosas do calvinismo, viviam, pensavam e falavam segundo este, e eram, assim, as que davam ao contexto total daquelas casas a devida atmosfera calvinista. A Associação fazia parte integral da comunidade calvinista. Seus líderes vinham deste segmento calvinista da população, e o mesmo vale para os cuidadores e pessoal de serviço. Os calvinistas eram os preferidos em suas instituições. A linguagem aí falada, até os cânticos e as orações, eram calvinistas, como calvinistas eram as cerimônias religiosas. Os selecionados para o trabalho eram testados em sua identidade calvinista, e os empregados eram monitorados em seus trabalhos para se ter certeza de que mantinham as tradições calvinistas. Os costumes calvinistas permeavam todos os aspectos de sua vida. Quem se encontrasse com alguém educado num lar calvinista podia saber, em princípio, ao menos, quais eram seus pensamentos sobre a família, a sexualidade e o lugar da mulher, e conhecer quais seus esportes e lazer preferidos. O mesmo valia para o material de leitura e os programas de rádio preferidos e, mais ainda, sua visão sobre o Estado e a sociedade, ao lado de muitas outras coisas. Essas coisas significam que os calvinistas diferiam em muitos pontos de outros grupos da população. Além disso, como a pilarização cada vez mais acentuada estava retirando das pessoas quase todo o contato como outros grupos da população e valorizava apenas sua identidade grupal, cada segmento isolado da nação, com os calvinistas e os católicos em seu topo, estava firmemente convencido de que era inteiramente distinto dos outros grupos.

Esse modo de ver se estendia também à teoria e à prática da Psiquiatria. Cada pilar conhecia tão pouco do outro que até preconceitos errôneos sobre os demais eram mantidos e confirmados. Essas diversidades de ambiente e de mentalidade não devem ser subestimadas (Kruijt, 1943). Antes da Segunda Guerra Mundial, a divisão entre os pilares, especialmente entre os grupos religiosos dos calvinistas e dos católicos, era muito aprofundada, e seu número, quase incontável para um observador de hoje. Não existem listas de diferenças, e os que ousam enumerá-las percebem que suas listas são apenas uma amostra.

O psicólogo Chorus (1909-1998), em um artigo de 1943, fala de alguns exemplos em uma série de variáveis que incluem os nomes dados às crianças, as roupas, os cortes de cabelo, as expressões verbais, faciais e corporais, as maneiras, os hábitos e os traços de caráter. Eis alguns exemplos: nomes de batismo como Arnrd, Barend, Dievertje, Bram e Menno eram bastante frequentes entre os protestantes, enquanto nomes latinos eram raros entre eles, mas muito usados entre os católicos: Clemente, Aloísio, Clara, Odília, Constante, Mônica. Chorus é de opinião que os protestantes "são em geral mais simples em seu estilo de se vestir e mais sóbrios. Evitam, dentro do possível, roupas escandalosas e escolhem cores mais apagadas e sóbrias. Os católicos têm mais preferência por decoração, embelezamento e ornamentação" (Chorus, 1943, p. 39).

Os católicos têm mais "consciência da moda" do que os calvinistas. As diferenças linguísticas no idioma holandês falado pelos vários grupos nem se deixam enumerar, de tantas que são. Podem ser ligadas a diferentes formulações e fraseados de suas respectivas literaturas religiosas. Essas variações se fazem notar mesmo nos menores detalhes: "desde suas primeiras palavras um católico diz: *antes de tudo*. Esta expressão receberia a influência do Catecismo de Metelen. Já um protestante prefere dizer *em primeiro lugar, em segundo lugar,* porque é a frase empregada na Versão Autorizada da Bíblia" (Chorus, 1964, p. 122).[139]

Em sua maneira de mobiliar as casas os católicos eram influenciados por suas igrejas cheias de imagens e por sua liturgia rica em simbolismos. As casas católicas podiam ser reconhecidas pelas imagens e figuras de santos, todas preferentemente muito coloridas. "O protestantismo renúncia às imagens e se baseia no Deus invisível e na Palvra da Bíblia. No lugar das estátuas, eles têm textos e provérbios na sala e no quarto de dormir e são sóbrios, abstratos e um tanto frios, com uma tendência à moralização" (p. 122). Se as diferenças eram mesmo tão pronunciadas como Chorus descrevia e ele mesmo católico, não podemos mais determinar com facilidade hoje em dia. Chorus, por exemplo, escreve isto sobre as expressões do rosto: Entre os protestantes as expressões costumam ser mais severas, sombrias, fechadas e às vezes mais duras. Seu olhar parece ser mais confiante, às vezes arrogante e agressivo muitas vezes, um típico *geuzenkop*.[140] "Observe as pessoas quando saem da igreja e você verá que os católicos são mais alegres e vão além do mais até à aldeia para tomar um gole ou um copo de cerveja. Os protestantes parecem mais rígidos ao deixar a igreja, como estivessem debaixo de uma maldição" (Chorus, 1943, p. 41).

Mas todas essas diferenças ainda não explicam um aspecto que mais tarde e com frequência deu razão a questões e discussões ideológicas e mesmo incompreensões: a sólida convicção de que as organizações dentro de cada pilar diferem fundamental-

---

[139] Apenas para o leitor ter a dimensão do detalhe, o católico diria *op de eerste plaats* e o calvinista *in de eerste plaats...* [NT]

[140] Traduzindo, seria mais ou menos algo como *cabeça de geuzen. Geuzen* é um termo que se refere a uma espécie de guerrilheiro do período de 1568-1648, quando a Holanda lutava contra a dominação espanhola católico-romana.

mente umas das outras, não apenas na mentalidade e atmosfera, mas também quase em todas as dimensões e, também, na teoria e na prática psiquiátricas. Não explicam a reivindicação muitas vezes repetida de que a Psiquiatria desenvolvida pelo calvinismo diferia fundamentalmente em princípio e na prática da que era praticada em outros lugares.

Nosso estudo de caso se limita à Psiquiatria, mas seria fácil ampliá-lo a outros domínios, bem como a outras disciplinas científicas, senão todas, razão pela qual se fundou e se manteve a Universidade Livre como uma instituição cristã. O mesmo foi tentado na educação, na imprensa e na mídia etc.[141] Muitos estudos nos mostraram com clareza que a natureza das atividades desenvolvidas neste contexto calvinista não se diferenciava do que acontecia normalmente nos outros pilares (Sturm, 1988; Os e Wieringa, 1980).

Além do mais são importantes para nosso estudo de caso as afirmativas, como as feitas quando a Associação foi fundada, com o pretexto de que a Psiquiatria então existente era antirreligiosa, o que se comprovou não ser verdadeiro. Outros hospitais não calvinistas também ofereciam os serviços religiosos, permitiam que seus pacientes recebessem a visita de clérigos e respeitavam os sentimentos e costumes religiosos (Belzen, 1989a). Os fiscais do Estado que monitoravam as condições e instituições para pacientes psiquiátricos sempre insistiam em favor de um adequado cuidado religioso dos pacientes (*Relatórios de Supervisão Estatal de Pacientes Mentais e de Instituições para Doenças Mentais*).

---

[141] Tempos mais tarde, os críticos da pilarização faziam algo que realmente mostrava um exagero da existência fechada dentro do próprio pilar, como o caso da Associação Católico-romana de Criadores de Cabras.

Esse ponto é importante, pois nos mostra um paradoxo e nos fornece perspectivas para ulteriores análises. Se é verdade que a Psiquiatria daquela época não era antirreligiosa, então o argumento que sustenta aquele segundo aspecto para o qual apelava a Associação está seriamente posto em dúvida e não serve para legitimar a pilarização da Psiquiatria. Não se afirmava que o tratamento psiquiátrico baseado em motivos cristãos havia sido segregado dos hospitais cristãos e, mais tarde, também dos pertencentes ao pilar calvinista, porque em todo o canto "a Bíblia havia sido suprimida" etc.? Os estudos recentes mostram que a Bíblia e a religião de fato não haviam sido abolidas. Como entender essa contradição? Será que os porta-vozes do calvinismo guiaram seus seguidores pela via errada? Eram seus seguidores tão ingênuos a ponto de acreditar em algo que era obviamente errado? Provavelmente não foi nem uma coisa nem outra. Devemos ir à cata de uma outra explicação mais fundamentada.

Breve história da mentalidade calvinista

Antes de tudo, é oportuno relembrar que estamos tratando de uma variante do fenômeno da "luta pela legitimação ou *status quo*" (Elias e Scotson, 1965). São muitos os mecanismos que servem para a legitimação da existência de uma dada organização em particular. Eles a fazem aparecer como sendo exlusiva e dona de algo que serve como um suplemento necessário ou um corretivo para o que já existe. São mecanismos que levam a negar que esse corretivo ou suplemento existam em outros lugares. Decorrem daí os perigos de um fechamento dentro do próprio pilar e de ver os outros como adversários. É como Bruin (1985) demonstrou em um campo vizinho ao da religião, isto é, o da luta das denominações religiosas pela escola, na Holanda. Ellenberger, por sua vez, descreveu, em linguagem psicanalítica, que esses mecanismos favorecem a formação de lendas e mitos os quais acabam assumindo uma vida independente (Ellenberger, 1970, p. 547).[142]

Em segundo lugar, é mais importante do ponto de vista da psico-história acentuar que quando os calvinistas descreviam o mundo externo e os hospitais psiquiátricos como sendo não religiosos, eles o faziam não por uma distorção intencional do mundo, mas em função da percepção que dele tinham. Como ensina a Psicologia, uma percepção não é um registro *verbatim* do mundo externo, e sim uma interpretação das impressões sensoriais, um processo através do qual dinâmicas interpretativas, quadros de referência e padrões de expectativa interagem com os mais diversos dados. Para se entender a percepção, é necessário estudar dois aspectos, ou seja, o objeto que está sendo percebido e a pessoa que o está percebendo. Para aplicar esse princípio tão simples a nosso paradoxo, como o de que a Psiquiatria daquela época não era antirreligiosa, mas assim percebida pelos calvinistas, devemos estudar a mentalidade dos calvinistas. Assim poderemos chegar a entender a percepção que eles tinham do mundo

---

[142] Veja-se também Sulloway (1979) e Brinkgreve (1984). O principal ponto a ser aqui enfocado é o do *mito da grande resistência* (Brinkgreve, 1984, p. 71), que representa o mundo externo como hostil. Mas existe um segundo grande mito que é o do *herói solitário e original*. A Associação sentia-se muito orgulhosa de *seu* programa familiar de cuidado da saúde, que colocava seus pacientes em casas de famílias e não em instituições, e também de *seu* sistema de pavilhões, que punha os pacientes em unidades de tamanho limitado, em seus inícios sob a direção de um casal. Tinham prazer em apresentar essas suas iniciativas e práticas próprias e iam tão longe nisso que afirmavam serem elas baseadas na Bíblia e na Teologia. De fato, no entanto, esse *tratamento* já existia anteriormente à fundação da Associação e foi sugerido por outros a ela. Mas, sem dúvida, depois de instalados e de se ter apossado do método e de o terem apoiado, sustentado e legitimado com a religiosidade calvinista, a Associação usou de mais energia e duro trabalho em sua execução do que os que o praticavam antes dela.

externo como sendo não religioso ou antirreligioso. Uma rápida visão de sua história nos ajudará nesta tarefa.

Os calvinistas holandeses que fundaram a Associação a organizaram segundo formas isoladas do pilar que eles mesmos constituíam. Eles haviam emergido como um corpo eclesiástico depois que se separaram da Igreja Holandesa Reformada. O grupo numericamente maior, isto é, os A-calvinistas,[143] é particularmente importante na história da Associação, pois a maioria de seus fundadores e líderes provinha dele. Um fator de peso por trás do cisma de 1834 foi a insatisfação com o curso então dado pela Igreja Reformada Holandesa, que tinha a ver com a expansão do liberalismo e com uma Teologia que estava desintegrando-se num *supernaturalismo racionalista*. Essa Igreja estava orientando-se mais pela razão humana do que pela Revelação. Havia nela uma influência predominante do Iluminismo, e a velha Confissão Calvinista, estabelecida pelo Sínodo de Dordt (1618-1619), não influenciava mais. Essa era a opinião de um amplo grupo de crentes ortodoxos. Um bom número deles julgava que a Igreja deveria voltar a suas raízes e à verdadeira doutrina. Pensavam que, caso a Igreja deixasse passar aquela oportunidade, os fiéis

---

[143] São a-calvinistas as comunidades eclesiásticas que retraçam suas origens à assim chamada *Separação* de 1834 ou pouco depois. A genealogia dos b-calvinistas data de 1886, por ocasião de uma Secessão que se deu sob a liderança de A. Kuyper. A maioria dos a-calvinistas reuniu-se em 1869, e se tornou a Igreja Cristã Reformada. As comunidades originadas da Secessão formaram as Igrejas Reformadas da Baixa Holanda. Ambas se constituíram em 1892, não sem dificuldades, para formarem a Igreja que é hoje conhecida como a Igreja Estritamente Reformada da Holanda ou calvinista. Não sem obstáculos porque os grupos eram muito divididos em sua experiência de fé e em seus relacionamentos como o *mundo externo*. As diferenças de mentalidade existem ainda hoje em certa medida. Em muitos lugares as pessoas ainda sabem dizer se a igreja calvinista local é uma congregação do tipo A ou B.

das comunidades na base deveriam tomar as rédeas da situação em suas próprias mãos.

Em 1834, a Congregação de Ulrum foi a primeira a se separar, tendo a firme intenção de retornar a sua antiga confissão eclesiástica e à vida religiosa.[144] Essa decisão teve sérias consequências. O governo holandês era estreitamente ligado à Igreja Reformada da Holanda[145] e não queria saber de confusões em suas fileiras. As congregações dissidentes eram "ilegais e não seriam toleradas" (Holtrop, 1984, p. 95). A revanche foi severa, como até historiadores não calvinistas contam. Houve muito sofrimento entre os separatistas, principalmente devido à perseguição civil, que chegou duramente porque afetou e humilhou em geral os membros mais fracos da sociedade e envolveu também os quartéis dos soldados "separatistas" (Mönnich, 1962, p. 225), com a prisão de seus membros e o confisco dos bens da Igreja das congregações que se separavam. Depois de concordarem em solicitar o reconhecimento oficial do Governo, como uma nova Igreja e não como uma legítima sucessora da *velha* Igreja holandesa, como declaravam antes, muitos deles foram relegados ao ostracismo social. Dos escritos dos separatistas, sabemos agora que eles viam a si próprios (e isto tem um significado psicológico) *e continuam* vendo-se como um grupo que sofria preconceitos e era injustamente tratado, humilhado, despojado e objeto de zombaria. Os insultos que lhes foram infligidos

---

[144] Seu ministro, H. de Cock, formulou um manifesto para a ocasião que tinha como título *Ato de separação ou retorno a nossas raízes*.

[145] Considere, por exemplo, o fato de *Os regulamentos gerais para o Diretório da Igreja Reformada* terem sido promulgados por um Decreto Real, datado de 7 de janeiro de 1816, e os membros dos diversos órgãos executivos terem sido designados pelo próprio rei (Vree, 1984, p. 38).

eram palavras que eles próprios começaram a repetir no século seguinte para ilustrar sua posição de perseguidos.[146]

Era um grupo com uma autoimagem profundamente ferida. Segundo Hendriks, essa autoimagem refletia a opinião que deles fazia o mundo externo e "confirmava" sua inferioridade social. Eles se viam e se descreviam como uma gente sem importância, "um povo simples, com capuzes na cabeça e jaquetas gordurosas, gente muito comum, na realidade" (Hendriks, 1971, p. 206). É esse sentimento de terem sido tratados injustamente, de terem sido discriminados e desprezados que encontramos nas descrições que eles faziam de como a Psiquiatria não religiosa os olhava e olhava sua fé e sua tentativa de estabelecer um sistema calvinista de cuidado dos enfermos mentais.

Ofendidos e injuriados, eles se afastaram não só da Igreja Reformada Holandesa, mas também de muitas áreas de convivência que viam como perigosas. Deram início à construção de uma minoria religiosa que partia de sua própria subcultura autárquica. Desde 1850, uma série de novos eventos começou a ter lugar na sociedade holandesa, acusando sinais de uma evidente diferenciação cultural e social em muitos setores (Hendriks, 1971). Os separatistas não tinham como tomar distância total desse processo. Nem eram eles como Lindeboom, o fundador da Associação, uma pessoa interessada em fazê-lo. Mas ele não desejava ceder ao mundo externo que havia mostrado tanta hostilidade para com os calvinistas.

Sua solução para o impasse foi no sentido de embarcar nestas várias atividades novas e necessárias que estão dando-se em tantos setores da vida. "Mas", pensavam eles, "vamos

---

[146] São expressões idomáticas de difícil tradução ao português. Apenas as registro no original, sempre pejorativo, e renuncio ao esforço de tentar traduzi-las [NT].

fazer isso em nossos próprios termos". Ele cria firmemente que, armado com a exegese calvinista da Bíblia, fosse possível tomar parte dessas atividades de modo tão capaz ou até mais capaz do que qualquer outro grupo. Dada essa mentalidade, compreende-se que os calvinistas não pretendiam mais confiar seus pacientes psiquiátricos às instituições então disponíveis. Mesmo a religião não tendo sido suprimida dessas instituições, para os calvinistas separados isso não bastava. Eles continuaram insistindo, no campo da saúde mental, em guardar sua própria cultura religiosa. Quando, nessas instituições, as refeições deixaram de começar com orações ou leitura da Bíblia, os Salmos deixaram de ser cantados e a frequência à igreja foi deixada à iniciativa de cada um, sendo os cultos conduzidos por clérigos católico-romanos ou protestantes livre-pensadores, essas instituições continuaram sendo vistas como "instituições nas quais Cristo não residia".

A essa luz é que devemos entender a convicção dos calvinistas de que "instituições nas quais o único Salvador, o Médico misericordioso e onipotente das almas e dos corpos perturbados, não é honrado e reverenciado como o Senhor são insuficientes e que, ao contrário até, são consideradas, sob muitos aspectos, como prejudiciais para quem sofre".

Em virtude dessa mentalidade separatista, juntamente com a santa convicção de que sua subcultura, teologicamente legitimada, continha toda a verdade, compreende-se por que os calvinistas desconfiavam de qualquer instituição cujo relatório anual não tivesse início com agradecimentos a Deus pelas bênçãos recebidas no ano anterior e por que eles insistiam em dizer que aqueles lugares "haviam rompido com Cristo". São abundantes na Psiquiatria holandesa os exemplos de que ela não era antirreligiosa, mas sim, em geral, arreligiosa, no sentido de não cobrar normalmente obrigações ou uma identidade de tipo religioso e, em consequência, não calvinista (Belzen, 1989a). Um calvinista não podia reconhecer-se nesta prática psiquiátrica nem nela se sentir em casa.

A solução para eles só podia estar no estabelecimento de uma Psiquiatria sob a *canópia* calvinista (Berger, 1967). Seu processo de estabelecimento e expansão caminhou lado a lado com discursos apaixonados e corajosas reivindicações: "Queremos converter a teoria e a prática científicas de nossa Psiquiatria em algo fundado nas Escrituras; a religião calvinista é ela mesma uma terapia". Essas noções devem ser encaradas como sendo de entusiasmo devido ao rápido estabelecimento e crescimento da Associação. Serviam para legitimá-la e inspirá-la em suas bases. O mesmo vale para a convicção de que a Psiquiatria existente era hostil à religião. Muitos desses aspectos e gritos não apareceram até que a Associação tivesse início e a abertura de um hospital separado tivesse efetivamente lugar, tornando-se um fator motivador em si.

Muito mais do que o caráter anticalvinista da ciência médica, o fator motivador da fundação da Associação deve ter sido o desejo de manter uma cultura e identidade separadas, mesmo em um hospital psiquiátrico. Quando o hospital se tornou uma realidade, os calvinistas se sentiram satisfeitos. A Psiquiatria calvinista tinha se tornado um fato. Dessa forma eles não abandonaram seu isolamento, mas o continuaram também nessa área. Muitos outros setores seguiriam na mesma direção até que "o mundo moderno tivesse sido cuidadosamente copiado dentro de uma cultura separada, na qual a ideologia religiosa se associava a formas organizacionais racionais diferenciadas" (Righart, 1986, p. 35).

Em outras palavras, até que o pilar calvinista se tornasse uma realidade. O fato de, por exemplo, o tratamento oferecido em suas instituições em nada diferir do de outros hospitais e de o conteúdo dos manuais escritos por neurologistas calvinistas mal serem diferentes de qualquer outro texto holandês nesse campo[147] não representava problema algum. Era um clima calvinista o que prevalecia na instituição, e era um espírito calvinista que permeava as páginas do livro, escrito a partir de um posicionamento calvinista dentro de uma interpretação também ela calvinista. Ali um calvinista podia reconhecer-se, sentir-se em casa e ser ele mesmo.

Em suas reuniões anuais, discursos e em salas de aula, os calvinistas continuavam enfatizando que esta Psiquiatria se baseava em princípios calvinistas e era por esse motivo diferente das outras. Ao fazê-lo, eles superestimavam o *serem diferentes* e estendiam a diferença para áreas nas quais não existiam diferenças na teoria e no tratamento.[148] Mas o simples fato de estarem separados, a ausência de contatos com os outros pilares tornava impossível a introdução de correções nesses modos de ver. É verdade que os que estavam no topo da organização se preocupavam se a identidade calvinista não estaria afetando mais do que só o clima. Não deveríamos, perguntavam-se eles, desenvolver e praticar uma Psiquiatria que fosse calvinista também em seu conteúdo? Para um calvinista *comum*, nascido em uma família e em um contexto calvinistas, casado com uma mulher calvinista e formado e empregado em um ambiente também calvinista, questões desse tipo *quase* nunca eram postas.[149]

---

[147] Para aprofundar esse e outros exemplos veja-se Belzen, 1989a.

[148] Em meu *Psicopatologia e Religião* (1989a), fiz uma comparação com o *York Retreat,* um hospital para pacientes psiquiátricos fundado por Quakers ingleses em 1796. Havia muitas semelhanças entre o hospital inglês e os da Associação, mas uma diferença importante aparecia: os quakers não tinham a pretensão de praticar uma psiquiatria nova, fundamentada na religião. Os resultados das duas iniciativas era aproximadamente os mesmos: praticava-se uma psiquiatria que seguia as tendências gerais de então, mas dentro dos limites específicos da subcultura religiosa (Scull, 1982; Digby, 1985).

[149] Compare com Hendriks (1971). Ele responde ao fato de que naquele tempo se fazia menção explícita ao "específico cristão: havia leis constitucionais,

Religião e identidade

Devemos examinar alguns aspectos da história da mentalidade do calvinismo holandês com lentes mais sensíveis. A vantagem de optar por uma perspectiva psicológica é que assim chegamos a *insights* melhores sobre o papel da religião em geral. Nesse sentido, ir à cata de argumentos adicionais sobre os motivos, conscientes ou não, que estariam por trás da pilarização, como propôs DeBruijn (1998), não ajudaria muito. O que a perspectiva acima deixa de explicar é o rígido caráter da mentalidade pilarizada. Em conexão com a pilarização, os críticos nos mostraram que esse modo de viver fechado em um pilar acaba aos poucos, mas certamente, isolando as pessoas completamente de seus concidadãos pertencentes a outros pilares, donde resultam mútuos estereótipos e preconceitos e são cultivadas animosidades entre uns e outros.[150] As muitas diferenças culturais que já foram descritas acima, tais como hábitos linguísticos, nomes

---

ciência, arte, casamento, família e muitas coisas mais". Conclui dizendo que "o termo 'cultura cristã' não implicava um padrão cultural que fosse radicalmente diverso do vigente na cultura ocidental enquanto tal, mas constituia uma variante específica desse padrão no qual certas normas e valores eram rejeitados e substiuídos por outros" (p. 179). Eu me inclino a alterar de alguma maneira essa conclusão, e olho a língua, os costumes e o ambiente calvinistas como atributos de uma cultura (calvinista) *especificamente cristã*.

[150] Em sua bem conhecida monografia *A Holanda desconhecida*, Zahn (1984) vai contra a difundida imagem, e autoimagem, dos holandeses e do país de que a tolerância não seja uma virtude nacional, e sim uma norma de comportamento nascida do realismo prático e da necessidade. Em sua opinião, a pilarização não foi o resultado de uma postura de tolerância. Ao contrário, devido ao fato de manter separados os grupos da população, a pilarização engendrou exatamente o oposto: favoreceu os estranhos. O sociólogo Van Doorn também escreveu que as pessoas que viviam dentro de um pilar sentiam-se livres *para denunciar todos os demais segundo seu beneplácito*, sem se preocuparem com qualquer um que estivesse fora (Doorn, 1985, p. 31).

cristãos, estilos das roupas, decoração das casas etc., funcionavam como características distintivas, mas de um ponto de vista de fato eram mais do que *palavras de ordem*. A população holandesa tem mais similaridades do que diferenças. Afinal de contas, a diferença entre <u>in</u> *de eerste plaats* e <u>op</u> *de eerste plaats*, que vimos acima, é uma variação linguística de menor porte.

Sigmund Freud, como muitos outros psicólogos, insiste em dizer que é nas pequenas diferenças entre as pessoas, nas mais semelhantes entre si, que se formam os sentimentos de estranheza e de hostilidade entre elas. Ele sugere que "é deste narcisismo das pequenas diferenças que deriva a hostilidade que vemos surgir em todas as relações humanas e que se sobrepõem aos sentimentos de companheirismo com que os seres humanos deveriam amar ao outro" (Freud, 1918/1963, p. 199). Ele admite que a fórmula do "narcisismo das pequenas diferenças" não explica grande coisa e, em seus últimos anos da vida, tentou, embora não explicitamente, criar um elo com seu conceito de instinto de morte,[151] uma tentativa que pode muito bem ser questionada. Talvez seja mais aconselhável ver essa fórmula como indicativa da direção que deveríamos tomar para chegar a uma compreensão mais profunda do fenômeno.

Mas permitam que primeiro tentemos tematizar alguns aspectos da *força impulsora*, consciente ou não, que está por trás da pilarização. Estamos falando nesse caso da pulsão por preservar a identidade do grupo. Neste sentido, o narcisismo das pequenas diferenças pode mostrar-se bem mais útil para traçar linhas claras de distinção entre uma pessoa e outros indivíduos

---

[151] "Dei a estes fenômenos o nome *de narcisismo de diferenças menores*, um nome que não traz em si muita explicação. Podemos agora ver que ele era conveniente e razoavelmente satisfatório para designar a inclinação a um tipo de agressividadee por cujo intermédio a coesão entre os membros do grupo é facilitada" (Freud, 1930/1961, p. 114).

de seu próprio grupo do que entre a pessoa e outros muito diferentes, como, por exemplo, os estrangeiros (Elms, 1994, p. 168).

A noção de *identidade* é um termo familiar para a Sociologia e para a Psicologia, mas são dois seus significados. Para os sociólogos e os psicossociólogos, a *identidade* se refere à associação e integração do indivíduo em um grupo (Lewin, 1948). Quando o psicólogo Erikson (1956) criou o termo *identidade do ego*, ele queria significar a integração e estabilidade da personalidade do indivíduo. No nível empírico, porém, o conteúdo dos dois conceitos pode estar ligado em um grau maior ou menor.

A fim de conceituar essa relação e à medida que ela ocorre, pode-se usar o conceito de *envolvimento de ego* de Sherif e Cantril:

> o ego é uma formação genética constituída por um hóspede que serve como moldura de referência através da qual ele, o ego, faz os juízos que determina as lealdades que afetam a ele, que definem seu sucesso ou fracasso e determinam suas lealdades e compromissos, que indicam o que ele concebe como sendo seu papel, seu status, seu comportamento e sua classe. Os julgamentos e comportamentos resultantes dessa identificação de si mesmo como certa constelação de valores pode ser apropriadamente chamada de *envolvimento do ego* (1947, p. 152-153).

Um elevado nível de envolvimento do ego significa que a identidade social do indivíduo em questão é também parte de sua identidade do ego e de sua autodefinição. Os exemplos dessas funções são umas legiões. Um deles é o do indivíduo que não aguenta ouvir críticas a sua família. Ser membro da família "X" significa mais do que ter um nome distintivo que pode ser encontrado no catálogo telefônico. É uma questão de autodefinição. Ou, no que toca às convicções religiosas, aderiam com um alto envolvimento do ego tanto por causa de sua plausibilidade intrínseca quanto porque fazem parte do *mim* (Beit-Hallahmi, 1989, p. 100).

Como a bibliografia científica da Psicologia demonstrou satisfatoriamente, a religião pode preencher numerosas funções psicológicas e sociais, algumas benéficas e outras prejudiciais. Pode, por exemplo, incrementar a autoestima por oferecer uma identidade social. Assim, a religião pode compensar sofrimentos objetivos e sentimentos de inferioridade ao criar uma identidade grupal dos *eleitos* que são realmente superiores, apesar da miséria do mundo. Isso porque esses fiéis são presumidos, ou melhor, presumem-se como possuidores de uma promessa concernente à salvação futura.

Não poderia ter sido o caso dos calvinistas, isto é, que tenha ocorrido uma identidade de ego alinhada a uma identidade social na qual os seguintes componentes exerciam algum tipo de papel: "podemos ser um grupo diminuto, socialmente desprezado e restrito, mas possuímos a verdadeira exegese da Sagrada Escritura. Devemos estar atentos ao mundo externo porque sua atitude para conosco é hostil. Por essa razão não podemos trabalhar com ele. Se o fizermos, isso poderá eventualmente conduzir à perda ou à erosão de nosso mais precioso bem, isto é, nossa fé". E isso poderia ocorrer independentemente de o *mundo externo* ser realmente hostil como pensavam os calvinistas.

Uma realidade psicológica é diferente de qualquer outro tipo de realidade histórica, social ou outra. Em qualquer hipótese, estes são aspectos e suscetibilidades que eram levados em conta quando a Associação foi fundada, mesmo num campo que em si não pertencia à essência da religião e em relação ao qual o mundo externo não era hostil, ou seja, a Psiquiatria calvinista.

Vamos, em seguida, dar mais um passo e introduzir um ponto de vista psicodinâmico na interpretação dos fatores psicológicos que podem ter desempenhado um papel entre os calvinistas durante o período da pilarização. A fórmula de Freud *narcisismo das pequenas diferenças* faz a gente pensar no trabalho do psicanalista Heinz Kohut (1971, 1977, 1985), de quem analisamos algumas ideias no capítulo anterior. Ele, sem dúvida, propicia um importante estímulo para a pesquisa psico-histórica ao postular um *self grupal*, análogo ao *self* individual, para poder definir a base psicológica subjacente à coesão e à fragmentação grupal (Strozier e Offer, 1985). À semelhança do *self* individual, também o grupal tem três componentes; cada um dos quais pode manifestar-se como sendo um objeto de transferência do *self*. Kohut descobriu e postulou esses três tipos de transferência, aos quais chamou de espelho, idealização e transferência para um alter-ego; eles existiriam paralelamente à pulsão de transferência já conhecida da Psicanálise clássica. Cada um desses objetos transferências do *self* é uma reativação de um desejo evolutivo frustrado.

Os grupos não só compartilham de um ego ideal (Freud), como também de uma espécie de *grandiosidade associada ao sujeito*, ou um *self* grandioso que proporciona um vínculo de união. Os grupos compartilham também ideais, sejam eles religiosos, culturais ou políticos, como base para a coesão dele próprio. Kohut usa essas ideias para lançar uma luz sobre algumas características da comunidade psicanalítica da Alemanha nazista. Ele acreditava que a tomada do poder e o terror instalado na Alemanha nazista não podiam ser explicados apenas pelos "eventos em si". Eles punham à mostra algo de uma debilidade crônica nas estruturas do *self* da Alemanha do período pré-Hitler. Por causa da importância deste ponto, vou citar uma passagem mais longa:

> Não me parece correto pensar que o golpe de ter perdido a Primeira Guerra Mundial e de ter de pagar os prejuízos causados por ela deva ser considerado as bases psicológicas da prontidão com que a Alemanha assumiu a causa de Hitler como remédio para sua autopatologia. Os nazistas exploraram claramente a sensibilidade germânica para amenizar a raiva narcísica que se seguiu, a serviço

de suas atrocidades vingativas e da guerra. Mas aqui não estamos tratando com manifestações primárias de um self grupal doente, e sim com sintomas secundários de uma desordem subjacente do self. A enfermidade em si mesma, como é o caso também com pacientes individuais, era silenciosa. O que um psico-historiador bem treinado deve olhar, em retrospecto, são as evidências de que havia uma sensação de depressão grupal, uma falta de vitalidade e um senso de descontinuidade temporal e de fragmentação no espaço. Por baixo da raiva barulhenta, o que existia era um desespero que clamava por respeito e também necessidades legítimas de algo que pudesse associar os poderosos ideais do ego em função de uma ação. Acontece que antes de Hitler, essas necessidades não haviam recebido nenhum reconhecimento efetivo em discursos ou através de outros meios simbólicos. Baseando-me abertamente e sem pudores nos profundos insights sobre o self humano com suas experiências e reações, que são adquiridas no tratamento psicanalítico individual de pacientes com patologias do self, eu sustento que a doença psicológica da Alemanha antes de Hitler não teve como causa as adversidades externas sofridas pela Alemanha naquela época. Sem dúvida elas importavam, pois aquelas adversidades ocorreram não apenas no que toca a grandeza e o poder pela via da derrota e da pobreza, mas também no que toca os ideais. O ponto verdadeiro, porém, era a ausência de uma matriz empática que tivesse logrado reconhecer e valorizar as necessidades emocionais do self grupal do povo alemão colocado à mercê dessas adversidades (Kohut, 1985, p. 85-86).

Essas mesmas hipóteses de Kohut a respeito da Alemanha de Hitler podem ser úteis na tentativa de se entender melhor a mentalidade calvinista durante o período da pilarização.[152] Se qui-

---

[152] Anote, por favor, que foi intencionalmente que eu disse *alguma coisa da mentalidade* porque, sem dúvida, essa hipótese fornece-nos um *insight* ape-

sermos seguir a hipótese de Kotut (o que aqui só podemos fazer brevemente e a modo de tentativa) e supor que os calvinistas no início da pilarização eram um grupo com um *self* grupal deficiente, poderemos ter um *insight* novo sobre os mais variados aspectos de seu comportamento. O triunfalismo e a autossatisfação que durante um longo tempo irradiavam do grupo durante o período da pilarização seriam indicativos de necessidades narcísicas estagnadas, mas não necessariamente a serem identificadas como aberrações patológicas.[153] As mudanças que se processaram na autoimagem dos calvinistas, um grupo que antes da pilarização era marginalizado e inferiorizado e que passa a se chamar de "a raiz do caráter nacional" e a se ver, nos anos 1930, como a "verdadeira Igreja", representam, então, um reavivamento de uma fase do *self* grandioso na qual o brilho dos olhos da mãe ante os exibicionismos da criança e outras maneiras de ela reagir participativamente à exultação narcísica e exibicionista da criança acabam confirmando a autoestima do *infante*. Com isso, por meio de uma seleção progressiva das respostas, tudo vai sendo canalizado em uma direção mais realista (Lee e Martin, 1991, p. 129).

---

nas parcial. Nesse ensaio esboçamos um quadro de alguns aspectos da história da mentalidade dos calvinistas. Os fatos básicos e as hipóteses psicológicas, aqui apresentados, de forma alguma querem dizer que em outros grupos pilarizados da Holanda não tenha existido um semelhante nível de animosidade e de *narcisismo das pequenas diferenças*. Vale também o inverso, nesse caso, se o arrazoado aqui exposto não pudesse ser aplicado para grupos populacionais não calvinistas que demonstrassem as mesmas características, isto não consituiria um argumento contra a validade da argumentação no que respeita os calvinistas. O mesmo comportamento pode sem dúvida ter uma estrutura psicológica diversa em função das diferentes pessoas ou grupos.

[153] Thurlings (1971) descreveu um desenvolvimento semelhante dentro da *classe dominante superior* dos católicos holandeses: defensividade (1860-1900), autoconfiança readquirida (1900-1925), triunfalismo extrovertido (1925-1940) e confiança com reservas (1945-1960). Para uma visão biográfica geral da vida católica na Holanda dos séculos XIX e XX, veja-se Winkeler (1996a, 1996b).

Para os calvinistas do século XIX, a ausência de uma matriz empática pode ter levado a distúrbios no processo de transformação em direção a um *self* estável e a formas mais amadurecidas de narcisismo, resultando em uma continuada existência de uma grandiosidade primitiva e irrealista que se manifestou repetidamente durante a pilarização. Da mesma forma a idealização que os calvinistas exibiam para com seus líderes, em especial em relação a Abraham Kuyper (1837-1920), pode ser entendida nessa mesma perspectiva. Ele era chamado de "o sineiro do povo simples" e foi a força motriz da mobilização calvinista. Fundou um partido político separado, publicou um jornal e um semanário autônomos, estabeleceu uma Universidade independente, a Universidade Livre de Amsterdã, e tornou-se o Primeiro Ministro com o primeiro dos gabinetes *confessionais*, de 1901 a 1905. Recebeu suas críticas, mas seu retrato estava pendurado nas salas de estar, sua teologia orientava a espiritualidade das pessoas e de seus jornais vinha a orientação política. Numa palavra, usada, aliás, pelos calvinistas, "ele era o líder dado por Deus".

A perspectiva de Kohut permite entender essa idealização como uma transferência narcísica que era necessária para superar necessidades evolutivas insatisfeitas e reprimidas. Assim como o *self* individual não pode viver sem objetos do *self*, assim também o *self* grupal requer um objeto do *self* para poder manter seu bem-estar. Através do objeto do *self* idealizado de uma nação ou instituição, do relacionamento com um líder, por exemplo, a saúde do *self* grupal pode ser reestabelecida. A própria religião pode funcionar como um objeto do self saudável, tanto para a pessoa quanto para o grupo.[154]

---

[154] Para fazer justiça a essa observação, Grotsstein, entre outras coisas, introduziu mais uma diferença na conceituação dos objetos pré-narcísicos do *self*: "Há uma considerável diferença fenomenológica entre os conceitos de objetos do self e os objetos que são imprimidos a serviço como objetos do self. Eu mantenho energicamente que o conceito de objeto do self transcende em

Não tenho condições para aqui elaborar melhor essas reflexões e apresento-as como hipotéticas, mas elas podem resultar em novas questões adicionais. Por exemplo, novas pesquisas poderiam ser feitas quanto à posição e à pessoa de Kuyper, do ponto de vista de sua função como um objeto do *self*. Quanto maior a necessidade de idealizar, tanto maior o risco de o *self* grupal escolher alguém que necessite também ele de ser idealizado e maior, em consequência, o risco de ambos, o líder e o grupo, complementarem-se no sentido de prencher as necessidades uns do outro (Schlauch, 1993, p. 38).

Em que medida foi esse o caso no relacionamento entre Kuyper e os calvinistas? É preciso pesquisar bem mais para demonstrar que esta *compreensível conjunção* (no sentido de Weber, Simmel e Jaspers) sobre a identidade no tocante ao desenvolvimento do cuidado pela saúde mental dos calvinistas pode de fato nos ajudar a compreender também outros aspectos da pilarização aqui debatidos quando aplicados a outra áreas comportamentais.

A literatura que mostra descritivamente a vida dentro de um pilar ou que a critica e frequentemente até mesmo de dentro parece confirmar de alguma maneira nossa hipótese.[155] Pelo menos a motivação para *preservar a identidade* em conexão com a mentalidade calvinista e expressá-la em linguagem teológico-ideológica[156] nos auxilia a entender por que a elite foi capaz de

---

muito o de mãe ou pai simplesmente. A ele podem ser associados os de tradição, a herança recebida, a pátria-mãe, os vizinhos e, é claro, os de religião e de igreja (Grotstein, 1983, p. 85).

[155] Veja-se, por exemplo, a descrição de *A vida calvinista quando éramos jovens*, de Booy (1956) e também Gooyer (1964) e Kaam (1964).

[156] Muitos anos depois, autores calvinistas começaram a dizer que a fé e a teologia haviam se identificado de modo demasiado forte com certos estilos de vida e que isto levava a falhas no cumprimento de certas práticas, por exemplo, a de não mandar os filhos para as escolas calvinistas ou a de não votar no partido ARP dos Calvinistas, e que isto havia sido muito prontamente identificado como *abandono da fé*. No período que aqui estamos discutin-

vencer a base. Talvez ela mesma fosse inspirada pelos mesmos motivos. Essa motivação teria sido o porquê de o povo *simples* ter pensado que sua única maneira de dar uma fisionomia para sua vida cristã e moderna teria sido no fechamento, no que mais tarde passou a ser chamado de pilar. Os organizadores do pilar calvinista apelaram para esse deficiente sentido do *self* e da identidade e para as noções concernentes a *outros* do mundo externo e o que isso implicava. Foi esse apelo, assim formulado, que *incitou* o povo. Em futuros estudos sobre a pilarização, despilarização e repilarização pode ser de utilidade tentar obter um *insight* mais preciso sobre esses aspectos partindo da real experiência vivida pelo povo.

Poderiam ser feita análises sobre os exatos conceitos emitidos pelos líderes em seus discursos em favor das organizações necessárias ao pilar. Quais apelos faziam? Que argumentos usavam? De onde derivava a força dessa argumentação? Por que o povo *simples* aderia às propostas, e o que acontecia com os não aderentes? Evidentemente não se pode supor que a relação descrita se estabelecia automaticamente ou que todos tinham um adequado envolvimento do ego no que diz respeito à identidade calvinista. Existiam pressões nesse sentido? De que tipo eram elas? Como, além disso, se legitimavam?

---

do, da emergência e ápice da pilarização, essa diferença não era ainda um padrão generalizado. Visto desde outro ângulo, não se pode esperar que os que frequentam hoje a igreja iriam responder positivamente ao apelo que naqueles dias era dirigido em favor da construção do pilar, pois a religião era para eles uma área mais claramente diferenciada das outras áreas da vida. Por outro lado, chama a atenção que os grupos que rejeitam uma distinção entre religião e estado/educação etc. tenham se tornado hoje sensíveis a certas tendências de repilarização.

Os que preferem trabalhar de uma perspectiva não psicanalitica podem, naturalmente, encontrar *esquemas* produtivos para descrever e classificar, com base em teorias da psicologia social, suas observações sobre o grupo. Parece existir um bom número de possibilidades para estudos interdisciplinares que podem envolver a História, a Sociologia e a Psicologia. Em qualquer caso, a aproximação psicológica, ou uma aproximação parcialmente influenciada pela Psicologia, poderia contribuir para um quadro mais claro da religião do *povo simples*, que foi a maioria dos que tiveram participação no processo histórico-sociológico da pilarização.

Se quisermos entender o papel da religião, qualquer que seja o aspecto e contexto, necessitaremos sempre da Psicologia. Em especial, precisaremos das diversas formas da Psicologia Cultural, bem como dos infindos caminhos segundo os quais a psique humana funciona e as estruturas culturais estão interligadas e se constituem mutuamente. Esses caminhos são um dos temas mais desafiadores, interessantes e prementes de qualquer Psicologia Cultural.

Bibliografia

AALDERS, C. *Spiritualiteit: Over geestelijk leven vroeger en nu.* [Spirituality: Yesterday and today] Gravenhage: Boekencentrum, 1980.

ABMA, R. *"Methodisch zonder confessie." Uit de geschiedenis van de Nijmeegse psychologie.* [Methodical without confession: From the history of the Nijmegen psychology] Nijmegen: Katholieke Universiteit Nijmegen, Psychologisch Laboratorium (internal report), 1983.

AELST, P. van & WALGRAVE, S. Voorbij de verzuiling? [Beyond pillarization?] *Tijdschrift voor Sociologie*, 19, 55-87, 1998.

AGGER, E. M. "Psychoanalytic perspectives on sibling relationships". *Psychoanalytic Inquiry*, 8, 3-30, 1988.

ÅKERBERG, H. *Omvändsele och kamp: En empirisk religionspsykologisk undersökning av den unge Nathan Söderbloms religiösa utveckling 1866-1894.* [Conversion and struggle: an empirical psychological study of the religious development of the young Nathan Söderblom 1866-1894] Dissertação de Doutorado, University of Lund, Sweden (*Studia Psychologiae Religionum Lundensia, 1*), 1975.

ÅKERBERG, H. "Attempts to escape: A psychological study on the autobiographical notes of Herbert Tingsten 1971-1972". In T. Källstad (Ed.), *Psychological studies on religious man.* Stockholm: Almqvist & Wiksell, p. 71-92, 1978.

_____. *Tillvaron och religionen: Psykologiska studier kring personlighet och mystik.* [Existence and religion: psychological studies in personality and mysticism] Lund: Studentlitteratur, 1985.

ALLPORT, G. W. *Personality: A psychological interpretation.* New York: Holt, 1937.

_____. *The individual and his religion: A psychological interpretation.* New York: Macmillan, 1950.

_____. "Religion and prejudice". In *Personality and social encounter* Boston: Beacon Press, 1960, p. 257-267.

ANDERS, G. *Die Antiquiertheit des Menschen: Über die Seele im Zeitalter der zweiten industriellen Revolution.* [The antiquity of mankind: the soul during the second industrial revolution] München: Beck, 1956.

ANDEWEG, R. B. "De burger in de Nederlandse politiek" [The citizen in Dutch politics]. In R. B. Andeweg, A. Hoogerwerf & J. J. A. Thomassen (Eds.), *Politiek in Nederland* [Politics in the Netherlands] Alphen aan de Rijn: Samson, 1981, p. 79-102.

ANDRAE, T. *Die Frage der religiösen Anlage religionsgeschichtlich beleuchtet* [On the problem of the religious disposition: a perspective from the history of religion]. Uppsala: Universitets Årsskrift, 1932.

ANDRESEN, J. (Ed.). *Religion in mind: Cognitive perspectives on religious belief, ritual, and experience*. Cambridge: Cambridge University Press, 2001.

APPELSMEYER, H.; KOCHINKA, A. & STRAUB, J. "Qualitative Methoden" [Qualitative methods]. In J. Straub, W. Kempf & H. Werbik (Eds.), *Psychologie: Eine Einführung* [Psychology: An introduction]. München: Deutscher Taschenbuch Verlag, 1997, p. 709-742.

ARIÈS, Ph. & BÉJIN, A. (Eds.). *Western sexuality: Practice and precept in past and present times*. Oxford: Blackwell, 1984/1986.

ARGYLE, M. *Psychology and religion: An introduction*. London/New York: Routledge, 2000.

ARMON-JONES, C. "The thesis of constructionism". In R. Harré (Ed.), *The social construction of emotions*. Oxford: Blackwell, 1986, p. 32-56.

ATRAN, S. *In gods we trust: The evolutionary landscape of religion*. Oxford/New York: Oxford University Press, 2002.

AUSTIN, J. L. *How to do things with words*. New York: Oxford University Press, 1962.

Averill, J. R. *Anger and aggression: an essay on emotion*. New York: Springer, 1982.

_____. "The social construction of emotion: with special reference to love". In K. J. Gergen & K. E. Davis (Eds.), *The social construction of the person*. New York: Springer, 1985, p. 89-109.

AYELE, H.; MULLIGAN, T.; GHEORGHIU, S. & REYES ORTIZ, C. Religious activity improves life satisfaction for some physicians and older patients. *Journal of the American Geriatrics Society*, 47, 1999, p. 453-455.

BAERVELDT, C. & VOESTERMANS, P. "The body as a selfing device: The case of anorexia nervosa". *Theory and Psychology*, 6, 1996, p. 693-714.

BAIROCH, P. *Economics and world history: Myth and paradoxes*. New York: Harvester Wheatsheaf, 1993.

BAKTHIN, M. *Problems of Dostoevsky's poetics*. 2ª ed. Ann Arbor, MI: Ardis, 1929/1973.

BATSON, C. D.; SCHOENRADE, P. & VENTIS, W. L. *Religion and the individual: A social-psychological perspective*. New York: Oxford University Press, 1993.

BATSON, C. D. & VENTIS, W. L. *The religious experience: A social-psychological perspective*. New York: Oxford University Press, 1982.

BAX, E. H. *Modernization and cleavage in Dutch society: A study of long term economic and social change*. Dissertação de Doutorado, University of Groningen, the Netherlands, 1988.

BECKER, U. (Ed.) *Nederlandse politiek in historisch en vergelijkend perspectief* [Dutch politics in historical and comparative perspective]. Amsterdam: Spinhuis, 1993.

BEILE, H. *Religiöse Emotionen und religiöses Urteil.* [Religious emotions and religious judgment] Ostfildern: Schwabenverlag, 1998.

BEIT-HALLAHMI, B. *Prolegomena to the psychological study of religion.* London/ Toronto: Associated University Press, 1989.

BEIT-HALLAHMI, B. "Between religious psychology and the psychology of religion". In M. Finn & J. Gardner (Eds.), *Object relations theory and religion: Clinical applications.* Westport, CT/London: Praeger, 1992, p. 119-128.

BEIT-HALLAHMI, B. "Three ideological traditions and the psychology of religion". *The International Journal for the Psychology of Religion*, 3 (2), 1993, 95-96.

BELZEN, J. A. *Psychopathologie en religie: Ideeën, behandeling en verzorging in de gereformeerde psychiatrie, 1880-1940* [Psychopathology and religion: Ideas, treatment and care in Calvinist psychiatry, 1880-1940]. Kampen: Kok, 1989a.

_____. "Godsdienst, psychopathologie en moord: Historische en cultuurpsychologische notities" [Religion, psychopathology, and murder: Historical and cultural-psychological observations]. *Amsterdams Sociologisch Tijdschrift*, 16, 1989b, 115-128.

_____. "Theological influences and aspirations in psychology". *Storia della Psicologia*, 1, 1989c, p. 26-38.

_____. "Psychopathologie und Religion" [Psychology and religion]. *Archiv für Religionspsychologie* [Archive for the Psychology of Religion], 19, 1990, p. 167-188.

_____. *Rümke, religie en godsdienstpsychologie: Achtergronden en vooronderstellingen* [Rümke, religion, and psychology of religion: Background and presuppositions]. Kampen: Kok, 1991a.

_____. "Religie in de rapportage pro justitia: Enkele cultuur- en godsdienstpsychologisch relevante casus" [Religion in reportage on issues of justice: A number of cases with relevance to cultural psychology and psychology of religion]. In F. Koenraadt (Ed.), *Ziek of schuldig?* [Ill or guilty?]. Amsterdam: Rodopi, 1991b, p. 175-190.

_____. "Verzuiling en mentaliteit: Pleidooi voor een interdisciplinaire benadering" [Pillarization and mentality: A plea for an interdisciplinary approach]. *Amsterdams Sociologisch Tijdschrift*, 17 (4), 1991c, p. 46-67.

_____. "Sketches for a family portrait of psychology of religion at the end of modernity". *Journal of Psychology of Religion*, 4/5, 1995-1996, p. 89-122.

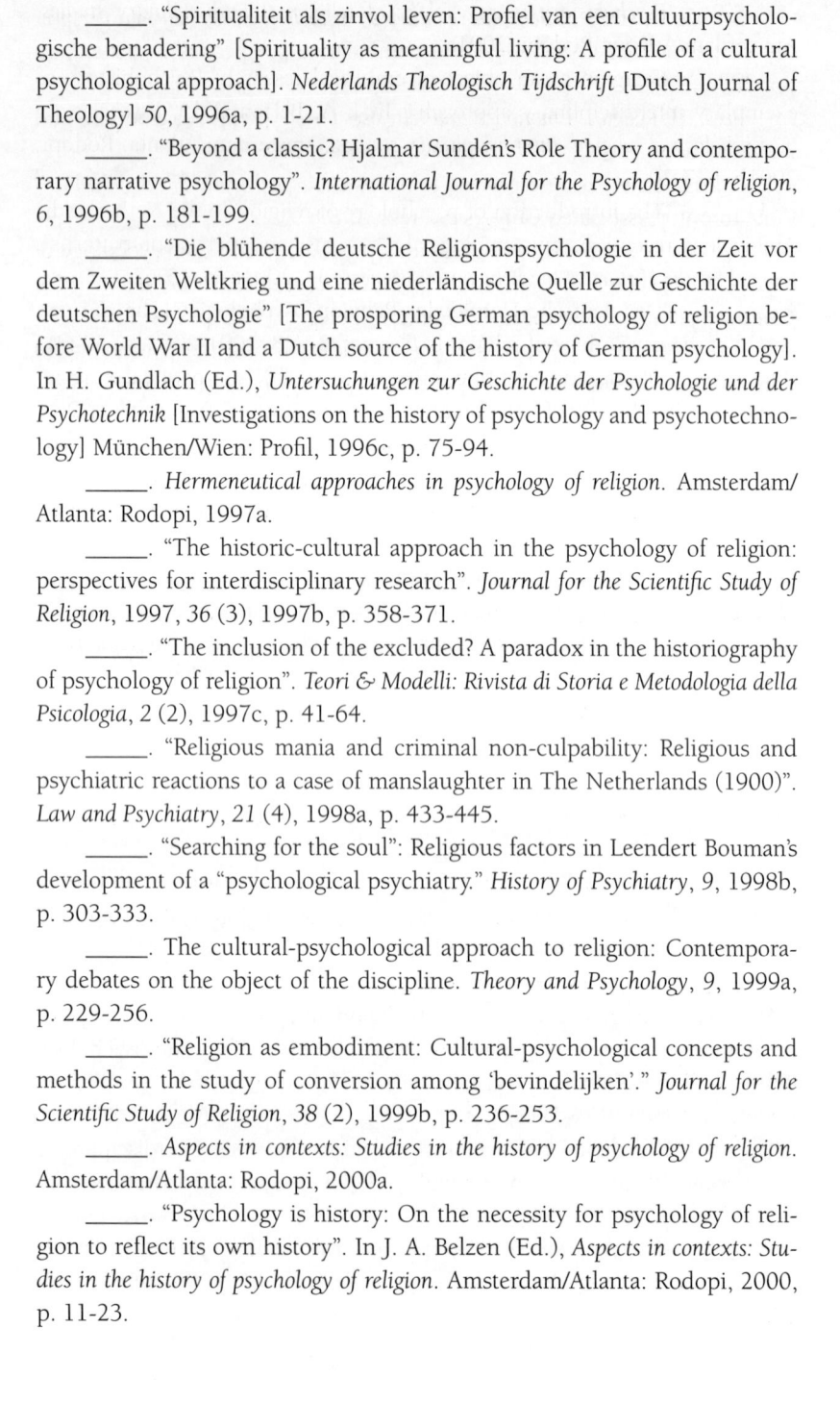

_____. "Spiritualiteit als zinvol leven: Profiel van een cultuurpsychologische benadering" [Spirituality as meaningful living: A profile of a cultural psychological approach]. *Nederlands Theologisch Tijdschrift* [Dutch Journal of Theology] 50, 1996a, p. 1-21.

_____. "Beyond a classic? Hjalmar Sundén's Role Theory and contemporary narrative psychology". *International Journal for the Psychology of religion*, 6, 1996b, p. 181-199.

_____. "Die blühende deutsche Religionspsychologie in der Zeit vor dem Zweiten Weltkrieg und eine niederländische Quelle zur Geschichte der deutschen Psychologie" [The prosporing German psychology of religion before World War II and a Dutch source of the history of German psychology]. In H. Gundlach (Ed.), *Untersuchungen zur Geschichte der Psychologie und der Psychotechnik* [Investigations on the history of psychology and psychotechnology] München/Wien: Profil, 1996c, p. 75-94.

_____. *Hermeneutical approaches in psychology of religion*. Amsterdam/Atlanta: Rodopi, 1997a.

_____. "The historic-cultural approach in the psychology of religion: perspectives for interdisciplinary research". *Journal for the Scientific Study of Religion*, 1997, 36 (3), 1997b, p. 358-371.

_____. "The inclusion of the excluded? A paradox in the historiography of psychology of religion". *Teori & Modelli: Rivista di Storia e Metodologia della Psicologia*, 2 (2), 1997c, p. 41-64.

_____. "Religious mania and criminal non-culpability: Religious and psychiatric reactions to a case of manslaughter in The Netherlands (1900)". *Law and Psychiatry*, 21 (4), 1998a, p. 433-445.

_____. "Searching for the soul": Religious factors in Leendert Bouman's development of a "psychological psychiatry." *History of Psychiatry*, 9, 1998b, p. 303-333.

_____. The cultural-psychological approach to religion: Contemporary debates on the object of the discipline. *Theory and Psychology*, 9, 1999a, p. 229-256.

_____. "Religion as embodiment: Cultural-psychological concepts and methods in the study of conversion among 'bevindelijken'." *Journal for the Scientific Study of Religion*, 38 (2), 1999b, p. 236-253.

_____. *Aspects in contexts: Studies in the history of psychology of religion*. Amsterdam/Atlanta: Rodopi, 2000a.

_____. "Psychology is history: On the necessity for psychology of religion to reflect its own history". In J. A. Belzen (Ed.), *Aspects in contexts: Studies in the history of psychology of religion*. Amsterdam/Atlanta: Rodopi, 2000, p. 11-23.

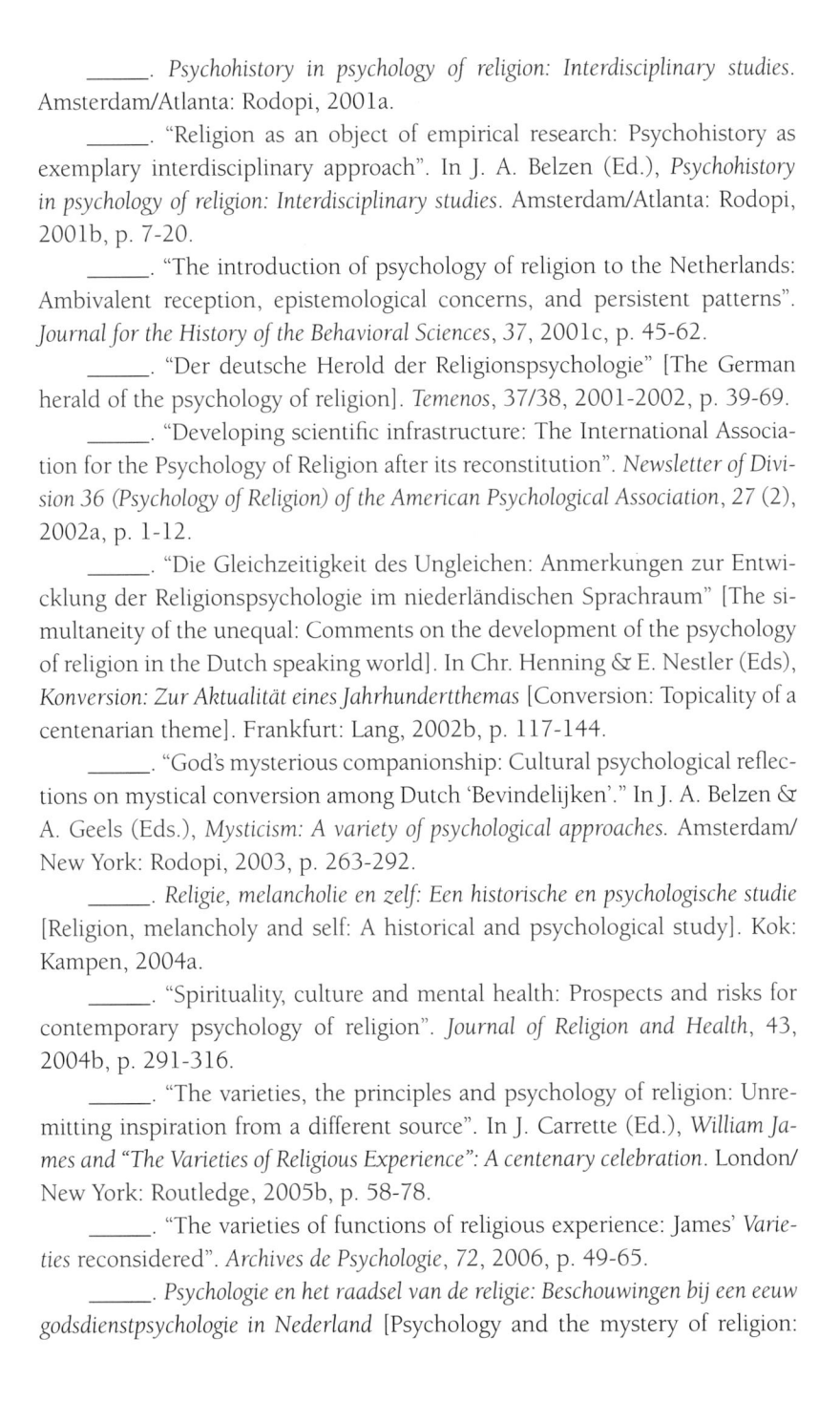

_____. *Psychohistory in psychology of religion: Interdisciplinary studies.* Amsterdam/Atlanta: Rodopi, 2001a.

_____. "Religion as an object of empirical research: Psychohistory as exemplary interdisciplinary approach". In J. A. Belzen (Ed.), *Psychohistory in psychology of religion: Interdisciplinary studies.* Amsterdam/Atlanta: Rodopi, 2001b, p. 7-20.

_____. "The introduction of psychology of religion to the Netherlands: Ambivalent reception, epistemological concerns, and persistent patterns". *Journal for the History of the Behavioral Sciences*, 37, 2001c, p. 45-62.

_____. "Der deutsche Herold der Religionspsychologie" [The German herald of the psychology of religion]. *Temenos*, 37/38, 2001-2002, p. 39-69.

_____. "Developing scientific infrastructure: The International Association for the Psychology of Religion after its reconstitution". *Newsletter of Division 36 (Psychology of Religion) of the American Psychological Association*, 27 (2), 2002a, p. 1-12.

_____. "Die Gleichzeitigkeit des Ungleichen: Anmerkungen zur Entwicklung der Religionspsychologie im niederländischen Sprachraum" [The simultaneity of the unequal: Comments on the development of the psychology of religion in the Dutch speaking world]. In Chr. Henning & E. Nestler (Eds), *Konversion: Zur Aktualität eines Jahrhundertthemas* [Conversion: Topicality of a centenarian theme]. Frankfurt: Lang, 2002b, p. 117-144.

_____. "God's mysterious companionship: Cultural psychological reflections on mystical conversion among Dutch 'Bevindelijken'." In J. A. Belzen & A. Geels (Eds.), *Mysticism: A variety of psychological approaches.* Amsterdam/New York: Rodopi, 2003, p. 263-292.

_____. *Religie, melancholie en zelf: Een historische en psychologische studie* [Religion, melancholy and self: A historical and psychological study]. Kok: Kampen, 2004a.

_____. "Spirituality, culture and mental health: Prospects and risks for contemporary psychology of religion". *Journal of Religion and Health*, 43, 2004b, p. 291-316.

_____. "The varieties, the principles and psychology of religion: Unremitting inspiration from a different source". In J. Carrette (Ed.), *William James and "The Varieties of Religious Experience": A centenary celebration.* London/New York: Routledge, 2005b, p. 58-78.

_____. "The varieties of functions of religious experience: James' *Varieties* reconsidered". *Archives de Psychologie*, 72, 2006, p. 49-65.

_____. *Psychologie en het raadsel van de religie: Beschouwingen bij een eeuw godsdienstpsychologie in Nederland* [Psychology and the mystery of religion:

Reflections on a century of psychology of religion in the Netherlands]. Amsterdam: Boom, 2007.

BELZEN, J. A. & GEELS, A. (Eds.) *Autobiography and the psychological study of religious lives*. Amsterdam-New York: Rodopi, 2008.

BELZEN, J. A. & LANS, J. M. van der (Eds.). *Current issues in the psychology of religion*. Amsterdam: Rodopi, 1986.

BERELSON, B. R. & Steiner, G. A. *Human behaviour: An inventory of scientific findings*. New York: Harcourt, 1964.

BERG, J. H. van den *Psychologie en geloof: Een kroniek en een standpunt* [Psychology and religion: A chronicle and a point of view]. Nijkerk: Callenbach, 1958.

BERGE, H. van den. "Uit pestepidemie blijkt onmacht van de mens" [The epidemic of plague reveals the impotence of man]. *Reformatorisch Dagblad* [Reformed Newspaper], June 3, 1997.

BERGER, P. *The sacred canopy*. New York: Doubleday, 1967.

BERGER, P. L. "Some second thoughts on substantive versus functional definitions of religion". *Journal for the Scientific Study of Religion*, 13, 1974, 125-133.

BERNARD, L. L. *Instinct*. New York: Holt, 1924.

BERNDT, T. J.; CHEUNG, P. C.; LAU, S. & HAU, K. "Perceptions of parenting in mainland China, Taiwan, and Hong Kong: Sex differences and societal differences". *Developmental Psychology*, 29, 1993, p. 156-164.

BERNSTEIN, R. J. *Beyond objectivism and relativism*. Oxford: Blackwell, 1983.

BETH, K. *Religion und Magie: Ein religionsgeschichtlicher Beitrag zur psychologischen Grundlegung der religiösen Prinzipienlehre* [Religion and magic: A religion-historical contribution to the psychological foundation of the theory of religious principles]. Leipzig/Berlin: Teubner, 1927.

_____. Religion als Metabiontik I. Der Fall R. Sch. *Zeitschrift für Religionspsychologie* (Beiträge zur religiösen Seelenforschung und Seelenführung), 4, 1931a, p. 25-37.

_____. Religion als Metabiontik II. Madeleine Sémer. *Zeitschrift für Religionspsychologie* (Beiträge zur religiösen Seelenforschung und Seelenführung), 4, 1931b, p. 145-156.

BEUMER, J. J. *Intimiteit en solidariteit: Over het evenwicht tussen dogmatiek, mystiek en ethiek* [Intimacy and solidarity: On the balance between dogmatics, mysticism, and ethics]. Baarn: Ten Have, 1993.

BHUGRA, D. (Ed.). *Psychiatry and religion: Context, consensus and controversies*. London/New York: Routledge, 1996.

BILLIG, M. *Arguing and thinking: A rhetorical approach to social psychology.* Cambridge: Cambridge University Press, 1987.

_____. *Ideology and opinions: Studies in rhetorical psychology.* London: Sage, 1991.

BILLMANN-MAHECHA, E. "Kulturpsychologie" [Cultural psychology]. In G. Wenninger (Ed.), *Lexikon der Psychologie,* vol. 2. Heidelberg: Spektrum, 2001, p. 405-408.

BLATTNER, J.; GAREIS, B. & PLEWA, A. (Eds.) *Handbuch der Psychologie für die Seelsorge.* Band 1: *Psychologische Grundlagen* [Handbook of psychology for pastoral care. Volume 1: Foundations of psychology]. Düsseldorf: Patmos, 1992.

_____. *Handbuch der Psychologie für die Seelsorge.* Band 2: *Angewandte Psychologie* [Handbook of psychology for pastoral care. Volume 2: Applied psychology]. Düsseldorf: Patmos, 1993.

BLOM, J. C. H. *Verzuiling in Nederland, in het bijzonder op lokaal niveau, 1850-1925* [Pillarization in the Netherlands, with a focus on the local level, 1850-1925]. Amsterdam: Historisch Seminarium van de Universiteit van Amsterdam, 1981.

_____. *The Netherlands since 1830.* In J. C. H. Blom & E. Lamberts (Eds.), *History of the Low Countries* (New Edition). New York/Oxford: Berghahn Books, 2006, p. 393-470.

BLOM, J. H. C. & TALSMA, J. *De verzuiling voorbij: Godsdienst, stand en natie in de lange negentiende eeuw* [Beyond pillarization: religion, class and nation in the long 19th century]. Amsterdam: Spinhuis, 2000.

BOER, Th. de *Foundations of a critical psychology.* Pittsburgh: Duquesne University Press, 1980/1983.

BOESCH, E. E. *Das Magische und das Schöne: Zur Symbolik von Objekten und Handlungen* [Magic and beauty: On Symbolism of objects and acts]. Stuttgart/Bad Cannstatt: Frommann-Holzboog, 1983.

_____. *Symbolic action theory and cultural psychology.* Berlin/Heidelberg: Springer, 1991.

_____. *Das lauernde Chaos: Mythen und Fiktionen im Alltag* [Chaos lies on the lurk: Myths and fictions in daily life]. Bern: Huber, 2000.

_____. *Von Kunst bis Terror: Über den Zwiespalt in der Kultur* [From art to terror: On the discord in culture]. Göttingen: Vandenhoeck & Ruprecht, 2005.

BOOY, T. *Een stille omwenteling: Het gereformeerde leven in onze jeugd* [A silent revolution: The Calvinist life in our youth]. Amsterdam: Ten Have, 1956.

BORNEWASSER, J. A. "De katholieke zuil in wording als object van columnologie" [The genesis of the Catholic pillar as object of columnology]. *Archief voor de Geschiedenis van de Katholieke kerk in Nederland* [Archives for the History of the Catholic Church in the Netherlands], 1988, p. 168-212.

BOSSCHER, D. F. J. "Het protestantisme" [Protestantism]. In P. Luykx & N. Bootsma (Eds.), *De laatste tijd: Geschiedschrijving over Nederland in de 20e eeuw* [Recent times: Historiography of the Netherlands in the 20th century]. Utrecht: Spectrum, 1987.

BOUMAN, L. "Un cas important d'infection psychique". [A significant case of psychic infection]. *Psychiatrische en Neurologische Bladen* [Journal of Psychiatry and Neurology] 5, 1901,106-117.

BOURDIEU, P. *Outline of a theory of practice*. New York: Cambridge University Press, 1977.

_____. *The logic of practice*. Cambridge: Polity Press, 1980/1990.

_____. *The field of cultural production*. Cambridge/New York: Polity Press/Columbia University Press, 1993.

BOURDIEU, P. & WACQUANT, L. J. D. *An introduction to reflexive sociology*. Chicago, Ill.: University of Chicago Press, 1992.

BOYER, P. *Religion explained: The evolutionary origins of religious thought*. New York: Basic Books, 2001.

BRAAM, A. W.; SONNENBERG, C. M.; BEEKMAN, A. T. F.; DEEG, D. J. H. & TILBURG, W. van. Religious denomination as a symptom-formation factor of depression in older Dutch citizens. *International Journal of Geriatric Psychiatry*, 15, 2000, p. 458-466.

BRIENEN, T. *Bevinding: Aard en functie van de geloofsbeleving* [Bevinding: The nature and function of the experience of faith]. Kampen: Kok, 1978.

_____. *De Nadere Reformatie* [The Further Reformation]. Den Haag: Boekencentrum, 1986.

_____. *De Nadere Reformatie en het Gereformeerd Piëtisme* [The Further Reformation and Reformed Pietism]. Den Haag: Boekencentrum, 1989.

_____. "Mystiek van de Nadere Reformatie" [Mysticism of the Further Reformation]. In J. Baers, G. Brinkman, A. Jelsma & O. Steggink (Eds.), *Encyclopedie van de mystiek: Fundamenten, tradities, perspectieven* [Encyclopedia of mysticism: Foundations, traditions, perspectives]. Kampen/Tielt: Kok/Lannoo, 2003, p. 753-759.

BRINKGREVE, C. *Psychoanalyse in Nederland* [Psychoanalysis in the Netherlands]. Amsterdam: Arbeiderspers, 1984.

BROWN, L. B. *The psychology of religious belief*. London: Academic Press, 1987.

BROWN, W. S.; MURPHY, N. & MALONY, H. N. (Eds.). *Whatever happened to the soul? Scientific and theological portraits of human nature*. Minneapolis, MN: Augsburg Fortress, 1998.

BRUIN, A. A. de. *Het ontstaan van de schoolstrijd: Onderzoek naar de wortels van de schoolstrijd in de Noordelijke Nederlanden gedurende de eerste helft van de 19e eeuw; een cultuurhistorische studie* [The emergence of the school funding controversy: Research on the roots of the school funding controversy in the northern Netherlands during the first half of the 19th century; a cultural-historical study]. Dissertação de Doutorado, University of Leiden, The Netherlands, 1985.

BRÜMMER, V. (Ed.). *Interpreting the universe as creation*. Kampen: Kok, 1991.

BRUNER, J. *Acts of meaning*. Cambridge, MA: Harvard University Press, 1990.

_____. "The narrative construction of reality". In H. Beilin & P. B. Putall (Eds.), *Piaget's theory: Prospects and possibilities*. Hillsdale: Erlbaum, 1992, p. 229-248.

_____. *The culture of education*. Cambridge, MA: Harvard University Press, 1997.

BUCHER, A. A. *Psychobiographien religiöser Entwicklung: Glaubensprofile zwischen Individualität und Universalität* [Psychobiographies of religious development: Religious profiles between individuality and universality]. Stuttgart: Kohlhammer, 2004.

BÜHLER, K. "Nachtrag: Antwort auf die von W. Wundt erhobenen Einwände gegen die Methode der Selbstbeobachtung an experimentell erzeugten Erlebnissen" [Afterword: Response to Wundt's objections to the method of self-observation in experimentally produced experiences]. *Archiv für die Gesamte Psychologie* [Archive for all Psychologies], 12, 1908, p. 93-123.

_____. "Zur Kritik der Denkexperimente" [Critics of thought experiments]. *Zeitschrift für Psychologie* [Journal of Psychology], 51, 1909, p. 108-118.

_____. *Die Krise der Psychologie* [The crisis of psychology]. Jena: Fischer, 1927.

BURKE, P. *Sociology and history*. London: Allen & Unwin, 1980.

CAHAN, E. D. & WHITE, S. H. "Proposals for a second psychology". *American Psychologist*, 47, 1992, p. 224-235.

CAPPS, D. *Men, religion and melancholia: James, Otto, Jung and Erikson*. New Haven/London: Yale University Press, 1997.

CAPPS, D. (Ed.). *Freud and Freudians on religion: A reader*. New Haven/London: Yale University Press, 2001.

CAPPS, D. & DITTES, J. E. (Eds.). *The hunger of the heart: Reflections on the Confessions of Augustine*. West Lafayette. In: Society for the Scientific Study of Religion, 1990.

CARRETTE, J. (Ed.). *William James and "The Varieties of Religious Experience": A centenary celebration*. London/New York: Routledge, 2005.

CARRETTE, J. & KING, R. *Selling spirituality: The silent takeover of religion*. Abingdon/New York: Routledge, 2005.

CARROLL, M. P. *The cult of the Virgin Mary: Psychological origins*. Princeton: Princeton University Press, 1986.

_____. *The penitente brotherhood: Patriarchy and Hispano-Catholicism in New Mexico*. Baltimore: John Hopkins University Press, 2002.

CARRUTHERS, M. J. *The book of memory: A study of memory in medieval culture*. Cambridge: Cambridge University Press, 1990.

CERMAK, L. S. "Synergistic ecphory and the amnestic patient". In H. L. Roediger & I. M. Craik (Eds.), *Varieties of memory and consciousness*. Hillsdale: Erlbaum, 1989, p. 121-131.

CHORUS, A. "Psychologische verschillen tussen protestanten en katholieken in Nederland" [Psychological differences between Protestants and Catholics in the Netherlands]. *Het Gemenebest* [The Commonwealth], 1943, 34-57, 65-89.

_____. *De Nederlander innerlijk en uiterlijk: Een karakteristiek* [The Dutchman, inside and out: A portrait]. Leiden: Sijthoff, 1964.

CHRISTENSEN, S. M. & TURNER, D. R. *Folk psychology and the philosophy of mind*. Hillsdale, NJ: Lawrence Erlbaum Associates, 1993.

CLÉMENT, C. & KAKAR, S. *La folle et le saint* [The lunatic and the saint]. Paris: Éditions du Seuil, 1993.

COHEN, C. L. *God's caress: the psychology of puritan religious experience*. New York: Oxford University Press, 1986.

COHEN, E. *The mind possessed: The cognition of spirit possession in an Afro-Brazilian religious tradition*. Oxford/New York: Oxford University Press, 2007.

COLE, M. "Culture and cognitive development: From cross-cultural research to creating systems of cultural mediation". *Culture & Psychology*, 1, 1995, p. 25-54.

_____. *Cultural psychology: A once and future discipline*. Cambridge, MA: Belknap Press/Harvard University Press, 1996.

COON, D. J. "Testing the limits of sense and science. American experimental psychologists combat spiritualism, 1880-1920". *American Psychologist*, 47, 1992, p. 143-151.

CORBETT, L. *The religious function of the psyche*. London/New York: Routledge, 1996.

CORBIN, A. *The foul and the fragrant: Odor and the French social imagination*. Leamington: Berg, 1982/1986.

CRAWFORD, V. M. & VALSINER, J. "Varieties of discursive experience in psychology: Culture understood through the language used". *Culture & Psychology*, 5, 1999, p. 259-269.

CSORDAS, Th. J. "Embodiment as a paradigm for anthropology". *Ethos*, 18, 1990, p. 5-47.

CUSHMANN, Ph. "Why the self is empty: Toward a historically situated psychology". *American Psychologist*, 45, 1990, p. 599-611.

DANZIGER, K. *Constructing the subject: Historical origins of psychological research*. Cambridge: Cambridge University Press, 1990.

_____. *Naming the mind: How psychology found its language*. London: Sage, 1997.

_____. "Wundt and the temptations of psychology". In R. W. Rieber & D. K. Robinson (Eds.), *Wilhelm Wundt in history: The making of a scientific psychology*. New York: Kluwer/ Plenum, 2001a, p. 69-94.

_____. "The unknown Wundt: Drive, apperception and volition". In R. W. Rieber & D. K. Robinson (Eds.), *Wilhelm Wundt in history: The making of a scientific psychology* New York: Kluwer/ Plenum, 2001b, p. 95-120.

_____. *Marking the mind: A history of memory*. Cambridge: Cambridge University Press, 2008.

DARLEY, J. & BATSON, C. D. "From Jerusalem to Jericho: A study of situational and dispositional variables in helping behavior". *Journal of Personality and Social Psychology*, 27, 1973, p. 100-108.

DAY, J. M. "Speaking of belief: Language, performance, and narrative in the psychology of religion". *International Journal for the Psychology of Religion*, 3, 1993, p. 213-230.

DAY, J. "Religious development as discursive construction". In C. A. M. Hermans, G. Immink, A. de Jong & J. van der Lans (Eds.), *Social constructionism and theology*. Leiden: Brill, 2002, p. 63-89.

DEBRUIJN, J. "De betekenis van documentatiecentra voor het kerkelijk erfgoed" [The significance of documentation centers for the church's legacy]. In J. de Bruijn, P. N. Holtrop & B. Woelderink (Eds.), *"Een lastige erfenis": Kerkelijke archieven van de twintigste eeuw* ["A troublesome legacy": Church archives of the twentieth century]. Zoetermeer: Meinema, 1998, p. 51-70.

DECONCHY, J. -P. [Review of Belzen & van der Lans (1986), *Current issues in the psychology of religion*]. *Archives de Sciences Sociales des Religions*, 63, 1987, p. 305-306.

DEKKER, G. & PETERS, J. *Gereformeerden in meervoud: Een onderzoek naar levensbeschouwing en waarden van de verschillende gereformeerde stromingen* [Being Reformed in the plural: An inquiry into the philosophy of life and values of the different currents]. Kampen: Kok, 1989.

DEKKER, P. & ESTER, P. "Depillarization, deconfessionalization and deideologization: Empirical trends in Dutch society, 1958-1992". *Review of Religious Research*, 37(4), 1996, p. 325-341.

DELANY, P. *British autobiography in the seventeenth century*. London: Routledge & Kegan Paul, 1969.

DELUMEAU, J. *Sin and fear: The emergence of a western guilt culture, 13th-18th centuries*. New York: Saint Martin's Press, 1982/1990.

DeMAUSE, L. *Foundations of psychohistory*. New York: Creative Roots, 1982.

DEMOS, J. "Shame and guilt in early New England". In C. Z. Stearns & P. N. Stearns (Eds.), *Emotion and social change: Toward a new psychohistory*. New York: Holmes & Meier, 1988, p. 69-86.

DENZIN, N. K. & LINCOLN, Y. S. (Eds.). *Handbook of qualitative research*, 2a. ed. Thousand Oaks, CA: Sage, 2000.

DERKS, F. C. H. *Religieuze attitudetheorieën* [Religious atittude theories]. Dissertação de Doutorado, University of Nijmegen, The Netherlands, 1990.

DEWEY, J. *Experience and education*. New York: Macmillan, 1938/1963.

DIENER, E. & DIENER, M. "Cross-cultural correlates of life satisfaction and self-esteem". *Journal of Personality and Social Psychology*, 68, 1995, p. 653-663.

DIERICKX, G. "De sociologen en de verzuiling: Over het nut van deterministische en strategische paradigmata" [Sociologists and pillarization: On the usefulness of deterministic and strategic paradigms]. *Tijdschrift voor Sociologie* [Journal for Sociology], 7, 1986, p. 509-549.

DIGBY, A. *Madness, morality and medicine: A study of the York Retreat, 1796-1914*. Cambridge: Cambridge University Press, 1985.

DIJKSTERHUIS, E. J. *The mechanization of the world picture: Pythagoras to Newton*. Princeton: Princeton University Press, 1986.

DILTHEY, W. "Ideen über eine beschreibende und zergliedernde Psychologie" [Ideas on a descriptive and an analysing psychology]. In *Gesammelte Schriften* [Complete works], Band 5. Stuttgart: Teubner, 1894/1964, p. 139-241.

_____. "Der Aufbau der geschichtlichen Welt in den Geisteswissenschaften". [The construction of the historical world in the humanities]. In *Gesammelte Schriften* [Complete works], Bd. 7. Stuttgart: Teubner, 1910, p. 79-188.

DIRIWÄCHTER, R. "Völkerpsychologie: The synthesis that never was". *Culture & Psychology*, 10, 2004, p. 85-109.

DITTES, J. E. "Beyond William James". In C. Y. Glock & P. H. Hammond (Eds.), *Beyond the classics? Essays in the scientific study of religion.* New York: Harper and Row, 1973, p. 291-354.

DIXON, S. L. *Augustine: The scattered and gathered self.* St. Louis, Mo: Chalice Press, 1999.

DOORN, J. A. A. van. "Verzuiling: Een eigentijds systeem van sociale controle" [Pillarization: A contemporary system of social control]. *Sociologische Gids* [Sociological Guide], 5, 1956, p. 41-49.

_____. "Tolerantie als tactiek" [Tolerance as tactic]. *Intermediair* [Intermediary], 21 (51), 1985, p. 31.

DRIESCH, H. *The crisis in psychology.* Princeton, NJ: Princeton University Press, 1925.

DUFFHUES, T. "Staat 'de wankele zuil' nog overeind? Een verkenning van de recente literatuur over verzuiling en ontzuiling" [Is "the shaky pillar" still standing? An exploration of the recent literature on pillarization and depillarization]. *Jaarboek van het Katholiek Documentatie Centrum* [Yearbook of the Catholic Documentation Center], 17, 1987, p. 134-162.

DUFFHUES, T. & VUGT, J. van. "Literatuur over verzuiling en ontzuiling" [Literature on pillarization and depillarization]. *Jaarboek van het Katholiek Documentatie Centrum* [Yearbook of the Catholic Documentation Center], 10, 1980, p. 161-170.

DUIJKER, H. C. J. "Mentaliteit: Een gedragsdeterminant?" [Mentality: A determinant of behaviour?] *Symposium*, 3, 1981, p. 129-138.

DUNDE, S. R. (Ed.). *Wörterbuch der Religionspsychologie* [Dictionary of psychology of religion]. Gütersloh: Mohn, 1993.

DURKHEIM, E. *Les formes élémentaires de la vie religieuse: Le système totémique en Australie* [The elementary forms of religious life]. Paris: Alcan, 1912.

ECKARDT, G. (Ed.). *Völkerpsychologie: Versuch einer Neuentdeckung. Texte von Lazarus, Steinthal und Wundt* [Folk psychology: Attempt to a rediscovery. Texts by Lazarus, Steinthal and Wundt]. Weinheim: Psychology VerlagsUnion, 1997.

ECKENSBERGER, L. H. "Activity of action: Two different roads towards an integration of culture into psychology?". *Culture & Psychology*, 1, 1995, p. 67-80.

EDIE, J. M. *William James and phenomenology.* Bloomington: Indiana University Press, 1987.

EDWARDS, D. & POTTER, J. *Discursive psychology.* London: Sage, 1992.

ELIAS, N. *The civilizing process* (2 vols.). Oxford: Blackwell, 1939/1978, p. 82.

ELIAS, N. & SCOTSON, J. L. *The established and the outsiders: A sociological inquiry into community problems.* London: Cass, 1965.

ELLEMERS, J. E. (1984). "Pillarization as a process of modernization". *Acta Politica*, 19, p. 129-144.

_____. "Pillarization as a process of modernization". *Acta Politica*, 31, 1996, p. 524-538.

ELLENBERGER, H. F. *The discovery of the unconsciousness.* New York: Basic Books, 1970.

ELMS, A. C. *Uncovering lives: The uneasy alliance of biography and psychology.* New York: Oxford University Press, 1994.

EMMONS, R. A. & PALOUTZIAN, R. F. "The psychology of religion". *Annual Review of Psychology*, 54, 2003, p. 377-402.

ERIKSON, E. H. "The problem of ego identity". *Journal of the American Psychoanalytic Association*, 4, 1956, p. 56-118.

_____. *Young man Luther: A study in psychoanalysis and history.* New York: Norton, 1958.

EUGEN, M. "The area of faith in Winnicott, Lacan and Bion". *International Journal of Psychoanalysis*, 62, 1981, p. 413-433.

EVANS, D. *An introductory dictionary of Lacanian psychoanalysis.* London/New York: Routledge, 1996.

FARBEROW, N. L. (Ed.). *Taboo topics.* New York: Prentice Hall, 1963.

FÈBVRE, L. *The problem of unbelief in the sixteenth century: The religion of Rabelais.* Cambridge, MA: Harvard University Press, 1942/1982.

FEIL, E. *Religio: Die Geschichte eines neuzeitlichen Grundbegriffs vom Frühchristentum bis zur Reformation* [Religio: The history of a modern basic concept from Early Christianity to Reformation]. Göttingen: Vandenhoeck & Ruprecht, 1986.

FESTINGEr, L.; RIECKEN, H. W. & SCHACHTER, S. *When prophecy fails.* Minneapolis: University of Minnesota Press, 1956.

FLICK, U.; KARDORFF, E. von & STEINKE, I. (Eds.). *Qualitative Forschung: Ein Handbuch.* [Qualitative research: A handbook]. Hamburg: Rowohlt, 2000.

FLORIJN, H. (1991). *De Ledeboerianen: Een onderzoek naar de plaats, invloed en denkbeelden van hun voorgangers tot 1907* [The Ledeboerians: A study of the place, influence, and ideas of their ministers up until 1907]. Houten: Den Hertog.

FOGEL, A. *Developing through relationships.* New York: Harvester Wheatsheaf, 1993.

FORTMANN, H. M. M. *Als ziende de Onzienlijke: Een cultuurpsychologische studie over de religieuze waarneming en de zogenaamde religieuze projectie* [Seeing the Unseeable: A cultural-psychological study on religious perception and the so-called religious projection] (4 vols.). Hilversum: Brand, 1964-1968.

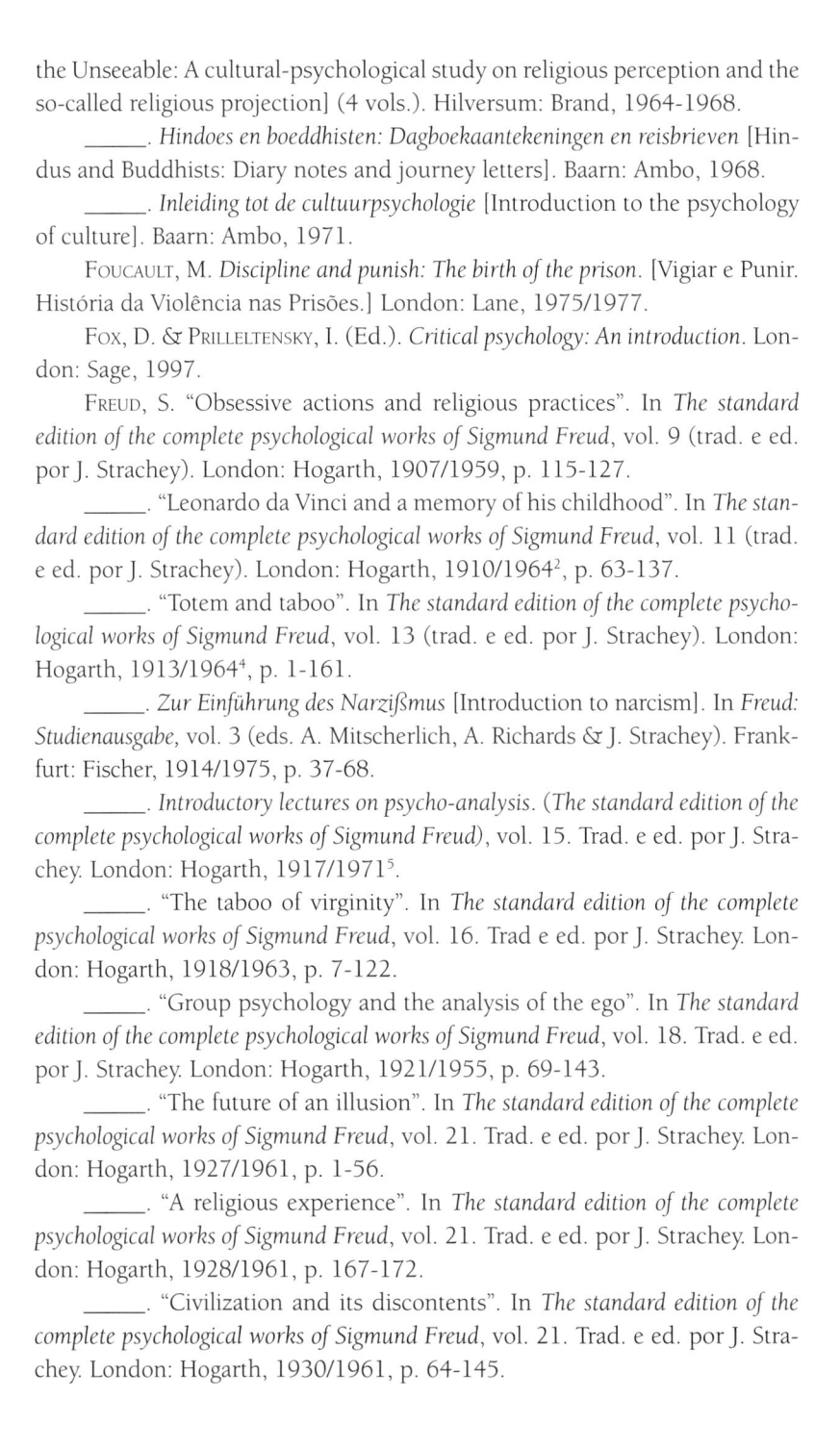

_____. *Hindoes en boeddhisten: Dagboekaantekeningen en reisbrieven* [Hindus and Buddhists: Diary notes and journey letters]. Baarn: Ambo, 1968.

_____. *Inleiding tot de cultuurpsychologie* [Introduction to the psychology of culture]. Baarn: Ambo, 1971.

FOUCAULT, M. *Discipline and punish: The birth of the prison.* [Vigiar e Punir. História da Violência nas Prisões.] London: Lane, 1975/1977.

FOX, D. & PRILLELTENSKY, I. (Ed.). *Critical psychology: An introduction.* London: Sage, 1997.

FREUD, S. "Obsessive actions and religious practices". In *The standard edition of the complete psychological works of Sigmund Freud*, vol. 9 (trad. e ed. por J. Strachey). London: Hogarth, 1907/1959, p. 115-127.

_____. "Leonardo da Vinci and a memory of his childhood". In *The standard edition of the complete psychological works of Sigmund Freud*, vol. 11 (trad. e ed. por J. Strachey). London: Hogarth, 1910/1964^2, p. 63-137.

_____. "Totem and taboo". In *The standard edition of the complete psychological works of Sigmund Freud*, vol. 13 (trad. e ed. por J. Strachey). London: Hogarth, 1913/1964^4, p. 1-161.

_____. *Zur Einführung des Narzißmus* [Introduction to narcism]. In *Freud: Studienausgabe,* vol. 3 (eds. A. Mitscherlich, A. Richards & J. Strachey). Frankfurt: Fischer, 1914/1975, p. 37-68.

_____. *Introductory lectures on psycho-analysis. (The standard edition of the complete psychological works of Sigmund Freud)*, vol. 15. Trad. e ed. por J. Strachey. London: Hogarth, 1917/1971^5.

_____. "The taboo of virginity". In *The standard edition of the complete psychological works of Sigmund Freud*, vol. 16. Trad e ed. por J. Strachey. London: Hogarth, 1918/1963, p. 7-122.

_____. "Group psychology and the analysis of the ego". In *The standard edition of the complete psychological works of Sigmund Freud*, vol. 18. Trad. e ed. por J. Strachey. London: Hogarth, 1921/1955, p. 69-143.

_____. "The future of an illusion". In *The standard edition of the complete psychological works of Sigmund Freud*, vol. 21. Trad. e ed. por J. Strachey. London: Hogarth, 1927/1961, p. 1-56.

_____. "A religious experience". In *The standard edition of the complete psychological works of Sigmund Freud*, vol. 21. Trad. e ed. por J. Strachey. London: Hogarth, 1928/1961, p. 167-172.

_____. "Civilization and its discontents". In *The standard edition of the complete psychological works of Sigmund Freud*, vol. 21. Trad. e ed. por J. Strachey. London: Hogarth, 1930/1961, p. 64-145.

_____. "New introductory lectures on psycho-analysis". In *The standard edition of the complete psychological works of Sigmund Freud*, vol. 22. Trad. e ed. por J. Strachey. London: Hogarth, 1933/1964², p. 5-182.

_____. *Briefe 1873-1939*. Ed. E. L. Freud. Frankfurt a.M.: Fischer, 1960.

FROMM, E. *Psychoanalysis and religion*. New Haven: Yale University Press, 1950.

FUNDER, D. Why study religion? *Psychological Inquiry*, *13*, 2002, p. 213-214.

GADAMER, H. G. *Truth and method*. New York: Crossroad, 1960/1986.

GADLIN, H. "Lacan explicated" [review of J. Scott Lee (1990), *Jacques Lacan*]. *Contemporary Psychology*, 37 (9), 1992, 888.

GAULD, A. & SHOTTER, J. *Human action and its psychological investigation*. London: Routledge and Kegan Paul, 1977.

GAY, V. P. *Understanding the Occult: Fragmentation and repair of the Self*. Minneapolis: Fortress Press, 1989.

GEELS, A. *Mystikerna Hjalmar Ekström 1885-1962* [Mystic Hjalmar Ekström 1885-1962]. Malmö: Doxa, 1980.

_____. *Skapande mystik: En psykologisk studie av Violet Tengbergs religiösa visioner och konstnärliga skapande* [Creative mysticism: a psychological study of Violet Tengberg's religious visions and artistic creations]. Löberöd: Plus Ultra, 1989.

_____. *Att möta Gud i kaos: Religiösa visioner i dagens Sverige* [Encounter with God in chaos: Religious visions in contemporary Sweden]. Stockholm: Norstedts Förlag, 1991.

_____. *Subud and the Javanese mystical tradition*. Richmond (GB): Curzon, 1997.

GEERTZ, C. *The interpretation of cultures*. New York: Basic Books, 1973.

_____. "Learning with Bruner". *The New York Review*, April 10, 1997, 22-24.

GEHLEN, A. *Anthropologische Forschung zur Selbstbegegnung und Selbstentdeckung des Menschen* [Anthropological research for selfencountering and selfdiscovering of mankind]. Hamburg: Rowohlt, 1961.

GERGEN, K. J. "Social psychology as history". *Journal of Personality and Social Psychology*, 26 (2), 1973, p. 309-320.

_____. "The social constructionist movement in modern psychology". *The American Psychologist*, 40, 1985, p. 266-275.

_____. "Belief as relational resource". *The International Journal for the Psychology of Religion*, 3 (4), 1993, p. 231-235.

_____. *Realities and relationships: Soundings in social construction*. Cambridge, MA: Harvard University Press, 1994.

GERTH, H. & MILLS, C. W. *Character and social structure: The psychology of social institutions*. New York: Harcourt/Brace, 1953.

GINZBURG, C. *Clues, myths, and the historical method*. Baltimore: John Hopkins University, 1986/1989.

GIRGENSOHN, K. *Der Seelische Aufbau des Religiösen Erlebens: Eine religionspsychologische Untersuchung auf Experimenteller Grundlage* [The psychological structure of religious experiences: A religious-psychological investigation based on experimental research]. Gütersloh: Bertelsmann, 1921/1930.

GIORGI, A. "Phenomenology and the foundations of psychology". In W. J. Arnold (Ed.), *Conceptual foundations of psychology*. Lincoln/London: University of Nebraska Press, 1976, p. 281-408.

GLASER, B. G. & STRAUSS, A. L. *The discovery of grounded theory: Strategies for qualitative research*. Chicago: Aldine, 1967.

GLOCK, C. Y. & STARK, R. *Religion and society in tension*. Chicago: Harper & Row, 1965.

GODIN, A. [Review of Belzen & van der Lans (1986), *Current issues in the psychology of religion*]. *Lumen Vitae*, 47, 1987, p. 455.

GOFFMAN, E. "Symbols of class status". *British Journal of Sociology*, 2, 1951, p. 294-304.

_____. *Asylums: Essays on the social situation of mental patients and other inmates*. Chicago: Aldine, 1961.

GOLDBERGER, N. R. & VEROFF, J. B. (Eds.). *The culture and psychology reader*. New York/London: New York University Press, 1995.

GOMPERTS, W. J. *De opkomst van de sociale fobie: Een sociologische en psychologische studie naar de maatschappelijke verandering van psychische verschijnselen* [The rise of social phobia: a sociological and psychological study into the societal change of psychic phenomena]. Amsterdam: Bert Bakker, 1992.

GOOYER, A. C. de. *Het beeld der vad'ren: Een documentaire over het leven van het protestants-christelijk volksdeel in de twintiger en dertiger jaren* [The image of the fathers: A documentary on the life of the Protestant community during the twenties and thirties]. Baarn: Bosch & Keuning, 1964.

GORSUCH, R. L. "Measurement: The boon and bane of investigating the psychology of religion". *American Psychologist*, 39, 1984, p. 201-221.

GOUDSBLOM, J. "De Nederlandse samenleving in ontwikkelingsperspectief" [Dutch society from developmental perspective]. *Symposium*, 1, 1979, p. 8-27.

GRAAFLAND, C. "Bevinding". In W. Aantjes (Ed.), *Gereformeerden en het gesprek met de cultuur* [The Reformed and the dialogue with culture]. Zoetermeer: Boekencentrum, 1991.

GROENENDIJK, L. F. "De spirituele autobiografie als bron voor onze kennis van de religieuze opvoeding en ontwikkeling van Nederlandse piëtisten" [The spiritual autobiography as source for our knowledge of the religious upbringing and development of Dutch pietists]. In L. F. Groenendijk & J. C. Sturm (Eds.). *Leren geloven in de lage landen: Facetten van de geschiedenis van de religieuze opvoeding* [Learning to believe in the low countries: Facets of the history of religious education]. Amsterdam: Vrije Universiteit (Department of Historical Pedagogy), 1993, p. 57-90.

GROOT, A. D. de *Methodology: Foundations of inferences and research in the behavioral sciences.* The Hague: Mouton, 1961/1969.

GROOT, F. *Roomsen, rechtzinnigen en nieuwlichters: Verzuiling in een Hollandse plattelandsgemeente, Naaldwijk 1850-1930* [Catholics, Reformed and modernists: Pillarization in the Dutch country town of Naaldwijk, 1850-1930]. Hilversum: Verloren, 1992.

GROTSTEIN, J. "Some perspectives in self psychology". In A. Goldberg (Ed.), *The future of psychoanalysis.* New York: International Universities Press, 1983, p. 165-201.

GRÜNBAUM, A. A. *Het ik-bewustzijn en de psychische ontwikkeling* [Self-consciousness and psychological development]. Utrecht: s.n., 1928.

GUIGNON, C. "Narrative explanation in psychotherapy". *American Behavioral Scientist,* 41, 1998, p. 558-577.

GUNTRIP, H. "Religion in relation to personal integration". *British Journal of Medical Psychology,* 42, 1969, 323-333.

GUTHRIE, S. E. *Faces in the clouds: A new theory of religion.* New York: Oxford University Press, 1993.

HAARTMAN, K. *Watching and praying: Personality transformation in eighteen century British Methodism.* Amsterdam: Rodopi, 2004.

HALL, G. S. *Adolescence: Its psychology and its relations to physiology, anthropology, sociology, sex, crime, religion, and education,* 2 vols. New York: Appleton, 1904.

_____. *Jesus, the Christ, in the light of psychology.* New York: Doubleday, 1917.

HANSEN-LÖVE, A. "Der Diskurs der Konfessionen". [The discussion among the confessions]. In F. Dostojewski, *Der Jüngling* [The young man]. Munich: Piper, 1986, p. 874-910.

HARINCK, C. *De bekering* [Conversion]. Utrecht: Den Hertog, 1980.

HARRÉ, R. (Ed.) *The social construction of emotions.* Oxford: Blackwell, 1986.

_____. "The second cognitive revolution". *American Behavioral Scientist,* 36, 1992, p. 3-7.

HARRÉ, R. & GILLETT, G. *The discursive mind*. London: Sage, 1994.

HARRÉ, R. & STEARNS, P. *Discursive psychology in practice*. London: Sage, 1995.

HAUTE, P. van. "Zijn en zelf" [Being and self]. In J. M. Broekman, H. Feldmann & P. van Haute, *Ziektebeelden* [Images of illness]. Leuven: Peeters, 1993, p. 151-179.

HEIDEGGER, M. *Sein und Zeit*. Tübingen: Niemeyer, 1927.

HELLEMANS, S. "Elementen van een algemene theorie van verzuiling" [Elements of a general theory of pillarization]. *Tijdschrift voor Sociologie* [Journal for Sociology], 6, 1985, p. 235-258.

HELMINIAK, D. A. *The human core of spirituality: Mind as psyche and spirit*. Albany, NY: State University of New York Press, 1996.

HENDRIKS, J. *De emancipatie der gereformeerden: Sociologische bijdrage tot de verklaring van enige kenmerken van het huidige gereformeerde volksdeel* [The emancipation of the Calvinists: Sociological contribution to the explanation of several features of today's Calvinist population]. Alphen aan de Rijn: Samson, 1971.

HENNING, C.; MURKEN, S. & NESTLER, E. (Eds.) *Einführung in die Religionspsychologie* [Introduction to the psychology of religion]. Paderborn etc.: Schöningh, 2003.

HEPPE, H. *Geschichte des Pietismus und der Mystik in der Reformirten Kirche, namentlich der Niederlande* [History of pietism and mysticism in the Reformed Church, notably in The Netherlands]. Kampen: Goudriaan, 1879/1979.

HERDT, G. & STEPHEN, M. (Eds.). *The religious imagination in New Guinea*. New Brunswick/London: Rutgers University Press, 1989.

HERMANS, H. J. M. *Motivatie en prestatie* [Motivation and performance]. Amsterdam: Swets & Zeitlinger, 1967.

_____. A questionnaire measure of achievement motivation. *Journal of Applied Psychology*, 54, 1970, p. 353-363.

_____. *Prestatiemotief en faalangst in gezin en onderwijs, tevens handleiding bij de Prestatie Motivatie Test voor Kinderen (PMT-K)* [Motivation of performance and fear of failure: Manual to the Performance Motivation Test for Children]. Amsterdam: Swets & Zeitlinger, 1971.

_____. *Waardegebieden en hun ontwikkeling* [Fields of positioning and their development]. Amsterdam: Swets & Zeitlinger, 1974.

_____. *Persoonlijkheid en waardering*. Deel 1: *Organisatie en opbouw der waarderingen* [Personality and positioning. Part 1: Organization and construction of positions]. Lisse: Swets en Zeitlinger, 1981.

_____. "Dialogical thinking and self-innovation". *Culture & Psychology*, 5, 1999a, p. 67-87.

_____. "The innovative potentials of agreement and disagreement in dialogical history". *Culture & Psychology*, 5, 1999b, p. 491-498.

_____. "The dialogical self: Toward a theory of personal and cultural positioning". *Culture & Psychology*, 7, 2001a, p. 243-281.

_____. "The construction of a personal position reportoire: Method and practice". *Culture & Psychology*, 7, 2001b, p. 323-365.

_____. "Special issue on the Dialogical Self". *Theory & Psychology*, 12 (2), 2002.

_____. "Special issue on the Dialogical Self". *Journal of Constructivist Psychology*, 16 (2), 2003.

HERMANS, H. J. M. & DIMAGGIO, G. "Self, identity, and globalization in times of uncertainty: A dialogical analysis". *Review of General Psychology*, 11, 2007, p. 31-61.

HERMANS, H. J. M. & HERMANS-JANSEN, E. *Self-narratives: The construction of meaning in psychotherapy*. New York: Guilford Press, 1995.

HERMANS, H. J. M. & HERMANS-JANSEN, E. "Dialogical processes and the development of the self". In J. Valsiner & K. L. Connolly (Eds.), *Handbook of developmental psychology*. London: Sage, 2003, p. 534-559.

HERMANS, H. J. M. & KEMPEN, H. J. G. *The dialogical self: Meaning as movement*. San Diego, CA: Academic Press, 1993.

HERMANS, H. J. M. & KEMPEN, H. J. G. "Moving cultures: The perilous problem of cultural dichotomies in a globalizing society". *American Psychologist*, 53, 1998, p. 1111-1120.

HERMANS, H. J. M.; KEMPEN, H. J. G. & LOON, R. J. P. van. "The dialogical self: Beyond individualism and rationalism". *American Psychologist*, 47, 1992, p. 23-33.

HERMANS, H. J. M.; RIJKS, T. I. & KEMPEN, H. J. G. "Imaginal dialogues of the self: Theory and method". *Journal of Personality*, 61 (2), 1993, p. 207-236.

HERMSEN, E. *Faktor Religion. Geschichte der Kindheit vom Mittelalter bis zur Gegenwart* [Factor religion: History of childhood from the Middle Ages to the present]. Köln: Böhlau, 2006.

HIGH, D. M. *Language, persons and beliefs: Studies in Wittgenstein's "Philosophical Investigations" and religious uses of language*. New York: Oxford University Press, 1967.

HIJWEEGE, N. H. *Bekering in bevindelijk gereformeerde kring: Een psychologische studie* [Conversion among bevindelijken: A psychological study]. Kampen: Kok, 2004.

HILL, P. C. & HOOD, R. W. (Eds.) *Measures of religiosity*. Birmingham: Religious Education Press, 1999.

Hill, P. C.; Pargament, K. I.; Hood, R. W. Jr.; McCullough, M. E.; Sawyers, J. P.; Larson, D. B. & Zinnbauer, B. "Conceptualizing religiosity and spirituality: Points of commonality". *Journal for the Theory of Social Behavior*, 30, 2000, p. 50-77.

Hof, W. J. op't. *Engelse piëtistische geschriften in het Nederlands, 1598-1622* [English Pietist writings in Dutch]. Rotterdam: Lindenberg, 1987.

Hoffman, D. *Der Wege zur Reife: Eine religionspsychologische Untersuchung der religiösen Entwicklung Gerhard Tersteegens* [The way to maturity: A psychological investigation of Gerhard Tersteegen's religious development]. Dissertação para obtenção do título de Ph.D., University of Lund, Sweden (*Studia Psychologiae Religionum Lundensia, 3*), 1982.

Holm, N. G. *Joels Gud: En religionspsykologisk studie* [Joel's God: A study in psychology of religion]. Åbo: Åbo Akademi, 1987.

_____. *Einführung in die Religionspsychologie* [Introduction to the psychology of religion]. München/Basel: Reinhardt, 1990.

Holtrop, P. N. "De Afscheiding: Breekpunt en kristallisatiepunt" [The Schism: Breaking point and crystallization point]. In W. Bakker et al. (Eds.), *De Afscheiding van 1834 en haar geschiedenis* [The Schism of 1834 and its history]. Kampen: Kok, 1984, p. 62-99.

Holzkamp, K. Zu. "Wundts Kritik an der experimentellen Erforschung des Denkens" [On Wundt's criticism on the experimental study of thought]. In W. Meischner & A. Metge (Eds.), *Wilhelm Wundt: Progressives Erbe, Wissenschaftsentwicklung und Gegenwart* [Wilhelm Wundt: Progressive legacy, scientific development and modernity]. Leipzig: Karl-Marx-Universität, 1980, p. 141-153.

Homans, P. (Ed.). *The dialogue between theology and psychology*. Chicago/London: University of Chicago Press, 1968.

_____. *The ability to mourn: Disillusionment and the social origins of psychoanalysis*. Chicago: University of Chicago Press, 1989.

Hood, R. W. (Ed.). *Handbook of religious experience*. Birmingham, AL.: Religious Education Press, 1995.

_____. "When the spirit maims and kills: Social psychological considerations of the history of serpent handling sects and the narrative of handlers". *International Journal for the Psychology of Religion*, 8, 1998, p. 71-96.

_____. *Dimensions of mystical experiences: Empirical studies and psychological links*. Amsterdam/New York: Rodopi, 2001.

Hood, R. W. Jr. "The construction and preliminary validation of a measure of reported mystical experience". *Journal for the Scientific Study of Religion*, 14, 1975, p. 29-41.

_____. "American psychology of religion and The Journal for the Scientific Study of Religion". *Journal for the Scientific Study of Religion*, 39, 2000, p. 531-543.

_____. "The relationship between religion and spirituality". In A. L. Griel & D. G. Bromley (Eds.), *Defining religion: Investigating the boundries between the sacred and the secular.* Oxford: JAI, Elsevier Science (*Religion and the Social Order*, vol. 10), 2003a, p. 241-264.

_____. "Conceptual and empirical consequences of the unity thesis". In J. A. Belzen & A. Geels (Eds.), *Mysticism: A variety of psychological perspectives.* Amsterdam/New York: Rodopi, 2003b, p. 17-54.

HOOD, R. W. & BELZEN, J. A. "Methods in the psychology of religion". In R. Paloutzian & C. Park (Eds.), *Handbook of the psychology of religion and spirituality.* Guilford, New York and London, 2005, p. 62-79.

HOOD, R. W. & MORRIS, R. J. "Conceptualization of quest: A critical rejoinder to Batson". *Review of Religious Research*, 26, 1985, p. 391-397.

HOOD, R. W. Jr. & WILLIAMSON, W. P. *Them that believe: The power and meaning of the Christian serpent handling tradition.* Berkely, CA: University of California Press, 2008.

HOORN, W. van & VERHAGE, T. "Wilhelm Wundt's conception of the multiple foundations of scientific psychology". In W. Meischner & A. Metge (Eds.), *Wilhelm Wundt: Progressives Erbe, Wissenschaftsentwicklung und Gegenwart* [Wilhelm Wundt: Progressive legacy, scientific development and modernity]. Leipzig: Karl-Marx-Universität, 1980, p. 107-120.

HUDSON, W. D. *Ludwig Wittgenstein: The bearing of this philosophy upon religious belief.* London: Lutterworth, 1968.

HULS, B. "Historische veranderingen in geheugenprocessen bij kinderen". [Historical changes in childrens' memory processes]. In H. F. M. Peeters & F. J. Mönks (Eds.), *De menselijke levensloop in historisch perspectief* [The human course of life in historical perspective]. Assen/Maastricht: Van Gorcum, 1986, p. 139-153.

HUME, H. "Psychological concepts, their products and consumers". *Culture & Psychology*, 3, 1997, p. 115-136.

HUNT, R. A. "Mythological-symbolic religious commitment: The LAM-scale". *Journal for the Scientific Study of Religion*, 11, 1972, p. 42-52.

HUTCH, R. A. "Mortal body, studying lives: Restoring Eros to the psychology of religion". *International Journal for the Psychology of Religion*, 1, 1991, p. 193-210.

HUTSCHEMAEKERS, G. J. M. *Neurosen in Nederland: Vijfentachtig jaar psychische en maatschappelijk onbehagen* [Neuroses in The Netherlands: 85 years of psychic and societal discomfort]. Nijmegen: SUN, 1990.

HUTSEBAUT, D. [Review of Belzen & van der Lans (1986), *Current issues in the psychology of religion*]. *Psychologica Belgica*, 26, 1986, p. 268-269.

HUYSE, L. "Pillarization reconsidered". *Acta Politica*, 19, 1984, p. 145-158.

INGLEBY, D. & NOSSENT, S. "Cognitieve ontwikkeling en historische psychologie". [Cognitive development and historical psychology]. In H. F. M. Peeters & F. J. Mönks (Eds.), *De menselijke levensloop in historisch perspectief* [The human course of life in historical perspective]. Assen/Maastricht: Van Gorcum, 1986, p. 122-138.

IRWIN, G. A.; EIJK, C. van der; HOSTEYN, J. M. van & NIEMÖLLER, B. "Verzuiling, issues, kandidaten en ideologie in de verkiezingen van 1986" [Pillarization, issues, candidates and ideologies in the elections of 1986]. *Acta Politica*, 22, 1987, p. 129-179.

IYENGAR, S. S & LEPPER, M. R. "Rethinking the value of choice: A cultural perspective on intrinsic motivation". *Journal of Personality & Social Psychology*, 76 (3), 1999, p. 349-366.

JAHODA, G. *Crossroads between culture and mind: Continuities and change in theories of human nature*. Cambridge, MA: Harvard University Press, 1993.

_____. *A history of social psychology: From the eighteenth century Enlightenment to the Second World War*. Cambridge/New York: Cambridge University Press, 2007.

JAMES, W. *The principles of psychology*. London: MacMillan, 1890.

_____. *Die religiöse Erfahrung in ihrer Mannigfaltigkeit: Materialien und Studien zu einer Psychologie und Pathologie des religiösen Lebens* [The varieties of religious experience]. Leipzig: Hinrich, 1902/1907.

_____. *The varieties of religious experience: A study in human nature*. New York: Mentor Books, 1902/1958.

_____. *The varieties of religious experience: A study in human nature*. Hammondsworth: Penguin, 1902/1982.

_____. *The varieties of religious experience: A study in human nature*. London/New York: Routledge, 1902/2002.

Janse, C. S. L. *Bewaar het pand: De spanning tussen assimilatie en persistentie bij de emancipatie van de bevindelijk gereformeerden* [Guard what has been entrusted to you: The tension between assimilation and persistence in the case of the emancipation of the 'bevindelijke' Reformed]. Houten: Den Hertog, 1985.

Jaspers, K. (1917/1997). *General psychopathology*. (transl. J. Hoenig) Baltimore: John Hopkins University Press.

_____. *Psychologie der Weltanschauungen*. Berlin: Springer, 1922.

JOHNSON, M. *The body in the mind: The bodily basis of meaning, imagination and reason*. Chicago, Ill.: University of Chicago Press, 1987.

JONES, J. W. *Contemporary psychoanalysis and religion: Transference and transcendence*. New Haven: Yale University Press, 1991.

_____. *Religion and psychology in transition: Psychoanalysis, feminism and theology*. New Haven/London: Yale University Press, 1996.

JONG, O. J. de; SPIJKER, W. van't & FLORIJN, H. *Het eigene van de Nadere Reformatie* [The characteristic features of the Further Reformation]. Houten: Den Hertog, 1992.

JONTE-PACE, D. *Teaching Freud*. New York: Oxford University Press/American Academy of Religion, 2003.

JONTE-PACE, D. & PARSONS, W. B. (Eds.). *Religion and psychology: Mapping the terrain. Contemporary dialogues, future prospects*. London/New York: Routledge, 2001.

JOSSELSON, R. & LIEBLICH A. (Eds.). *The narrative study of lives*, vol. 1. London: Sage, 1993.

JUDD, C. *The psychology of social institutions*. New York: Macmillan, 1926.

JUNG, C. G. "Psychology and religion". In *The collected works of C.G. Jung*, vol. 11 (eds. H. Read, M. Fordham & G. Adler). Princeton, NJ: Princeton University Press, 1938/1969², p. 3-105.

_____. *The Spirit in man, art and literature*. London/New York: Routledge, 1967/2003.

JÜTTEMANN, G. & THOMAE, H. *Biographie und Psychologie* [Biography and psychology]. Berlin: Springer, 1987.

KAAM, B. van. *Parade der mannenbroeders* [Parade of the brothers]. Wageningen: Zomer & Keuning, 1964.

KÄÄRIÄINEN, K. *Discussion on scientific atheism as a soviet science, 1960-1985*. Helsinki: Suomalainen Tiedeakatemia, 1989.

KAKAR, S. *Shamans, mystics and doctors: A psychological inquiry into India and its healing traditions*. Boston: Boston Press, 1982.

_____. *The analyst and the mystic: Psychoanalytic reflections on religion and mysticism*. Chicago: University of Chicago Press, 1991.

KÄLLSTAD, T. *John Wesley and the bible: A psychological study*. Uppsala: Acta Universitatis Upsaliensis, 1974.

_____. *Psychological studies on religious man*. Stockholm: Almqvist & Wiksell, 1978.

_____. *Levande mystik: En psykologisk undersökning av Ruth Dahlens religiösa upplevelser* [Living mysticism: a psychological investigation of Ruth Dahlen's religious development]. Delsbo: Åsak, 1987.

KALWEIT, P. "Das religiöse apriori". [The religious apriori] *Theologische Studien und Kritiken* [Theological Studies and Reviews], 81, 1908, p. 139-156.

KAMPER, D. (Ed.). *Über die Wünsche: Ein Versuch zur Archäologie der Subjektivität* [On the desires: An essay in the archeology of subjectivity]. München/Wien: Hanser, 1977.

KANT, I. *Kritik der reinen Vernunft* [Critique of pure reason], 2ª edição. Wiesbaden: Casel, 1787/1956.

KEHOE, N. C. & GUTHEIL, Th. G. "Ministry or therapy: The role of transference and countertransference in a religious therapist". In M. L. Randour (Ed.), *Exploring sacred landscapes: Religious and spiritual experiences in psychotherapy*. New York: Columbia University Press, 1993.

KERNBERG, P. F. & RICHARDS, A. K. "Siblings of preadolescents: Their role in the development". *Psychoanalytic Inquiry*, 8, 1988, p. 51-65.

KERR, F. *Theology after Wittgenstein*. Oxford: Blackwell, 1986.

KETTERIJ, C. van de. *De weg in woorden: Een systematische beschrijving van piëtistisch woordgebruik na 1900* [The way in words: A systematic account of pietistic word usage after 1900]. Assen: Van Gorcum, 1972.

KING, J. O. *The iron of melancholy: Structures of spiritual conversion in America from the Puritan conscience to Victorian neurosis*. Middletown, CN: Wesleyan University Press, 1983.

KIRKPATRICK, L. A. *Attachment, evolution and the psychology of religion*. New York: Guilford, 2004.

KITAYAMA, S. & COHEN, D. (Eds.). *Handbook of cultural psychology*. New York: Guilford, 2007.

KITAYAMA, S.; DUFFY, S. & UCHIDA, Y. "Self as cultural mode of being". In S. Kitayama & D. Cohen (Eds.), *Handbook of cultural psychology*. New York: Guilford, 2007, p. 136-174.

KLESSMANN, M. *Pastoralpsychologie: Ein Lehrbuch* [Pastoral psychology: A textbook]. Neukirchen: Neukirchener Verlag, 2004.

KLÜNKER, W. U. *Psychologische Analyse und Theologische Wahrheit: Die Religionspsychologische Methode Georg Wobbermins* [Psychological analysis and theological truth: Georg Wobbermin's psychological-religious method]. Göttingen: Vandenhoeck & Ruprecht, 1985.

KNORR-CETINA, K. *Epistemic cultures: How the sciences make knowledge*. Cambridge, MA: Harvard University Press, 1999.

KNORR CETINA, K. & GRATHOFF, R. "Was ist und was soll kultursoziologische Forschung?" [Sociocultural investigation: What it is and what it should be]. *Soziale Welt, Sonderband* [Social World, Special edition] 6, 1988, p. 21-36.

Koch, S. & Leary, D. E. (Eds.) (1985). *A century of psychology as science*. New York: McGraw Hill.

Koenig, H. G. (Ed.) (1998). *Handbook of religion and mental health*. San Diego: Academic Press.

Kohut, H. (1966/1985). Forms and transformations of narcissism. In *Self psychology and the humanities: Reflections on a new psychoanalytic approach*. New York: Norton, p. 97-123.

_____. *The analysis of the self: A systematic approach to the psychoanalytic treatment of narcissistic personality disorders*. New York: International Universities Press, 1971.

_____. *The restoration of the self*. New York: International Universities Press, 1977.

_____. "The two analyses of Mr. Z". *International Journal of Psycho-Analysis*, 60, 1979, 3-27.

_____. *Self psychology and the humanities*. New York: Norton, 1985.

Kohut, H. & Wolf, E. "The disorders of the self and their treatment: An outline". *International Journal of Psycho-Analysis*, 59, 1978, p. 413-425.

Kojève, A. *Introduction à la lecture de Hegel: Leçons sur la phénoménologie de l'esprit*. Paris: Gallimard, 1947.

Koppenjan, J. "Verzuiling en interconfessionaliteit in Nederlands-Limburg 1900-1920" [Pillarization and interconfessionality in Dutch Limburg 1900-1920]. *Tijdschrift voor Sociale Geschiedenis* [Journal for Social History], 12, 1986, p. 109-134.

_____. "De Limburgse School: Interconfessionalisme en stadsorganisatie" [The Limburg School: Interconfessionalism and urban organisation]. *Tijdschrift voor Sociale Geschiedenis* [Journal for Social History], 13, 1987, p. 87-93.

Kotre, J. *White gloves: How we create ourselves through memory*. New York: Free Press, 1995.

Kripall, J. J. *Kali's child: The mystical and the erotic in the life and teaching of Ramakrishna*. Chicago: University of Chicago Press, 1995.

_____. "From paradise to paradox: The psychospiritual journey of John Heider". In J. A. Belzen & A. Geels (Eds.), *Autobiography and the psychological study of religious lives*. Amsterdam/New York: Rodopi (in press), 2008.

Kruijt, J. P. "Mentaliteitsverschillen in ons land in verband met godsdienstige verschillen" [Differences in mentality in our country and their relationship to religious differences]. *Mensch en Maatschappij* [Man and Society], 19, 1943, 1-28; 65-83.

_____. "Levensbeschouwing en groepssolidariteit in Nederland" [Philosophy of life and group solidarity in the Netherlands]. *Sociologisch Jaarboek* [Sociological Yearbook], 2, 1957, 29-65.

KRUIJT, J. P. et al. *Verzuiling* [Pillarization]. Zaandijk: Heijnis, 1959.

KRUIJT, J. P. & GODDIJN, W. "Verzuiling en ontzuiling als sociologisch proces" [Pillarization and depillarization as a sociological process]. In A. N. J. den Hollander et al. (Eds.), *Drift en koers: Een halve eeuw sociale verandering in Nederland* [Current and course: A half century of social change in the Netherlands]. Assen: Van Gorcum, 1961, p. 227-263.

KUHN, T. S. *The structure of scientific revolutions*. Chicago: University of Chicago Press, 1962.

KUSCH, M. *Psychological knowledge: A social history and philosophy*. London/New York: Routledge, 1999.

LAAN, M. C. van der. "Kohuts zelfpsychologie en de problematiek van tweede-generatie-oorlogsgetroffenen" [Kohut's self psychology and the problem of second generation war victims]. *Tijdschrift voor Psychotherapie* [Journal for Psychotherapy], 20 (5), 1994, p. 279-292.

LAARSE, R. van der. *Bevoogding en bevinding: Heren en kerkvolk in een Hollandse provinciestad, Woerden 1780-1930* [Paternalism and the experience of God: Gentlemen and common churchgoers in the Dutch provincial town of Woerden, 1780-1930]. Dissertação de Doutorado, University of Amsterdam, The Netherlands, 1989.

LACAN, J. "The mirror stage as formative of the function of the I". In *Écrits: A selection*. London: Tavistock, 1949/1977, p. 1-7.

_____. "Some reflections on the ego". *International Journal for Psycho-Analysis*, 34, 1953, p. 11-17.

_____. *Écrits* [Writings]. Paris: Seuil, 1966.

LAKATOS, I. *The methodology of scientific research programmes*. Cambridge: Cambridge University Press, 1978.

LAKOFF, G. & JOHNSON, M. *Metaphors we live by*. Chicago: University of Chicago Press, 1980.

LAMIELL, J. T. "Rethinking the role of quantitative methods in psychology". In J. A. Smith, R. Harré & L. van Langenhove (Eds.), *Rethinking methods in psychology*. London: Sage, 2003, p. 143-161.

LANS, J. M van der. "Introduction to the plenary debate: Two opposed viewpoints concerning the object of the psychology of religion". In J. A. Belzen & J. M. van der Lans (Eds.), *Current issues in the psychology of religion*. Amsterdam: Rodopi, 1986, p. 76-81.

_____. "Interpretation of religious language and cognitive style: A pilot study with the LAM-scale". In H. N. Malony (Ed.), *Psychology of religion: Personalities, problems, possibilities*. Grand Rapids, MI: Baker, 1991a, p. 295-312.

_____. "What is psychology of religion about? Some considerations concerning its subject matter". In H. N. Malony (Ed.), *Psychology of religion: Personalities, problems, possibilities*. Grand Rapids, MI: Baker, 1991b, p. 313-323.

LAUCKEN, U. *Sozialpsychologie: Geschichte, Hauptströmungen, Tendenzen* [Social psychology: History, principal trends, tendencies]. Oldenburg: BIS, 1998.

LAVE, J.; MURTAUGH, M. & DE LA ROCHA, O. "The dialectic of arithmetic in grocery shopping". In B. Rogoff & J. Lave (Eds.), *Everyday cognition: Its development in social context*. Cambridge: Harvard University Press, 1984, p. 67-94.

LEARY, D. E. *Metaphors in the history of psychology*. New York: Cambridge University Press, 1990.

LE BON, G. *The crowd*. London: Fisher Unwin, 1903.

LEE, F.; HALLANHAN, M. & HERZOG, T. "Explaining real life events: How culture and domain shape attributions". *Personality and Social Psychology Bulletin*, 22, 1996, p. 732-741.

LEE, R. R. & MARTIN, W. *Psychotherapy after Kohut: A textbook of self psychology*. Hillsdale, NJ: The Analytic Press, 1991.

LEENDERS, J. M. M. *Benauwde verdraagzaamheid, hachelijk fatsoen: Families, standen en kerken te Hoorn in het midden van de negentiende eeuw* [Anxious tolerance, precarious respectability: Families, social position and churches in Hoorn in the mid-nineteenth century]. The Hague: Stichting Hollandse Historische Reeks, 1992.

LEEZENBERG, M. & VRIES, G. de *Wetenschapsfilosofie voor geesteswetenschappen* [Philosophy of science for the humanities]. Amsterdam: Amsterdam University Press, 2001.

LEONTIEV, A. *Activity, consciousness and personality*. Englewoods Cliffs, NJ: Prentice-Hall, 1978.

_____. *Problems of the development of the mind*. Moscow: Progress, 1981.

LEUBA, J. *Studies in psychology of religious phenomena: The religious motive, conversion, facts and doctrines*. Worcester, MA: Orpha, 1896.

LEVIN, H. "The quixotic principle: Cervantes and other novelists". In M. W. Bloomfield (Ed.), *The interpretation of narrative: Theory and practice*. Cambridge, MA: Harvard University Press, 1970, p. 45-66.

LEWIN, K. *Resolving social conflicts*. New York: Harper, 1948.

LIEBURG, F. A. van. *Levens van vromen: Gereformeerd piëtisme in de achttiende eeuw* [The lives of the devout: Calvinist pietism in the eighteenth century]. Kampen: De Groot Goudriaan, 1991.

LIJPHART, A. *The politics of accommodation: Pluralism and democracy in the Netherlands*. Berkeley: University of California Press, 1975.

_____. "Verzuiling en pacificatie als empirische en normatieve modellen in vergelijkend perspectief" [Pillarization and pacification as empirical and normative models in comparative perspective]. *Acta Politica*, 27, 1992, p. 323-332.

LILLARD, A. "Ethnopsychologies: Cultural variations in theories of mind". *Psychological Bulletin*, 123, 1998, p. 1-32.

LINDEBOOM, L. *De beteekenis van het christelijk geloof voor de geneeskundige wetenschap, in het bijzonder voor de psychiatrie* [The significance of Christian faith for the healing sciences, especially psychiatry]. Heusden: Gezelle Meerburg, 1887.

LOEWENTHAL, K. M. *Mental health and religion*. London: Chapman & Hall, 1995.

LONNER, W. J. & HAYES, S. A. *Discovering cultural psychology: A profile and selective readings of Ernest E. Boesch*. Charlotte, NC: Information Age Publishing, 2007.

LORENZER, A. *Sprachspiel und Interaktionsformen: Vorträge und Aufsätze zu Psychoanalyse, Sprache und Praxis* [Language game and forms of interaction: lectures and papers on psychoanalysis, language and praxis]. Frankfurt am Main: Suhrkamp, 1977.

LOWE, D. M. *History of bourgeois perception*. Chicago: University of Chicago Press, 1982.

LURIA, A. R. "Towards the problem of the historical nature of psychological processes". *International Journal of Psychology*, 6, 1971, p. 259-272.

_____. *Cognitive development: Its cultural and social foundations*. Cambridge, MA: Harvard University Press, 1976.

_____. *The making of a mind*. Cambridge, MA: Harvard University Press, 1979.

_____. *Language and cognition*. Washington/New York: Winston/Wiley, 1981.

MAASSEN, J. "Interconfessionalisme" [Interconfessionalism]. *Tijdschrift voor Sociale Geschiedenis* [Journal for Social History], 13, 1987 p. 74-86.

MALONY, H. N. "A proposal for a psychology of religious expression". In J. A. Belzen & O. Wikström (Eds.), *Taking a step back: Assessments of the psychology of religion*. Stockholm/Uppsala: Almqvist & Wiksell Intern./Acta Universitatis Upsaliensis, 1997.

MANCUSO, J. C. & SARBIN, T. R. "The self-narrative in the enactment of roles". In T. R. Sarbin & K. E. Scheibe (Eds.), *Studies in social identity*. New York: Praeger, 1983, p. 233-253.

MARKUS, H. R.; KITAYAMA, S. & HEIMAN, R. J. "Culture and 'basic' psychological principles". In E. T. Higgins & A. W. Kruglanski (Eds.), *Social psychology*. New York/London: Guilford Press, 1996, p. 857-913.

MATSUMOTO, D. *Cultural influences on research methods and statistics*. Pacific Grove, CA: Brooks/Cole, 1994a.

_____. *People: Psychology from a cultural perspective*. Pacific Grove, CA: Brooks/Cole, 1994b.

_____. *Culture and psychology*. Pacific Grove, CA: Brooks/Cole, 1996.

MAUSS, M. "A category of the human mind: The notion of person; the notion of self" (trad. W.D. Halls). In M. Carrithers, S. Collins & S. Lukes (Eds.), *The category of the person: Anthropology, philosophy, history*. Cambridge: Cambridge University Press, 1938/1985, p. 1-25.

MCADAMS, D. P. *The stories we live by: Personal myths and the making of the self*. New York: Morrow, 1993.

_____. "Can personality change? Levels of stability and growth in personality across the lifespan". In T. F. Heatherton & J. L. Weinberger (Eds.), *Can personality change?* Washington, DC: American Psychological Association, 1994a, p. 299-313.

_____. *The person: An introduction to personality psychology*. 2ª ed. Fort Worth, TX: Harcourt Brace, 1994b.

_____. "Personal narratives and the life story". In L. A. Pervin & O. John (Eds.), *Handbook of personality: Theory and research*. 2a ed. New York: Guilford Press, 1999, p. 478-500.

_____. "What psychobiographers might learn from personality psychology". In: William Todd Schultz (Ed.), *Handbook of psychobiography*. New York: Oxford University Press, 2005, p. 64-73.

_____. *The redemptive self: Stories Americans live by*. New York: Oxford University Press, 2006.

McDargh, J. *Psychoanalytic object relations theory and the study of religion: On faith and the imaging of God*. Lanham, Md.: University Press of America, 1983.

_____. "Rebuilding fences and opening gates: Vergote on the psychology of religion". *The International Journal for the Psychology of Religion*, 3 (2), 1993, p. 87-93.

McDougall, W. *An introduction to social psychology*. 2ª edição. Boston: Luce, 1909.

McGuire, M. B. "Religion and the body: Rematerializing the human body in the social sciences of religion". *Journal for the Scientific Study of Religion*, 29, 1990, p. 283-296.

McKim, D. K. "The mainline Protestant understanding of conversion". In H. N. Malony & S. Southard (Eds.), *Handbook of religious conversion*. Birmingham, Al.: Religious Education Press, 1992, p. 123-136.

Mead, G. H. *Mind, self, and society*. Chicago: University of Chicago Press, 1934.

Meissner, W. W. *Ignatius of Loyola: The psychology of a saint*. New Haven: Yale University Press, 1992.

_____. *Thy kingdom come: Psychoanalytic perspectives on the Messiah and the millennium*. Kansas City: Sheed & Ward, 1995.

_____. "The pathology of beliefs and the beliefs of pathology". In E. Shanfransky (Ed.), *Religion and the clinical practice of psychology*. Washington, DC: American Psychological Association, 1996, p. 241-268.

_____. *Vincent's religion: The search for meaning*. New York: Lang, 1997.

Merleau-Ponty, M. *Phenomenology of perception*. London: Routledge, 1945/1962.

Merwe, W. L. & Voestermans, P. P. "Wittgenstein's legacy and the challenge to psychology". *Theory & Psychology*, 5 (1), 1995, p. 27-48.

Messer, S. B.; Sass, L. A. & Woolfolk, R. L. (Eds.). *Hermeneutics and psychological theory*. Brunswick, NJ: Rutgers University Press, 1988.

Miert, J. van. *Wars van clubgeest en partijzucht: Liberalen, natie en verzuiling, Tiel en Winschoten 1850-1920* [Aversion to the club mentality and party-mindedness: Liberals, nation and pillarization in Tiel and Winschoten, 1850-1920]. Amsterdam: Amsterdam University Press, 1994.

Miller, J. G. "Cultural psychology: Implications for basic psychological theory". *Psychological Science*, 10, 1999, p. 85-91.

_____. "The cultural grounding of social psychological theory". In A. Tesser & N. Schwarz (Eds.), *Blackwell handbook of social psychology*. Vol. 1: *Intrapersonal processes*. Oxford: Blackwell, 2001, p. 22-43.

_____. "Culture and the self: Implications for psychological theory". In N. J. Smelser & P. B. Baltes (Eds.), *International encyclopedia of the social and behavioral sciences*. England: Elsevier Science, 2002.

Miller, J. G. & Bersoff, D. M. "Cultural influences on the moral status of reciprocity and the discounting of endogenous motivation". *Personality and Social Psychology Bulletin*, 20, 1994, p. 592-602.

Miller, W. R. (Ed.). *Integrating spirituality into treatment: resources for practitioners*. Washington: American Psychological Association, 2002.

Miller, W. R. & Delaney, H. D. (Eds.). *Judeo-Christian perspectives on psychology: Human nature, motivation and change*. Washington: American Psychological Association, 2005.

MILLER, W. R. & THORESEN, C. E. "Spirituality, religion, and health: An emerging research field". *American Psychologist*, 58, 2003, p. 24-35.

MISIAK, H. & SEXTON, V. S. *Phenomenological, existential and humanistic psychologies: A historical essay*, New York/London: Grune & Stratton, 1973.

MISRA, G. & GERGEN, K. J. "On the place of culture in psychological science". *International Journal of Psychology*, 28 (2), 1993, p. 225-243.

MÖNNICH, C. W. "De kerken der Hervorming sinds 1813" [The churches of the Reformation since 1813]. In A. G. Weiler et al. (Eds.), *Geschiedenis van de Kerk in Nederland* [History of the church in the Netherlands]. Utrecht/ Antwerpen: Spectrum, 1962.

MOOIJ, A. W. M. & WIDDERSHOVEN, G. A. M. *Hermeneutiek en psychologie: Interpretatie in theorievorming, onderzoek en psychotherapie* [Hermeneutics and psychology: Interpretation in theorizing, research and psychotherapy]. Meppel: Boom, 1992.

MORRIS, M. W., NISBETT, R. E. & PENG, K. "Causal understanding across domains and cultures". In D. Sperber, D. Premack & A. J. Premack (Eds.), *Causal cognition: A multidisciplinary debate*. Oxford: Oxford University Press, 1995, p. 577-612.

MOSCOVICI, S. "Social consciousness and its history". *Culture & Psychology*, 4, 1998, p. 411-429.

MOSS, D. M. "Narzißmus, Empathie und die Fragmentierung des Selbst: Ein Gespräch mit Heinz Kohut" [Narcism, empathy and the fragmentation of the self: An interview with Heinz Kohut]. *Wege zum Menschen* [Roads to man], 29, 1977, p. 49-68.

MUCH, N. "Cultural psychology". In J. A. Smith, R. Harré & L. van Langenhove (Eds.), *Rethinking psychology*. London: Sage, 1995, p. 97-121.

MUCH, N. C. & MAHAPATRA, M. "Constructing divinity". In R. Harré & P. Stearns (Eds.), *Discursive psychology in practice*. London: Sage, 1995, p. 55-86.

MURISIER, E. *Maine de Biran: Esquisse d'une psychologie religieuse* [Maine of Biran: Sketch of a psychology of religion]. Paris: Jouve, 1892.

_____. *Les maladies du sentiment religieux* [The diseases of the religious sentiment]. Paris: Alcan, 1901.

NASE, E. & SCHARFENBERG, J. (Eds.) *Psychoanalyse und Religion* [Psychoanalysis and religion]. Darmstadt: Wissenschaftliche Buchgesellschaft, 1977.

NEELEMAN, J. & PERSAND, R. "Why do psychiatrists neglect religion?" *British Journal of Medical Psychology*, 68, 1995, p. 169-178.

NEISSER, U. *Cognition and reality*. San Francisco: Freeman, 1976.

NEWBERG, N.; D'AQUILI, E. G. & RAUSE, V. *Why God won't go away: Brain science and the biology of belief*. New York: Ballantine Books, 2001.

NIELSEN, K. *Introduction to the philosophy of religion*. London: Macmillan, 1982.

NØRAGER, T. "Metapsychology and discourse: A note on some neglected issues in the psychology of religion". *International Journal for the Psychology of Religion*, 6, 1996, p. 139-149.

OBEYESEKERE, G. *Medusa's hair*. Chicago: University of Chicago Press, 1981.

_____. "Depression, Buddhism, and the work of culture in Sri Lanka". In A. Kleinman & B. Good (Eds.), *Culture and depression: Studies in the anthropology and cross-cultural psychiatry of affect and disorder*. Berkeley: University of California Press, 1985, p. 134-152.

O'CONNOR, K. V. "Reconsidering the psychology of religion: Hermeneutical approaches in the contexts of research and debate". In J. A. Belzen (Ed.), *Hermeneutical approaches in psychology of religion*. Amsterdam: Rodopi, 1997, p. 85-108.

_____. "Religion and mental health: A review of Antoine Vergote's approach in 'Guilt and desire'". *International Journal for the Psychology of Religion*, 8, 1998, p. 125-148.

OELZE, B. *Wilhelm Wundt: Die Konzeption der Völkerpsychologie* [Wilhelm Wundt: Conception of a folk psychology]. Münster: Waxmann, 1991.

OLBRICH, E. "De levensloop in de moderne tijd: historische perspectieven en levensloopppsychologie". [The course of life in modern time: historical perspectives and psychology of the course of life]. In H. F. M. Peeters & F. J. Mönks (Eds.), *De menselijke levensloop in historisch perspectief* [The human course of life in historical perspective]. Assen/Maastricht: Van Gorcum, 1986, p. 84-100.

Os, M. van & WIERENGA, W. J. (Eds.). *Wetenschap en rekenschap, 1880-1980: Een eeuw wetenschapsbeoefening aan de Vrije Universiteit* [Science and accountability, 1880-1980: A century of scientific inquiry at the Free University]. Kampen: Kok, 1980.

OTTO, R. *The idea of the Holy: An inquiry into the non-rational factor in the idea of the divine and its relation to the rational*. Oxford: Oxford University Press, 1917/1976.

OUWERKERK, C. van. *In afwezigheid van God: Voorstudies tot een psychologie van het geloof* [In absence of God: Preliminary studies to a psychology of belief]. Den Haag: Boekencentrum, 1986.

PALOUTZIAN, R. F. *Invitation to the psychology of religion*. 2ª ed. Boston/London: Allyn & Bacon, 1996.

PALOUTZIAN, R. F. & KIRKPATRICK, L. E. (Eds.). "Religious influences on personal and societal well-being". *Journal of Social Issues*, 51, n. 2 (special issue), 1995.

PALOUTZIAN, R. F. & PARK, C. L. (Eds.). *The handbook of the psychology of religion and spirituality*. New York/London: Guilford, 2005.

PARANJPE, A. C. *Self and identity in modern psychology and Indian thought*. New York/London: Plenum Press, 1998.

PARGAMENT, K. I. "God help me: Toward a theoretical framework of coping for the psychology of religion". *Research in the Social Scientific Study of Religion*, 2, 195-224, 1990.

_____. *The psychology of religion and coping: Theory, research, practice*. New York/London: Guilford Press, 1997.

_____. *Spiritually integrated psychotherapy: Understanding and addressing the sacred*. New York/London: Guilford Press, 2007.

PARGAMENT, K. I.; MATON, K. I. & HESS, R. E. (Eds.). *Religion and prevention in mental health: Research, vision, and action*. New York: Haworth Press, 1992.

PARSONS, W. B. *The enigma of the oceanic feeling: Revisioning the psychoanalytic theory of mysticism*. New York/Oxford: Oxford University Press, 1999.

PATTON, M. Q. *Qualitative research and evaluation methods*. 3ª ed. Thousand Oaks, CA: Sage, 2002.

PAUL, H. "Über Völkerpsychologie". [On folk psychology] *Süddeutsche Monatshefte*, [South-German Monthly] 7 (2), 1910, p. 363-373.

PEETERS, H. F. M. *Mensen veranderen: Een historisch-psychologische verhandeling* [People change: A historical-psychological essay]. Meppel: Boom, 1974.

_____. "Mentaliteitsgeschiedenis en psychologie". [History of mentalities and psychology] *Nederlands Tijdschrift voor de Psychologie* [Dutch Journal for Psychology], 48 (5), 1993, p. 195-204.

_____. *Hoe veranderlijk is de mens? Een inleiding in de historische psychologie* [How changeable is the human being? An introduction to historical psychology]. Nijmegen: SUN, 1994.

PEPPER, S. *World hypotheses*. Berkeley, CA: University of California Press, 1942.

PFISTER, O. *Die Frömmigkeit des Grafen Ludwig von Zinzendorf: Ein psychoanalytischer Beitrag zur Kenntnis der religiösen Sublimierungsprozesse und zur Erklärung des Pietismus* [Count Ludwig von Zinzendorf's piety: A psychoanalytic contribution to the knowledge of the religious sublimation and to the explanation of pietism]. Leipzig: Deuticke, 1910.

_____. *Die Legende Sundar Singhs: Eine auf Enthüllungen protestantischer Augenzeugen in Indien gegründete religionspsychologische Untersuchung* [The legend of Sundar Singh: An investigation in psychology of religion based on disclosures by protestant witnesses]. Bern: Haupt, 1926.

_____. *Christianity and fear: A study in history and in the psychology and hygiene of religion*. London: Allen & Unwin, 1944/1948.

PHILLIPS, D. Z. *From fantasy to faith: The philosophy of religion and twentieth-century literature*. London: Macmillan, 1991.

_____. *Wittgenstein and Religion*. New York: St. Martin's Press, 1993.

PIEDMONT, R. L. "Does spirituality represent the sixth factor of personality? Spiritual transcendence and the five-factor model". *Journal of Spirituality*, 67, 1999, p. 985-1013.

PIETZCKER, C. *Einführung in die Psychoanalyse des literarischen Kunstwerks* [Introduction to the psychoanalysis of the literary artwork]. Würzburg: Köninghausen & Neumann, 1983.

PLATVOET, J. G. & MOLENDIJK, A. L. (Eds.). *The pragmatics of defining religion: Contexts, concepts, and contests*. Leiden: Brill, 1999.

POLLACK, D. "Was ist Religion? Probleme der Definition". [What is religion? Problems of definition] *Zeitschrift für Religionswissenschaft* [Journal for the Study of Religion], 3, 1995, p. 163-190.

POLLMANN, T. *De letteren als wetenschappen* [Liberal arts as a science]. Amsterdam: Amsterdam University Press, 1999.

POMERLEAU, C. S. "The emergence of women's autobiography in England". In E. C. Jelinek (Ed.), *Women's autobiography: Essays in criticism*. Bloomington: Indiana University Press, 1980, p. 21-38.

POPP-BAIER, U. *Das Heilige im Profanen: Religiöse Orientierungen im Alltag. Eine qualitative Studie zu religiösen Orientierungen von Frauen aus der charismatisch-evangelischen Bewegung* [The sacred in the profane: Religious orientations in everyday life. A qualitative studie of religious orientations of women in the charismatic-evangelical movement]. Amsterdam/Atlanta: Rodopi, 1998.

_____. "Qualitative Methoden in der Religionspsychologie" [Qualitative methods in psychology of religion]. In R.-Ch. Henning, S. Murken & E. Nestler (Eds.), *Einführung in die Religionspsychologie* [Introduction to the psychology of religion]. Paderborn etc.: Schöningh, 2003, p. 184-229.

_____. "Existential views/Religious views: Spirituality as a bridge over troubled water?" *Ceskoslovenská Psychologie*, 2008.

POPPER, K. R. *The logic of scientific discovery*. London: Hutchinson, 1934/1959.

PORTMANN, A. *Zoologie und das neue Bild vom Menschen: Biologische Fragmente zu einer Lehre vom Menschen*. [Zoology and the new image of man; biological fragments for a new doctrine of mankind]. Basel: Schwabe, 1951.

Post, H. *Pillarization: An analysis of Dutch and Belgian society*. Aldershot [etc.]: Avebury, 1989.

Pruyser, P. W. *The play of imagination: Toward a psychoanalysis of culture*. New York: International Universities Press, 1983.

Pultz, W. *Nüchternes Kalkül: Nahrungsabstinenz im 16. Jahrhundert* [Calculations of fasting: Food abstinence in the 16th century]. Köln: Böhlau, 2007.

Putnam, W. *Godsbeelden en levensverhaal: Een onderzoek met behulp van de Waarderingstheorie en de Zelfkonfrontatiemethode naar de betekenis van persoonlijke godsbeelden* [Images of God and lifestory: A study to the meaning of personal images of God, with the help of the Valuation Theory and the Self Confrontation Method]. Tilburg: Tilburg University Press, 1998.

QSR International (n.d.). NVIVO [Computer software]. Retrieved February 7, 2006, from http://www.qsr.com/au/products/productoverwiew/product_overview.htm.

Quispel, G. (Ed.). *Mystiek en bevinding* [Mysticism and "Bevinding"]. Kampen: Kok, 1976.

Radley, A. "Displays and fragments: Embodiment and the configuration of social worlds". *Theory and Psychology*, 6, 1996, p. 559-576.

Ragan, C. P., Malony, H. N. & Beit-Hallahmi, B. "Psychologists and religion: Professional factors and personal belief". *Review of Religious Research*, 21, 1980, p. 208-217.

Ramachandran, V. S. & Blakeslee, S. *Phantoms in the brain: Probing the mysteries of the human mind*. New York: Morrow, 1998.

Rambo, L. R. "The psychology of conversion". In H. N. Malony & S. Southard (Eds.), *Handbook of religious conversion*. Birmingham: Religious Education Press, 1992, p. 159-177.

_____. *Understanding religious conversion*. New Haven, CT: Yale University Press, 1993.

Randour, M. L. (Ed.). *Exploring sacred landscapes: Religious and spiritual experiences in psychotherapy*. New York: Columbia University Press, 1993

Rappard, J. F. H. van & Sanders, C. "Theorie in de psychologie" [Theory in psychology]. In P. J. van Strien & J. F. H. van Rappard (Eds.), *Grondvragen van de psychologie: Een handboek theorie en grondslagen* [Foundational issues in psychology: A manual for theorety and foundations]. Assen: Van Gorcum, 1990, p. 33-44.

Ratner, C. (1991). *Vygotsky's sociohistorical psychology and its contemporary applications*. New York: Plenum.

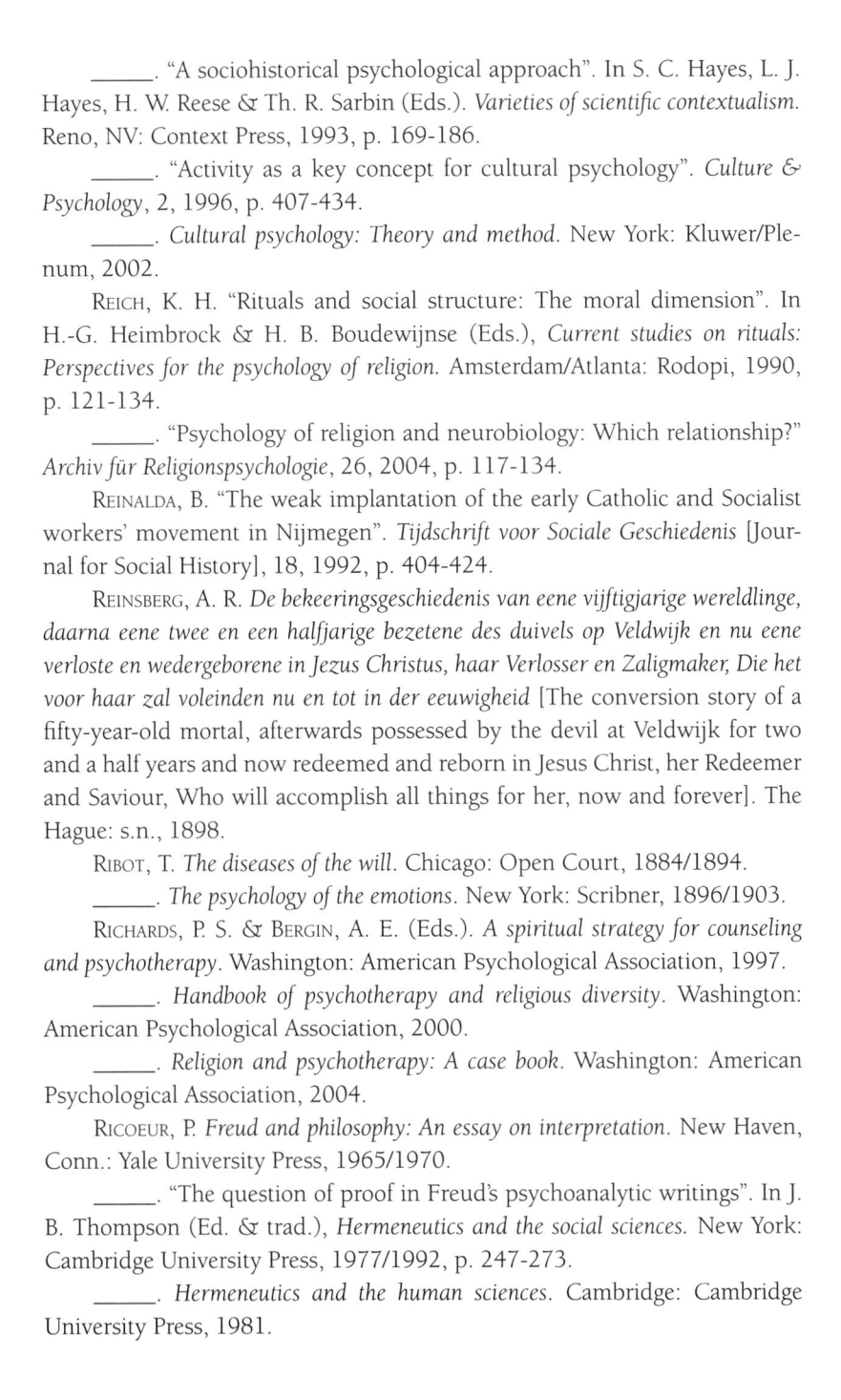

_____. "A sociohistorical psychological approach". In S. C. Hayes, L. J. Hayes, H. W. Reese & Th. R. Sarbin (Eds.). *Varieties of scientific contextualism.* Reno, NV: Context Press, 1993, p. 169-186.

_____. "Activity as a key concept for cultural psychology". *Culture & Psychology*, 2, 1996, p. 407-434.

_____. *Cultural psychology: Theory and method.* New York: Kluwer/Plenum, 2002.

REICH, K. H. "Rituals and social structure: The moral dimension". In H.-G. Heimbrock & H. B. Boudewijnse (Eds.), *Current studies on rituals: Perspectives for the psychology of religion.* Amsterdam/Atlanta: Rodopi, 1990, p. 121-134.

_____. "Psychology of religion and neurobiology: Which relationship?" *Archiv für Religionspsychologie*, 26, 2004, p. 117-134.

REINALDA, B. "The weak implantation of the early Catholic and Socialist workers' movement in Nijmegen". *Tijdschrift voor Sociale Geschiedenis* [Journal for Social History], 18, 1992, p. 404-424.

REINSBERG, A. R. *De bekeeringsgeschiedenis van eene vijftigjarige wereldlinge, daarna eene twee en een halfjarige bezetene des duivels op Veldwijk en nu eene verloste en wedergeborene in Jezus Christus, haar Verlosser en Zaligmaker, Die het voor haar zal voleinden nu en tot in der eeuwigheid* [The conversion story of a fifty-year-old mortal, afterwards possessed by the devil at Veldwijk for two and a half years and now redeemed and reborn in Jesus Christ, her Redeemer and Saviour, Who will accomplish all things for her, now and forever]. The Hague: s.n., 1898.

RIBOT, T. *The diseases of the will.* Chicago: Open Court, 1884/1894.

_____. *The psychology of the emotions.* New York: Scribner, 1896/1903.

RICHARDS, P. S. & BERGIN, A. E. (Eds.). *A spiritual strategy for counseling and psychotherapy.* Washington: American Psychological Association, 1997.

_____. *Handbook of psychotherapy and religious diversity.* Washington: American Psychological Association, 2000.

_____. *Religion and psychotherapy: A case book.* Washington: American Psychological Association, 2004.

RICOEUR, P. *Freud and philosophy: An essay on interpretation.* New Haven, Conn.: Yale University Press, 1965/1970.

_____. "The question of proof in Freud's psychoanalytic writings". In J. B. Thompson (Ed. & trad.), *Hermeneutics and the social sciences.* New York: Cambridge University Press, 1977/1992, p. 247-273.

_____. *Hermeneutics and the human sciences.* Cambridge: Cambridge University Press, 1981.

RIGHART, J. A. *De katholieke zuil in Europa: Het ontstaan van verzuiling onder katholieken in Oostenrijk, Zwitserland, België en Nederland* [The Catholic pillar in Europe: The emergence of pillarization among Catholics in Austria, Switzerland, Belgium and the Netherlands]. Meppel: Boom, 1986.

RIZZUTO, A. M. *The birth of the living God: A psychoanalytic study*. Chicago: University of Chicago Press, 1979.

_____. "Psychoanalytic treatment and the religious patient". In E. P. Shafranske (Ed.), *Religion and the clinical practice of psychology*. Washington: American Psychological Association, 1996.

_____. *Why did Freud reject God? A psychodynamic interpretation*. New Haven/London: Yale University Press, 1998.

ROBERTS, R. C. & TALBOT, M. R. (Eds.). *Limning the psyche: Explorations in Christian psychology*. Grand Rapids/Cambridge: Eerdmans, 1997.

ROBINSON, D. N. *An intellectual history of psychology*. 3ª ed. Madison, WI: University of Wisconsin Press, 1995.

RÖCKELEIN, H. (Ed.). *Biographie als Geschichte* [Biography as history]. Tübingen: Diskord. 1993.

ROELS, F. J. M. A. *De toekomst der psychologie* [The future of psychology]. Den Bosch: Teulings, 1918.

_____. "Godsdienstpsychologie en apologetiek" [Psychology of religion and apologetics]. *De Beiaard* [The Carillon], 4 (2), 1919-1920, p. 337-359.

_____. "Cultuurpsychologie en psychotechniek" [Psychology of culture and psychotechnics]. *Mededeelingen van het psychologisch laboratorium R.U.Utrecht*, [Announcements of the Psychological Laboratory University of Utrecht], 1928, p. 77-95.

ROGIER, L. J. *Katholieke herbeleving: Geschiedenis van katholiek Nederland, 1853-1953* [Reliving the Catholic experience: History of the Catholic Netherlands, 1853-1953]. The Hague: Pax, 1956.

ROLLINS, W. G. *Soul and psyche: The bible in psychological perspective*. Minneapolis, MN: Fortress, 1999.

ROOY, P. de. *Republiek van rivaliteiten: Nederland sinds 1813* [Republic of rivalries: The Netherlands since 1813]. Amsterdam: Mets en Schilt, 2005.

ROSENAU, P. M. *Post-modernism ands the social sciences*. New Jersey: Princeton University Press, 1992.

ROSENBERG, S. D.; ROSENBERG, H. J. & FARRELL, M. P. "In the name of the Father". In G. C. Rosenwald & R. L. Ochberg (Eds.), *Storied lives: The cultural politics of self-understanding*. New Haven: Yale University Press, 1992, p. 41-59.

ROTH, P. A. *Meaning and method in the social sciences: A case for methodological pluralism*. Ithaca: Cornell University Press, 1987.

Rubin, J. H. *Religious melancholy and protestant experience in America*. New York: Oxford University Press, 1994.

Ruler, A. A. van. "Ultra-gereformeerd en vrijzinnig" [Ultra-reformed and liberal]. *Wapenveld* [Field of Arms], 21, 1, 1971, p. 3-52.

Rümke, H. C. *The psychology of unbelief*. London: Rockliff, 1939/1952.

_____. "De neurotische doublures van het menselijk lijden" [The neurotic duplicates of human suffering]. In *Vorm en inhoud: Een keuze uit de essays van H.C. Rümke* [Form and content: A selection from the essays by H.C. Rümke]. Utrecht: Bohn, Scheltema & Holkema, 1956/1981, p. 209-217.

Runyan, W. *Life histories and psychobiography: explorations in theory and method*. New York: Oxford University Press, 1982.

_____. *Psychology and historical interpretation*. New York: Oxford University Press, 1988.

Rutten, F. J. Th. *Het domein der godsdienstpsychologie* [The field of the psychology of religion]. Nijmegen: Centrale Drukkerij, 1937.

_____. *De overgang van het agrarische volkstype in het industriële* [The transition of the agricultural to the industrial type]. Amsterdam: Koninklijke Nederlandse Academie van Wetenschappen, 1947.

_____. "Verschil tussen de Amerikaanse en Europese benadering der psychologische problemen". [Difference between the American and European approach to psychological problems]. *De Tijd* [The Times], 17 jun., 3, 1954.

_____. "Een lijstje titels uit de wereldliteratuur" [A list of titles from world literature]. *Gedrag* [Behavior], 6, 1975, p. 391-392.

Ruysch, W. P. "Godsdienstwaanzin" [Religious mania]. *Psychiatrische en Neurologische Bladen* [Journal of Psychiatry and Neurology], 4, 1900, p. 87-99.

Sacks, O. "Neurology and the soul". *The New York Review of books*, 22 de novembro, 1990.

Sampson, E. E. "Establishing embodiment in psychology". *Theory and Psychology*, 6, 1996, p. 601-620.

Sanders, C. & Rappard, J. F. H. van. *Tussen ontwerp en werkelijkheid: Een visie op de psychologie* [Between design and reality: a perspective on psychology]. Meppel: Boom, 1982.

_____. *Filosofie van de psychologische wetenschappen* [Philisophy of the psychological sciences]. Leiden: Nijhoff, 1987.

Sarbin, T. R. (Ed.). *Narrative psychology: The storied nature of human conduct*. New York: Praeger, 1986a.

_____. "The narrative as a root metaphor for psychology". In T. R. Sarbin (Ed.), *Narrative psychology: The storied nature of human conduct*. New York: Praeger, 1986b.

_____. "Emotion and act: Roles and rhetoric". In R. Harré (Ed.), *The social construction of emotions*. Oxford: Blackwell, 1986c, p. 83-97.

_____. "Metaphors of unwanted conduct: A historical sketch". In D. E. Leary (Ed.), *Metaphors in the history of psychology*. New York: Cambridge University Press, 1992, p. 300-330.

_____. "The narrative as the root metaphor for contextualism". In S. C. Hayes, L. J. Hayes, H. W. Reese & T. R. Sarbin (Eds.), *Varieties of scientific contextualism*. Reno, NV: Context Press, 1993, p. 51-65.

SARBIN, T. R. & KITSUSE, J. I. (Eds.). *Constructing the social*. London: Sage, 1994.

SARBIN, T. R. & SCHEIBE, K. E. (Eds.). *Studies in social identity*. New York: Praeger, 1983.

SCHAFER, R. *The analytic attitude*. New York: Basic Books, 1983.

SCHEIBE, K. E. *Self studies: The psychology of self and identity*. Westport, CT: Praeger, 1998.

SCHLAUCH, C. "The intersecting-overlapping self: Contemporary psychoanalysis reconsiders religion again". *Pastoral Psychology*, 42, 1993, p. 21-43.

SCHLEIERMACHER, F. D. E. *On religion: Speeches to its cultured despisers*. Trad. J. Oman, introd. R. Otto. New York: Harper & Row, 1799/1958.

SCHNEIDER, C. M. *Wilhelm Wundts Völkerpsychologie: Entstehung und Entwicklung eines in Vergessenheit geratenen, Wissenschaftshistorisch Relevanten Fachgebietes* [Wilhelm Wundt's folk psychology: Foundation and development of a forgotten and in perspective of the history of science relevant field of study]. Bonn: Bouvier, 1990.

SCHIVELBUSCH, W. *The railway journey: Trains and travel in the 19th century*. New York: Urizen Books, 1977/1979.

SCHÖNAU, W. *Einführung in die psychoanalytische Literaturwissenschaft* [Introduction to the psychoanalytical literary theory]. Stuttgart: Metzger, 1991.

SCHRAM, P. L. "Conventikels" [Conventicles]. In J. M. Vlijm (Ed.), *Buitensporig geloven: Studies over randkerkelijkheid* [Believing exorbitantly: Studies of church life on the margins]. Kampen: Kok, 1983, p. 50-69.

SCHULTZ, W. T. *Handbook of psychobiography*. Oxford/New York: Oxford University Press, 2005.

SCHUMAKER, J. F. (Ed.). *Religion and mental health*. New York: Oxford University Press, 1992.

SCULL, A. T. *Museums of madness: The social organization of insanity in nineteenth-century England*. Harmondsworth: Penguin, 1982.

SHAFRANSKE, E. P. (Ed.). *Religion and the clinical practice of psychology.* Washington: American Psychological Association, 1996a.

_____. "Religious beliefs, affiliations, and practices of clinical psychologists". In E. P. Shafranske (Ed.), *Religion and the clinical practice of psychology.* Washington: American Psychological Association, 1996b, p. 149-161.

SHARPE, E. J. *Comparative religion: A history.* Illinois: Open Court, 1986.

SHERIFF, M. & CANTRIL, H. *The psychology of ego-involvement.* New York: Wiley, 1947.

SHORE, B. *Culture in mind: Cognition, culture and the problem of meaning.* Oxford: Oxford University Press, 1996.

SHOTTER, J. "Social accountability and the social construction of 'You'." In J. Shotter & K. J. Gergen (Eds.), *Texts of identity.* London: Sage, 1989, p. 133-151.

_____. "'Getting in touch': The meta-methodology of a postmodern science of mental life". In S. Kvale (Ed.), *Psychology and postmodernism.* London: Sage, 1992, p. 58-73.

_____. *Conversational realities: Constructing life through language.* London: Sage, 1993a.

_____. *Cultural politics of everyday life: Social construction, rhetoric and knowing of the third kind.* Buffalo: University of Toronto Press, 1993b.

SHOTTER, J. & GERGEN, K. J. (Eds.). *Texts of identity.* London: Sage, 1989.

SHWEDER, R. A. *Thinking through cultures: Expeditions in cultural psychology.* Cambridge, MA: Harvard University Press, 1991.

SHWEDER, R. A. & BOURNE, E. J. "Does the concept of the person vary cross-culturally?". In R. A. Shweder & R. A. Levine (Eds.), *Culture theory: Essays on mind, self, and emotion.* New York: Cambridge University Press, 1984, p. 158-199.

SIEGEL, A. M. *Heinz Kohut and the psychology of the self.* London/New York: Routledge, 1996.

SIMS, A. "'Psyche': Spirit as well as mind?". *British Journal of Psychiatry,* 165, 1994, p. 441-446.

SKINNER, B. F. *Science and human behavior.* New York: Macmillan, 1953.

SLIK, F. W. P. van der. *Overtuigingen, attituden, gedrag en ervaringen: Een onderzoek naar de godsdienstigheid van ouders en van hun kinderen* [Beliefs, attitudes, behaviour and experiences: A study on the religiousness of parents and their children]. Dissertação de Doutorado, University of Tilburg, The Netherlands. Helmond: Wibro Dissertatiedrukkerij, 1992.

SLONE, D. J. *Theological incorrectness: Why religious people believe what they shouldn't.* New York: Oxford University Press, 2004.

SMITH, H. *Why religion matters: The fate of the human spirit in an age of disbelief*. San Francisco: HarperCollins, 2001.

SMITH, J. A.; HARRÉ, R. & LANGENHOVE, L. van. "Introduction". In J. A. Smith, R. Harré & L. van Langenhove (Eds.), *Rethinking methods in psychology*. London: Sage, 2003, p. 1-8.

SMITH, J. A.; HARRÉ, R. & LANGENHOVE, L. van (Eds.). *Rethinking psychology*. London: Sage, 1995.

_____. *Rethinking methods in psychology*. London: Sage, 1995/2003.

SÖDERBLOM, N. *Studier av religionen* [The study of religion]. Stockholm: Diakonistyrelsen, 1908.

SONNTAG, M. (Ed.). *Von der Machbarkeit des Psychischen* [The manipulability of the psychic]. Pfaffenweiler: Centaurus, 1990.

SPERRY, L. *Spirituality in clinical practice: New dimensions in psychotherapy and counseling*. London: Brunner-Routledge, 2001.

SPERRY, L. & SHAFRANSKE, E. P. (Eds.). *Spiritually integrated psychotherapy*. Washington, DC: American Psychological Association, 2005.

SPIEGELBERG, H. *Phenomenology in psychology and psychiatry*. Evanston: North-Western University Press, 1972.

_____. *The phenomenological movement: A historical introduction*. 3ª ed. Den Haag: Mouton, 1982.

SPILKA, B.; HOOD, R. W.; HUNSBERGER, B. & GORSUCH, R. L. *The psychology of religion: An empirical approach*. 3ª ed. New York: Guilford, 2003.

SPRANGER, E. *Philosophie und Psychologie der Religion* [Philosophy and psychology of religion]. (Previously unpublished text of a lecture) In: *Gesammelte Schriften* [Complete works], Band 9; Ed. H. W. Bähr. Tübingen: Niemeyer, 1910/1974.

SPRINKER, M. "Fictions of the self: The end of autobiography". In J. Olney (Ed.), *Autobiography: Essays theoretical and critical*. Princeton: Princeton University Press, 1980, p. 321-342.

STACE, W. T. *Mysticism and philosophy*. Philadelphia: Lippincott, 1960.

STÄHLIN, W. [Review of E. D. Starbuck (1909), *Religionspsychologie*], *Archiv für die gesamte Psychologie* [Archive for all Psychologies], 18, 1910, p. 1-9.

_____. "Religionspsychologie" [Psychology of religion]. *Noris, Bayerisches Jahrbuch für Protestantische Kultur* [Noris, Bavarian Annual for Calvinist Culture], 11, 1911, p. 46-49.

_____. "Die Verwendung von Fragebogen in der Religionspsychologie" [The use of questionnaires in the psychology of religion]. *Zeitschrift für Religionspsychologie* [Journal for the Psychology of Religion], 5, 1912, p. 394-508.

_____. "Zur Psychologie und Statistik der Metaphern: Eine methodologische Untersuchung" [On the psychology and the statistics of metaphors: A methodological investigation]. *Archiv für die Gesamte Psychologie* [Archive for all Psychologies], 31, 1914a, p. 297-425.

_____. "Experimentelle Untersuchungen über Sprachpsychologie und Religionspsychologie" [Experimental investigations on the psychology of language and the psychology of religion]. *Archiv für Religionspsychologie* [Archive of the Psychology of Religion], 1, 1914b, p. 117-194.

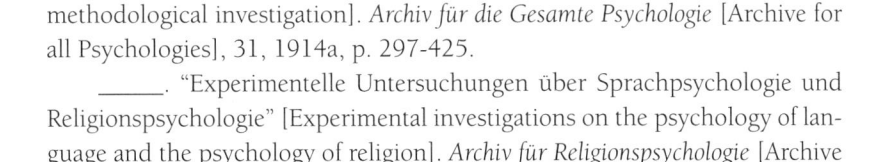

Stam, H. J. (Ed.). *The body and psychology*. London: Sage, 1998.

Starbuck, E. D. *The psychology of religion: An empirical study of the growth of religious consciousness*. New York: Scribner, 1899.

_____. *Religionspsychologie: Empirische Entwicklungsstudie Religiösen Bewußtseins* [The psychology of religion]. Trad. Fr. Beta. Philosophisch-soziologische Bücherei, Bd. XIV, XV. Leipzig: Klinkhardt, 1899/1909.

Stern, W. [Review of W. James (1909), *Die religiöse Erfahrung in ihrer Mannigfaltigkeit*]. *Deutsche Literaturzeitung* [German Journal of Literature], 30 (8), 1909, p. 465-468.

_____. *Die menschliche Persönlichkeit* [The human personality]. Leipzig: Barth, 1917.

Stigler, J. W., Shweder, R. A. & Herdt, G. (Eds.). *Cultural psychology: Essays on comparative human development*. Cambridge: Cambridge University Press, 1990.

Stollberg, D. & Wienold, K. [Review of Belzen & van der Lans (1986), *Current issues in the psychology of religion*] *Theologische Literaturzeitung* [Journal of Theological Literature], 112, 1987, p. 551-552.

Strean, H. *Psychotherapy with the orthodox Jew*. New York: Jason Aronson, 1994.

Strien, P. J. van. *Praktijk als wetenschap: Methodologie van het sociaal-wetenschappelijk handelen* [Practice as science: Methodology of social-scientific action]. Assen: Van Gorcum, 1986.

_____. "Definitie en domein van de psychologie" [Definition and field of psychology]. In P. J. van Strien & J. F. H. van Rappard (Eds.), *Grondvragen van de psychologie: Een handboek theorie en grondslagen* [Foundational issues in psychology: A manual for theorety and foundations]. Assen: Van Gorcum, 1990, p. 12-32.

_____. "The historical practice of theory construction". *Annuals of Theoretical Psychology*, 8, 1993, p. 149-227.

Strozier, C. B. & Offer, D. "New directions: Heinz Kohut". In C. B. Strozier & D. Offer (Eds.), *The leader: Psychohistorical essays*. New York/London: Plenum Press, 1985, p. 73-78.

Strycker, S. "Development in 'two social psychologies'" Toward an appreciation of mutual relevance". *Sociometry*, 40, 1977, p. 145-160.

STURM, J. C. *Een goede gereformeerde opvoeding: Over neo-calvinistische moraalpedagogiek (1880-1950) met speciale aandacht voor de nieuw-gereformeerde jeugdorganisaties* [A good Calvinist upbringing: On neo-Calvinistic moral pedagogy (1880-1950) with special focus on the neo-Calvinist youth organizations]. Kampen: Kok, 1988.

STUURMAN, S. *Verzuiling, kapitalisme en patriarchaat: Aspecten van de ontwikkeling van de moderne staat in Nederland* [Pillarization, capitalism and patriarchy: Aspects of the development of the modern state in the Netherlands]. Nijmegen: SUN, 1983.

SUÈR, H. *Niet te geloven: De geschiedenis van een pastorale commissie* [Don't you believe it: The history of a pastoral committee]. Bussum: Paul Brand, 1969.

SULLOWAY, F. J. *Freud, biologist of the mind: Beyond the psychoanalytic legend.* London: Basic Books, 1979.

SUNDÉN, H. *Die Religion und die Rollen: Eine psychologische Untersuchung* [Religion and roletheory: A psychological investigation]. Berlin: Töpelmann, 1959/1966.

_____. "Saint Augustine and the Psalter in the light of role-psychology". *Journal for the Scientific Study of Religion*, 26 (3), 1987, p. 375-382.

SÜSKIND, H. "Zur Theologie Troeltsch" [On the theology of Troeltsch]. *Theologische Rundschau* [Theological Prospect], 17, p. 1-13, 1914, p. 53-62.

TAMMINEN, K. *Religious development in childhood and youth: An empirical study.* Helsinki: Suomalainen Tiedeakatemia, 1991.

TENNEKES, J. "De 'oud gereformeerden'" [The "Old-Reformed"]. *Mensch en maatschappij* [Man and Society], 44, 1969, p. 365-385.

TERWEE, S. *Hermeneutics in psychology and psychoanalysis.* New York: Springer, 1989.

TERWEE, S. J. S. "De beide methodologische hoofdstromen" [The two methodological mainstreams]. In P. J. van Strien & J. F. H. van Rappard (Eds.), *Grondvragen van de psychologie: Een handboek theorie en grondslagen* [Foundational issues in psychology: A manual for theorety and foundations]. Assen: Van Gorcum, 1990, p. 228-240.

THOMAS, K. *Religion and decline of magic: Studies in popular beliefs in 16th and 17th century England.* London: Weidenfeld & Nicolson, 1971.

THURLINGS, J. M. G. *De wankele zuil: Nederlandse katholieken tussen assimilatie en pluralisme* [The shaky pillar: Dutch Catholics between assimilation and pluralism]. Deventer: Van Loghum Slaterus, 1971.

TILLICH, P. *The courage to be.* New Haven, CN: Yale University Press, 1952.

TOULMIN, S. *The philosophy of science.* New York: Harper & Row, 1960.

_____. *Cosmopolis: The hidden agenda of modernity*. Chicago: University of Chicago Press, 1990.

TRIANDIS, H. C. "The 20th century as an aberration in the history of psychology". *Contemporary Psychology*, 39, 1994, p. 9-11.

_____. *Individualism and collectivism*. New York: Basic Books, 1995.

_____. "Culture and psychology: A history of the study of their relationship". In S. Kitayama & D. Cohen (Eds.), *Handbook of cultural psychology*. New York: Guilford, 2007, p. 59-76.

TROELTSCH, E. *Psychologie und Erkenntnistheorie in der Religionswissenschaft: Eine Untersuchung über die Bedeutung der kantischen Religionslehre für die heutige Religionswissenschaft* [Psychology and epistemology in the science of religion: An investigation in the meaning of the Kantian theory on religion for the contemporary science of religion]. (Lecture, presented at the International Congress of Arts and Sciences in St. Louis.) Tübingen: Mohr, 1905.

ULEYN, A. J. R. "Zingevingsvragen en overdrachtsproblemen in de psychotherapie" [Questions of meaning and transference problems in psychotherapy]. In M. Kuilman & A. Uleyn, *Hulpverlener en zingevingsvragen* [Counselor and questions of meaning]. Baarn: Ambo, 1986, p. 35-67.

VALSINER, J. "The first six years: Culture's adventure in psychology". *Culture & Psychology*, 7, 2001, p. 5-48.

VALSINER, J. & ROSA, A. (Eds.). *Cambridge handbook of sociocultural psychology*. New York: Cambridge University Press, 2007.

VALSINER, J. & VANDERVEER, R. *The social mind*. New York: Cambridge University Press, 2000.

VANDEKEMP, H. G. "Stanley Hall and the Clark School of Religious Psychology". *American Psychologist*, 47 (2), 1992, p. 290-298.

VANDERLEEUW, G. "Über einige neuere Ergebnisse der psychologischen Forschung und ihre Anwendung auf die Geschichte, insonderheit die Religionsgeschichte" [On some new results of psychological research and its application on history, especially on history of religion]. *Studi e Materiali di Storia delle Religione*, 2, 1926, p. 1-43.

VANDERMEIDEN, A. *Welzalig is het volk: Een bijgewerkt en aangevuld portret van de zwarte-kousen kerken* [Blessed are the people: An edited and enlarged portrait of the Black Stocking churches]. Baarn: Ten Have, 1981.

VARELA, F. J., THOMPSON, E. & ROSCH, E. *The embodied mind*. Cambridge, MA: MIT press, 1997.

VELDE, H. te & VERHAGE, H. (Eds.). *De eenheid & de delen: Zuilvorming, onderwijs en natievorming in Nederland, 1850-1900* [Unity and parts: Pillarization, education and nation in the Netherlands, 1850-1900]. Amsterdam: Spinhuis, 1996.

VELLENGA, S. J. "Bevindelijk gereformeerden en hun geestelijke gezondheidszorg" [Reformed "bevindelijken" and their mental health care]. *Maandblad Geestelijke volksgezondheid*, [Monthly for Mental Health Care], 49, 1994, p. 962-975.

VERESOV, N. *Undiscovered Vygotsky: Etudes on the pre-history of cultural-historical psychology*. Frankfurt: Lang, 1999.

VERGOTE, A. *Guilt and desire: Religious attitudes and their pathological derivatives*. Trad. M.H. Wood. New Haven, CT/London: Yale University Press, 1978/1988.

_____. (1983/1997). *Religion, belief and unbelief: A psychological study*. Amsterdam: Rodopi/Leuven: Leuven University Press.

_____. "Introduction to the plenary debate: Two opposed viewpoints concerning the object of the psychology of religion". In J. A. Belzen & J. M. van der Lans (Eds.), *Current issues in the psychology of religion*. Amsterdam: Rodopi, 1986, p. 67-75.

_____. "What the psychology of religion is and what it is not". *The International Journal for the Psychology of Religion*, 3, 1993, p. 73-86.

_____. "Debate concerning the psychology of religion". *The International Journal for the Psychology of Religion*, 5, 1995, p. 119-123.

VERGOTE, A. & TAMAYO, A. *The parental figures and the representation of God: A psychological and cross-cultural study*. The Hague: Mouton, 1980.

VERRIPS-ROUKEN, K. "Lokale elites en beschavingsoffensieven, Langbroek 1870-1920" [Local elites and civilizing offensives, Langbroek 1870-1920]. *Sociologisch Jaarboek* [Sociological Yearbook], 1987, p. 165-181.

VERWEY-JONKER, H. "De psychologie van de verzuiling" [The psychology of pillarization]. *Socialisme en Democratie* [Socialism and Democracy], 14, 1957, p. 30-39.

_____. "De emancipatiebewegingen" [The emancipation movements]. In A. N. J. den Hollander et al. (Eds.), *Drift en koers: Een halve eeuw sociale verandering in Nederland* [Current and course: A half century of social change in the Netherlands]. Assen: Van Gorcum, 1962.

VIJVER, F. J. R. van de; HEMERT, D. A. van & POORTINGA, Y. H. *Multilevel analysis of individuals and cultures*. New York: Erlbaum, 2008.

VISSER, J. [Review of Belzen & van der Lans (1986), *Current issues in the psychology of religion*]. *Nederlands Theologisch Tijdschrift*, 41, 1987, 170-171.

VOESTERMANS, P. P. L. A. "Cultuurpsychologie: van cultuur in de psychologie naar psychologie in 'cultuur'".[Cultural psychology: From culture in psychology to psychology in "culture"]. *Nederlands Tijdschrift voor de Psychologie* [Dutch Journal of Psychology], 47, 1992, p. 151-162.

VOESTERMANS, P. & VERHEGGEN, T. *Cultuur en lichaam: Een cultuurpsychologisch perspectief op patronen in gedrag* [Culture and body: A cultural-psychological perspective on behavioural patterns]. Malden, MA/Oxford: Blackwell/ Heerlen: Open Universiteit Nederland, 2007.

VORBRODT, G. *Beiträge zur Religiösen Psychologie: Psychobiologie und Gefühl* [Contributions to religious psychology: Psychobiology and feelings]. Leipzig: Deichert, 1904.

_____. "Übersetzungs-Vorwort" [Preface by the translator]. In E. D. Starbuck, *Religionspsychologie: Empirische Entwicklungsstudie Religiösen Bewusstseins* [Psychology of religion]. Leipzig: Klinkhardt, 1909, p. v-xxv.

_____. "Vorwort des Herausgebers" [Preface by the editor]. In Th. Flournoy, *Experimentaluntersuchungen zur Religions-, Unterbewußtseins- und Sprachpsychologie.* [Experimental investigations to the psychology of religion, of the subconscious, and of language], vol. 1: *Beiträge zur Religionspsychologie* [Contributions to the psychology of religion] (p. i-lii). Leipzig: Eckardt, 1911.

_____. [Review of T. K. Oesterreich (1917), *Einführung in die Religionspsychologie als Grundlage für Religionsphilosophie und -geschichte*]. *Zeitschrift für Angewandte Psychologie und Psychologische Sammelforschung* [Journal for Applied Psychology], 15, 1918, p. 439-443.

VOVELLE, M. *Ideologies and mentalities.* Cambridge: Polity Press. (1982/1990).

VREE, J. (1984). De Nederlandse Hervormde kerk in de jaren voor de Afscheiding [The Netherlands Reformed Church in the years before the Schism]. In W. Bakker et al. (Eds.), *De Afscheiding van 1834 en haar geschiedenis* [The Schism of 1834 and its history] (p. 30-61). Kampen: Kok.

VROOM, H. M. (1988). *Religies en de waarheid.* [Religions and the truth] Kampen: Kok.

VYGOTSKY, L. S. "The development of higher psychological functions". In J. Wertsch (Ed.), *Soviet activity theory.* Cambridge (MA): Blackwell, 1930/1971.

_____. *Thinking and speech.* New York: Plenum, 1934/1987.

_____. *Mind in society: The development of higher psychological processes.* Ed. e trad. M. Cole. Cambridge, MA: Harvard University Press, 1978.

_____. *Collected works,* vol. 5. New York: Plenum, 1998.

WANG, Q. & BROCKMEIER, J. "Autobiographical memory as cultural practice: Understanding the interplay between memory, self and culture". *Culture & Psychology*, 8, 2002, p. 45-64.

WATSON, J. B. "Psychology as the behaviorist views it". *Psychological Review*, 20, 1913, p. 158-177.

WATTS, F. *Theology and psychology.* Hants, UK: Ashgate, 2002.

WATTS, F.; NYE, R. & SAVAGE, S. *Psychology for Christian ministry*. London/ New York: Routledge, 2002.

WEBER, M. *Die protestantische Ethik,* vol. 1. Gütersloh: Mohn, 1904/1984.

WERTSCH, J. V. *Voices of the mind: A sociocultural approach to mediated action*. London: Harvester Wheatsheaf, 1991.

WESTERHOF, G. J. *Statements and stories: Towards a new methodology of attitude research*. Amsterdam: Thesis, 1994.

WESTHOFF, H. *Geestelijke bevrijders: Nederlandse katholieken en hun beweging voor geestelijke volksgezondheid in de twintigste eeuw* [Spiritual redemptors: Dutch Catholics and their movement for mental public health in the 20th century]. Nijmegen: Valkhof, 1996.

WIDDERSHOVEN, G. A. M. & BOER, Th. de (Eds.). *Hermeneutiek in discussie* [Hermeneutics in discussion]. Delft: Eburon, 1990.

WIELENGA, D. K. "Rede gehouden bij de opening van Veldwijk op 28 januari 1886" [Speech given at the opening of Veldwijk on 28 January 1886]. *Jaarverslag van de Vereeniging tot Christelijke Verzorging van Geestes- en Zenuwzieken* [Annual Report of the Association of Christian Care for the Mentally Ill], 2, 1885-1886, p. 37-53.

WIKSTRÖM, O. "Kristusbilden i Kristinebergsgruvan: Historiska och religionspsykologiska aspekter" [Figures of Christ in Kristineberggrave: historical and psychological aspects]. *Kyrkohistorisk Årsskrift*, 80, 1980, p. 99-112.

WILLIAMSON, W. P. "The experience of religious serpent handling: A phenomenological study". *Dissertation Abstracts International*, 6 (2B), 2000, p. 1136.

WILSHIRE, B. *William James and phenomenology*. Bloomington: Indiana University Press, 1968.

WINDELBAND, W. *Geschichte und Naturwissenschaft* [History and the science of nature], 3ª ed. Strasburg: Heitz, 1894/1904.

WINKELER, L. "Geschiedschrijving sedert 1945 over het katholiek leven in Nederland in de 19e en 20e eeuw" [Historiography since 1945 on Catholic life in the Netherlands in the 19th and 20th centuries] (part I). *Trajecta*, 5, 1996a, p. 111-133.

_____. "Geschiedschrijving sedert 1945 over het katholiek leven in Nederland in de 19e en 20e eeuw" [Historiography since 1945 on Catholic life in the Netherlands in the 19th and 20th centuries] (part II). *Trajecta*, 5, 1996b, p. 213-242.

WITTGENSTEIN, L. (1921/1981). *Tractatus Logico-Philosophus*. London/ New York: Routledge.

_____. *Philosophical investigations*. Oxford: Blackwell, 1953.

_____. *Philosophical investigations*, 2ª ed. Trad. G.E.M. Anscombe. New York: McMillan, 1958.

_____. *Remarks on the philosophy of psychology*, vols. I and II. Oxford: Blackwell, 1980.

WOBBERMIN, G. *Theologie und Metaphysik: Das Verhältnis der Theologie zur Modernen Erkenntnistheorie und Psychologie* [Theology and metaphysics: The relationship of modern theory of insight to psychology]. Berlin: Duncker, 1901.

_____. "Aus dem Vorwort zur ersten Auflage" e "Vorwort zur zweiten Auflage" ["Preface to the first edition" e "Preface to the second edition"]. In W. James, *Die Religiöse Erfahrung in ihrer Mannigfaltigkeit: Materialien und Studien zu einer Psychologie und Pathologie des Religiösen Lebens* [Varieties of religious experience]. Leipzig: Hinrich, 1907/1914, p. iii-xxxi.

_____. "Der gegenwärtige Stand der Religionspsychologie (Aufgabe, Methode und Hauptprobleme)". [The contemporary state of the art of the psychology of religion] *Zeitschrift für Angewandte Psychologie und Psychologische Sammelforschung* [Journal for the Applied Psychology], 3, 1910, p. 488-540.

WOLFRADT, U. & MÜLLER-PLATH, G. "Quantitative Methoden in der Religionspsychologie" [Quantitative methods in the psychology of religion]. In C. Henning, S. Murken & E. Nestler (Eds.), *Einführung in die Religionspsychologie* [Introduction to psychology of religion]. Paderborn etc.: Schöningh, 2003, p. 164-183.

WOLFFRAM, D. J. *Bezwaarden en verlichten: Verzuiling in een Gelderse provinciestad, Harderwijk 1850-1925* [The troubled and the enlightened: Pillarization in the provincial town of Harderwijk, Gelderland, 1850-1925]. Amsterdam: Het Spinhuis, 1993.

WONG, P. T. P. & FRY, P. S. (Eds.). *The human quest for meaning: A handbook of psychological research and clinical applications*. Mahwah/London: Erlbaum, 1998.

WULFF, D. M. *Psychology of religion: Classic and contemporary*, 2ª ed. New York: Wiley, 1997.

WULFF, D. "A field in crisis. Is it time to start over?". In H. M. P. Roelofsma, J. M. T. Corveleyn, & J. W. van Saane (Eds.), *One hundred years of psychology of religion*. Amsterdam: VU University Press, 2003, p. 11-32.

WUNDT, W. *Logik: Eine Untersuchung der Principien der Erkenntnis und der Methoden wissenschaftlicher Forschung. Teil 2: Methodenlehre* [Logic: An investigation of the principles of knowledge and the methods of scientific research. Part 2: Methodology] Stuttgart: Enke, 1883.

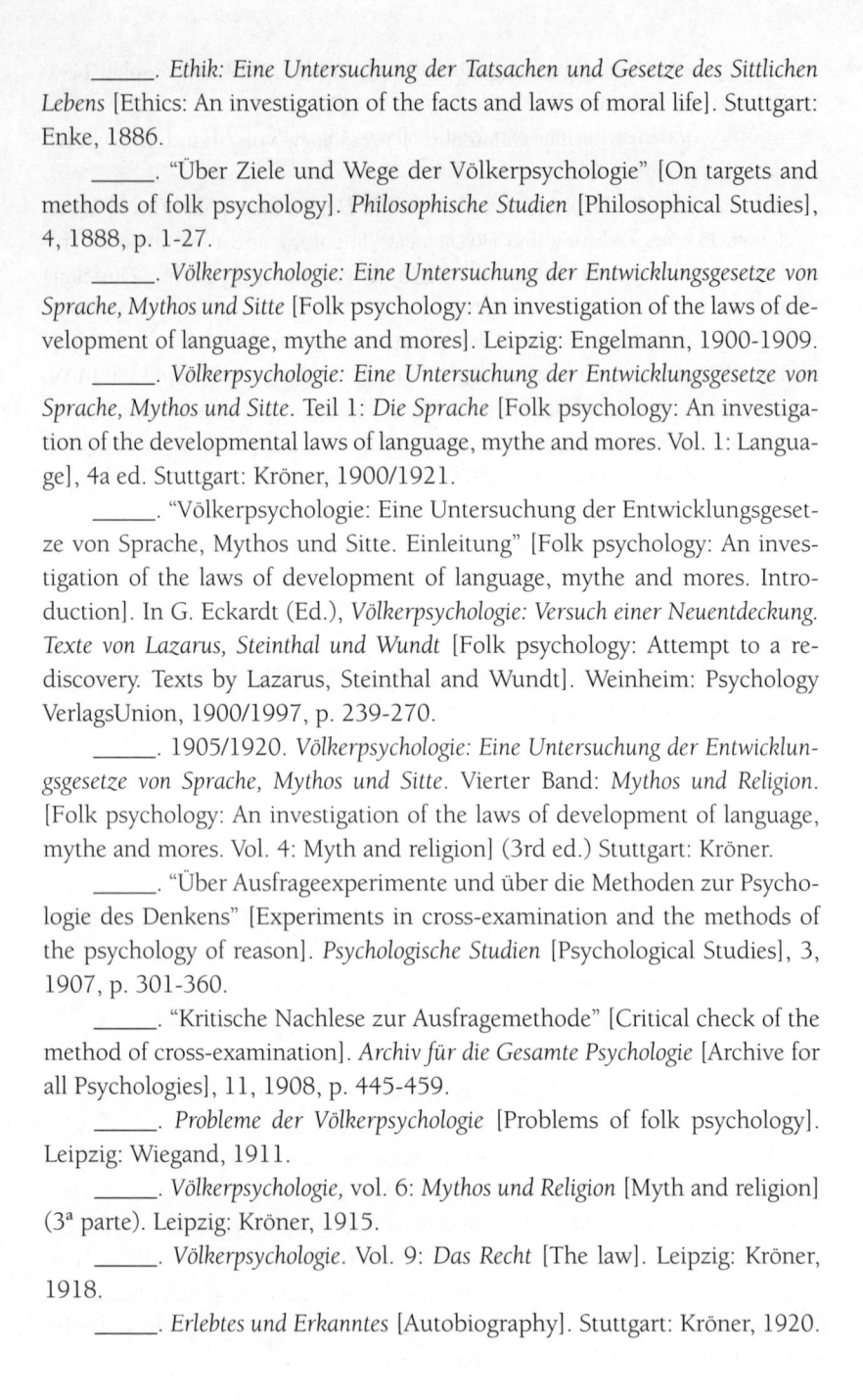

_____. *Ethik: Eine Untersuchung der Tatsachen und Gesetze des Sittlichen Lebens* [Ethics: An investigation of the facts and laws of moral life]. Stuttgart: Enke, 1886.

_____. "Über Ziele und Wege der Völkerpsychologie" [On targets and methods of folk psychology]. *Philosophische Studien* [Philosophical Studies], 4, 1888, p. 1-27.

_____. *Völkerpsychologie: Eine Untersuchung der Entwicklungsgesetze von Sprache, Mythos und Sitte* [Folk psychology: An investigation of the laws of development of language, mythe and mores]. Leipzig: Engelmann, 1900-1909.

_____. *Völkerpsychologie: Eine Untersuchung der Entwicklungsgesetze von Sprache, Mythos und Sitte*. Teil 1: *Die Sprache* [Folk psychology: An investigation of the developmental laws of language, mythe and mores. Vol. 1: Language], 4a ed. Stuttgart: Kröner, 1900/1921.

_____. "Völkerpsychologie: Eine Untersuchung der Entwicklungsgesetze von Sprache, Mythos und Sitte. Einleitung" [Folk psychology: An investigation of the laws of development of language, mythe and mores. Introduction]. In G. Eckardt (Ed.), *Völkerpsychologie: Versuch einer Neuentdeckung. Texte von Lazarus, Steinthal und Wundt* [Folk psychology: Attempt to a rediscovery. Texts by Lazarus, Steinthal and Wundt]. Weinheim: Psychology VerlagsUnion, 1900/1997, p. 239-270.

_____. 1905/1920. *Völkerpsychologie: Eine Untersuchung der Entwicklungsgesetze von Sprache, Mythos und Sitte*. Vierter Band: *Mythos und Religion*. [Folk psychology: An investigation of the laws of development of language, mythe and mores. Vol. 4: Myth and religion] (3rd ed.) Stuttgart: Kröner.

_____. "Über Ausfrageexperimente und über die Methoden zur Psychologie des Denkens" [Experiments in cross-examination and the methods of the psychology of reason]. *Psychologische Studien* [Psychological Studies], 3, 1907, p. 301-360.

_____. "Kritische Nachlese zur Ausfragemethode" [Critical check of the method of cross-examination]. *Archiv für die Gesamte Psychologie* [Archive for all Psychologies], 11, 1908, p. 445-459.

_____. *Probleme der Völkerpsychologie* [Problems of folk psychology]. Leipzig: Wiegand, 1911.

_____. *Völkerpsychologie,* vol. 6: *Mythos und Religion* [Myth and religion] (3ª parte). Leipzig: Kröner, 1915.

_____. *Völkerpsychologie*. Vol. 9: *Das Recht* [The law]. Leipzig: Kröner, 1918.

_____. *Erlebtes und Erkanntes* [Autobiography]. Stuttgart: Kröner, 1920.

Wysling, H. *Narziβmus und illusionäre Existenzform: Zu den Bekenntnissen des Hochstaplers Felix Krull* [Narcism and illusory forms of existence: On the testimonies of the swindler Felix Krull]. Bern: Francke, 1982.

Yin, R. K. *Case study research: Design and methods*. Rev. ed. London: Sage, 1989.

Yinger, J. M. *The scientific study of religion*. New York: Macmillan, 1970.

Zahn, E. *Das unbekannte Holland: Regenten, Rebellen und Reformatoren* [The unknown Holland: Regents, rebels and reformers]. Berlin: Siedler, 1984.

Zeegers, W. *Andere tijden, andere mensen: De sociale representatie van identiteit* [Different times, different people: The social representation of identity]. Amsterdam: Bakker, 1988.

Zinnbauer, B. J., Pargament, K. I. & Scott, A. B. "The emerging meanings of religiousness and spirituality: Problems and prospects". *Journal of Personality*, 67, 1999, p. 889-919.

Zwaal, P. van der. *De achtste vrije kunst: Psychoanalyse als retorica* [The eighth liberal art: Psychoanalysis as rhetoric]. Meppel: Boom, 1997.

Zwemer, J. *In conflict met de cultuur: De bevindelijk gereformeerden en de Nederlandse samenleving in het midden van de twintigste eeuw* [In conflict with culture: Reformed "bevindelijken" and mid-20th century Dutch society]. Kampen: De Groot Goudriaan, 1992).

Impressão e acabamento
GRÁFICA E EDITORA SANTUÁRIO
Em Sistema CTcP
Rua Pe. Claro Monteiro, 342
Fone 012 3104-2000 / Fax 012 3104-2036
12570-000 Aparecida-SP